....Dein Frühjahr '84

Wolfg J

Zu diesem Buch

Dieses Buch erzählt die authentische Geschichte einer Familie, Vater, Mutter, zwei Töchter, ein Sohn. Die ältere Tochter Claudia ist seit längerer Zeit in Behandlung bei einem Kinderpsychiater, der schließlich die ganze Familie an einen Familientherapeuten überweist. Das Buch beginnt mit der ersten Begegnung zwischen dem Therapeuten und der Familie, die nur unter großen Vorbehalten gekommen ist, und endet mit einer letzten Besprechung mit Claudia, die den Mut gefunden hat, ihr eigenes Leben anzunehmen. Die Familie selbst ist aufmerksamer und offener gegeneinander geworden, obgleich es immer wieder harte Auseinandersetzungen geben wird; Eltern und Kinder haben gelernt, das zu akzeptieren.

Der Leser nimmt an den einzelnen Sitzungen und damit auch an den Lernprozessen teil, fühlt sich bald als Mitglied der Gruppe. Er begreift die Ursachen für die Konflikte, kommt Verhaltensmustern auf die Spur, aber bekommt auch Einblick in die Situation des Therapeuten, der sich auf die Familie ganz einlassen muß, lernt seine Selbstzweifel, Skepsis an den eigenen Möglichkeiten und seine Schwierigkeiten kennen, mit seinem gefühlsmäßigen Engagement umzugehen.

Die Grenzen, aber auch die großen Möglichkeiten einer Familientherapie macht diese spannende Familienbiographie deutlich.

Dr. Carl A. Whitaker und Dr. Augustus Y. Napier gehören zu den führenden amerikanischen Familientherapeuten. Beide arbeiten häufig als Co-Therapeuten zusammen.

Augustus Y. Napier
Carl A. Whitaker

Die Bergers

Beispiel einer erfolgreichen Familientherapie

Aus dem Amerikanischen
von Jochen Eggert

rororo
Rowohlt

Titel der Originalausgabe »The Family Crucible«
1978 erschien die deutsche Erstausgabe unter dem Titel »Tatort Familie«
Umschlagentwurf Manfred Waller
(Foto: Fahn/Bildagentur Schapowalow)
Veröffentlicht im Rowohlt Taschenbuch Verlag GmbH,
Reinbek bei Hamburg, August 1982

Gesamtherstellung Clausen & Bosse, Leck
Printed in Germany
880-ISBN 3 499 17652 1

Vorwort

Ich begann die Arbeit an diesem Buch während der Schlußphase meiner Ausbildung bei Carl Whitaker, Familientherapeut und Professor für Psychiatrie an der Universität von Wisconsin. Ich kam in die psychiatrische Abteilung, um bei Carl zu studieren und um den klinischen Teil meiner Ausbildung abzuschließen, die letzte Voraussetzung, die ich für einen Dr. phil. in klinischer Psychologie an der Universität von North Carolina noch zu erfüllen hatte. Schon während der letzten Universitätssemester hatte mein Hauptinteresse der Familientherapie gegolten, und jetzt hatte ich das Glück, eine Assistenzarztstelle zu finden, in der ich bei einem so erfahrenen und anerkannten Familientherapeuten arbeiten konnte. Ein Stipendium erlaubte es mir, die Ausbildung nach meiner Promotion noch für ein weiteres Jahr fortzusetzen, und Carl war so großzügig, mich auch nach Abschluß meiner formalen Ausbildung noch zwei Jahre lang zu unterweisen.

Wie viele andere medizinische Lehrinstitute hält auch Wisconsin eine alte Tradition in Ehren, wonach ein Professor eine kleine private Praxis unterhalten darf, so daß er nie aus den Augen verliert, was es heißt, zu praktizieren, was er lehrt. Carl benutzte seine private Praxis auch direkt als Unterrichtsmedium. Ich besuchte viele Seminare und behandelte unter Aufsicht eigene Fälle, aber der wertvollste Teil der Schulung bestand für mich darin, bei einer Reihe von Familien als Carls Ko-Therapeut in seiner Praxis mitzuwirken. Die Erfahrungen, die ich dort machte, gaben den Anstoß zu diesem Buch.

Die therapeutischen Sitzungen dieser Zeit waren für mich prägende Erlebnisse. Was mich an diesen Zusammenkünften so beeindruckte, das war einerseits Carls Können und seine persönliche Kraft, zum anderen der eindrucksvolle Kampf der Familien um eine Wendung ihres Schicksals und schließlich auch unsere Teamarbeit. Ich wußte, daß es auf der professionellen Ebene ein großes Interesse an der Familientherapie gab, während dieses interessante neue Gebiet von Laien noch kaum wahrgenommen wurde. Ich bekam Lust, von den familiären Wandlungen, die ich während dieser Zeit mitverfolgen konnte, einiges aufzuzeichnen. Anfangs nahm ich mir Tonbandaufzeichnungen von Gesprächen vor, die Carl und ich gemeinsam mit Familien geführt hatten, und ich studierte Videoaufnahmen von Konsultationen, die in verschiedenen Instituten stattgefunden hatten. Es war faszinierend, sich in dieses Material zu vertiefen, aber auch frustrierend. Bei dem Versuch, Schattierungen der Stimmlage, Ausdruckseigenheiten und den verwickelten Ablauf des Geschehens während der Sitzungen zu beschreiben, ging ich bald in der alptraumhaften Vielschichtigkeit dieser Dinge unter. Ich schrieb fünfzig Seiten über eine einzige Therapiestunde und hatte nachher das Gefühl, das Material nur oberflächlich behandelt zu haben. Ich war so sehr auf Details fixiert, daß ich ganz das Gefühl für den Fluß und die Dramatik der Familientherapie verlor.

So beschloß ich, einen Schritt zurückzutreten und zu versuchen, das »Innenleben« der Familientherapie einzufangen. Ich wählte eine Familie aus, deren Behandlung auf Tonband aufgenommen worden war und die ich sorgfältig studiert hatte. Dann fing ich an, den Gang der Therapie aus dem Gedächtnis niederzuschreiben, zog auch Episoden aus anderen Fällen heran, wenn sie mir als Illustration des therapeutischen Prozesses nützlich erschienen. Ich fügte erläuternde Abschnitte und Kapitel ein, um sowohl diesen Fall als auch das allgemeine Anliegen und Verfahren der Familientherapie zu verdeutlichen. Alle wichtigen Szenen in der Therapie der Familie Berger haben sich so zugetragen, wie ich sie hier wiedergebe, aber die ganze Geschichte setzt sich aus den therapeutischen Erlebnissen verschiedener Familien zusammen und ist daher als fiktiver Bericht zu verstehen. Ich glaube, das Ergebnis ist dennoch ein treffenderes Porträt der Familientherapie als meine frühere »Fakten«-Sammlung.

Das Buch hat mich durch viele Erfahrungen begleitet. Ich schlug meine eigene Laufbahn ein; aus Carls Schüler wurde sein Freund und Kollege. Ich bemerkte, daß ich in meiner eigenen privaten Praxis Vorstellungen über die Familientherapie entwickelte, die nicht ganz mit Carls Ansichten übereinstimmten; unsere Zusammenarbeit hat meine abweichenden Anschauungen nur bereichert, aber das Buch mußte sich wandeln, während ich mich wandelte.

Da dieses Buch vorwiegend die Züge meiner eigenen Anschauung von der Familientherapie trägt, mag es mir nicht geglückt sein, ein treffendes Bild von Carls subtiler und indirekter Kunst zu zeichnen. Wer mit seiner Arbeit vertraut ist, gewinnt vielleicht den Eindruck, daß ich seinen geschickten Gebrauch von Paradox, Metapher und Humor nicht angemessen wiedergebe. Dieser Mangel ist eine notwendige Folge der Tatsache, daß der Autor die Welt mit seinen eigenen Augen sieht. Wenn Carl sich mit einer Familie unterhält, dann spricht er oft die Sprache des Unbewußten; ich neige dazu, das Bewußtsein anzusprechen und zu »lehren«. Vorteil oder Nachteil, die Sprache dieses Buches ist vor allem meine Sprache.

Die Idee zu diesem Buch stammt zwar von mir, und ich habe es auch allein geschrieben, aber eine ganze Reihe von Leuten haben mich dabei tatkräftig unterstützt. Die wirkliche Grundlage dieses Buchs sind Carls Ideen. Zudem hat er bei der Niederschrift eng mit mir zusammengearbeitet. Die theoretischen Kapitel haben wir gemeinsam entworfen, und bei der Korrektur des Manuskripts erhielt ich manchen wertvollen Hinweis von ihm.

Auch Ann Harris, meine Herausgeberin, hat sehr viel zu diesem Unternehmen beigetragen. Ihre warme, lebhafte Stimme half mir in Zeiten der Entmutigung, und ihre scharfsichtigen Kommentare betrafen weit mehr als nur die äußeren Umstände des Schreibens. Wie ein guter Therapeut riet sie mir nicht nur, mir selbst gegenüber aufrichtig zu sein, sondern half mir auch, deutlicher zu sehen, was mir gemäß ist. Ann arbeitete länger und härter an diesem Manuskript, als ich es mir je von einem Herausgeber vorgestellt hätte, und ich bin ihr dafür sehr dankbar.

Eine Reihe von Leuten haben das Manuskript gelesen und mir wertvolle Vorschläge gemacht, unter ihnen Margaret, meine Frau, meine Studenten und Davis Keith, ein Familientherapeut, der sowohl mit Carl als auch mit mir eng zusammenarbeitet.

Schließlich gilt mein Dank auch Cindy Hackett und den anderen Sekretärinnen in der Psychiatrie, die so viele Stunden damit zubrachten, dieses Manuskript immer wieder zu tippen. Sie waren die ersten Leser dieses Buches, und ihre Begeisterung für das, was sie da schrieben, habe ich gern angenommen.

Die Bergers haben ein Problem . . .

»Hast du Lust, dir mit mir zusammen eine neue Familie anzusehen?« fragte Carl. Die Stimme am Telefon gehörte meinem jetzigen Kollegen und früheren Lehrer, und sie klang gar nicht so beiläufig und selbstsicher wie sonst. »Ein Vater, der Prominentenanwalt ist, eine aufgebrachte Mutter und ein Mädchen, ein Teenager, das verdammt geladen wirkt.« Seine Einladung klang ein wenig wie eine freundschaftliche Herausforderung.
»Na klar«, sagte ich sofort. »Wann?« Normalerweise überlege ich es mir reiflich, ob ich jemanden als Ko-Therapeut helfen will, aber nicht, wenn Carl Whitaker fragt.
Wir hatten bald für einen der folgenden Tage einen Termin gefunden, zu dem wir beide frei waren. »Ich sehe zu, daß ich die Familie dann zusammenkriege«, versprach Carl. Er wollte schon auflegen, aber ich fragte noch: »Irgendwas, das ich vorher schon wissen sollte?«
Er war offensichtlich in Eile. »Nichts, außer daß die Lage sehr gespannt ist. Die Familie ist von einem Kinderpsychiater in der Stadt an mich verwiesen worden; er meint, daß es mit dem Mädchen immer schlimmer wird. Sie war bei ihm in Einzelbehandlung. Die Familie ist nicht gerade überzeugt von der Familientherapie, aber sie haben gesagt, daß sie mal alle zusammen kommen wollen.«
»Wieviele sind es denn?« fragte ich.
»Fünf. Da ist noch ein jüngerer Bruder und eine kleine Schwester.«
»Dann bring ich meine Arbeitshandschuhe mit«, sagte ich noch und wollte ihn dann nicht länger aufhalten. »Also dann bis Donnerstag.«
Das psychiatrische Institut, an dem Carl lehrt, ist zwar nur ein paar Meilen von meiner Praxis entfernt, aber ich kam trotzdem etwas zu spät. Es war ein kühler, wunderschöner Junitag, und ich war gemütlich gefahren. Als ich Carls Praxis betrat, merkte ich gleich, daß ich ihm mit meiner Verspätung ungewollt Zeit gegeben hatte, der Familie zu erklären, weshalb er einen zweiten Therapeuten brauchte und welche meiner Vorzüge seine Wahl gerade auf mich hatte fallen lassen. Er sagte, daß ich meine Praxis ganz in der Nähe hatte und daß er mir als Kollegen vollkommen vertraute. Er

erzählte auch von der Stärke, die eine Familie im Verein haben kann und daß therapeutische Teamarbeit in einem solchen Fall wirkungsvoller sein könne. Die Familie war ja vor allem zu ihm geschickt worden, und so konnte seine Werbearbeit für mich nur nützlich sein. Ich bedauerte mein Zuspätkommen nicht.

Carl stellte uns vor. »Das sind David und Carolyn Berger, ihre Töchter Claudia und Laura. Wir warten noch auf Don.«

Jetzt kam der immer wieder unangenehme Augenblick: man wußte nicht, ob man sich die Hand geben sollte. Der Beginn einer Familientherapie hat zwar auch eine soziale Komponente, ist aber zugleich von professioneller Distanz bestimmt. Für Sekundenbruchteile schwankten wir zwischen den Möglichkeiten, bis der Vater mir schließlich seine Hand mit einem unsicheren Lächeln entgegenstreckte. »Sehr erfreut«, sagte er, aber man merkte ihm an, daß er nicht sonderlich erfreut war. Dabei wirkte er jedoch keineswegs abweisend – ein großer, breitschultriger, brilletragender Mann. Er sah mich direkt an, ein scharfer, aufmerksamer Blick, aber gleichzeitig schien er auch zurückzuweichen, als habe er Angst, verletzt zu werden. Er wirkte zugleich selbstbewußt, wach, freundlich und angstvoll. Seine abwartende Haltung, die Kleidung, die Brille und sein scharfer, forschender Blick, all das machte deutlich, daß seine Arbeit den Einsatz seines Intellekts verlangte.

Seine Frau bot mir nicht die Hand. Sie war eine schmächtige, fast hübsche Frau, und sie sah deprimiert aus. Sie hatte dunkles, lockiges Haar wie ihr Mann und trug ein teures, maßgeschneidertes Kostüm. Ich spürte, daß sie verbittert und deprimiert war, ihr Lächeln verriet sie.

Claudia, die ältere Tochter, lächelte gespannt; sie nickte mir zu, blieb aber steif und bewegungslos sitzen. Sie hatte die gleiche schmale Gestalt, das gleiche lockige Haar, war aber hübscher als die Mutter. Sie war voller Angst und sehr zornig. Nach dem Nicken senkte sie den Blick so als schämte sie sich und machte damit deutlich, daß sie »es« war, der Grund für die Anwesenheit der ganzen Familie.

Die andere, etwa sechsjährige Tochter saß in Carls Miniaturschaukelstuhl; für sie war er zwar noch zu groß, aber das trübte ihre Begeisterung nicht im mindesten. »Tach«, sagte sie fröhlich, offenbar ein glückliches, lebhaftes Kind. Die Mutter machte eine Geste in ihre Richtung, mit der sie andeutete, sie solle weniger heftig schaukeln, und tatsächlich drosselte sie sichtbar das Tempo.

In Carls Praxis stehen zwei große Ledersofas in der Längsrichtung des Raums einander gegenüber. An einem Ende füllen drei Ledersessel den Raum zwischen ihnen aus und am anderen Ende steht neben dem Schreibtisch Carls Drehstuhl und der Stuhl des Ko-Therapeuten. Die Sitzgruppe bildet ein sauberes Rechteck. Der Vater und die ältere Tochter saßen nebeneinander auf zwei Ledersesseln, die Mutter allein auf einem Sofa. Gleich neben ihr war die kleine Tochter auf ihrem Schaukelstuhl. Ich machte mir die Anordnung deutlich: jede Tochter bei einem der Eltern, und die Eltern getrennt.

Ich setzte mich auf meinen Stuhl und schaute mich in Carls vertrautem Zimmer um. Das war unmißverständlich sein eigenes Reich, Bücherregale entlang der Wände, und in jeder Lücke Erinnerungsstücke an seine Laufbahn: Plastiken, Gemälde, Photographien, Zeitungsausschnitte, Karikaturen, Plakate.

Entspannt und abwartend saß Carl auf seinem Stuhl und zog an seiner Pfeife. Er ist ein Mann von Mitte sechzig, Professor für Psychiatrie an der Universität von Wisconsin und praktizierender Familientherapeut in seiner Abteilung. Er ist kräftig und mittelgroß, sein Auftreten verrät eine Mischung aus Lässigkeit und Genauigkeit, aus innerer Ruhe und wacher Gespanntheit. Von seiner Kindheit auf einem Bauernhof sind ihm noch die muskulösen Arme und großen Hände geblieben, und auch seine entspannte Freundlichkeit hat er aus dieser Zeit behalten; aber seither hat sich die Scharfsichtigkeit des Gelehrten in seinen Gesichtsausdruck gemischt und ein feines, welterfahrenes Lächeln.

»Na«, sagte ich ganz beiläufig zu ihm, »was kannst du mir denn über die Familie erzählen?« Wir heben uns solche Überblicke bewußt auf, bis die Familie versammelt ist. So erfahren sie genau, was wir schon über sie wissen, und wir können schon sehr früh das Prinzip der offenen Kommunikation in der Therapie verankern.

»Nun . . .«, begann Carl leicht zögernd. Ich sah, daß er ungern anfing, solange der Sohn noch fehlte. »Na gut«, fuhr er dann fort, »ich werde dich mit dem Stand der Dinge vertraut machen, solange wir noch auf Don warten.« Eine Pause, in der er nachdachte. »Mrs. Berger rief mich letzte Woche wegen eines Termins an. John Simons hatte sie an mich verwiesen; bei ihm war Claudia für ein paar Monate in Behandlung.« Der Name war mir geläufig; Simons ist ein Kinderpsychiater, der vorwiegend Heranwachsende behandelt. »John konnte keine Besserung feststellen, und die Familie stimmt ihm da offensichtlich zu.« Wieder eine Pause. »Am Telefon sprach Mrs. Berger hauptsächlich über die Probleme zwischen ihr und Claudia: wie sie sich bekämpften, wie Claudia angefangen hätte wegzulaufen, und welche Sorgen sie sich in vieler Hinsicht wegen ihr macht. Mrs. Berger hat den Eindruck, daß Claudia in letzter Zeit sehr seltsame Ideen entwickelt. Die Spannung innerhalb der Familie scheint beträchtlich zu sein, und Mrs. Berger machte deutlich, daß nach und nach alle Familienmitglieder in die Sache hineingezogen wurden. Sie wollte Laura, die Jüngste, von den Familienkämpfen fernzuhalten, aber wir einigten uns am Telefon doch darauf, daß wenigstens einmal alle kommen sollten. Ich sagte dir ja schon, die Situation scheint ziemlich geladen zu sein.

Auf diesen Bericht hin funkelte Claudia ihre Mutter böse an. Ihre Stimme klang schroff und schneidend, als sie sagte: »Also ich glaube, liebste Mama, daß du selbst ein paar verdammt komische Ideen hast, zum Beispiel, daß ich mit den Hühnern ins Bett soll oder mich wie ein liebes, kleines, sechsjähriges Mädchen aufführen.«

Ihr Zorn war so heftig, daß wir stutzig wurden.

Carolyn Berger funkelte zurück, wurde stocksteif und krallte sich mit dem Blick in die Augen ihrer Tochter. Es war, als hätte man einen starken elektrischen Strom eingeschaltet, der Mutter und Tochter magnetisch auflud und aufeinander ausrichtete. Die Mutter: »Also, ich glaube, daß ein paar von deinen Ideen komisch *sind*, und ich *mache* mir Sorgen.« Ihre Reaktion war eine Mischung aus Angriff und Kummer, und sie wehrte sich gegen Carls Bericht von ihrer Unterredung. Der Vater blickte gequält drein, als wüßte er, was jetzt kommen mußte.

Mutter und Tochter waren sichtlich darauf aus, sich in die Haare zu kriegen, aber es wäre ein Fehler gewesen, es ihnen zu erlauben. Carl streckte seine Hand gegen sie aus, als wollte er den Strom zwischen ihnen unterbrechen. Mit Nachdruck in der Stimme sagte er: »Darf ich euch beide jetzt mal unterbrechen. Ich möchte nämlich wirklich, daß wir noch warten, bis Don da ist.« Sie wandten ihre Blicke voneinander ab, und der spannungsgeladene Augenblick ging vorüber.

»Wo ist er?« fragte ich die Mutter.

»Ich weiß es nicht«, sagte sie; ihre Stimme klang müde und entmutigt. »Vor ein paar Tagen hat er gesagt, er wollte nicht kommen. Aber heute morgen meinte er, er würde doch kommen. Als wir losgegangen sind, war er noch nicht vom Kunstunterricht zurück. Sollten wir nicht einfach anfangen? Vielleicht kommt er ja noch. Ich habe ihm hinterlassen, daß er mit dem Fahrrad nachkommen soll.«

Ich wußte, was Carl antworten würde. »Ich glaube, wir sollten lieber warten«, sagte er. »Ich möchte, daß wir wenigstens am Anfang alle zusammen sind.« Er sagte das sehr freundlich, aber es blieb kein Zweifel daran, daß er ohne Don nicht anfangen würde. Mit fragend hochgezogenen Brauen fügte er hinzu: »Möchten Sie ihn anrufen? Vielleicht ist er jetzt zu Hause.«

»Ja, gern«, sagte die Mutter, erhob sich von der Couch und ging auf Carls Schreibtisch zu. Gespanntes Schweigen während sie wählte. Noch mehr Schweigen während sie darauf wartete, daß jemand abnahm. Nichts. Sie seufzte und setzte sich wieder. »Ich weiß nicht, was ich jetzt noch machen soll.«

Carl blieb gelassen, lehnte sich in seinen knarrenden Schreibtischstuhl zurück und zog an seiner Pfeife. »Wir haben ja Zeit. Wir können warten.«

»Ich rufe in der Schule an«, schlug die Mutter vor und ging wieder zum Schreibtisch. Das löste die Spannung wieder etwas. Wir hatten uns alle schon ausgemalt, daß wir uns eine ganze Stunde lang nur anstarren würden oder irgendwelche belanglose Konversation treiben mußten; die Möglichkeit, daß Don vielleicht noch im Unterricht war, erleichterte uns für kurze Zeit. Der Vater sagte bewundernd zu Carl: »Der Tabak riecht gut. Was für einer ist es?« Ich fragte mich, ob er nicht unbewußt eigentlich etwas anderes sagte, vielleicht: »Ich bewundere Ihre Unbeirrbarkeit.«

Während die Mutter etliche Telefonnummern durchprobierte, ging das beiläufige Gespräch weiter. Claudia wurde etwas lockerer, sie lächelte und zeigte auf die Garderobe »Wozu sind die denn gut?« An der Garderobe hingen zwei Gummiknüppel; einer war rosa angemalt und trug die Aufschrift IHRER, der andere war weiß und trug die Aufschrift SEINER. Ein Geschenk von einem früheren Patienten.

Carl lächelte zurück. »Erraten. Es darf sie nur keiner benutzen, außer, ich kriege einen größeren.«

»Oh«, sagte Claudia verblüfft und auch ein wenig schockiert.

Jetzt meldete sich Lauras fröhliche kleine Stimme: »Und was ist das?« Sie zeigte auf eine abstrakte Stahlplastik an der Wand. Auf mich hatte sie schon immer wie ein Baum im Sturm gewirkt. Mir schien es an der Zeit, die Aufmerksamkeit etwas von Carl und seinem Arbeitszimmer abzuwenden, und deswegen fiel ich ein, bevor er mit seiner Geschichte anfing. »Das ist sein Großvater.« Die Gruppe lachte nervös, sie wußten nicht, warum das so komisch war oder ob es überhaupt komisch war. Ich fügte hinzu: »Und wenn ihr glaubt, daß er merkwürdig aussieht, dann solltet ihr mal seine Großmutter sehen.« Diesmal war das Lachen echt, und Mrs. Berger wandte sich her, um zu sehen, was da so lustig war. Bei Leuten, die Angst haben, erfüllt fast jeder Witz seinen Zweck. Ich lächelte zu Carl hinüber. »Entschuldige, ich habe dich unterbrochen.«

Carl blickte etwas verwirrt drein, aber er grinste. »Er kann es kaum abwarten, meine Geschichte zum hundertsten Mal zu hören.« Ich zuckte die Schultern, und er begann. »Also, wie ich die Figur gekauft habe, hatten meine Patienten eine Menge Assoziationen dazu. Jeder sah etwas anderes darin. Aber einmal fragte mich jemand, was sie denn für *mich* darstellt, und da tauchte plötzlich ein ganz verrückter Gedanke in meinem Kopf auf: ›Das sind die zusammengeleimten Knochen meines Großvaters.‹ Und ich wußte auch gleich, woher dieser Gedanke kam. Ich bin mehr ein weicher Typ, genau wie mein Vater. Aber mein Großvater, das war ein harter Bursche; als er im großen Zeh den Brand bekam, nahm er ein Taschenmesser und schnitt ihn einfach ab. Dazu brauchte er keinen Scheißdoktor! Na, und so kam ich darauf, daß ich die Plastik gekauft hatte, um etwas von der eisernen Härte zu kriegen, die mein Großvater gehabt hatte, etwas von seiner Zähigkeit.«

Obwohl wir immer noch auf Don warteten, hatte die Therapie längst begonnen. Wir waren bereits mitten in dem unterschwelligen, oft vorhersehbaren und sehr wichtigen Tauziehen um die Frage, wer bei den Zusammenkünften anwesend sein sollte. Carl und ich hatten schon einiges von dem dargelegt, was unsere Beziehung bieten konnte: humorvolle Zuneigung, die Fähigkeit zur Kooperation und unser unmißverständlicher Wille, wir selbst zu bleiben. Ich hatte deutlich gemacht, daß ich nicht der ehrerbietige Assistent des älteren Mannes sein würde. Aber vor allem hatte Carl der Familie schon Grundzüge des therapeutischen Prozesses modellhaft vorgeführt. Seine Bereitschaft, Einblick in seine eigene Persönlichkeit zu gewähren, war eine Demonstration mit der Aussage: »Es kommt darauf an, die eigene unbewußte Tagesordnung ausfindig zu machen.«

Unterdessen spitzte sich der Kampf um die Frage, ob wir unser Zusammentreffen nun zur offiziellen therapeutischen Sitzung erklären sollten oder nicht, weiter zu. Don war an der Schule nicht aufzutreiben. Die besorgte Mutter sagte mit finsterer Hartnäckigkeit: »Warum können wir nicht jetzt unser Treffen machen und Don nächstes Mal dabei haben?«

Jetzt war ich an der Reihe. »Ich stimme Carl zu. Ich denke, daß es ein Fehler wäre. Wir sondieren doch hier die Frage, wie die Familie sich als Ganzes ändern kann. Damit anzufangen, wenn ein Fünftel der Familie noch fehlt, wäre doch unfair gegenüber Don und auch unfair gegenüber dem Rest der Familie. Er gehört zur Familie, und wir brauchen ihn hier, wenn die Familie sich insgesamt ändern soll.« Meine Stimme hatte bei diesen Sätzen einen Anflug von Schärfe.

Aber Mrs. Berger gab nicht so leicht auf: »Aber Don ist nicht das *Problem.* Das Problem hat mit Claudia zu tun.« Auch ihre Stimme war frostig geworden. Jetzt kam der Kampf richtig in Gang.

Ich gab nicht nach. »Sehen Sie, das ist jetzt *Ihre* Definition des Problems. Wir nehmen dagegen an, daß das Problem sehr viel komplizierter und weitreichender ist. Die ganze Familie *muß* einfach daran beteiligt sein.« Ich zögerte, blickte sie eine Weile intensiv an. Vielleicht würden sie nicht wiederkommen, wenn wir ihnen zu sehr zusetzten, aber es mußte sein. »Kann ja sein, daß ihr eine so groß angelegte Sache gar nicht wollt. Wir können das wirklich nicht für euch entscheiden. Aber für uns steht fest, daß wir die ganze Familie brauchen.« Langes, betroffenes Schweigen. »Ganz meine Meinung«, sagte Carl leise und machte damit deutlich, daß unsere Position unverrückbar feststand.

Ebenso leise, aber mit einem bitteren Unterton, kam die Antwort der Mutter: »Für Sie ist es leicht, so zu reden, aber ich, als ihre Mutter, ich muß mir Sorgen machen, was heute noch passieren wird oder morgen.« Wieder schlich sich Ärger in ihren Tonfall ein. »Ich meine, ich weiß eben nicht, was passieren wird, wenn wir jetzt nach Hause gehen. Ich mach mir einfach Sorgen.«

Carl verlor jetzt auch die Geduld. »Aber Sie übersehen die andere Seite. Wenn es wirklich ein Notfall ist, warum habt ihr Don dann nicht klargemacht, daß er kommen muß? Am Telefon ist doch wohl unmißverständlich klargeworden, daß wir uns nur treffen können, wenn die ganze Familie kommt.« Mit sanfter Stimme sprach er weiter, milderte die Schärfe seiner Worte, ohne jedoch von seiner Position abzuweichen. »Oder war das nicht klar?«

»Doch, es war klar«, sagte Carolyn resigniert. »Don hat einfach seinen Teil der Abmachung nicht eingehalten.«

Carl lächelte, baute die gereizte Stimmung weiter ab. »Ich sehe das anders. Lassen Sie mich erklären.« Er sprach freundlich, aber bestimmt. »Ich denke, daß Don nicht einfach nur für sich handelt, sondern daß er durch einen sehr komplizierten unbewußten Prozeß ausgewählt worden ist, derjenige zu sein, der zu Hause bleibt. So würde es der Familie erspart bleiben, sich dieser Sache in ihrer ganzen Tragweite stellen zu müssen, und ihr könntet herausfinden, wie ernst es uns mit der Absicht, die ganze Familie in die Therapie einzubeziehen, wirklich ist.«
»Ausgewählt?« fragte sie skeptisch.
Ich erklärte. »Wahrscheinlich war in Ihrem Tonfall oder in dem Ihres Mannes etwas, aus dem er heraushören mußte, daß die Aufforderung, auf jeden Fall zu kommen, nicht so ernst gemeint war.« Man sah, wie ihre Gefühle und ihr Verantwortungsbewußtsein miteinander kämpften. »Wir wollen Sie nicht *persönlich* dafür schuldig sprechen«, sagte ich. »Die Familie als Ganzes hat Angst davor, daß alle mal zusammenkommen, und für die *Familie* handelt Don.« Sie reagierte erleichtert auf diese Verschiebung der Perspektive.
David Berger stieg mit kritischer Vernünftigkeit in die Diskussion ein. »Ich verstehe wirklich nicht, was Sie mit all dem meinen, aber mich interessiert, was wir nun praktisch anfangen sollen. Wir machen uns wirklich Sorgen um Claudia, und ich glaube, wir haben Grund dazu.« Ich spürte die Ehegatten-Koalition gegen uns; Carolyn hatte nicht nur für sich selbst gekämpft, sondern für ein unbewußtes Abkommen zwischen den beiden, daß die »kranke« Tochter im Mittelpunkt bleiben mußte. Ihre Sorge um Claudia wirkte nicht gerade sehr liebevoll; unter der bekümmerten Oberfläche war Aggression zu spüren. Claudia krümmte sich förmlich unter ihren Worten.
Irgendwie mußten wir dem Vorwurf, daß wir den Beginn der Behandlung unverantwortlicherweise hinauszögerten, den Boden entziehen. Ich wandte mich David zu. »Können Sie mir sagen, was Ihnen so viel Sorge macht, daß es nicht bis morgen warten kann? Wir finden schon einen Termin, wenn es so wichtig ist. Haben Sie Angst, daß sie wegläuft oder Selbstmordgedanken hat?«
»Das letztere macht *mir* Sorgen«, sagte er.
»*Ja*«, bekräftigte die Mutter. Was für ein Dilemma! Wir hatten die Wahl, entweder unsere Forderung aufzugeben, nur mit der ganzen Familie zu arbeiten, oder angesichts eines möglichen Selbstmords unverantwortlich zu handeln. Mit jeder weiteren Minute der Aus-

einandersetzung löste sich unsere Forderung, nur mit der vollständigen Familie zu arbeiten, weiter auf, aber es gab jetzt wohl keine andere Möglichkeit mehr, als diese Selbstmordfrage anzupacken.
»Wie steht's damit?« sagte Carl zu Claudia. »Bist du in Selbstmordstimmung?« Die Direktheit der Frage ließ sie erstarren. Sie sah blaß und abgespannt und sehr zornig aus.
»Ich habe schon daran gedacht«, antwortete sie mit vielsagendem Unterton.
»Wie wärs mit einer Antwort auf meine Frage?« sagte Carl. »Hast du jetzt Selbstmordgedanken, oder könntest du vielleicht heute abend welche haben?«
Ein ganz leichtes Lächeln huschte über ihr Gesicht. »Ich glaube nicht.« Pause. »Aber ich hab schon daran gedacht.«
»Wie würdest du es machen?« fragte ich. Sollte sie schon konkrete Vorstellungen haben, dann war sicherlich eine unmittelbare Gefahr gegeben.
»Ich weiß nicht – vielleicht Schlaftabletten. Einen wirklich guten Weg gibt es ja anscheinend nicht.« Ich mochte die Passivität in ihrer Stimme nicht.
»Du hast meine Frage noch nicht beantwortet«, erinnerte Carl sie freundlich. »Glaubst du, es besteht die Gefahr, daß du dich umbringst, bevor wir uns wieder treffen können.«
»Nein«, sagte sie entschieden. Dann blickte sie ihre Eltern wütend an. »Vor allem dann nicht, wenn man mich mal eine Zeitlang *in Ruhe* läßt!«
Carl wandte sich mir zu. »Was meinst du, was wir machen sollen? Wie siehst du Claudia?«
Zuerst überraschte mich seine Frage, aber es war tatsächlich ein günstiger Augenblick für eine Konferenz. Während ich noch meine Gedanken ordnete, fühlte ich die prüfenden Blicke der Familie auf mir ruhen. Die Situation erforderte Entschiedenheit; wichtig war vor allem, daß wir in unseren Entscheidungen zusammenstanden. »Claudia wirkt auf mich recht lebendig«, sagte ich. »Mir gefällt an ihr, daß sie wütend ist und mit ihren Eltern kämpft, anstatt die Wut gegen sich selbst zu wenden. Ich glaube, sie steht sehr unter Druck, aber der Selbstmord ist wohl mehr eine ferne Möglichkeit, die sie sich offenhält, und nicht eine Zwangsvorstellung. Mir scheint die Selbstmordphantasie eher ein Teil des Kampfes mit ihren Eltern zu sein.« Ich faßte noch einmal zusammen: »Auf mich wirkt sie nicht selbstmordgefährdet!« Claudias Gesicht schien sich bei meinen Worten aufzuhellen.

Carl wandte sich wieder den Eltern zu. »Ich stimme allem, was Gus sagt, zu. Ich könnte wohl keinem von uns beiden allein trauen, aber ich traue dem ›Wir‹, der stereoskopischen Sicht der Dinge.« Er atmete tief ein und aus und schien sich dabei zu entspannen. »Und jetzt will ich Ihnen sagen, was wir meiner Meinung nach tun sollten. Ihr geht nach Hause und denkt darüber nach, ob ihr das hier als ganze Familie mitmachen wollt. Und wenn ja, dann ruft ihr an, und wir machen für morgen oder Montag oder, wenn es unbedingt sein muß, auch Samstag, einen Termin aus.«

Der Vater entschied die Frage mit einer Bewegung, die autoritär wirkte, zumal er während des ganzen Gesprächs im Hintergrund geblieben war. »Ich glaube nicht, daß das nötig ist. Ich finde, wir sollten uns gleich verabreden.« Er wandte sich an seine Frau. »Findest du nicht auch?«

»Ja«, sagte sie; sie wirkte etwas verwirrt, aber zugleich auch erleichtert. »Haben Sie vormittags Zeit?«

»Wir machen uns welche«, sagte Carl definitiv. »Wie sieht's bei dir aus«, fragte er mich, »hast du Zeit?« Ich war um neun Uhr frei; Carl wollte seine Verabredung, die er dann hatte, verschieben.

Alle waren erleichtert, daß es endlich entschieden war, und erst als die Spannung nachließ, bemerkte ich, wie sehr ich mich in den Familienkampf hatte hineinziehen lassen. Als die Familie gerade aufstehen wollte, um sich zu verabschieden, tat Carl wieder etwas Überraschendes: er setzte sich auf den Boden neben Laura und begann ein Gespräch mit ihr. »Was hältst du denn von dieser ganzen verrückten Sache?« fragte er mit zutrauenerweckender Wärme. »Meinst du, daß wir uns gegenseitig ein Jahr lang ertragen können, um das alles wieder in Ordnung zu bringen? Wie stehts mit dir? Kannst du das aushalten?«

Laura schaute zur Mutter, um zu sehen, wie sie reagierte; Carolyn lächelte zurück. Einige der Anwesenden standen bereits, die anderen saßen noch; alle hörten gespannt und ein wenig verwirrt dem Dialog zu.

»Ich weiß nicht«, sagte die Kleine zögernd. Aber dann fand sie doch den Mut hinzuzufügen: »Aber ich mag es nicht, wenn sie sich streiten.«

»Meinst du, wir beide könnten ihnen beibringen, wie man sich lieb hat?» fragte Carl. »Ich glaube nämlich, daß du das schon weißt. Und wenn wir zwei uns zusammentun, dann lernen es die anderen vielleicht auch.«

Laura war verlegen, aber sie mochte Carl, und sie mußte ihn einfach anlächeln.
»Vielleicht machen wir am besten erst mal was Leichtes, wie wärs mit Händeschütteln? Willst du mir die Hand geben?« Carl streckte ihr die Hand hin, und sie nahm sie. »Sehr schön«, sagte er, »das gefällt mir.« Und damit war das Treffen beendet. Carl hatte sicher nicht vorgehabt, sich zu der Kleinen hinzusetzen; die Idee war ihm plötzlich gekommen, und es war eine nützliche Idee. Die Familie konnte sehen, daß wir nicht nur Stärke zu bieten hatten, sondern auch Wärme.

Zum Glück bringen uns nicht alle Familien gleich in der ersten Stunde in solch eine Zwangslage, aber der Kampf um die Frage, wer an den Treffen teilnimmt, ist für uns nichts Ungewöhnliches, wir haben ihm sogar einen eigenen Namen gegeben: der Kampf um die Struktur.

Als Carl forderte, die Familie solle vollständig zur Therapie kommen, wußte jeder von ihnen intuitiv, was das bedeutete. Ihre ganze Welt würde bloßgelegt werden: die Geschichte dieser Welt, die Sorge um den anderen, die Wut, die Angst. All das würde am gleichen Ort zur gleichen Zeit zusammen dem forschenden Blick eines fremden Eindringlings ausgesetzt sein. Und das war einfach zuviel Angriffsfläche. Unbewußt teilte die Familie Don die Aufgabe zu, zu Hause zu bleiben und den Therapeuten auf die Probe zu stellen. War es uns wirklich ernst, wenn wir sagten »jeder«? Würden wir uns herumkriegen lassen und kapitulieren, wenn Don nicht kam?

In diesem Kampf gab es für die Familie durchaus etwas zu gewinnen. Würden wir zögernd und unschlüssig auf ihren Trotz reagieren, so wüßten sie, daß sie uns ihren Kessel voll brodelnder Gefühle nicht anvertrauen konnten. Traten wir entschlossen und fest auf, so konnten sie damit rechnen, daß wir mit den Spannungen, von denen sie intuitiv wußten, daß sie ans Tageslicht gebracht werden mußten, umgehen konnten. So oder so mußten sie herausfinden, wie es um unsere Stärke bestellt war. Derweil blieb es ihnen noch erspart, sich der kritischen Masse an Konfliktmaterial innerhalb der Familie offen zu stellen. Vielleicht dachten sie, sie würden irgendwie an der ganzen katastrophalen Wahrheit vorbeikommen.

Für Don stellten sich da natürlich auch ganz bestimmte Fragen: »Wie wichtig bin ich eigentlich? Wollt ihr die Veränderung der ganzen Familie ohne mich bewerkstelligen?« Jedes Mitglied *ist* wichtig. Eine Mutter sagte während einer Sitzung einmal: »Ich verstehe das nicht. Wenn einer nicht da ist, läuft alles wunderbar. Aber wehe, wenn er dann hereinkommt, dann bricht die Hölle los. Das verstehe ich einfach nicht.«

Bis zum Verständnis dieses ganz eigenen Charakters des Ganzen, der Familien-Struktur, war es für uns Familientherapeuten ein weiter Weg. Wir hätten den Bergers natürlich unsere Forderung nach Vollständigkeit theoretisch erklären können, aber diese Erklärung hätte ihnen in diesem angstgeladenen Augenblick wenig gesagt. Es gibt Augenblicke, wo die Stimme des Intellekts, wie Franz Alexander sagt, zu weich ist. Die Familie mußte uns auf die Probe stellen. Sie brauchten die *Erfahrung* unserer Stärke. So unangenehm unsere Reaktion auf ihren Test einerseits war, sie beruhigte die Familie auch. Sie wußten, und wir spürten, in was für einer schwierigen und verzweifelten Lage sie waren und was für ein Tumult daraus entstehen konnte. Sie mußten einfach sicher sein, daß wir ihren Spannungen standhalten konnten, wenn sie es wagten, sie offen darzulegen.

In der individuellen Psychotherapie hat der Patient schon von Hause aus ein Gefühl der Abhängigkeit und die Bereitschaft, sich zu fügen. Das Rollenmuster ist alt und eingefahren: ein unselbständiges Kind, das von einer Elternfigur geführt werden will. Für die Familie gibt es keine solchen vorgeprägten Muster, nach denen sie sich als Ganzes der Führung eines Individuums anvertraut. Und die Familienstruktur ist für die einzelnen Mitglieder einfach zu machtvoll und zu entscheidend, als daß sie sich vertrauensvoll einer Erfahrung überlassen könnten, die die ganze Matrix ihrer Beziehungen bedroht. Will der Familientherapeut als »Autoritätsperson« anerkannt werden oder die »Eltern«-Rolle übernehmen, die so notwendig ist, wenn die Therapie wirkungsvoller sein soll als eine alltägliche soziale Begegnung, so muß er sich diese Rolle verdienen.

Eine Familie kommt mit ihrer eigenen Struktur, ihrer eigenen Grundhaltung und eigenen Regeln zur Therapie. Ihre innere Organisation hat sich in Jahren des Zusammenlebens gebildet und verfestigt, und sie ist für sie ebenso bedeutungsvoll wie schmerzhaft. Wären sie glücklich mit ihrer Organisation, so würden sie nicht zur Therapie kommen. Aber die Familie verläßt sich auf die Vertrautheit und Überschaubarkeit ihrer Welt, mag sie noch so fehlerhaft sein. Will sie sich aus dieser fragwürdigen Sicherheit lösen, um sich zu reorganisieren, so braucht sie feste Stützen von außen. Die Familien-Zerreißprobe braucht eine Gestalt, eine Linie, eine bestimmte Disziplin, und dafür hat der Therapeut zu sorgen. Die Familie muß sich vergewissern, ob wir dazu in der Lage sind, und deshalb stellt sie uns auf die Probe.

Die entscheidende erste Sitzung

Am nächsten Morgen betrat Don als erster den Raum. Er hatte den gekonnt flapsigen Gang eines Jungen, der sich einmal zu einem schelmenhaften Charakter entwickeln sollte. Anders als die übrigen Familienmitglieder hatte er langes, glattes blondes Haar, und er trug die übliche Uniform der Jugend: T-shirt, Jeans und Sandalen. Er ging gleich auf Carl zu, streckte ihm die Hand hin und sagte in selbstbewußtem Tonfall: »Sie sind also Whitaker.«
Carl lächelte. »*Dr.* Whitaker, wenn es dir nichts ausmacht.«
»Nein, macht mir nichts aus, Dr. Whitaker.« Carl meinte das natürlich nicht allzu ernst, aber zwischen Don und ihm entspann sich fast augenblicklich ein Verhältnis, das teils aus Neckerei und teils aus Herausforderung bestand, und dieses Verhältnis blieb fast während der ganzen Therapie gleich.
Etwas aus dem Konzept gebracht wandte Don sich zu mir. »Und wer sind Sie?«
Ich, ohne Umschweife: »Ich bin Dr. Napier.«
Don gab mir die Hand, und plötzlich war auch er ganz nüchtern, seine Stimme verlor den ironischen Tonfall. »Guten Tag.« Er wirkte interessant, abwechselnd ernst und skeptisch, frech und unentschlossen pendelte er zwischen Kindheit und Adoleszenz.
Die Familie nahm Platz, Claudia und ihr Vater in den Sesseln, Carl und mir gegenüber, die Mutter und Laura auf der linken Couch. Don saß allein auf der anderen Couch. Eine Zeitlang machten wir Konversation; dadurch versichert man sich der Tatsache, daß man auch ganz normal miteinander verkehren kann, ein ritueller Schutz vor dem, was kommen sollte, und vielleicht ein notwendiges Vorspiel dazu. Wie konnten wir uns engagieren, wenn wir nicht zugleich wußten, daß wir auch oberflächlich und distanziert sein

konnten, daß es notfalls einen Fluchtweg gab? Wir erzählten uns gegenseitig, wie schrecklich doch die Parkplatzwärter an der Klinik waren und wie herrlich klar und kühl das Wetter war. Wir sprachen über das verrückte Bild, das an der Rückwand des Raums stand, eine Gruppenarbeit, die am Ende einer Arbeitstagung entstanden war, die Carl mit dem Personal eines Therapiezentrums abgehalten hatte. Das Bild war unverkennbar abstrakt und ganz gewiß expressiv, jedenfalls aber so greulich, daß es schon wieder interessant war. Wäre es von einem einzelnen, so müßte das wohl ein Wahnsinniger sein. Dann war Schweigen, die Stille des Übergangs vom Geplauder zur Arbeit.

Ich sprach die Mutter an. Ich lächelte, aber meine Frage war deutlich darauf angelegt, uns auf das eigentliche Anliegen zu lenken. »Ich sehe, daß Sie ihn gefunden haben.«

Sie brachte ein kaum merkliches Lächeln zuwege. »Ja. Er ging gerade vom Kunstunterricht nach Hause. *Sehr* langsam, wie es scheint.« Das klang so, als wollte sie Don die Schuld für seine Abwesenheit beim letzten Mal geben.

Ich sagte zu Don: »Hast du eine Ahnung, wie du von der Familie ausgesucht worden bist, derjenige zu sein, der nicht kommt?«

Er antwortete, als verstünde er meine Sprache. »Weiß ich auch nicht – war vielleicht mein Glückstag. Vielleicht, damit sie mich anschreien konnten.«

»Verkauf dich nicht unter Preis«, sagte ich. »Ich glaube, daß da mehr dran war. Du hast der Familie geholfen, sich darüber klar zu werden, ob sie hier sein will oder nicht. Und jetzt, wo alle beschlossen haben, daß es einen Versuch wert ist, können wir anfangen.«

Er war jetzt gar nicht mehr so forsch, wirkte eher verschreckt; ich wollte ihm gern noch ein paar aufmunternde Worte sagen, bevor es richtig zur Sache ging.

David wirkte irritiert. »Können wir jetzt anfangen?«

»Sicher«, schaltete Carl sich sofort ein. »Vielleicht können Sie selbst den Anfang machen.«

»Ich glaube, das macht wohl besser meine Frau. Ich glaube, sie ist wirklich mehr in der Situation drin.«

Carl: »Ein Grund mehr, *Sie* den Anfang machen zu lassen. Wir Väter leben heute oft am Rande der Familie, und ich wüßte gern, wie die Familie sich Ihnen darstellt. Vielleicht haben Sie ja den Überblick.« Carl tat etwas interessantes: er dirigierte das Gespräch, eigentlich schubste er den Vater sogar herum, und zugleich

schmeichelte er ihm, wandte sich ihm direkt zu, so daß es ihm schwer werden mußte abzulehnen.
Väter *sind* in der modernen Familie für gewöhnlich Außenseiter, und oft finden sie es sehr unangenehm, zur Familientherapie zu gehen. David war ein typischer Vater; er bemühte sich, die Aufmerksamkeit von sich selbst abzulenken. Ließen wir das geschehen, so würden wir einen Fehler machen, denn obwohl er so eifrig darauf aus war, die Aufgabe seiner Frau zu übertragen, würde er es uns wahrscheinlich übelnehmen, wenn wir es zuließen. Die meiste Zeit ist die Mutter das psychologische Zentrum der Familie; ließen wir sie so bald in den Mittelpunkt rücken, so würde der Vater sich mehr und mehr ins Abseits gestellt sehen, bis er sich endlich in der Therapie genauso isoliert und einsam fühlte wie zu Hause. Wenn überhaupt jemandem zuzutrauen war, daß er den Abbruch der Therapie herbeiführte, so war es der Vater, und wir stellten ihn bewußt etwas in den Vordergrund, damit er von Anfang an einen guten Eindruck bekam. Frauen kennen sich in der interpersonellen Welt, der Welt der Gefühle, besser aus, und wir versuchten, diese gesellschaftlich bedingte Schwäche der Männer auszugleichen. Außerdem stellten wir klar, daß *wir* die Treffen leiteten und bestimmten, wer wann zu wem sprach. Wieder dieser unangenehme – aber auch unvermeidliche – Beigeschmack des Machtkampfs.
Der Vater zögerte. »Na ja, also gut.« Eine Pause, während der er nachdachte. Seine Schultern wurden von der Last förmlich niedergedrückt, die Brauen zogen sich zusammen, das Gesicht war vor Anspannung bleich. »Claudia«, sagte er und suchte wieder nach Worten, »hat seit einer Weile Schwierigkeiten, ich meine psychische Schwierigkeiten. Ich weiß gar nicht, wann oder wie es angefangen hat, aber im letzten Jahr ist es immer schlimmer geworden. Seit kurzem ist es einfach unmöglich.«
Ich hatte erwartet, daß er über Claudia sprechen würde, aber erfreulicherweise war aus seinen Worten auch noch etwas anderes herauszuhören. »Sie sagten ›es‹ sei unmöglich. Das klingt so, als gäbe es da noch etwas anderes als Claudia. Können Sie erklären, was dieses ›es‹ ist?« Es schien den Vater etwas aus der Fassung zu bringen, daß er von zwei eng zusammenarbeitenden Leuten befragt wurde. Da Carl und ich aber dicht nebeneinander saßen, mußte er den Kopf ganz leicht drehen, um mich anzusehen.
Er seufzte. »Das ›es‹ ist ständiger Konflikt. Der Streit findet meist zwischen Claudia und ihrer Mutter statt, und Gegenstand kann dabei offenbar *alles* sein – Claudias Zimmer, ihre Hausaufgaben,

ihre Freunde, ihre Verabredungen, die Art, wie sie sich kleidet. Sie tut genau das Gegenteil von dem, was ihre Mutter möchte.«
»Und welche Rolle spielen Sie dabei?« fragte Carl.
Die Frage brachte den Vater in Bedrängnis. »Ich bin mir nicht sicher. Manchmal denke ich, daß Carolyn zu hart mit ihr ist, und dann verteidige ich Claudia. Das macht Carolyn natürlich wütend. Manchmal ärgere ich mich aber auch über Claudia, vor allem in letzter Zeit, und dann ergreife ich Carolyns Partei, aber das scheint wieder für Claudia verheerend zu sein. Manchmal versuche ich mich rauszuhalten, aber das bringt auch nichts. Dafür ist die ganze Sache schon zu verfahren.«
»Was meinen Sie mit verfahren?« fragte ich.
»Na, Claudia ist letzte Nacht um halb drei nach Hause gekommen. Und das war seit einer Woche das erste Mal, daß sie zu Hause war. Wir wissen nicht, wo sie schläft oder gar mit wem. Und wenn sie da ist, dann schließt sie sich in ihr äußerst unordentliches Zimmer ein und dreht das Radio auf. Vor einem Monat verschwand sie einfach, um mit ihrem Freund per Anhalter durch das ganze Land zu ziehen.« Er sah bleich aus und wirkte gequält. Verstohlen blickte er seine Tochter an.
Claudia saß steif und schweigend neben ihm, die Augen niedergeschlagen. Sie trug ein kurzärmliges, verwaschenes Jeans-Hemd und schmutzige, verwaschene blue Jeans. Das Haar hatte sie hochgebunden; es wurde von einer handgearbeiteten Silberspange gehalten. Ein abstrakter Schmuck hing an einer Silberkette um ihren Hals. Wie verschieden sahen Mutter und Tochter doch aus: die Mutter ebenso sorgfältig gekleidet wie beim letztenmal, die Tochter sorgsam bedacht, den Stil ihrer Altersgruppe zu wahren. Beide trugen allerdings den gleichen ungewöhnlichen Silberschmuck. Ich machte mir Gedanken über diese Parallele.
Der Vater fuhr fort, seine Stimme klang jetzt kraftvoller, fast aggressiv. »Aber wenn es einfach nur Streit wäre, einfach Claudias Ausfälle und ihr Weglaufen, würde ich mir nicht so viel Sorgen machen. Da ist noch mehr. Seit einiger Zeit spricht Claudia über ihre Lebensphilosophie, die ich sehr komplex, aber auch sehr beunruhigend finde. Sie spricht von fünf Ebenen der Wirklichkeit, und die unteren Ebenen scheinen ziemlich hoffnungslos zu sein, öde. Claudia dichtet und hat eine Begabung für Musik, und in letzter Zeit geht es in ihren Gedichten immer um den Tod.« Was in seiner Stimme wie Ärger geklungen hatte, war in Wirklichkeit Angst; er versuchte, zu seiner Tochter durchzudringen. Und das

gelang ihm anscheinend, denn während er sprach, begannen ihr die Tränen über die Wangen zu laufen. Während sie leise weinte und die Tränen sich in Tropfen an ihrem Kinn sammelten, sah ich, daß ihre Augen schon verquollen waren, weil sie an dem Tag wohl schon geweint hatte.

Der Vater wollte weitermachen, als ob die Enthüllungen, einmal angefangen, zu Ende geführt werden mußten. »Aber da ist noch mehr. Claudia hat eine Menge körperliche Probleme. Mysteriöse Schmerzen und ein Klingeln in den Ohren, aber es lassen sich keine physischen Ursachen dafür finden.« Je mehr Enthüllungen über Claudia gemacht wurden, desto deprimierter und verwirrter wurde sie. Sie hatte aufgehört zu weinen und saß da mit glasigen Augen und leerem Gesichtsausdruck. Ich fragte mich, ob sie wohl schizophren sei. Oder nur sehr deprimiert und verängstigt. Die Schmerzen konnten auf Depression hindeuten, das Klingeln in den Ohren auf Angst, aber das mit den fünf Ebenen der Wirklichkeit klang doch schon bedrohlich.

Das Gespräch hatte sich schnell auf Claudia, den »Patienten«, zugespitzt und schien unausweichlich darauf hinzusteuern, daß sie als nächste befragt wurde – über sich, ihre Symptome und ihre Sicht der Probleme.

Die Aufmerksamkeit der Familie hatte sich so sehr um Claudia zusammengezogen, daß Carls nächster Schritt die ganze Familie verblüffte. Ich hatte es allerdings erwartet und hätte es selbst auch nicht anders gemacht. »Mir ist schon klar, was mit Claudia los ist«, sagte er mit einer Spur von Schärfe in der Stimme, »und ich möchte mal für eine Weile von ihr wegkommen. Können Sie über die Familie als Ganzes sprechen? Wie sehen Sie sie?«

Unsere Fragen über Claudia hatten sie dem gleichen Druck ausgesetzt, den sie auch zu Hause immer spürte; sie fühlte sich ausgeforscht, angeklagt, bloßgestellt. Und Carl wollte ihr diese Last abnehmen, indem er sie fürs erste aus der Schußlinie brachte. Sie würde schon noch drankommen.

Den Vater brachte die Frage etwas durcheinander. »Wie meinen Sie das?«

Carl, wie aus der Pistole geschossen: »Wie ist die Familie? Still oder laut? Organisiert oder zerfahren? Brummig oder liebevoll? Wie ist sie aufgebaut? Was gibt es für Teams oder Koalitionen? Wie sehen die verschiedenen Rollen aus?«

Der Vater blickte immer noch verwirrt drein. »Für welche dieser Fragen soll ich eine Antwort versuchen?«

Carls Stimme wurde wieder entspannter. »Welche Sie wollen. Ich möchte nur einen Eindruck davon bekommen, wie Sie das ganze Team sehen.«

Der Vater gab sich große Mühe, dachte über Carls Fragen nach. »Ich glaube, wir sind im allgemeinen eine recht ruhige Familie und ziemlich traditionell. Ich bin Anwalt und sehr beschäftigt, und ich erwarte wohl einfach, daß zu Hause alles glatt geht.« Er schien ganz in Gedanken versunken, sprach mehr zu sich selbst, während er sich über die Familie klarzuwerden versuchte. »Meine Frau und ich kommen gut miteinander aus, stimmen in den meisten Dingen überein, nur bei Claudia nicht, glaube ich.« Dann stockte er, kam anscheinend nicht weiter. Wieder war er bei Claudia angekommen; über den anderen Gegenstand, die Familie als Ganzes, ließ sich anscheinend nur schwer etwas sagen. Darauf war er nicht vorbereitet.

Don fingerte an einem Riemen seiner Sandale herum. Ich sprach ihn an. »Kannst du ihm helfen? Wie siehst du die Familie?«

Er schaute hoch. »Die ist schon in Ordnung. Nur leicht vermurkst, sagen wir mal.«

»Wie zeigt sich das Vermurkste?« fragte ich. Die Leute zum Reden zu bringen, macht einen so großen Teil unserer Arbeit aus. Don beschwerte sich über die Streitigkeiten. Sie drehten sich immer im Kreis. Hatte er eine Ahnung, wer anfing, oder trug jeder seinen Teil dazu bei? Sein Zynismus war hilfreich; er bejahte, daß jeder seinen Teil beitrug. Wir fragten ihn, ob er die verschiedenen Schritte im Familientanz erkennen konnte. Wie fing es an?

Don schien zu wissen, worauf unsere Fragen abzielten. »Also, Claudia macht irgendwas, schauderhafte Unordnung in ihrem Zimmer, vergißt Bücher in der Schule, kommt zu spät nach Hause – das war, bevor es so schlimm wurde wie jetzt – und Mama schreit sie an. Claudia verschwindet schmollend in ihrem Zimmer. Dann kommt Papa nach Hause, und Claudia ist oben, und Papa versucht rauszukriegen, was mit ihr los ist. Dann sagt Mama zu mir irgendwas von wegen Papa ergreift Claudias Partei, oder sie sagt überhaupt keinen Ton mehr. Papa kommt wieder nach unten und Claudia, ganz verheult, eine halbe Stunde später. Eine ganze Weile spricht keiner mit keinem. Das ist dann immer ein nettes Abendessen.« Ein Elfjähriger, der wirklich wußte, was los war.

Wir befragten ihn darüber, was sich in den letzten Monaten geändert habe, und auch das wußte er. »Neuerdings hängt Claudia nicht mehr herum. Wenn sie wütend wird, dann schreit sie Mutter kurz an, ein, zwei Worte, und weg ist sie. Sie geht raus, schmeißt die Tür zu und läßt sich vielleicht zwei Tage nicht mehr blicken. Das passiert fast immer, wenn Papa zu Hause ist, und Claudia ist noch keine zehn Minuten weg, dann streiten Mama und Papa schon. Na ja, streiten will ich nicht direkt sagen. Es ist eher so eine halb angeheizte Diskussion. Mama sagt, sie ruft die Polizei oder so was, und Papa sagt, laß sie nur, sie kommt schon wieder.« Wir fragten ihn, ob er etwas gegen die Streitigkeiten unternahm, und er sagte, daß er bei solchen Gelegenheiten nicht viel tun konnte, außer seine kleine Schwester zu ärgern. »Wenn sie anfängt zu weinen, dann hören sie auf.«

Carl und ich sahen uns kurz an und lächelten flüchtig, weil wir beide das gleiche Muster erkannt hatten. Dann sagte Carl: »Klingt so, als wäre Claudia dafür zuständig, Mama und Papa zum Streiten zu bringen, und du und Laura dafür, daß sie wieder aufhören.« Don drehte den Kopf und grinste, als wollte er sagen, der Gedanke sei gar nicht so schlecht.

Wir fragten Don, ob Claudia das einzige sei, worüber die Eltern sich stritten, und er sagte ja. Wie lange stritten sie sich schon? Sechs Monate. Davor keine Streitigkeiten? Nein, keine. Und wie war es jetzt, wenn sie stritten? Wie laut wurden sie? Don: »Nicht sehr laut. Wie ich gesagt hab, halb angeheizt. Mama grummelt laut, und Papa grummelt einfach nur.«

Dann fragten wir ihn, ob es noch andere Dinge gab, wegen denen sie einander böse waren, über die sie aber nicht stritten. Don fand diese Frage interessant und nahm sich Zeit, darüber nachzudenken. Schließlich: »Ja, ich glaube ja. Mama kann es nicht ausstehen, daß Papa so viel arbeitet. Er arbeitet *immer*. Und wenn er nach Hause kommt, geht er nach oben in sein Arbeitszimmer und arbeitet weiter. Aber bei ihm beschwert sich Mama nicht darüber. Sie sagt es mir.«

Plötzlich fiel mir eine Parallele auf. »Das ist also ein Grund, weshalb Mama so böse wird, wenn Claudia sich in ihrem Zimmer versteckt – sie verhält sich wie ihr Vater.« Don machte bedeutungsvoll »hm«, und es war deutlich zu sehen, daß beide Eltern und Claudia betroffen waren. Ich blickte die Eltern an; sie schienen zurückzuweichen, sahen erschrocken aus, als wären sie plötzlich über eine Schlange gestolpert und wüßten nicht, ob sie giftig war. Carl und ich waren die Schlangen, die ihren Sohn einem Verhör über ihre Beziehung unterzogen. Was dabei herauskam, muß in der Tat beunruhigend gewesen sein, denn Dons Bereit-

schaft zu sprechen war wohl einer der unbewußten Gründe, weshalb sie ihn bei der ersten Sitzung nicht dabei haben wollten. Er war gerade alt, aufmerksam und unbeteiligt genug, um uns bei der Sondierung der Familie eine großartige Hilfe zu sein.
»Und worüber«, fragte Carl Don, »ist Papa böse, das er Mama nicht offen vorwirft?«
Wieder dachte Don nach. Dann schien es ihm einzufallen. »Ihre Mutter.« Pause. »Wissen Sie, Mamas Mutter ist eine wirklich alte Dame, aber ziemlich anspruchsvoll und ziemlich laut. Sie ruft Mama oft an, und Mama muß sie oft besuchen. Papa macht es verrückt, daß Mama sich von ihr sagen läßt, was sie tun soll, und er ist wütend über die Telefonrechnungen und die Flugkosten.«
»Woher weißt du denn das alles?« fragte Carl.
»Ich hab mal zufällig gehört, wie Papa mit Claudia gesprochen hat.«
Carl: »Papa beschwert sich also bei Claudia und Mama bei dir. Sind so die Teams in der Familie besetzt? Claudia mit Papa und du mit Mama?«
Don: »Ja, scheint so, aber ich will mit keinem in einem Team sein, ehrlich. Ich will mich da raushalten.« Jetzt sah er sehr bekümmert aus; er spürte den tiefen Graben, der die Familie teilte.
»Ich weiß«, sagte Carl mit einer seltsamen Mischung aus Mitgefühl und Frotzelei in der Stimme. Er verstand, aber natürlich war er nicht Gefangener seines Mitgefühls. An diesem Punkt blieb er auf Distanz, eine Distanz, die ebenso wie eine gelegentliche leichte Schärfe notwendig ist. Ohne eine Perspektive, die es ihm erlaubte, den Akzent immer wieder zu verschieben, würden wir vielleicht immer noch alle auf Claudia einreden, um herauszufinden, was mit ihr los war. Statt dessen erkundeten wir die Familie, versuchten Strukturen, Stimmungen, Verhaltensmuster aufzudecken, die tiefer lagen und wichtiger waren als Claudias Probleme, so ernst sie auch waren. Diese diagnostischen Schnitte waren für die Familie, vor allem für die Eltern, natürlich kein Vergnügen.
Aber Claudia erlebte diesen Vorgang ganz anders. Da wir uns von ihr und ihren Problemen entfernt hatten, wirkte sie wacher, interessierter und erleichtert. Sie saß ganz still und gesammelt da und hörte jedes Wort.
Laura hatte ihren Schaukelstuhl wiedergefunden. Carl hatte ihr Papier und Bleistift gegeben; sie malte und schaukelte ganz leicht dabei. Sie schien kein Ohr für die Diskussion zu haben.
Carl wandte sich ihr jetzt zu. Seine Stimme wurde wärmer, als er

sie ansprach, er lächelte: »Mit wem bist du denn in einer Mannschaft?«
Laura hatte anscheinend gewartet. »Mit keinem«, sagte sie und zog eine Schnute.
Carl, immer noch lächelnd: »Na so was! Will denn keiner bei dir mitmachen? Wie willst du dich denn gegen deinen Bruder behaupten, wenn keiner dir hilft? Wo er doch größer ist als du.«
»Mama hilft mir«, sagte sie und lächelte jetzt auch ein wenig. »Und manchmal Papa.«
Carl, in gespielter Entrüstung: »Oh! Das ist aber ungerecht! Mama *und* Papa in deiner Mannschaft. Kein Wunder, daß dein Bruder sauer ist.« Dann wieder ernsthaft: »Sag mal, wie findest denn du die Familie? Was hältst du von den Meinungsverschiedenheiten zwischen Mama, Papa und Claudia?«
Lauras Gesicht überwölkte sich; mit leiser, kummervoller Stimme sagte sie: »Sie machen mir Angst.«
Carls Stimme wurde fast so leise wie Lauras, und sie klang warm. »Über wen ängstigst du dich am meisten?«
Sie dachte eine Weile nach. Dann: »Claudia.«
»Was meinst du denn, was passieren könnte?«
Lauras Stimme wurde noch leiser. »Daß sie weggeht und nicht wiederkommt.«
»Und dann?«
Sie begann ein wenig zu weinen, ein paar Tränen, mit gepreßter Stimme brachte sie hervor: »Mama und Papa werden so böse aufeinander sein, daß sie sich scheiden lassen.«
Ich fragte mich, ob Claudias »Weggehen« noch mit einer anderen heimlichen Vorstellung verbunden war. Ich fragte Laura, und auch in meiner Stimme war deutlich das Mitempfinden zu hören: »Hast du Angst, daß sie sich umbringt?«
Und jetzt brach sie in Tränen aus. So schnell hatte sich ihre Stimmung von Verdrießlichkeit über stillen Ernst zu offenem Schmerz gewandelt. Ich war überrascht. Ich hatte nicht erwartet, daß sich in diesem anscheinend so glücklichen Kind so tiefe und schmerzhafte Phantasien verbargen. Scheidung, Selbstmord – was mochte sie wohl noch bekümmern?
Schließlich beruhigte sie sich wieder und sagte leise: »Ja, das macht mir auch Sorgen. Ich hab gehört, wie Mami und Papi darüber gesprochen haben, und ich muß immer daran denken.«
Carl beruhigte sie: »Na, deswegen sind wir ja wohl hier – damit sie sich nicht umbringen muß, um die Familie zu ändern.«

Damit schien sie zufrieden zu sein; sie ließ sich erleichtert in den Schaukelstuhl zurücksinken. Die Atmosphäre im Zimmer hatte sich geändert: weicher, weniger argwöhnisch und gespannt. Alle empfanden Zärtlichkeit für Laura. Manche Therapeuten sagen vielleicht, ein Kind in diesem Alter und in dieser Stellung innerhalb der Familie könne ruhig zu Hause bleiben. Sie war schließlich nicht das »Problem«, und was sie zu hören bekam, konnte ihr womöglich schaden. Aber sie hatte es immerhin fertiggebracht, die ganze Atmosphäre des Gesprächs innerhalb von Minuten zu verwandeln; wir fühlten uns jetzt alle wohler. Der Tonfall in Carls Stimme machte es ihr möglich zu weinen, und das blieb auch auf die Familie nicht ohne Wirkung. Hier war endlich ein zugleich warmherziger und entschlossener »Vater«. Es war auch für Laura selbst wichtig, daß sie ihre qualvollen Phantasien mitteilen und darüber weinen konnte. Wahrscheinlich hatte sie diese Gedanken noch niemandem mitgeteilt.

Wir schwiegen alle einen Augenblick, und in dieser Zeit dachte ich über die Geheimhaltungstendenzen in Familien nach. Diese Familie wirkte kaum anders als Hunderte andere, die ich kennengelernt hatte. Alle waren eifrig bemüht, ihre Geheimnisse zu wahren, und doch wußte offenbar jeder über alles Bescheid. Selbst Laura wußte von den Selbstmordgedichten. Was sie erfolgreich verbargen, war ihr Schmerz. Sie alle waren isoliert und einsam.

Das Schweigen war der Umschlagspunkt dieser Sitzung. Von der Sondierung aus waren wir zu einem Versuch übergegangen, die Probleme für die Familie zu definieren – auf eine Art vielleicht, die ihnen noch nie in den Sinn gekommen war. Jetzt konnten wir uns der Mutter zuwenden. Weil sie eine so entscheidende Rolle in der Familie spielte und sicher zu allen Dingen viele Gefühle hatte, wollten wir ihre Äußerungen nicht an den Anfang stellen. Aber jetzt war die Zeit gekommen.

Carolyn Berger war ärgerlich. Sie saß in gespielter Gelassenheit auf dem Sofa, die Beine übereinander geschlagen, aber man sah ihr doch an, daß sie sich körperlich und seelisch unwohl fühlte. Der Vater erschien wie von einer unsichtbaren Last niedergedrückt, aber sie wirkte wie jemand, der von allen Seiten bedrängt wird, und ihre dunklen Augen blitzten eine Warnung in die Runde, daß sie sich in die Enge getrieben fühlte und böse war.

Carl machte den Anfang: »Könnten Sie jetzt mal Ihre Ansicht über die Familie darlegen, Mama?«

Sie biß sich leicht auf die Lippen und wandte sich Carl zu. »Mir

fällt es schwer, über die Familie zu sprechen; ich rege mich so über Claudia auf und bin so wütend auf sie.«
»Wär schön, wenn Sie es trotzdem versuchen würden«, sagte Carl.
Ein langer, tiefer Seufzer der Entmutigung.
Carl: »Sie könnten mit Ihrem Seufzer anfangen. Welchen Grund hat er?«
Carolyn: »Oh, ich hab nur über die Familie nachgedacht und plötzlich war ich deprimiert. Es ist alles so verworren und kompliziert, daß ich nicht weiß, wo ich anfangen soll.«
Carl: »Was ist für Sie das Schlimmste.«
»Der Kampf mit Claudia.«
»Was noch?« fragte ich. Sie blickte mich an. »Die Sache mit David. Ich wußte, daß wir davon sprechen würden – das mußte ja kommen.«
Ich war überrascht, daß sie so leicht darüber sprechen konnte, und nahm den Faden auf. »Was stimmt denn nicht mit der Ehe?«
Ihre Augen begannen sich mit Tränen zu füllen. »Oh, nichts«, sagte sie. »Ich frage mich nur manchmal, ob sie jemals wirklich existiert hat. Bis letztes Jahr dachte ich, sie wäre in Ordnung – er ging arbeiten, ich sorgte mich um die Kinder und das Haus, und alles schien ganz glattzugehen.« Ihre Stimme bekam einen versonnenen Ausdruck. »Vielleicht zu glatt.«
»Und dann?« fragte ich.
Sie blickte hoch, sprach wieder ganz normal. »Dann fiel alles auseinander. Diese Sache mit Claudia hat einfach alles kaputtgemacht, was wir hatten. Wir streiten uns jetzt ständig darüber. Wir geben uns gegenseitig die Schuld und wissen nicht, was wir tun sollen.«
Carl schien eine Frage zu beschäftigen. »Wie war es denn vor der Zeit als es auseinanderfiel? Fanden Sie damals auch schon, daß mit der Ehe etwas nicht stimmte?«
»Nein.«
»Und wie ist es jetzt, wenn Sie zurückblicken? Sehen Sie jetzt etwas? Wie steht's mit dem, was Don gesagt hat?«
»Sie meinen über die Arbeiterei meines Mannes und meine Probleme mit meiner Mutter.«
»Ja, das«, sagte Carl. Er lächelte. »Es kommt einem nämlich, in der Sprache der Therapie ausgedrückt, so vor, als hätte er ein Verhältnis mit seiner Arbeit und Sie mit ihrer Mutter.«
Carolyn runzelte die Stirn; sie war verwirrt und versuchte zu begreifen, worauf Carl abzielte. »Es stimmt schon, daß ich mich

über die Arbeit geärgert habe. Ich tu es immer noch. Und er war immer böse auf meine Mutter.«
Ich merkte, worauf Carl hinauswollte, und das war wichtig. Eine der Freuden unserer Zusammenarbeit ist, daß wir uns so gut kennen. Wir sind bei therapeutischen Gesprächen fast wie eine Person. Ich schaltete mich wieder ein: »Haben Sie nicht das Gefühl, daß Sie und Ihr Mann sich schon voneinander entfernt hatten, bevor die Schwierigkeiten mit Claudia anfingen?« Sie sagte ja, das könne sie wohl sehen. Sie war schon früher unglücklich darüber, daß sie mit den Kindern so oft allein war. Ich wollte wissen, wann diese emotionale »Scheidung« begonnen hatte. War sie schon von Anfang an da? Nein, das glaubte sie nicht. Sie waren sich in den ersten Jahren ihrer Ehe sehr nahe, und sie waren sehr glücklich. Wann kam der Wandel? Als die Kinder da waren, glaubte sie, und als er immer mehr arbeiten mußte. Und wann war das? Nach etwa acht Jahren Ehe. Glaubte sie, daß es nur die Arbeit und die Kinder waren, was sie einander entfremdet hatte? Ja.
Ich war noch nicht zufrieden, sah aber mit Erstaunen, wie leicht sie über die Ehe sprechen konnte. Hätten wir das Gespräch mit ihr begonnen, so wäre das wohl nicht möglich gewesen. Sie hätte sich dann sicher nicht von ihrem Streit mit Claudia lösen können. In meiner nächsten Frage formulierte ich einfach eine Vermutung. »Wie war es in der frühen Zeit mit der Abhängigkeit zwischen Ihnen und Ihrem Mann? Waren Sie sich ihrer bewußt?«
Sie schien erstaunt. Was konnte ich davon wissen? »Ja, ich glaube, wir waren sehr voneinander abhängig. Auf eine seltsame Art sind wir es immer noch.«
»Ich glaube auch«, sagte ich, ohne eine Erklärung dazu anzubieten. »Vielleicht ist es das, was Sie voneinander entfernt hat, vielleicht hat er sich deshalb so sehr in seine Arbeit gestürzt und Sie sich immer mehr auf die Kinder und Ihre Mutter konzentriert, weil die Abhängigkeit in der Ehe Sie erschreckte. Die Ehe mag Ihnen so vorgekommen sein, als würde sie Sie beide verschlingen.« Ich sagte das mit einem besonderen Tonfall in der Stimme, so als würde ich nicht direkt zu ihr sprechen, sondern zu einem sensiblen aber schwer zugänglichen Teil von ihr, der irgendwie hinter der Ebene des rationalen Bewußtseins lag und hörte, was ich sagte. Sie hörte sehr gut, was ich sagte, aber man sah deutlich, daß es ihr nicht gefiel. Sie zuckte bei meinen Worten zusammen. Auf diese Art in das Leben einer Person einzudringen, ist sehr bedrohlich. Wir waren zugleich freundlich und unnachgiebig, und das ließ uns

doppelt gefährlich erscheinen. Unsere Vorstöße waren schwer abzuwehren.

Carolyn dachte vielleicht, ich hätte eine besondere Kraft, die mich erraten ließ, daß sie am Anfang ihrer Ehe sehr von einander abhängig gewesen waren, aber das ist nicht so. Man muß nicht einmal hundert Familien gesehen haben, um zu erkennen, daß dieses Dilemma vorhersagbar ist. Die meisten von uns – und Psychotherapeuten sind damit auch gemeint – heiraten den großen Traum von der glücklichen Ehe. Die Ehe soll jener glückliche Zustand sein, wo wir all die Pflege und Zuwendung und Liebe und sogar die guten Ratschläge erhalten, die unsere Familien uns vorenthielten. Die Ehe soll uns helfen, von uns selbst einen besseren Eindruck zu bekommen; sie macht das Leben einfacher und sicherer. Und siehe da, normalerweise tut sie das auch – eine Zeitlang. Wir bilden eine sehr feste Einheit gegenseitiger Abhängigkeit, und wir helfen einander, wo es nur geht: Ratschläge, Sympathie, Bemutterung, Belehrungen. Wir haben einander viel zu geben.

Aber früher oder später erweist sich dieses psychotherapeutische Projekt, die Bemutterung, die anfangs so schön war, als ein Fehlschlag. Viele Gründe sind dafür verantwortlich, von denen wir die meisten später noch behandeln werden, aber die Hauptursache besteht darin, daß beide Ehepartner Angst bekommen, sie würden ihre individuelle Identität in der Abhängigkeit genauso verlieren wie in der Familie, in der sie aufgewachsen sind. Die Ehe kommt ihnen immer mehr wie eine Falle vor, eine Nachbildung ihrer Ursprungsfamilien. Sie fangen an, auf Abstand zu gehen, werden mißtrauisch. Und sie mißtrauen mit Recht, denn wie kann man sich gefahrlos in die Abhängigkeit eines Menschen begeben, mit dem man zugleich um die Oberhand in der Beziehung kämpft? Blieben die Partner dabei, einen bestimmten Abstand zu halten, und würden sie das Alleinsein eine Weile ertragen, so wäre das Problem vielleicht gelöst. Sie würden die Abhängigkeit überwinden und die Ehe wäre keine solche Bedrohung mehr. Aber das geschieht meist nicht. In der Regel finden sie einen Ersatz für die Abhängigkeit.

Carolyn nickte schwach, ihre Augen hingen an dem Farbengewirr des Teppichs. Dann blickte sie mich ratlos an. »Also, was ist denn passiert?«

Ich lächelte über diese allumfassende Frage; sie schien anzunehmen, daß ich irgendwie alles verstand. Ich konnte diese Frage nicht beantworten, aber doch wenigstens auf sie eingehen. »Ich weiß wirklich nicht, was passiert ist, aber ich kann Vermutungen anstellen. Ich denke mir, daß Ihre Nähe Sie beide erschreckt hat, daß sie voreinander zurückgewichen sind und eine andere Nähe als Ersatz gefunden haben. Er hat sich ganz in seine Arbeitswelt gestürzt, Sie haben sich völlig den Kindern gewidmet und vielleicht die Beziehung zu ihrer Mutter neu geknüpft. Aber die Abhängigkeit und all die anderen Probleme veränderten sich dadurch nicht. Sie wurden verdeckt und warteten nur darauf, Sie wieder einzuholen.«

Meine Worte klangen immer theoretischer, etwas, das ich an mir selbst nicht mag. Eine meiner Schwächen als Therapeut ist, daß ich intellektualisiere, und jetzt war ich gerade wieder dabei. Es würde noch reichlich Gelegenheit geben, die Dynamik der Ehe zu erläutern. Es entstand eine Pause, in der Carolyn über das nachdachte, was ich gesagt hatte oder darauf wartete, daß ihr noch eine Frage kam. Carl sah diese Lücke als eine Gelegenheit, uns wieder in Schwung zu bringen. Er sprach Claudia an. »Du scheinst dich zu langweilen. Kannst du uns sagen, welchen Platz du in dem Ganzen einnimmst? Wie siehst du die Familie und die Rolle, die du in ihr spielst?«

Claudia erbleichte. Ihr war es offenbar ganz lieb gewesen, nichts sagen zu müssen. In ihren Augen flackerte Angst auf, aber sie beruhigte sich wieder. Leise begann sie zu sprechen, versuchte, ihre Gefühle zu verbergen. »Ich glaube, ich habe gar keinen Platz in der Familie, wenigstens kann ich keinen finden.« Ich fragte, was sie damit meinte, und sie fuhr fort: »Naja, keiner scheint mit mir zufrieden zu sein, jedenfalls nicht meine Eltern, am allerwenigsten meine Mutter.« Ein Unterton von Zorn kam in ihre Stimme und sie blickte kurz zu Carolyn hinüber. Die Mutter veränderte ganz leicht ihre Haltung, richtete sich auf die Tochter aus und auf die Diskussion, die sie jetzt kommen fühlte. Es war, als hätten sie auf diesen Augenblick gewartet, auf ein Wort, das ihnen erlauben würde zu streiten.

Aber Carl war nicht daran interessiert, sie streiten zu lassen, und ich auch nicht. Nicht daß wir etwas gegen Streiten hätten – keineswegs –, aber es bringt die Familie einfach nicht voran, wenn sich gleich in der ersten Therapiestunde der übliche Familienkrach abspielt. Sie gehen dann mit dem Gefühl nach Hause, daß ihnen die Therapie nichts Neues geboten hat. Wir möchten am Anfang einen Waffenstillstand, so daß wir die Familie unauffällig an die Analyse ihrer eigenen Probleme heranführen können. Vielleicht erhält die Familie dabei wenigstens *eine* neue Idee und bekommt einen Eindruck von uns und von dem, was wir vorhaben.

Carl: »Kannst du was über dieses andere Ding sagen, das man so schwer in den Griff kriegt – die ganze Familie? Wie siehst du sie?«

Claudia war ratlos, genauso verwirrt von dieser Frage wie die anderen. »Ich weiß nicht, was Sie meinen. Was wollen Sie denn wissen?« Es schien sie zu irritieren, daß wir sie davon abhielten, mit ihrer Mutter zu streiten.

»Du hast anfangs gesagt, du hättest keinen Platz in der Familie. Hast du das wörtlich gemeint? Gibt es innerhalb der Familie keinen Freiraum für dich, den du als deinen eigenen empfindest? Nicht mal dein Zimmer?«

Claudia warf ihrer Mutter einen finsteren Blick zu. »Am wenigsten mein Zimmer.« Ihre Stimme klang bitter. »Mein Zimmer gehört meiner Mutter. Mir gehört darin gar nichts. Sie liegt mir *ständig* deswegen in den Ohren.« Und dann noch ein Zusatz: »Und sie ist unglaublich neugierig.«

Diesmal konnte sich die Mutter nicht mehr beherrschen. Sie beugte sich in Claudias Richtung vor, ihr Blick heftete sich an die Augen der Tochter; der seltsame Zornmagnet, der sie aufeinander ausrichtete, war wieder in Aktion. »Claudia, das stimmt doch einfach nicht. Ich beschwere mich nur über dein Zimmer, wenn die Unordnung absolut *unmöglich* geworden ist. Und ich finde deine Bemerkung über meine Neugier *unglaublich*. Ich hab so was nicht getan. Ich habe dein Zimmer lediglich manchmal saubergemacht, wenn ich die Unordnung einfach nicht mehr mit ansehen konnte.«

Claudia lief vor Zorn rot an. »Und während du sauber gemacht hast, mußtest du meine Briefe von John lesen!«

Jetzt mußte die Mutter doch in die Defensive. »Na ja, ich hab mir halt Sorgen gemacht. Du erzählst mir ja nie irgendwas über dein Leben, und als Mutter hab ich das Recht, mir Sorgen zu machen!«

»Aber nicht herumzuschnüffeln!«

»Nenn es wie du willst. Ich nenne es Sorge um dich.«

Um ihre Aufmerksamkeit auf mich zu ziehen, streckte ich eine Hand zu Carolyn aus wie um ihre Hand zu ergreifen. »Mama, darf ich Sie unterbrechen? Wir kommen gleich auf Sie zurück. Jetzt brauchen wir erst mal Claudias Bericht von dieser Sache.«

Carolyn war immer noch böse auf ihre Tochter, aber jetzt begann sie, ihren Zorn auf mich zu übertragen. »Aber sie stellt es falsch dar.«

Ich: »Ich weiß. Jeder von euch weiß ganz gut, wie er den anderen auf die Palme bringt und in einen Streit verwickelt. Aber wir wollen herausfinden, was los ist, und das können wir nicht, wenn ihr immer nur streiten wollt.«
Carolyn sank wieder in die Couch zurück; sie sah deprimiert aus. »Also gut.«
Während ich den Streit beendete, hatte Carl anscheinend über die Situation nachgedacht. Er tauchte aus seinen Gedanken auf und lächelte Claudia an. »Vielleicht ist das ein Beispiel für das, worüber du gesprochen hast.«
Claudia sah wieder verwirrt aus. Carl macht so etwas oft. Er sagt etwas Rätselhaftes, um die Aufmerksamkeit der Leute zu wecken, und erklärt es dann. Immer noch halb in Gedanken versunken fuhr er fort: »Nun, wir haben dich doch gebeten, über *dich* und *deine* Ansicht von der Familie zu sprechen. Dadurch haben wir dir sozusagen Zeit und Raum innerhalb dieses Gesprächs zugestanden. Aber du warst anscheinend nur allzu bereit, sie an deine Mutter oder an diesen Streit abzutreten.«
Claudia: »Das versteh' ich nicht. Meinen Sie, daß ich meine Chance zu reden vergeben habe?«
»Natürlich. Ich hab nichts als diesen Streit gehört. Nach deinen ersten Sätzen konnte ich *dich* überhaupt nicht mehr hören.«
Claudia wurde mit dieser Aussage nicht fertig. »Was meinen Sie damit, Sie konnten *mich* nicht hören?«
»Dich als eine einzelne, eigenständige Person. Es war, als ob du in diesem Streit verlorengegangen wärst.«
Wieder drehte sie diese seltsame Vorstellung hilflos hin und her, den Blick nach innen gewendet.
Carl: »Hat sich das so angefühlt: du wurdest einfach darin verwikkelt?«
Claudia, sehr leise: »Ja, ich glaube schon.«
Mich fesselte diese Idee jetzt auch; ich schaltete mich ein und fragte Carl: »Weißt du, mir kam es so vor, als wäre Mutter genauso einfach mitgerissen worden wie Claudia.«
Carl nickte und sprach wieder zu Claudia. »Ja, wie ist es damit? Glaubst du, daß Mutter durch euren Streit genauso verschreckt ist wie du?«
»Verschreckt?« »Ja, über das Bedürfnis, mit dir zu streiten; angenommen, sie kann es auch nicht unterdrücken. Oder glaubst du, daß sie diese Quälerei mitmacht, weil es ihr gefällt?«
»Ich glaube, ihr gefällt es. Sie provoziert mich ständig.«

Ich: »Und du glaubst nicht, daß du sie auch provozierst? Du siehst nicht, was du tust, um *sie* verrückt zu machen? Deinen Schritt im Familientanz sozusagen?« Nein, so sah Claudia das nicht. Sie sah sich selbst als Opfer, und ich glaube, sie fühlte sich auch wirklich so. Sie sah sich selbst als hilflos und ihre Mutter als frei zu entscheiden, was sie tat. Also konnte ihre Mutter ihr nur bewußt und willentlich nachstellen.

Carl und ich arbeiteten jetzt eng zusammen, um Claudias Ansicht über die Familie herauszufinden. Wir hatten den Eindruck, daß Mutter und Tochter angesichts dieses Streits vollkommen hilflos waren. Es juckte ihnen in den Fingern, sich in die Haare zu kriegen, und zugleich verabscheuten sie den Streit. Jede sah die andere als Ursache der Schwierigkeiten, und beide taten sich schwer, ihre eigenen Gefühle und Handlungen zu sehen. Wir waren von Claudias Worten über den Mangel an eigenem Raum innerhalb der Familie ausgegangen, hatten ein Beispiel dafür in der Heftigkeit des Streits gesehen, seine Macht, »sie zu überwältigen«, und wir benutzten diesen Streit jetzt für eine Definition des Familienproblems. Wir wollten auf jeden Fall von der vereinfachenden Vorstellung weg, Claudia sei das Problem. Zumindest sollte die Familie mit einer *etwas* differenzierteren Sicht der Dinge nach Hause gehen. Wir bemühten uns, ihnen zu zeigen, daß das wirkliche Problem die ganze Familie umfaßte und daß es dabei auch um ihre Unfähigkeit ging, ein komplexes und für alle sehr schmerzliches Verhaltensmuster zu vermeiden, das wir ihnen mit dem Ausdruck »Familientanz« umschrieben. Sie zuckten alle zusammen, als wir ihnen sagten, daß sie »tanzten«, denn für sie war es so, als trügen sie alle eisenbeschlagene Schuhe und traten einander meist auf den Zehen herum.

Wir fragten Claudia, was sie sonst noch hinter dem Streit vermutete, ob es da nicht noch etwas Wichtigeres gäbe als ihr unordentliches Zimmer. Auf diese Frage mußte sie passen. Ihr war noch nie in den Sinn gekommen, daß sich hinter den Dingen noch etwas verbergen könnte außer eben Mutters Böswilligkeit ihr gegenüber. Claudia gab sich große Mühe, unsere Fragen zu beantworten, aber trotz unserer Freundlichkeit schien sie sich ein bißchen als Angeklagter zu fühlen – genau wie zu Hause. Während sie sprach, rutschte sie im Sessel hin und her, schaute nervös immer wieder zu Vater und Mutter hin. Sie saß zwischen ihnen, und es war für sie nicht leicht zu verfolgen, wie die beiden auf das, was sie sagte, reagierten. Ich hatte den Eindruck, daß sie überhaupt nicht mit

Carl und mir sprach, sondern daß alles, was sie sagte, an ihre Eltern gerichtet war. Dieses Gefühl habe ich am Anfang einer Familientherapie oft: die Familie will zwar mit einem Außenstehenden sprechen, aber die Mitglieder sind so in ihren Krieg verstrickt, daß sie es nicht fertigbringen. Jedes Wort zielt heimlich auf irgend jemanden aus der Familie. Man merkt zwar nicht immer, wer Adressat der Sätze ist, aber nach einer Weile kommt man sich mißbraucht vor, weil man selbst nur als ein Objekt benutzt wird, von dem die Sätze abprallen, um ihr wirkliches Ziel zu finden.

Dieses Gefühl hatte ich, als ich Claudia über die ablehnende Haltung ihrer Mutter befragte. »Was glaubst du, was dahinter steckt, Claudia?« Ihr Gesicht war böse und mürrisch, als sie über ihre Mutter nachdachte, und ich bemerkte, daß das Gespräch trotz unseres zivilisierten Verhaltens jederzeit außer Kontrolle geraten konnte. Der Streit zwischen Mutter und Tochter hing über uns wie ein Damoklesschwert.

»Ich weiß nicht«, sagte Claudia. »Ich wollte, ich wüßte es.«

»Was vermutest du denn?« fragte ich.

So sehr sie sich bemühte, sie konnte diesen Punkt nicht einfach diskutieren, sie mußte sich mit ganzer Wucht hineinwerfen. Ihre Stimme wurde beim Sprechen immer wütender. »Ich glaub, sie ist eifersüchtig. Sie hat Angst, daß ich etwas tue, jemanden treffe, mich ein bißchen amüsiere. *Sie* tut nämlich, so weit ich sehe, ganz bestimmt nie irgendwas anderes als immer und immer und immer auf mir rumzuhacken!« Die Worte kamen wie eine blindlings geschlagene Faust, und auf die Mutter wirkten sie unmittelbar wie eine Ohrfeige.

Carolyn wurde rot und starrte ihre Tochter an. »Nein! Das *stimmt* nicht! Aber willst du wissen, was es ist? Willst du das wissen? Deine Widerborstigkeit mir gegenüber ist das! Alles, was du machst, jeder Blick von dir ist *Trotz*! Du tust, als wärst *du* die Mutter, die bestimmt, was gemacht wird, und nicht ich. So, und ich habs jetzt satt! Ich hab die Nase voll, verstehst du?«

Claudia schrie zurück: »Und ich hab von *dir* die Nase voll! Du glaubst vielleicht, du wärst die einzige, die die Nase voll hat! Mir langts auch!« Sie saßen beide auf der Vorderkante der Sitzfläche als zöge etwas sie aufeinander zu, und beide wirkten erschrocken.

Der Vater hatte lange nicht gesprochen, aber gerade als Carl und ich versuchen wollten, die beiden Frauen zu beruhigen, sagte er: »Also Claudia, ich dulde es nicht, daß du so mit deiner Mutter sprichst. Du weißt, wie trotzig du bist, und sie hat ein Recht, sich darüber zu ärgern.« Das war eine jämmerlich schwache Aussage, blaß im Vergleich zur Wut der Frauen. Aber bei Claudia rief sie eine seltsame Wirkung hervor. Sie hatte sich ganz der Mutter zugewendet, so daß David sie jetzt von hinten ansprach. Gerade als sie sich zu ihm umdrehte, kam noch eine wütende Bemerkung von der Mutter. Für einen Moment schwankte Claudia zwischen den Eltern, konnte sich nicht entschließen, wem sie sich zuwenden sollte.

Dann geschah etwas in ihr. Irgend eine Grenze war erreicht. Sie wurde kalkweiß und stand auf. Mit wenigen raschen Schritten war sie an der Tür, Panik in der Stimme, als sie noch sagte: »Ich halt das nicht aus. Ich muß hier raus.« Und dann knallte sie die Tür hinter sich zu.

Die Familie war wie erstarrt; auch Carl und ich waren verblüfft und vor allem unglücklich über diese Wendung. Aber wir hatten so etwas schon oft erlebt und wußten in etwa, was zu tun war. Unser »Kampf um die Struktur« wäre verloren, wenn wir ohne Claudia weitermachten, und würden wir das Gespräch abbrechen, so mußte es der Familie schwach und chaotisch erscheinen. Wir legten ihnen freundlich nahe, Claudia zurückzuholen, damit wir weitermachen konnten. David merkte, daß er der einzige war, der das tun konnte; er zuckte die Schultern und ging nach draußen. Wir übrigen saßen da, immer noch erschrocken, warteten. David kam zurück, Claudia hinter ihm, ihre Augen rot und verschwollen vom Weinen. Sie ließ sich etwas theatralisch in den Sessel fallen, sah die Mutter nicht an.

Alle sahen sehr niedergeschlagen aus. Claudia wirkte kraftlos und erschöpft, und sie weinte immer noch ein wenig. Der Vater saß aufgebracht und gespannt auf der Vorderkante seines Sessels, die Mutter lehnte sich ganz in das Sofa zurück, verwirrt und immer noch wütend. Don und Laura waren still und trübsinnig. Als Claudia und ihr Vater sich wieder hingesetzt hatten, trat eine unangenehme Stille ein.

Carl brach das Schweigen, und als er sprach, sah er Claudia mit einem leichten Lächeln an.

»Soll ich raten?«

Sie brachte ein schwaches Lächeln und ein Nicken zustande.

Carl wandte sich an den Vater; offenbar wollte er Claudia nicht noch mehr unter Druck setzen. »Sie machte sich ganz gut, solange sie mit Mutter allein war, aber als Sie sich einmischten, da wurde es

einfach zuviel. Sie kam zwischen Ihnen und Carolyn sozusagen ins Kreuzfeuer. Haben Sie das bemerkt?«
David blickte verlegen drein. »Da noch nicht; aber jetzt ja.«
Ich unterbrach. »Darf ich einen Vorschlag machen? Warum tauschst du nicht mit deiner Mutter den Platz, Claudia?« Mutter und Tochter blickten sich an, beide verblüfft, und folgten meinem Vorschlag. Jetzt saßen die Eltern zusammen in den Sesseln uns gegenüber. Die Kinder waren auf den Sofas. Als alle Platz genommen hatten, seufzte jemand, ich glaube, es war Claudia. Ohne Erläuterung fügte ich hinzu: »Ja, das fühlt sich für mich auch besser an.«
Das war kein beiläufiger Platzwechsel, und auch die ursprüngliche Sitzposition der Familie war alles andere als zufällig. Sie hatten durch die Sitzverteilung unbewußt die Struktur der Familie abgebildet, und der Wechsel war eine symbolische Verschiebung in der Familienstruktur. Carl und mir war bewußt, daß Claudias mißliche Lage zum Teil darin bestand, daß sie zwischen ihre Eltern geraten war, und wir arbeiteten jetzt auf verschiedenen Ebenen, um der Familie zu helfen, mit dieser Struktur fertig zu werden. Ich hatte sie aufgefordert, den Wechsel körperlich zu vollziehen, während Carl angefangen hatte, ihnen die Notwendigkeit des Wechsels theoretisch zu begründen. Ich erläuterte meine Bemühung, die Eltern zusammenzubringen, nicht; es sollte eine Art vorbewußte Suggestion bleiben.
Carl kam jetzt auf den Vater zurück. »Könnten Sie noch mal einen Versuch machen? Wir haben Ihnen wirklich noch nicht viel Gelegenheit gegeben, über Ihre Ansichten zu sprechen. Wie sehen Sie diese Situation, diesen Konflikt?«
Der Vater mochte das alles gar nicht. »Wie ich schon sagte, ich fühlte mich zwischen den beiden Seiten hin und her gerissen. Eine Zeitlang hatte ich das Gefühl, daß Claudia bei den Streitereien immer den Kürzeren zog, und da habe ich sie wohl verteidigt. Ich habe Carolyn zu überreden versucht, Claudia etwas mehr Freiheit zu lassen, und manchmal habe ich ihr Dinge erlaubt, die ihre Mutter ihr verboten hatte. Ich glaube, daraus haben sich allerlei Konflikte ergeben.«
Die Mutter, sehr leise und zornig: »Allerdings.«
David fuhr fort. »Aber in letzter Zeit habe ich versucht, wirklich versucht, Carolyn zu unterstützen.«
Mir fiel ein, wie zaghaft er Claudia getadelt hatte, bevor sie das Zimmer verließ. »Ich glaube, ich habe Ihr ›Versuchen‹ in der Art

gehört, wie Sie mit Claudia sprachen, bevor sie aus dem Zimmer gerannt ist. Sie wirkten unentschlossen, so als bemühten Sie sich, mit ihr zu schimpfen, könnten es aber nur halbherzig tun.«
Er blickte verdrießlich drein. »Ja, das stimmt wohl. Ich verstehe meine Frau, aber zugleich tut Claudia mir leid.«
Ich sah Claudia an. Sie hörte zu, wirkte nachdenklich und viel ruhiger. Ich wollte sie nicht zum Reden auffordern, deshalb sprach ich meine Gedanken einfach laut aus. »Vielleicht bist du deshalb so in Panik geraten. Du warst immer noch zwischen Mama und Papa, aber dann hat Papa dich verraten und ist zu Mama übergelaufen.«
Carl zum Vater: »Glauben Sie, daß Claudia sich von Ihnen verraten fühlt? Daß sie ihren Verbündeten verloren hat?«
»Möglich ist das.«
Carl zu Claudia: »Na, wie ist es damit? Hast du deinen Verbündeten verloren?«
Sie sah traurig aus, als wären alle Gefühle verbraucht. Sie nickte. »Ja. Ich dachte, ich könnte mich auf Papa verlassen.«
Fast gleichzeitig schauten Carl und ich auf die Uhr und bemerkten, daß die Zeit fast um war. Das erste Treffen ist immer so schwierig. Wir versuchten die Dinge zu steuern oder wenigstens zu verhindern, daß sie außer Kontrolle gerieten, versuchten herauszufinden, was in der Familie vorging, versuchten, der Familie einige unserer Ideen zu vermitteln, versuchten, ihnen sogar schon eine »Neu-Interpretation« ihrer verfahrenen Lage nahezubringen – und all das in einer Stunde. Wie üblich reichte die Zeit nicht.
Carl entspannte sich, legte seine Pfeife weg, die längst nicht mehr brannte und sagte: »He, wir müssen wieder an die Arbeit. Wir haben kaum noch Zeit. Mal sehen, ob wir eine Zusammenfassung fertigbringen.« Die Familie wartete schweigend. Carl wandte sich an mich. »Willst du, oder soll ich?«
»Mach nur«, sagte ich, »ich fasse dann deine Zusammenfassung zusammen.«
»Die jüngere Generation hat doch immer das letzte Wort«, sagte Carl lächelnd.
Dann langte er gemächlich nach seiner Pfeife, stopfte sie frisch und zündete sie an. Der Rauch kräuselte sich langsam durchs Zimmer. Carl wollte jetzt vielleicht schnell zum Schluß kommen, aber er ließ es sich nicht anmerken. Ich glaube, daß diese Art von Ritual sehr wichtig ist. Ich bin überzeugt, daß Psychotherapeuten vor allem Leute sind, die sich in der Kunst üben, jemandem etwas nahe zu bringen; sie benutzen dabei nur sehr feine Methoden. Carl

beschäftigte sich gewiß nicht bewußt so intensiv mit seiner Pfeife, um die Familie zu hypnotisieren, aber er tat es auf eine so rhythmische Art, daß er die Aufmerksamkeit aller Anwesenden auf sich zog; alle wurden ruhiger und konzentrierten sich auf das, was er sagen wollte. Als er schließlich sprach, saß die Familie in fast andächtigem Schweigen.

»Ja, es sieht aus wie das typische Familiendreieck, aber wie ein sehr fest gefügtes.« Er machte eine Pause und zog an der Pfeife. »In gewisser Weise klingt es so, als ob die Familie schon lange an einem ziemlich ernsten Problem arbeitet, und ich meine nicht Claudia.« Wieder eine Pause. »Das größte Problem scheint die langsame, stille Entfremdung der Eltern und die allmähliche Abkühlung der Ehe zu sein. Claudias Krise könnte der Weg sein, den die Familie gefunden hat, mit diesem ernsteren Problem der Abkühlung fertig zu werden.« Pause. Ich wußte, daß Carl sehr sorgfältig formulierte. Statt »Abkühlung« hätte er auch »Absterben« sagen können, aber dieser Ausdruck hätte das Ehepaar sicherlich schockiert.

Jetzt war der Vater der erste, der dazu eine Frage stellte. »Was meinen Sie damit, Claudias Krise ist ein Weg, um mit unserer Abkühlung fertig zu werden? Sie hat doch zwischen uns alles nur noch *schlimmer* gemacht.«

Carl: »Ja, ich weiß. Lassen Sie mich erst mal abschließen.« Der Vater nahm eine andere Sitzhaltung ein, und Carl fuhr fort: »Grundsätzlich scheint folgendes passiert zu sein: Sie und Ihre Frau sind stillschweigend übereingekommen, Claudia zwischen Sie beide zu bringen, um die Ehe wieder etwas ›anzuheizen‹. Papa konnte sich auf Claudias Seite schlagen, und Mama wurde dann eifersüchtig und wütend. Dann ließen Mama und Claudia sich darauf ein, den Streit richtig anzuheizen, um herauszufinden, wie das eigentlich wirklich ist, wenn man einen Streit richtig ausficht.« Er sah Claudia freundlich an. »Und vielleicht hast du einfach nur versucht, Mama beizubringen, wie man richtig streitet.« Claudia lächelte schwach und offenbar verlegen zurück.

Ich hatte nicht die Geduld zuzuhören und wollte noch etwas hinzufügen. Ich sagte zu Claudia: »Ich glaube, der wirklich schmerzhafte Teil ist aber, daß die Familie die Sache intuitiv bis zu dem Punkt weitergetrieben hat, wo Mama und Papa sich zusammentun *mußten*, um mit dir fertig zu werden. Dein Vater hat ja gesagt, daß es so weit gekommen ist – daß er seine Frau gegen dich unterstützt hat.«

Carl antwortete mit einer einzigen Silbe, einem kurzen, aber sehr entschiedenen »Ja«. Er sah mich an. »Claudia ist sicherlich der Christus der Familie; ihr Kampf hat die Zusammenführung der Eltern und die Einleitung einer Therapie zum Ziel. Und das ist keine leichte Aufgabe.«
Mir fiel auf, daß wir Claudia allmählich zum Familienheiligen und ihre Eltern zu Schuften machten. Ich sagte zu David: »Natürlich liegt der wirkliche Gewinn vielleicht darin, daß die Familie stillschweigend übereingekommen ist, eine so miserable Lage zu schaffen, daß irgend etwas sich ändern mußte. Die Dinge im gegenseitigen ›Einvernehmen‹ so weit zu treiben, verlangt schon wirklichen Mut.«
Carl: »Das stimmt. Die meisten Familien lassen die Dinge so erbärmlich weiterlaufen, wie sie sind. Sie sehen gar nicht die Möglichkeit, das zu überwinden, was Thoreau die stille Verzweiflung genannt hat.«
Die Familie hörte diesem Lob ihrer Verzweiflung etwas befremdet zu, aber wir meinten es ernst. Ihre unbewußte Entscheidung, den Konflikt so weit zu treiben, wurde wahrscheinlich durch die Vorstellung gefördert, daß Hilfe von außen möglich war. Sie versuchten, die Probleme innerhalb der Familie mit den Mitteln zu lösen, die zur Verfügung standen. Als dieser Versuch fehlschlug, fanden sie sich nicht wie so viele Familien mit der Resignation ab, sondern leiteten einen Prozeß der Eskalation ein, der intuitiv darauf abzielte, jemanden von außen einzubeziehen. So sonderbar das klingen mag, der Konflikt war der Ruf der ganzen Familie nach Hilfe.
Familien, die zur Therapie kommen, sehen ihre Lage als ein totales Fiasko, und daher ist es wichtig, ihnen zu zeigen, daß sie unbewußt auf etwas zusteuern, das letztlich konstruktiv ist. Die *Methode* ihrer Entwicklungsversuche hat ihre offensichtlichen Mängel, aber der Lebenswille ist noch ungebrochen. Er ist sogar die treibende Kraft der Krise.
Wir kamen zum Schluß. Carl hatte seinen Terminkalender hervorgeholt, und ich zog meinen aus meiner Aktentasche. Don, der sich in der stürmischen zweiten Hälfte der Sitzung ganz still verhalten hatte, tauchte jetzt aus seiner Versunkenheit auf und sagte zu Carl: »Mann! Machen Sie das den ganzen Tag?«
Carl, lächelnd: »Jo.«
»Wie halten Sie das aus? Wird Ihnen denn diese Streiterei nicht irgendwann über?«

»Nö. Mir gefällt das. Für mich ist das sehr aufregend, unter Leuten zu sein, die versuchen zu wachsen. Und weißt du, warum?«
»Nein, warum?«
»Weil es *mich* zwingt zu wachsen. Ich bin wegen mir hier, nicht wegen euch. Das hier ist für mich nur Teil eines Manövers, durch das ich selbst ein lebendigerer Mensch zu werden versuche. Du hast doch wohl nicht geglaubt, ich mach das aus reiner Barmherzigkeit.«
Don, mit einem feinen Lächeln im Gesicht: »Nein, für Geld, dachte ich.«
»Touché. Aber das stimmt nur zum Teil. Ich könnte mehr Geld verdienen, wenn ich ein richtiger Arzt geblieben wäre, Kinder zur Welt bringen und sowas. He, jetzt müssen wir aber los!«
Die Familie wirkte erleichtert; bei Carls Kabbelei mit Don tauten sie sichtlich auf. Jetzt nahmen wir wieder den gewohnten Umgangston an, verließen die symbolische und heftig brodelnde innerfamiliäre Welt, schlüpften wieder in unsere Alltagsrollen.
Heiter und gelöst wandte Carl sich an den Vater: »Also, wollen Sie wiederkommen?« Er sprach sehr selbstsicher und in völlig neutralem Tonfall, so als sei es ihm gleichgültig ob sie wiederkommen wollten oder nicht. Manche Therapeuten würden entweder einfach annehmen, daß die Familie wiederkommen wollte, oder versuchen, sie dazu zu überreden, und dadurch würden sie sich zu Verkäufern einer Dienstleistung machen. Bekommt aber die Familie den Eindruck, daß der Therapeut auf Kundenfang ist, so wird sie mißtrauisch: »Wozu braucht er uns? Hat er nicht genug Patienten? Engagiert er sich zu sehr? Hat er also ein persönliches Bedürfnis, das nur wir befriedigen können?« Und dann ziehen sie sich zurück. Carl und ich versuchen in jeder Sitzung, soviel wie möglich zu erreichen, aber wenn sie vorüber ist, dann überlassen wir es ganz der Familie, ob sie weitermachen will. Sonst fangen die Eltern an, sich zu fragen, ob wir nicht genau wie *ihre* Eltern sind – besitzergreifend. Wenn Leute sich wirklich ganz auf die Therapie einlassen wollen, so müssen sie die Sicherheit haben, daß sie jederzeit entkommen können.
David und Carolyn Berger sahen sich unsicher an, keiner von beiden wußte, was der andere wollte. Er machte den Schritt. »Ich würde sagen, ja.« Seine Frau nickte erleichtert. Sie war mit Recht erleichtert, denn Väter haben oft so viel Angst vor der Psychotherapie, daß sie sich gern drücken würden.
Wir machten einen Termin für das nächste Treffen aus; das ging

nicht ohne einiges Hin und Her mit Zeitplänen und Eventualitäten ab, der übliche Wirbel, wenn man versucht, sieben Leute – gleichgültig, welche – in dieser Welt komplizierter Verpflichtungen unter einen Hut zu bringen.

Während die Familie ihre Siebensachen zusammensuchte, sagte ich noch: »Darf ich noch eine Warnung anbringen?« Sie sahen mich erstaunt an. »Versucht nicht, diesen Streit zu Hause weiterzuführen. Hebt euch das für hier auf, damit wir euch helfen und richtig dabeisein können.« Ich lächelte ihnen zu. »Keinen Streit!«

David lächelte auch. »Habt ihr gehört, Mädchen?« Er sah seine Tochter liebevoll an; Claudia zögerte zuerst, schnitt dann eine Grimasse und streckte ihm die Zunge heraus. Die Mutter sah es und brachte selbst auch ein Lächeln zuwege.

Zu Carl sagte ich: »Und das, *Dr.* Whitaker, ist mein letztes Wort.«

Sie brachen auf; David gab uns beiden die Hand, Laura lieferte ihre Bleistifte ab und winkte beim Hinausgehen.

Die Warnung, zu Hause nicht zu streiten, ist sehr wichtig, denn die Familien nehmen von der ersten Sitzung häufig die undeutliche Botschaft mit heim: »Seid offener zueinander.« Dann verwickeln sie sich in einen wirklich bösen und destruktiven Streit, kommen bei der nächsten Sitzung grün und blau herein und sagen: »Siehste, es klappt nicht.« Helfen wir ihnen, ihren Streit während der Sitzung auszutragen, so kann der ganze Prozeß konstruktiver werden. Außerdem können wir uns so sehr viel schneller einfühlen als wenn wir immer nur dasitzen müssen, um uns die Zänkereien der vergangenen Woche berichten zu lassen.

Es ist eine heikle Sache, eine Familie aufzufordern, ihre angestauten Spannungen in die Praxis zu bringen. Andererseits: wo soll sie sonst hin damit?

Was ist anders an der Familientherapie?

Einige Monate nach Abschluß der Therapie saß ich mit David Berger in seinem Anwaltsbüro. Wir sprachen über die Zeit vor der Therapie: über die Krise, die sie veranlaßt hatte, Hilfe zu suchen, über Claudias kurze Einzeltherapie und die Überweisung an Carl.

Diese Informationen hatten wir zwar schon bei den ersten Telefonkontakten und während des ersten Treffens mit der Familie erhalten, und ich wußte über die Ereignisse in Grundzügen Bescheid, aber jetzt hatte ich zum ersten Mal Gelegenheit, mich direkt mit der Entwicklungsgeschichte der Familie zu befassen.
Während David über Claudias Problem sprach – ihr Weglaufen, die große Spannung zwischen ihr und ihrer Mutter, das »Klingeln« in den Ohren, ihre Verzweiflung und die Todesphantasien in ihren Gedichten, die wirre »Philosophie«, die sie sich zurechtgelegt hatte – zeigte sein Gesicht noch einmal die ganze Anspannung dieser Zeit. Er erinnerte sich an die wachsende Verzweiflung in der Familie, an das Gefühl, daß die Krise schon außer Kontrolle war und sich weiter verschärfte. Schließlich gestanden er und Carolyn sich ein, daß sie hilflos waren, und sie begannen sich nach Hilfe von außen umzusehen. Sie gingen zu ihrem Hausarzt, und der riet ihnen, Claudia zu einem Kinderpsychiater zu bringen, den er kannte. Das war ein logischer Schritt, und mit ihm fand die Familie augenblicklich Erleichterung – wenn auch nur für kurze Zeit.
Claudia ging nur widerstrebend zum Psychiater. Zu Hause fühlte sie sich schikaniert und herumgeschubst, und zu einem Psychiater geschickt zu werden, war für sie nichts weiter als eine weitere Demütigung in einer langen Reihe von Demütigungen. Aber sie ging doch hin. Sie saß mürrisch auf dem großen Stuhl und sagte kaum etwas. Das wenige, was sie doch sagte, beunruhigte den Therapeuten, und er bat einen Kollegen, sie einer Reihe von psychologischen Tests zu unterziehen, damit man sich ein Bild von ihr machen konnte. Schließlich setzten die beiden Psychologen sich mit Claudias Eltern zusammen und gaben ihnen einen langen Bericht.
Dieser Bericht sah düster aus, und obwohl sie mit viel Einfühlungsvermögen sprachen, waren die Eltern sehr erschrocken. Sie mußten anhören, daß Claudia aller Wahrscheinlichkeit nach an Schizophrenie litt und daß Schizophrenie eine noch kaum erforschte Krankheit mit sehr unsicheren Besserungsaussichten war. Wenn Claudia sich überhaupt erholte, so wurde ihnen gesagt, dann wahrscheinlich erst nach Jahren intensiver Behandlung. Es tat den beiden Psychologen leid; sie wußten, wie schrecklich diese Neuigkeit für die Familie sein mußte. Sie empfahlen für Claudia eine Einzelbehandlung von unbeschränkter Dauer.
David und Carolyn gingen deprimiert nach Hause. Aber David war auch ärgerlich. Irgend etwas stimmte in dem ganzen nicht. Die

Claudia, die er kannte, wirkte nicht so hoffnungslos: sie war sehr intelligent, kämpfte offensichtlich für Dinge, an die sie glaubte, und trotz ihrer Verwirrung war sie immer noch die kraftvolle Person, die er immer bewundert hatte. Er weigerte sich, diese trübe Prognose zu akzeptieren. Eine Zeitlang behielt er jedoch seine Zweifel an Claudias Behandlung für sich.

Claudia ging zur Therapie, sprach dort ein wenig und kam wieder nach Hause. Dann zog sie sich in ihr Zimmer zurück oder ging mit Freunden aus. Das Gefühl der Entfremdung innerhalb der Familie blieb bestehen; es gab weniger Streit zwischen Mutter und Tochter, aber nicht mehr Wärme. Dann wurde Claudia immer wütender auf den Psychiater; sie kam zu spät oder weigerte sich überhaupt hinzugehen oder gab vor, sie würde hingehen und erschien dann nicht. Sie begann, ihre Wut auf die Familie auf den Therapeuten zu übertragen, aber auch hier wählte sie nicht den direkten Weg der Mitteilung, sondern zeigte ihre Einstellung durch ihr Verhalten. Schließlich beklagte sie sich laut bei ihrem Vater über die ganze Behandlung. »Er tut nichts weiter, als mir neugierige Fragen zu stellen! Er will was über meine *Phantasien* hören und über meine Träume. So'n komisches Zeug. Will über meine *Kindheit* sprechen, was ich für Gefühle über alles Mögliche habe, vor allem über Kerle. Wirklich blöd ist das.«

Das Problem bestand zum Teil darin, daß Claudia äußerst empfindlich auf Druck von seiten der Erwachsenen reagierte. Sie fühlte sich von ihren Eltern unter Druck gesetzt, und die Therapie sah nur nach noch mehr Druck aus. Sie begann den Therapeuten als eine Art Polizisten zu sehen, den ihre Eltern engagiert hatten, damit er ihr »den Kopf zurechtsetzte«. Die Tatsache, daß er sich mehrmals allein mit den Eltern getroffen hatte, machte sie doppelt mißtrauisch; sie war nicht sicher, ob sie ihm irgend etwas anvertrauen konnte.

Je mehr Claudia sich aus der Therapie zurückzog, desto heftiger wurden die Familienkämpfe wieder. Diesmal ging es bei diesen Streitereien natürlich vor allem um Claudias Therapie. Mutter drängte und Claudia wehrte sich. Als sich das Verhältnis zwischen Mutter und Tochter wieder verschlechterte, wurde die Verzweiflung innerhalb der Familie größer als zuvor, denn jetzt war ja ein Rettungsversuch fehlgeschlagen. Eines Abends, nachdem Claudia weinend aus dem Haus gerannt war, fühlte David eine große Welle von Verzweiflung über sich hereinstürzen. »Es sah aus wie das Ende; meine Familie schien vor meinen Augen auseinanderzubrechen, und ich konnte nichts dagegen tun. Zum ersten Mal dachte ich daran, mich selbst umzubringen – so hilflos war ich, so grau sah alles aus. Dann fiel mir plötzlich mein Freund Ed ein, ein Psychiater; ich konnte mir gar nicht erklären, wieso ich nicht schon früher an ihn gedachte hatte.« Ed und David waren Nachbarn gewesen und eine Zeitlang auch befreundet, wenn auch nicht sehr eng; David hatte offenbar »vergessen«, was sein Freund für einen Beruf hatte. Er rief ihn sofort an, um ein Uhr nachts, »Und Ed muß wohl an meiner Stimme gehört haben, daß es dringend war, denn er versprach, sofort zu kommen.«

Die beiden Männer sprachen einige Stunden miteinander. Ed hatte seine psychiatrische Ausbildung an der Universität von Wisconsin erhalten und besaß einige Erfahrung auf dem Gebiet der Familientherapie. Er erklärte ausführlich seine Ansicht, Claudias Problem habe etwas mit den Spannungen innerhalb der Familie zu tun. Er ging ganz vorsichtig zu Werk, aber da er die Familie kannte, wagte er es, einige dieser Spannungsquellen zu nennen. David hörte sehr aufmerksam zu. Als sie ihr Gespräch um vier Uhr morgens beendeten, schlug Ed eine Familientherapie vor und empfahl Carl. Er wollte nicht selbst mit der Familie arbeiten, weil er sie so gut kannte, daß die notwendige professionelle Distanz nicht mehr gewährleistet war. David und Carolyn unterhielten sich am nächsten Tag lange darüber, und sie erklärte sich bereit, Carl anzurufen. Carl zögerte zuerst, weil Claudia schon einen Therapeuten hatte, aber als er den Kinderpsychiater anrief und hörte, wie entmutigt er war und daß er mit Claudia nicht weiterkam, entschied er sich, die Familie Berger zur Therapie anzunehmen.

Man könnte vermuten, Familie Berger habe in der Familientherapie nur eine neue Technik gesehen, ihre emotional gestörte Tochter zu behandeln. Zu Anfang mag es ihnen selbst sogar so erschienen sein, aber der Familientherapeut sieht den Zusammenhang ganz anders. Indem sie die Einzeltherapie aufgaben und sich nach einem Familientherapeuten umsahen, machten die Bergers einen radikalen Wandel durch. Es war nicht nur ein neues Manöver, um *Claudias* Probleme zu lösen, sondern die ganze Familie geriet in einen Prozeß, der all ihre fundamentalen Annahmen in Frage stellte: über die individuelle Autonomie, über Wirkungszusammenhänge und Motivationen in zwischenmenschlichen Beziehungen und über die Natur der psychischen Entwicklung. Durch den Eintritt in die Familientherapie übersprangen sie einen breiten begrifflichen und methodologischen Abgrund, der die psychologischen Berufe durchzieht und für die gesamte Psychiatrie tiefgreifende Folgerungen beinhaltet. Der Wandel wurde natürlich nicht einfach durch den Telefonanruf herbeigeführt; es kostete die Familie große Mühe, diese gedankliche Wendung zu vollziehen.

Was ist an der Familientherapie so anders? Gegen Ende unseres Gesprächs in seinem Büro schien David sich mit eben dieser Frage zu beschäftigen. »Einmal, wir hatten vielleicht einen Monat zusammen gearbeitet, saß ich ganz zurückgezogen da und beobachtete nur das Geschehen. Ich dachte an die Einzeltherapien, die Carolyn und ich in den frühen Jahren unserer Ehe durchgemacht hatten, und ich fragte mich, was an dieser Familientherapie so anders war. Gut, wir waren jetzt alle zusammen, aber da war noch mehr. Plötzlich kam es mir, daß ihr beiden einfach anders über Menschen und Beziehungen denkt. Ich meine, ihr zwei habt ein paar interessante Ideen, wenn sie auch manchmal ein bißchen komisch sind.« Wir grinsten beide, und er fuhr fort: »Aber da war noch was, eine Art Elektrizität zwischen uns Bergers. Immer. Und das fühlte sich immer so intensiv an, als ob etwas Wichtiges auf dem Spiel stünde. An dem Tag wurde mir plötzlich klar, daß das, was zwischen uns vorging, größer war als wir alle, daß es ein Eigenleben hatte. Ich kann mich so deutlich an den Moment erinnern; ich spürte das Kraftfeld in dem Zimmer, und mir war etwas bange davor.«

Wenn wir diese »Verschiedenheit« der Familientherapie von der Einzeltherapie schärfer formulieren wollen, müssen wir uns den Ursprüngen zuwenden. Und jede Darstellung eines heutigen Therapeutischen Verfahrens bleibt ohne Perspektive, solange sie nicht den Bezug zum Ursprung der ganzen psychotherapeutischen Bewegung herstellt, dem wegbereitenden Werk Sigmund Freuds.

Die wesentliche Entdeckung der Psychoanalyse ist, daß sich unter unserer rationalen Ausrichtung auf die Welt ein zweites und sehr machtvolles und nicht-rationales Element befindet, das alte, animalische Gehirn unserer fernen Vorfahren. Freud glaubte, daß dieses nicht-rationale Element nicht nur die treibende Kraft für die meisten menschlichen Tätigkeiten erzeugt, sondern das Denken und Handeln auch zum großen Teil steuert. Unberührt von unserem Bewußtsein, verleitet uns diese primitive Gehirnfunktion, die Freud das »Es« nannte, durch ihre Winkelzüge dazu, zu tun, was sie will. Wir hatten immer gedacht, das Individuum sei von der Vernunft geleitet, aber Freud sagte, die Vernunft werde vom Es beherrscht, von einem rücksichtslosen Tier, das nur auf der Befrie-

digung der Grundbedürfnisse beharrt: Essen, Trinken, Schlafen, sexuelle Befriedigung, Aggression.
Freud wies auf den Widerspruch hin, der zwischen der primitiven Heftigkeit der »unbewußten« Bedürfnisse und den Anforderungen des sozialen Lebens besteht. Die Gesellschaft verlangt vom Menschen, die Befriedigung seiner Bedürfnisse zurückzustellen, zu planen, zu denken und sich auf die Bedürfnisse anderer einzustellen. Wir haben den Bereich der unbewußten Bedürfnisse erst so spät entdeckt, sagt Freud, weil das Individuum starke *Hemm*-Mechanismen entwickeln mußte, um als soziales Wesen leben zu können. Freud widmete der Beschreibung dieser Hemm-Mechanismen viel Zeit: einige sah er als bewußt und absichtlich an und nannte sie Unterdrückung; andere waren offenbar unbewußt, und diese nannte er Verdrängung. Durch diese Mittel war das Individuum in der Lage, die Befriedigung seiner Bedürfnisse aufzuschieben, den machtvollen inneren Drang im Zaum zu halten und zugleich nach »zivilisierten« Arten der Befriedigung zu suchen.
Aber Freud baute die Klassifizierung der Hemm-Mechanismen noch weiter aus: einen dieser Mechanismen erkannte er als dem ähnlich, was wir »Gewissen« nennen, die nicht-rationale Annahme sozialer Sitten und Regeln, »weil die Eltern es so wollten« – das *Über-Ich*. Das Vorbild der Eltern ist so übermächtig, daß das Kind blind ihre moralischen Anschauungen übernimmt und verinnerlicht. Einen anderen Mechanismus verstand er als eher rational und analytisch, als einen intelligenten Versuch, die Bedürfnisse des Individuums aufgrund einer realistischen Einschätzung der Umwelt und ihrer Ansprüche angemessen zu verwirklichen – diesen Teil nannte er das *Ich*. Das Ich betrachtete Freud als den stärksten Rückhalt der Persönlichkeit, wenn es auch gelegentlich von den anderen, nicht-rationalen Komponenten des psychischen Apparats überwältigt wird.
Freud bahnte sich den Weg zum Verständnis des Unbewußten mit der Analyse der gestörten Persönlichkeit seiner Eltern, und sein Versuch zu entdecken, was in ihrem Leben falsch gelaufen war, liest sich auch heute noch faszinierend. Er war davon überzeugt, und wahrscheinlich zu Recht, daß die Persönlichkeit in der Kindheit am stärksten geprägt wird. Es gibt eine interessante Geschichte darüber, wie Freud seine Vorstellungen über solche Tendenzen in der Kindheit entwickelte, die schließlich zu emotionalen Störungen führen.
Einige der wichtigsten frühen Arbeiten Freuds befassen sich mit

einem Zustand, den man Hysterie nannte; die Patienten hatten häufig solche Symptome wie Lähmungen oder Taubheit, ohne daß dafür eine körperliche Ursache zu finden war. Unter dem Einfluß von Jean Charcots Ansicht, Hysterie gehe auf frühe traumatische Erfahrungen zurück, formulierte Freud die These, viele dieser Patienten seien in ihrer Kindheit sexuell mißbraucht worden. In den Mitteilungen seiner Patienten fand Freud genug Hinweise darauf, daß diese Ereignisse tatsächlich stattgefunden hatten. Außerdem war bei den Patienten oft eine dramatische Besserung festzustellen, wenn sie diese schmerzvollen verschütteten Erinnerungen aufdeckten.

Nachdem Freud schon einiges über diese Zusammenhänge veröffentlicht hatte, machte er eine schockierende Entdeckung. Einige dieser »Verführungen«, von denen seine Patienten berichteten, hatten in Wahrheit niemals stattgefunden. Angesichts dieser peinlichen Entdeckung war Freud zuerst verwirrt und deprimiert. Aber dann überdachte er das ganze Problem mit der ihm eigenen Zähigkeit aufs neue. Er kam zu der brillanten Lösung, daß die Ursache für die Zwangslage des Patienten nicht in tatsächlichen Ereignissen bestand, sondern in den Motiven, die ihm eingaben, die Verführung zu »erfinden«. Er postulierte, daß auch Kinder sexuelle Antriebe und Empfindungen haben und daß die psychischen Qualen späterer Jahre vor allem aus dem Bemühen entstehen, diese Impulse zu verbergen und zu leugnen.

Von der überragenden Bedeutung der Umwelteinflüsse abgekommen, legte Freud immer mehr Gewicht auf die *innere Triebstruktur* des Patienten. Äußere Umstände, etwa die Erziehung durch die Eltern, die zu einem allzu strengen Gewissen (Über-Ich) führten, hatten immer noch große Bedeutung, aber vor allem konzentrierte Freud sich jetzt auf die angeborenen biologischen Triebe und auf die Abwehrmechanismen, die das Individuum entwickelt, um mit diesen »sozial unerwünschten« Trieben fertigzuwerden. Die verschlungenen Wege, auf denen sich der Geist mit seinen eigenen inneren Widersprüchen auseinandersetzt, beschäftigten Freud für den ganzen Rest seines Lebens, und seine Theorie der Abwehrmechanismen, all der Haken, die der Geist schlagen muß, während er sich zwischen angeborener Begehrlichkeit und sozialer Konformität vorwärtstastet, ist vielleicht Freuds größte Leistung.

Freud war praktizierender Neurologe, und die meisten seiner Ideen entwickelte er bei seiner Arbeit mit emotional gestörten

Patienten. Während er einerseits ein revolutionäres Menschenbild entwarf, entwickelte er zugleich eine neue Behandlungsmethode: die Psychoanalyse. Sie entstand aus seiner frühen hypnotischen Arbeit und benutzt die Mittel des Traumberichts und der freien Assoziation, um dem Patienten zu helfen, sich an die »verbotenen« Inhalte des Unbewußten zu erinnern. Konnte der Patient sich vor allem seine sexuellen Motive bewußt machen, sie verstehen und sich »verzeihen«, so lautete Freuds Grundannahme, dann konnte er sich rational um die Befriedigung seiner Bedürfnisse bemühen, anstatt die Existenz dieser kaum zu unterdrückenden Gefühle ableugnen zu müssen. Die Tyrannei der verdrängten Inhalte könnte aufgehoben werden, und die Linderung des biologischen »Drucks« durch größere Lebensfreude würde das Symptom verschwinden lassen.

Wenn ich als Familientherapeut auf Freuds Werk zurückblicke, so teile ich mit vielen anderen die Bewunderung für seine unerschrockene Intelligenz. Ich verstehe die Forscherleidenschaft, die ihn packte, als er das dunkle und faszinierende Reich des Unbewußten, das Fundament der menschlichen Psyche, entdeckt hatte. Aber während ich staunend vor der Schärfe seines Geistes stehe, bedaure ich zugleich, daß er ihn nicht auch in andere Richtungen lenkte. Er blickte tief in die Person *hinein*, aber er hatte kaum einen Blick für die soziale Umgebung.

Wenn ich Freuds Fallstudien lese, frage ich mich, wie er übersehen konnte, daß seine gestörten Patienten aus gestörten Familien stammten und daß sie zwar nicht gerade *körperlich* verführt oder mißhandelt worden sein mußten, aber doch gewiß einem oft sehr subtilen Druck von seiten der Familie ausgesetzt waren. Nachdem Freud die Vorstellung verworfen hatte, daß Neurosen durch äußere Kräfte verursacht werden, blickte er nie wieder in diese Richtung. Vielleicht hatte ihn sein Irrtum so verdrossen, daß er nicht fähig war, eine Kompromißlösung zu suchen; er mußte sein Denken völlig neu ordnen. So haben wir heute oft das Gefühl, daß er von der Welt zwischenmenschlicher Interaktion, insbesondere innerhalb der Familie, seltsam unberührt blieb.

Moderne Historiker haben begonnen, den unerforschten familiären Zusammenhang in einige von Freuds eigenen Fallberichten einzufügen. *Die Angst vor dem Vater*, ein faszinierendes Werk von Morton Schatzman, demonstriert sehr überzeugend, daß der psychotische »Größenwahn« in einem von Freuds berühmtesten Fällen direkt auf wirkliche Quälereien zurückzuführen ist, die der

Patient in seiner Kindheit zu erdulden hatte. Die Schriften des Vaters, eines bekannten Erziehungsexperten jener Zeit, ergehen sich in Beschreibungen himmelschreiend sadistischer Techniken, die zweifellos auch das Kind dieses Vaters am eigenen Leib erfahren hat; aus dem Kind wurde ein Patient mit psychotischen Wahnvorstellungen, die Freud auf komplexe *innere* Strukturen und Konstruktionen des Kranken zurückführte. Freuds Ansicht über den Verfolgungswahn bestimmt heute noch weitgehend das psychologische Bild davon, und es ist eine Ansicht, die das Problem hauptsächlich *im* Patienten sieht. Vielleicht zeigt der paranoide Patient aber die Wahrheit: daß er in seiner Familie einmal wirklicher Verfolgung ausgesetzt war.

Bedauerlich, daß Freuds Erforschung früher familiärer Erfahrungen als möglicher Ursachen für psychische Störungen in eine Enttäuschung mündeten. Hätte er nur auch die Eltern befragt! Hätte er nur schärfer hingeschaut, so hätte er gewiß nicht nur die Macht früher familiärer Ereignisse bestätigen können, sondern auch die Tatsache, daß der Einfluß der Familie durch das ganze Leben des Individuums erhalten bleibt. Dadurch hätte er unsere Suche nach besseren Theorien und besseren Behandlungsmethoden beträchtlich verkürzt. Schaut man allerdings auf die Konsequenzen dieser Möglichkeit, so stellt sich die Frage, ob die Gesellschaft zu jener Zeit überhaupt mehr als diese auf das Individuum eingeschränkte Betrachtungsweise hätte ertragen können. Das Unbewußte zu erforschen, war Bedrohung genug! Vielleicht ersparte Freud sich selbst unbewußt den Sturm der Entrüstung, der sicherlich gefolgt wäre, wenn er die ganze Familie zu seinem Gegenstand gemacht hätte.

Seit jener Zeit ist vieles geschehen, was unsere Aufmerksamkeit für den größeren Zusammenhang des menschlichen Lebens geschärft hat. Die ökologische Bewegung hat uns ein Verständnis für die wechselseitige Abhängigkeit lebendiger Systeme vermittelt, und die neueren Wissenschaften Soziologie, Anthropologie und Psychologie haben uns geholfen, die Beziehungen zwischen Gesellschaftlichen Systemen zu verstehen. Die Familientherapie ist nur ein Aspekt des neuen Bewußtseins von der Kontinuität des Lebens.

Aber trotz dieses Wandels beherrscht Freuds Vorbild immer noch die Praxis der Psychotherapie. In seiner Abwendung von der Familie prägte Freud Generationen von Therapeuten. Was hätte Claudias ersten Therapeuten dazu bringen können, das ganze

Familienleben zu ignorieren, wenn nicht die Furcht, die Richtlinien des großen Vorbilds zu verletzen? Und wie sonst könnten so viele andere ansonsten qualifizierte Therapeuten die große Bedeutung der Familie im Leben ihrer Patienten übersehen? Ist es nicht ein Verrat an Freuds Forschergeist, seinem Beispiel so sklavisch, so lange und mit so wenig eigener Initiative zu folgen?

Aber es gibt noch mehr Bedauerliches an Freuds Denken: neben der Tendenz, nur in den Menschen *hinein*zuschauen auch noch die Neigung, ihn geringzuschätzen. Darwins Theorie, die den Menschen mit dem Tierreich verband, war zu Freuds Zeit noch nicht sehr alt, und die Wissenschaft beschäftigte sich eifrig damit, menschliches Verhalten durch Zurückführung auf einfachere tierische Verhaltensweisen zu erklären. Die Industrialisierung machte rasche Fortschritte, und die Maschine wurde zur beherrschenden Metapher des naturwissenschaftlichen Denkens. Auch der Geist wurde in Analogie zur Maschine gebracht, ein vielschichtiges Bewegungsgewirr aus Motiven und Gegenmotiven, deren Aufgabe es ist, das wilde Tier im Innern zu besänftigen, damit es nicht aufwacht und merkt, wie hungrig es ist. Die Wissenschaft von der höheren Person war noch nicht entdeckt: die psychologische Erforschung der Kreativität, der Neugierde, des Drangs zu Weiterentwicklung und Integration der Persönlichkeit, und des Elterninstinkts. Das Bild der Person zeichnete ein Wesen, dessen Naturzustand eine homöostatische Schläfrigkeit ist, und alle höheren geistigen Funktionen – Kunst, Musik, Dichtung, das Denken selbst – sind nur dazu da, das gar nicht menschliche Tier in Schlaf zu singen.

Zu dem geringschätzigen Menschenbild, das Freuds Denken innewohnt, kommt noch die Tatsache, daß Freud Arzt war und ganz in der medizinischen Tradition von Diagnose und Behandlung stand. Obwohl die Medizin durchaus einen Ehrenplatz in unserer Gesellschaft verdient, kollaboriert sie (wie auch ihr Stiefkind, die Psychiatrie) oft unwillkürlich mit der Gesellschaft und behandelt psychische Störungen, als seien sie ein Vergehen. Denken wir nur an Claudia. Der Druck, den die Familie auf sie ausübte, und ihre Rolle als Sündenbock brachten sie zur Verzweiflung. Dann wurde sie zur Therapie geschickt, zur Schizophrenen gestempelt und immer weiter gezwungen, sich behandeln zu lassen. Dieser ganze diagnostische und therapeutische Vorgang kam ihr nur wie eine weitere Form der Strafe vor, und ihre Einwände sind durchaus verständlich. Wozu Menschen, die ohnehin schon in einer angespannten Situation leben, noch weiter bedrängen, sich durch Therapie zu verändern, wenn sie gar nicht das Problem sind? In Claudias Leben war nichts Krankhaftes; sie lebte nur in einer kranken Familie. Der Psychiater, der sie ohne Bezug zur wirklichen Quelle ihrer Probleme behandelte, arbeitete unwissentlich mit der Sündenbock-Tendenz in ihrer Familie Hand in Hand. Trotz bester Absicht unterstützte er diese Tendenz sogar.

Ein letzter bedauerlicher Punkt: Freud hatte gehofft, Bewußtsein und Einsicht des Patienten werde zur Heilung führen. Wie vielleicht aus Claudias abschätzigem Urteil auf die ersten therapeutischen Sondierungsversuche ihres Psychiaters zu ersehen ist, richtet Einsicht gegen eine bedrängende Lebenssituation oft wenig aus. Alle bedeutenden neuen therapeutischen Verfahren der letzten Zeit sind aus einer grundsätzlichen Unzufriedenheit der Therapeuten mit der aus der Psychoanalyse entstandenen langwierigen, Einsicht-orientierten Einzeltherapie hervorgegangen. Wir alle kennen inzwischen nur allzu gut den Patienten, der sein Leben lang zur Therapie geht, sehr viel über sich weiß, aber sich nicht ändert. Unsere Zweifel an dieser Art der Therapie werden auch durch eine wachsende Zahl von Forschungsergebnissen bestärkt, die darauf hindeuten, daß sie nicht sehr wirkungsvoll ist. Einsicht war sehr wichtig für Freud, den Wissenschaftler (und ist es für uns als Information), aber der Patient braucht mehr.

Die Familie als System

In den frühen fünfziger Jahren machten einige Forscher an einer großen Nervenklinik interessante neue Beobachtungen am Verhalten von Schizophrenen. Nach landläufiger Meinung handelt ein Schizophrener nur gemäß seinem inneren verschrobenen Weltbild und hat »den Kontakt zur Realität verloren«. In dieser Klinik stellten die Beobachter aber fest, daß eine Patientin, die von ihrer Mutter besucht worden war, noch tagelang nach diesem Besuch sehr aufgeregt war. Sie fragten sich, was zwischen der Patientin und ihrer Mutter wohl vorging, denn es war offensichtlich, daß die akute Verwirrung der Patientin ihre Ursache nicht in ihrem Phantasieleben hatte. Man begann, Patienten und ihre Mütter planmäßig zusammenzubringen und beobachtete ihre Interaktion über längere Zeit.

Was man dort sehen konnte, war faszinierend. Die Patienten hatten keineswegs den Kontakt verloren, sondern waren tief in ein komplexes und gestörtes Kommunikationsmuster mit der Mutter verstrickt. Eine der interessanten Entdeckungen bestand darin, daß die Kommunikation auf zwei Ebenen stattzufinden schien – einer verbalen und einer nicht-verbalen – und daß die Botschaften, die über diese beiden Ebenen vermittelt wurden, einander oft widersprachen.

So sieht ein Schizophrener seine Mutter am Besuchstag auf sich zukommen, lächelt übers ganze Gesicht, freut sich, sie zu sehen. Er öffnet die Arme, um sie an sich zu drücken. Die Mutter erlaubt ihm, sie zu umarmen, aber dieser physische Kontakt ist ihr unangenehm, und ihr Körper wird etwas steif und gespannt, obwohl sie die Begrüßungsworte des Sohns warm und herzlich erwidert. Der Sohn spürt die *nicht-verbale* Zurückweisung der Mutter und weicht zurück. Darauf sagt die Mutter kühl: »Was ist los? Freust du dich nicht, daß ich da bin?« Der Sohn ist verwirrt, sein Blick wird leer.

Der Sohn ist in einer Situation, die man heute *double-bind** nennt – er sitzt in der Zwickmühle zwischen zwei einander widersprechenden Botschaften. Wollte er auf die verbale Wärme reagieren, so müßte er die nicht-verbale Kälte ignorieren. Als er auf die nicht-verbale Botschaft reagierte, stritt die Mutter praktisch ab, daß es sie überhaupt gab. Sie konnten über die Ambivalenz in ihrer Beziehung nicht sprechen, und der Sohn konnte nur auf eine Art reagieren, die ihn in einen Konflikt stürzte. Die Widersprüche der Situation überforderten ihn; er mußte sich in seine Verwirrung zurückziehen.

Die Forscher hatten damit den Schauplatz eines erregenden Geschehens betreten, wo vieles an dem Verhalten von Schizophrenen unter dem Gesichtspunkt gestörter Kommunikationsmuster zwischen Mutter und Kind plötzlich einen Sinn bekam. Aus dieser Forschungsarbeit entwickelte sich die sogenannte Kommunikations-Schule der Familienforscher und Familientherapeuten; zur

* Im Deutschen wird daneben häufig auch der Ausdruck »Beziehungsfalle« gebraucht.

gleichen Zeit wandten sich aber auch andere theoretische Richtungen der Mutter-Kind-Beziehung zu. Jay Haley, einer der scharfsinnigsten Forscher auf diesem Gebiet, sagte dazu: »Wir entdeckten, daß Schizophrene Mütter haben.« Und eine ganze Zeitlang gab man fast ausschließlich der Mutter-Kind-Beziehung die Schuld an psychischen Erkrankungen. Ein Psychiater verwendete den Ausdruck »schizophrenogene Mutter«, das ist eine Mutter, die einen Schizophrenen hervorbringt; ein anderer sprach sogar von der »perversen Mutter«. Mütter waren natürlich entzückt von dieser Periode in der Geschichte der Psychiatrie.

Dann entdeckte man, daß Störungen in der Vater-Kind-Beziehung auch wichtig waren. Viele Väter in den Familien von Schizophrenen hatten nur eine sehr oberflächliche und distanzierte Beziehung zu ihren Kindern; das innerfamiliäre Bild war ganz von dem übertriebenen Engagement der Mütter für ihre Kinder beherrscht. Warum waren all diese Väter so übereinstimmend distanziert und passiv? Die Forscher wußten es nicht so genau, aber deutlich wurde jedenfalls, wie Haley sagte, »daß Schizophrene auch Väter haben«.

Bald darauf wurde eine sehr interessante Beobachtung gemacht. Bei der Untersuchung der Familien von Schizophrenen stellte sich heraus, daß es in der Ehe der Eltern fast in jedem Fall schon längere Zeit schwere Probleme gab. Zudem schienen die psychotischen Anfälle des »Patienten« mit dem Zyklus der Eheschwierigkeiten in Beziehung zu stehen. Die Eltern gerieten in einen Streit, und immer wenn der Kampf heftiger wurde, hatte der Sohn (oder die Tochter) einen psychotischen Anfall. Aber war der Patient erst einmal in der Klinik, dann brachen die Ehepartner ihren Krieg ab, um wieder die Eltern ihres »kranken Kindes« zu sein. So hatte die Krankheit offenbar ein sehr praktisches Ergebnis: sie war für die Eltern ein Mittel, ihren Konflikt zu vermeiden. Die Stabilität der Familie schien durch die periodische »Krankheit« gewahrt zu sein.

Aufgrund dieser Forschung setzte sich eine neue Sicht der Familie durch. Man betrachtete sie jetzt nicht mehr als eine Ansammlung von Individuen, sondern eher als ein organisiertes Ganzes wie ein biologischer Organismus. Die Familie verhält sich wie *ein* Wesen mit eigener Struktur, eigenen Regeln und Zielen.

Anders gesagt: man begann, die Familie als ein *System* zu betrachten. Und was ist ein System? Lynn Hoffman, eine Familienforscherin, sagt dazu: »Die Frage, was ein System sei, ist sehr umstritten. Die am weitesten verbreitete Definition scheint zu sein: jede Gesamtheit, deren Teile sich in Abhängigkeit voneinander verändern und die ihr inneres Gleichgewicht durch Ausgleich von Irrtümern ständig wiederherstellt.« Wirklich ein irritierendes Ding: ein »Etwas« mit Teilen, das Verhalten jedes Teils ist abhängig vom Verhalten aller anderen, und so entsteht eine Struktur, die durch ständige wechselseitige Anpassung ihrer Teile im stabilen Gleichgewicht bleibt.

Vielleicht macht ein Beispiel von Paul Watzlawick, einem anderen Familientherapeuten, den Systembegriff klarer. Nehmen wir an, wir untersuchen die Kaninchenpopulation in einem bestimmten Gebiet. Nachdem wir über längere Zeit Zählungen durchgeführt haben, stellen wir fest, daß die Häufigkeitskurve ein regelmäßiges Auf und Ab zeigt. Das Bild der Kurve ist eine so regelmäßige Wellenbewegung, daß wir uns nach der Ursache fragen. Wir können uns jetzt weiter auf die Kaninchen konzentrieren, um den Grund der Fluktuation zu finden, oder wir sehen uns andere Variablen an, andere Einflüsse, denen die Kaninchen ausgesetzt sind, und die ihre Bevölkerungsdichte beeinflussen könnten.

Nach einiger Zeit des Nachdenkens kommen wir auf die Idee, einmal die Fuchs-Dichte in diesem Gebiet zu untersuchen. Interessanterweise finden wir auch hier einen ähnlichen Rhythmus – nur verschoben; es gibt viele Füchse, wenn gerade besonders wenig Kaninchen vorhanden vorhanden sind und umgekehrt. Schließlich kommen wir darauf: Wenn die Füchse sich über die massenhaft vorhandenen Kaninchen hermachen, gibt es immer mehr Füchse, aber dann auch immer weniger Kaninchen, so daß auch die Zahl der Füchse schließlich wieder abnehmen muß. Werden die Füchse weniger, so vermehren sich die Kaninchen wieder prächtig, rufen damit aber natürlich wiederum eine starke Vermehrung der Füchse hervor. Und so weiter.

Dieses Beispiel zeigt eine charakteristische Wendung im Denken, die in ähnlicher Weise auch bei der Erforschung der Ursprünge der Schizophrenie eingetreten ist. In beiden Fällen kamen die Forscher davon ab, nur ein Individuum oder eine einzelne Art zu betrachten und richteten ihre Aufmerksamkeit auf das Beziehungsgefüge, in dem ihr Untersuchungsobjekt stand.

Natürlich ist der Fuchs-Kaninchen-Zyklus nur Teil eines viel größeren Systems, zu dem auch das Wetter, die Erde, die Insekten und die anderen Tiere und Pflanzen des Gebiets gehören; und die Familie ist ein viel komplexeres System als nur das Dreieck aus Mann, Frau und Kind. Aber obwohl man kaum jemals sämtliche

Einzelheiten eines Systems erfassen kann, gibt uns der Systembegriff eine Methode an die Hand, sehr komplexe Zusammenhänge zu erfassen. Man kann das ganze Universum als eine Ansammlung von Systemen betrachten und diese Systeme in zwei Hauptgruppen unterteilen: belebte und unbelebte. Auch ein unbelebtes System, etwa das Planetensystem oder das Wettersystem, ist nicht »tot«, denn es ist nicht inaktiv und zeigt etwas, das wir im weitesten Sinne als »Verhalten« bezeichnen können. Planeten bewegen sich und Wetterfronten bringen sich uns oft sehr nachdrücklich zum Bewußtsein. Aber es gibt doch große Unterschiede zwischen den unbelebten Systemen, deren Verhalten man oft aufgrund physikalischer Gesetze voraussagen kann, und den belebten Systemen, die immer viele schwer erfaßbare Elemente enthalten.

Alle Systeme haben eine Organisation und eine Art inneres Gleichgewicht. Unser Plnanetensystem hat eine präzise Ordnung und sein Gleichgewicht wird durch genau definierte physikalische Kräfte aufrecht erhalten. Selbst Wettersysteme behalten über die Zeit hin eine gewisse innere Stabilität.

Auch lebende Systeme sind organisiert, aber auf ganz andere Art. Betrachten wir einen sehr einfachen Organismus: die Amöbe. Sie ist ein System, aber ein System mit klaren Grenzen. Innerhalb dieser Grenzen gibt es eine einfache Organisation, eine aktive Organisation, die darauf hin »arbeitet«, die Struktur zu erhalten. Trifft die Amöbe auf einen feindlichen Stoff oder Organismus, so weicht sie aus und versucht dem Eindringling zu entkommen, um ihr eigenes Leben zu schützen.

Das ist eine wichtige Eigenschaft lebender Systeme, die uns später in anderem Zusammenhang wieder interessieren wird: sie können ihr eigenes Verhalten aufgrund von Informationen aus ihrer Umgebung verändern. Diesen Mechanismus nennen wir *Feedback* (Rückkopplung); er erlaubt dem System, seine Tätigkeit, seine Struktur und seine Richtung zu ändern, um seine eigenen Ziele zu verfolgen. Natürlich können unbelebte Systeme auch Rückkopplungs-gesteuert sein – zum Beispiel das Raketensystem, das seinen Kurs auf der Basis von Informationen über Höhe, Geschwindigkeit und Richtung verändert. Aber solche Systeme sind dazu nur in der Lage, weil der Mensch sie sorgfältig programmiert hat.

Der Vergleich eines einfachen Organismus' wie der Amöbe mit dem komplexen System der Familie erscheint vielleicht gewagt, aber der Systembegriff läßt diesen Vergleich durchaus zu. Auch die Familie hat Grenzen und innerhalb dieser Grenzen eine Organisation, an deren Erhaltung alle Familienmitglieder eifrig arbeiten. Die zu Beginn des Kapitels zitierten Wissenschaftler, die den Zusammenhang von Schizophrenie und Familie zu erforschen versuchten, sehen den psychotischen Anfall als eine Möglichkeit, die die Familie »annehmen« kann, um ihre innere Stabilität zu wahren.

Systeme sind *hierarchisch* organisiert. Man kann zum Beispiel eine Einzelperson als ein System betrachten. Schaut man von der Ebene dieses Systems aus »abwärts«, so sieht man, daß es eine Anzahl von *Subsystemen* umschließt, die nach unten hin immer kleiner und einfacher werden:

PERSON ODER ORGANISMUS
Organsystem
Organ
Molekül
Atom
Subatomares Teilchen

Aber das ist noch nicht die ganze Hierarchie. Man kann auch »aufwärts« blicken zu noch komplexeren Systemen, die das Individuum beeinflussen.

PERSON ODER ORGANISMUS
Kernfamilie
Erweiterte Familie
Untergruppe des Gemeinwesens (Arbeit, Freunde)
Stadt oder Gemeinde
Bezirk
Bundesland
Staat
Staatenbund
Weltgemeinschaft der Nationen

Dies ist zwar noch eine grobe Hierarchie, denn in ihr fehlen viele Faktoren, die das Individuum beeinflussen (etwa das Wetter und die Nahrung), aber sie zeigt doch, daß ein Individuum Teil einer komplexen Kette von Einflußgrößen ist. Im allgemeinen beherrschen die größeren und komplexeren Systeme die kleineren und einfacheren. Aber die Kette gibt in beiden Richtungen Einflüsse weiter, und wenn wir das menschliche Verhalten verstehen wollen, so müssen wir Kenntnisse aus vielen verschiedenen Ebenen miteinander verbinden. Ein Individuum wird von »unten« zum Beispiel durch den genetischen Code beeinflußt, der auf der molekularen und atomaren Ebene wirksam wird, aber auch durch erlernte Muster, die ihm das Geflecht sozialer Beziehungen vermittelt, das »über« ihm schwebt und ihn umgibt. Und innerhalb dieser beiden großen Einfluß-Sphären – der physischen und der sozialen – wirken viele andere zusammengesetzte Einflüsse auf die Person. Eine Frau setzt sich zu ihrer Familie an den Abendbrottisch. Wirkliche, handfeste körperliche Bedürfnisse nötigen sie zu essen. Aber viele andere Kräfte, die auf sie einwirken, haben einen gesellschaftlichen Ursprung: ihre Tischmanieren oder die Rollendefinition, die besagt, daß sie das Essen zubereitet und nicht ihr Mann. Andere Einflüsse: Sie ärgert sich vielleicht darüber, daß ihr Mann so spät zum Essen kommt, und sie spricht vielleicht nicht mit ihm, obwohl sie weiß, daß er triftige Gründe für sein langes Ausbleiben hatte. Dafür macht sie ihrem Ärger gegenüber ihrem fünfjährigen Sohn Luft, dessen Herumzappeln sie nervös macht. Beide Eheleute machen sich beim Essen vielleicht sorgenvolle Gedanken über die Familienfinanzen; alles wird ja von Tag zu Tag teurer. Dann wird das Essen womöglich noch durch einen Anruf von der Mutter des Ehemanns unterbrochen und die Spannung steigt auf den Siedepunkt. Schließlich wird die Tochter gegen Ende der Mahlzeit von ihrem Freund angerufen und will für den Abend von ihren Pflichten entbunden werden (um ins Kino zu gehen, wie sich die Mutter ausrechnet). Und jetzt platzt der Ehefrau und Mutter, die selbst seit einem Monat nicht mehr ausgegangen ist, und die das, was sie selbst ihre »Hausfrauenrolle« nennt, einfach satt hat, endlich der Kragen.

Der Druck, der auf der Ehefrau und der ganzen Familie lastet, erfaßt alle wie ein Strudel. Sie hat das Gefühl, ständig von unsichtbaren Insekten gestochen zu werden, so ohne allen erkennbaren Zusammenhang gerät sie immer wieder in diese Spannungszustände. Schaut man aber näher hin, so operieren all diese Spannungen auf bestimmten *Ebenen* unserer Hierarchie.

Das größte gesellschaftsabhängige System, unter dessen Druck die Familie heute leidet, ist vielleicht die inflationäre Weltwirtschaft, aber auch andere Systeme üben ihren Einfluß auf sie aus: das Arbeitssystem, die Gruppe der Gleichaltrigen, die erweiterte Familie und natürlich die Dynamik der Kernfamilie einschließlich der innerfamiliären Subsysteme wie etwa der Beziehung zwischen

Mutter und Tochter oder zwischen Mann und Frau. Dazu kommen noch ideologische Konflikte innerhalb der Gesellschaft: über die Rolle der Frau und des Mannes zum Beispiel, und über die Frage, wieviel Freiheit man den Kindern lassen soll – all diese von der Gesellschaft noch nicht gelösten Probleme wirken sich auf die Konflikte der einzelnen Familie aus. Wenn die Mutter entscheiden will, ob sie die Tochter ins Kino gehen lassen soll oder nicht, kann sie auf keine klaren Richtlinien, auf keinen gesellschaftlichen Konsens zurückgreifen. Sie kann sich nicht mal an ihren Mann wenden, denn mit ihm hat sie ja gerade Streit.
Macht man sich bewußt, daß diese Spannungsursachen Systemprobleme sind, und zwar Probleme, die auf verschiedenen Ebenen der Hierarchie wirksam werden, so läßt sich das komplizierte Ganze aufteilen und dadurch vereinfachen; dann sieht man vielleicht auch schon, wo die Prioritäten zu setzen sind, wenn man die Probleme lösen will. Dieser Familie wäre vielleicht schon ein wenig geholfen, wenn sie während der Mahlzeiten ein weniger offenes System wäre: man schaltet einfach die Telefonklingel ab. Für die anderen Probleme mag etwas mehr Zeitaufwand nötig sein, aber man kann auch sie in Angriff nehmen, wenn man sich ein Subsystem nach dem anderen vornimmt, wobei man vielleicht mit dem kleinsten und nächstliegenden beginnt, mit den Beziehungen innerhalb der Kernfamilie.
Es ist schon aufregend zu beobachten, wie die Bemühungen von Wissenschaftlern aller Fachrichtungen in dem gemeinsamen Bemühen um eine allgemeine Systemtheorie zusammenlaufen. Man stelle sich vor, eine theoretische Struktur, die es der Wissenschaft erlauben würde, das Verhalten von, sagen wir mal, politischen Systemen und Atomen einheitlich zu beschreiben! Dieser Tag ist noch fern, aber die Arbeit läuft: Biologen, Ingenieure, Astronomen, Soziologen, Anthropologen, Ökonomen, Mathematiker, Physiker, Chemiker und viele andere tragen dazu bei. Denn all diese Systeme haben bestimmte Eigenschaften gemein, und eine Systemtheorie könnte der Weg sein, alle wissenschaftlichen Erkenntnisse zu strukturieren und miteinander zu verbinden.
Aber von den ersten Fragen einiger Wissenschaftler, die sich für Beziehungen innerhalb der Familie interessierten, bis zu einer allgemeinen Systemtheorie ist ein weiter Weg. Zwar betrachten heute viele Therapeuten die allgemeine Systemtheorie als einen nützlichen Bezugsrahmen für ihre Arbeit, aber dieser Wandel ist nicht über Nacht eingetreten und wurde nicht einfach durch die

Untersuchung einiger als schizophren eingestuften Patienten und ihrer Familien herbeigeführt. Forscher und klinische Therapeuten ertasteten sich gemeinsam den Weg zu der Idee, daß die Familie im Leben schizophrener Patienten irgendeine Rolle spielt, und später zu der Erkenntnis, daß Familien Systemcharakter haben.

Die Forschung ging weiter, und das Interesse an der Schizophrenie blieb entscheidend für die weitere Entwicklung. Freud hatte den Traum als »die *via regia* (den Königsweg) zum Unbewußten« bezeichnet; jetzt wurden die vielschichtigen Vorgänge in den Familien von Schizophrenen zum Denkmodell für die Erforschung verborgener Prozesse in der Familie überhaupt. Die Familie des Schizophrenen wurde die *via regia* zum feingesponnenen und oftmals erschreckenden Innenleben der Familie.

Einige Therapeuten entdeckten erst nach schweren Rückschlägen, daß die Familie ein System war. Auch Carl und ich mußten diese Erfahrungen machen: mit einem einzelnen zu arbeiten und von der Macht der Familie über den Patienten besiegt zu werden; zu erleben, wie ein Patient sich erholt, nur um dann zu entdecken, daß die Familie den Prozeß der Besserung untergräbt; ein Sündenbock-Kind zu behandeln und plötzlich feststellen zu müssen, daß ein anderes Kind dafür in diese Rolle gepreßt wird; mit einem Einzelpatienten zu arbeiten, und dann, in dem Augenblick, wo es ihm besser geht, die explosionsartige Erschütterung der Familie. Allzuoft schien eine Ehe an einer erfolgreichen Therapie mit einem der beiden Partner zu zerbrechen. Diese Art, etwas über das Familiensystem zu lernen, war zugleich durchschlagend und schmerzvoll. Von der Familie herumgestoßen zu werden, ist ein Weg, etwas über ihre Kraft zu erfahren, und diese Lektionen vergißt man nicht mehr.

Einige Therapeuten ließen sich von solchen Niederlagen nicht entmutigen, sondern begannen, weitere Familienmitglieder mit in den therapeutischen Prozeß einzubeziehen. Ein Psychiater traf die Familie seines Patienten zufällig an dessen Krankenbett, und was er dort an Vorgängen innerhalb der Familie beobachten konnte, fesselte ihn so sehr, daß er sich dort immer wieder zur Besuchszeit mit den Leuten traf. In einer Klinik für geistig behinderte Kinder arbeitete jemand mit einer Mutter und ihrem Kind zusammen; er spürte, daß die Eheschwierigkeiten der Eltern etwas mit den Problemen des Kindes zu tun hatten und ließ auch den Vater an der Behandlung teilnehmen. Ein anderer Psychiater hatte genug über den Ehemann seiner Patientin *gehört* und bat sie, ihn das nächste Mal mitzubringen. Er kam, und bald nahmen regelmäßig beide Ehepartner an den Sitzungen teil. Dann hatte der Psychiater schließlich auch genug über die Kinder *gehört* und wollte sie auch bei den Sitzungen dabei haben. In vielen verschiedenen Fällen und Situationen entdeckten die Therapeuten die Macht der Familie, und um diese Macht in den Griff zu bekommen, war es nur logisch, die ganze Familie zur Therapie zu versammeln.

Aber man blieb nicht bei der Kernfamilie stehen. Manche Therapeuten arbeiten heute mit »Geflechten« aus bis zu dreißig oder vierzig Personen, darunter Freunde, Nachbarn, der weitere Familienkreis, Arbeitgeber, frühere Therapeuten, Schulkameraden und andere.

In den Anfängen der Familientherapie hörte man von den Therapeuten noch sehr oft Seufzer wie: »Mann o Mann, in der Familie ist aber auch *jeder* krank.« Es brauchte eine Weile, bis man darauf kam, daß der »normale« ältere Bruder (oder die Schwester) eines »gestörten Patienten« in Wirklichkeit eine sehr steife und gehemmte Person mit einer dünnen Oberfläche aus Konformität und Leistungsbewußtsein war. Und man mußte noch länger und noch genauer hinsehen, um zu entdecken, daß die Frau des Alkoholikers keineswegs ein Ausbund an Gesundheit und Tugend war, wie sie selbst behauptete. Erst einmal aufmerksam geworden, fand man in Familien, bei denen ein Mitglied psychiatrische Hilfe gesucht hatte, überall Spannungen. Und dabei schien es auf die Art der Beschwerden überhaupt nicht anzukommen; Schwierigkeiten, so schien es, traten grundsätzlich familienweise auf.

Natürlich sagte diese Schlußfolgerung an sich noch nicht viel aus. Man konnte ihr nicht entnehmen, was die Schwierigkeiten *verursacht* hatte. Unglückliche Leute kamen aus Familien, wo es eine Menge unglückliche Leute gab. Und was weiter? Nun, man schaute noch etwas genauer hin, und dabei stellte sich heraus, daß das, was falsch gelaufen war, jedenfalls ein großer Teil davon, eigentlich deutlich zu sehen war. Es war nicht tief in den Komplexen, Über-Ichs und Ichs der einzelnen vergraben, sondern lag offen zutage. Und zwar lag es im Familiensystem, in der Art, wie die Familie organisiert war, in der Art, wie die Familienmitglieder sich miteinander verständigten, und in der Art, wie ihre tägliche Interaktion ablief. Es war wie bei dem schizophrenen Patienten und seiner Mutter: betrachtete man, was *zwischen* den Leuten geschah, so wurden plötzlich Dinge verständlich, die vorher rätselhaft gewesen waren.

In dem Bemühen, genauer zu erfassen, was falsch oder hemmend oder unproduktiv war – und diese Perspektive setzte sich immer mehr gegen die von »krank« oder »gesund« durch – mußten die Forscher nicht nur eine ganz neue Art, Menschen zu betrachten, entwickeln, sondern auch ein neues Sprachsystem, um das zu beschreiben, was sie sahen. Sie mußten sich die Organisation der Familie ansehen, ihre impliziten »Regeln«, ihre Kommunikationsstruktur und vieles mehr. Diese neue Art, das Individuum als von der Familie beeinflußt zu betrachten, werden wir noch genauer untersuchen, wenn wir uns weiter mit der Familie Berger und anderen Familiensituationen befassen.

Aber ein unangenehmes Problem blieb auch nach dieser Verlagerung der Perspektive bestehen. Was fängt man jetzt mit dem einzelnen »Patienten« an, dessen Beschwerden überhaupt erst die Aufmerksamkeit auf die betroffene Familie gelenkt haben? Wie fügt er sich in das Ganze ein? Der einfachste Weg war natürlich, diese Person als Opfer von Familienspannungen zu betrachten. Das zum Patienten gewordene Familienmitglied war der Sündenbock, der Prügelknabe, der Gekreuzigte der Familie – jemand, der das Leid der Familie auf sich nahm, damit das System erhalten bleiben konnte.

So undifferenziert diese Idee zunächst war, brachte sie die Forscher doch zu der Frage (reichlich spät, wie sie sich selbst eingestehen mußten), *ob nicht vielleicht alle Psychotherapie-Patienten Opfer von Familienspannungen sind.* Diese Vorstellung war, wie wir noch sehen werden, zu einfach, um die ganze Wahrheit erfassen zu können, aber sie kam ihr schon sehr nahe.

Denn wäre es wirklich so, daß jede Einzelperson, die an eine Therapie denkt, damit nur auf Konflikte in der Familie reagiert, dann sollte im Idealfall generell nur noch die ganze Familie Patient sein. Aber für eine Fachwelt, die gewohnt ist, Spannungen als individuelles Problem zu betrachten, würde dieser Gedanke eine radikale Umwälzung bedeuten.

Stellen wir uns nur den Analytiker vor, der sämtliche Mitglieder der Familie seines Patienten wie Hühner auf der Stange vor seinem inneren Auge auf seiner Couch hocken sieht. Oder den chemotherapeutisch ausgerichteten Psychiater, wie er sich mit dem Gedanken vertraut macht, daß er ein Rezept für eine ganze Familie ausschreiben muß. (Einer der frühen Familientherapeuten hat tatsächlich einmal einer ganzen Familie ein Beruhigungsmittel verschrieben, um die Leute davon zu überzeugen, daß sie alle »der

Patient« waren.) Oder eine psychiatrische Klinik, die sich durch Umformung ihrer Personalstruktur, ihrer Räumlichkeiten und ihres ganzen Begriffsrahmens auf die Aufnahme ganzer Familien einzustellen versucht, die gerade einen »Zusammenbruch« haben. (Das ist gar nicht so komisch, wie es klingt, sondern eine dringend benötigte Einrichtung. Es gibt sogar schon einige Kliniken, an denen sie vorhanden ist.)

Oder stellen wir uns eine Krankenversicherung vor, die ihrem Computer beizubringen versucht, daß der Patient kein einzelner ist, sondern eine Familie. »Nein, er hat kein Alter oder Gewicht, keine Größe, keinen Blutdruck. Er ist eine Familie.«

Computer: »Geburtsdatum bitte. Und Diagnose.«

»Hör zu, es ist keine Person. Es ist eine Gruppe. Eine Organisation. Ein System.«

Computer: »Tag des Krankheitsbeginns?«

Eine der Schwierigkeiten, vor die der Systembegriff die Psychiatrie stellte, war die Tatsache, daß man psychische Probleme jetzt nicht mehr als medizinische Probleme betrachten konnte, als etwas, das man »Krankheit« gleichsetzen konnte.

Aber auch die Therapeuten kamen in eine schwierige Lage. Versetzen Sie sich einmal selbst in die Lage eines Therapeuten in einem Zimmer, wo es wenig Interessantes zu sehen gibt außer einer achtköpfigen Familie, und all diese Leute fragen sich, was sie da sollen, wo doch John derjenige ist, der die Schwierigkeiten hat oder macht; ohne übermäßig viel Geduld warten sie darauf, daß der Therapeut etwas unternimmt, was die Situation sofort entschärft. Man hat da keine andere Wahl als sich mit einer sehr machtvollen sozio-biologischen Gruppe auf einen Kampf um destruktive Fehleinschätzungen und Verhaltensweisen einzulassen, und das ist oft keine sonderlich verlockende Aussicht.

Mit dieser Situation konfrontiert, mußten sich die Therapeuten nach Hilfe umsehen – sie suchten in jedem vorhandenen therapeutischen Modell nach einer Basis des Verständnisses, durchforschten alle gängigen Techniken, um neue Methoden zu gewinnen. Und schließlich wandten sie sich auch noch an jeden erreichbaren Kollegen, um Ko-Therapeuten für ihre Arbeit zu gewinnen. Die Entdeckung der Ko-Therapie durch Carl und seine Kollegen an der psychiatrischen Klinik von Atlanta war ein entscheidender Schritt in der Entwicklung der Familientherapie, denn jetzt hatten es die Therapeuten einfacher, mit ganzen Familien zu arbeiten, und wir sind auch der Ansicht, daß die Behandlung dadurch viel

effektiver geworden ist. Wir werden später noch ausführlich über die Ko-Therapie sprechen.
Familientherapie ist damals wie heute auch für die Familien eine schwierige Sache. Familien sind meist gern bereit, sich mit einem Therapeuten zu treffen und Fragen über den armen John oder die arme Mary zu beantworten, fangen aber die Fragen des Therapeuten an, sich auf die ganze Familie zu beziehen, und zwar nicht nur auf die Familie als ein Teil des Problems, sondern als *das* Problem, so breitet sich sehr schnell eine ängstliche Spannung aus.
Stellen wir uns die verzweifelte Lage einer Familie zu Beginn einer Therapiesitzung vor, wenn der Vater gerade in der vergangenen Woche einen fast erfolgreichen Selbstmordversuch unternommen hat. Eins der Kinder antwortete auf eine Routinefrage: »Also, bis vor ungefähr drei Wochen haben wir uns alle mit Papa über eine Menge Dinge gestritten.«
Der Therapeut: »Und was ist dann passiert?«
Kind: »Ich weiß nicht. Wir haben einfach aufgehört. Wir hatten es wohl einfach satt, immer mit ihm zu streiten.«
Therapeut: »Glaubst du, ihr habt ihn aufgegeben?«
Kind: »Kann sein.«
Therapeut zum Vater: »Also hat die Familie Sie vielleicht aufgegeben, und Sie haben es gespürt. Und dann haben Sie sich selbst auch aufgegeben und Tabletten genommen.«
Der Vater: »Ja, vielleicht. So habe ich die Sache noch gar nicht betrachtet.«
Hatte die Familie vielleicht, stillschweigend und ohne daß jemand sich dessen bewußt war, beschlossen, daß sie alle besser dran wären, wenn Vater tot wäre? Es ist für die Familie – wie das aktuelle Problem auch aussehen mag – stets eine bestürzende Einsicht, daß sie als Ganzes daran beteiligt ist und daß jeder einzelne in einem bestimmten Maß für die Probleme mitverantwortlich ist. Die guten Seiten des Lebens zu teilen, ist eine Sache; aber die Schuld an den schlechten Seiten zu teilen, ist eine ganz andere.
Die bisherige Entwicklung der Familientherapie hat mehr als ein Vierteljahrhundert gedauert, und dabei ist sie vielleicht gerade erst den Kinderschuhen entwachsen. Ihre frühkindliche Phase fiel in die brodelnden und expansiven frühen fünfziger Jahre, eine Zeit, in der die Scheidungsrate – wie heute – sehr hoch war und wo die Familie offensichtlich Hilfe brauchte. Die ersten Familientherapeuten arbeiteten praktisch ganz für sich, trafen sich versuchsweise

mit Familien, fanden aber wenig Unterstützung und Ermutigung bei ihren Kollegen. Als sie ihre Arbeit durch Veröffentlichungen und Vorträge bekannt machten, stießen sie auf Unglauben und Feindseligkeit. Am heftigsten wurde die neue Idee, die ganze Familie zu behandeln, von den psychoanalytisch orientierten Therapeuten abgelehnt, vielleicht weil sie in diesem neuen Weg intuitiv eine Gefahr für die medizinische Kontrollierbarkeit des psychotherapeutischen Prozesses erkannten.

Die frühen Familientherapeuten waren starke, selbständige Leute, und das mußten sie auch sein, denn sie stießen überall auf Widerstand. Zudem hatten sie untereinander kaum Verbindung. Sobald diese Pioniere einen individuellen therapeutischen Stil und einen Begriffsrahmen entwickelt hatten, sammelten sich auch Nachfolger und Schüler um sie, und es entstanden örtliche »Clans«. Fritz Midelfort arbeitete in einer privaten Praxis in La Crosse, Wisconsin; Murray Bowen schulte Psychiater an der Georgetown Universität in Washington; Nathan Ackerman baute am früheren Jewish Family Service in New York ein dynamisches Programm auf. Eine besonders herausragende Gruppe bildete sich um Don Jackson und Gregory Bateson in Palo Alto, Kalifornien, und viele aus dieser Gruppe sind inzwischen berühmt geworden, darunter Virginia Satir, Jay Haley und Paul Watzlawick. Carl und seine Kollegen an der psychiatrischen Klinik von Atlanta waren unter den ersten, die mit ganzen Familien arbeiteten. Mit der Zeit fanden diese Leute – und viele andere, die ich hier aus Raumgründen nicht erwähnen kann – zueinander und bauten ein das ganze Land umspannendes Netzwerk von Familientherapeuten auf.

In den sechziger Jahren war die Familientherapie in den USA so weit etabliert, daß eine nationale Bewegung daraus wurde. Zeitschriften wurden gegründet, Bücher veröffentlicht, Zusammenkünfte und Tagungen wurden üblich. Leute, die sich in der Ausbildung für einen psychotherapeutischen Beruf befanden, empfanden die neue Methode als eine dringend benötigte Ergänzung psychiatrischer Verfahren. Und das erlebte ich selbst auch. 1968, kurz vor meiner Promotion im Fach klinische Psychologie, besuchte ich die psychiatrische Abteilung der Universität von Wisconsin, weil ich dort mein klinisches Jahr, die letzte Anforderung für den Doktortitel, absolvieren wollte. Zufällig besuchte ich ein Seminar, in dem Carl Whitaker, der nach Wisconsin übergewechselt war, um seiner Lehrtätigkeit intensiver nachgehen zu können, mit einer Familie sprach. Ich fand dieses Gespräch so

packend, daß ich innerhalb von Minuten zum begeisterten Anhänger der Familientherapie wurde.
Immer mehr junge Leute hatten in dieser Zeit solche Umwandlungserlebnisse, aber längst nicht alle fanden solche idealen Ausbildungsbedingungen wie ich. Der Ausbildungsbedarf war so groß, daß in vielen größeren Städten private Institute entstanden, wo die neue Technik gelehrt wurde. Solche Institute wurden auch dringend gebraucht, denn die traditionelle akademische Lehrmeinung war immer noch skeptisch oder sogar ganz offen feindselig gegen die Familientherapie eingestellt. So sehr sich auch die Studenten für die Familientherapie begeisterten, sie war immer noch eine Gegenbewegung, ein Phänomen des psychiatrischen Untergrundes.
In den siebziger Jahren treffen wir die Familientherapie in einer interessanten und komplexen Situation an. Waren die sechziger unsere frühe Adoleszenz, in der die Gleichgesinnten einander fanden und sich gegenseitig gegen die »Vorfahren« des psychoanalytischen Establishments unterstützten, so sind die siebziger Jahre unsere späte Adoleszenz. Die verbissene Identitätssuche ist vorüber. Die Familientherapie ist in die Jahre gekommen, wird im ganzen Land an den Universitäten gelehrt. Es gibt zahlreiche Zeitschriften, die sich ausschließlich den Problemen von Ehe und Familie widmen. Die höchsten Auflagen von allen psychologischen und psychiatrischen Fachbüchern erreichen solche, in denen es um Familientherapie geht. Die Gesellschaft hat uns eine Aufgabe gestellt, und wir bemühen uns ernsthaft, sie zu erfüllen.
Einige wichtige Probleme bestehen jedoch immer noch. Familientherapie ist in der Öffentlichkeit noch ziemlich unbekannt. Nach wie vor sucht eher der einzelne Hilfe beim Therapeuten. Die Studenten rufen nach mehr Ausbildungsmöglichkeiten, aber erfahrene Familientherapeuten, die diese Aufgabe wahrnehmen könnten, sind auch heute noch sehr selten. Und im übrigen werden sich die Familientherapeuten immer deutlicher der Schwierigkeit ihrer Arbeit bewußt. Anfangs war die Familientherapie eine so erregende neue Sache, daß wir kaum merkten, wie hart wir arbeiteten. Jetzt wissen wir, wieviel Kraft, Wissen und interpersonelles Können vom Familientherapeuten verlangt wird; wir sind vorsichtig bei der Auswahl unserer Schüler geworden und achten aufmerksamer auf das, was wir selbst tun. Überdies begegnet uns auf unserem eigenen Feld eine immer breitere Vielfalt von Ansätzen. Die ursprünglichen »Clans«, die sich in den fünfziger und sechzi-

ger Jahren um starke Einzelpersönlichkeiten gebildet hatten, haben sich zu Schulen der Familientherapie gefestigt. Wir werden an einer späteren Stelle versuchen, einige dieser Unterschiede zu skizzieren.
Trotz aller Probleme und trotz der Vielfalt der Ansätze bleibt die Familientherapie eine einfache Idee mit guten Zukunftsaussichten. Wie die Umweltschutzbewegung, deren Entwicklung ganz ähnlich verlaufen ist, wird die Familientherapie in den nächsten Jahren wahrscheinlich an Ansehen und Verbreitung gewinnen. Beide Ansätze beruhen auf dem Systembegriff und auf dem Bewußtsein der engen Verflechtung des Lebens mit den Kräften, die es erhalten. Alle Kräfte, die auf das Individuum einwirken in die Arbeit einzubeziehen, ist eine so logische Idee, daß man sie kaum in Frage stellen kann. Der Familientherapeut der Zukunft mag sich vielleicht Systemtherapeut nennen und größere Menschengruppen oder sogar ganze Schulen unter seinen Klienten haben, aber wir glauben, daß er auch dann noch mit Familien arbeiten wird. Für uns ist nicht die berufliche Umgebung oder die soziale Gruppe die Einheit, von der die Entwicklung des einzelnen am meisten beeinflußt wird, sondern die Familie.

Claudia, der Sündenbock

Unser nächstes Treffen mit der Familie Berger war an einem Freitagmorgen um neun. Ich kam etwas früher, und Carl kramte noch in seinem Büro herum, goß die Blumen auf den Fensterbänken, sammelte die Kaffeetassen vom Vortag ein und summte. Die Sonne strahlte ins Zimmer, und die Kaffeemaschine blubberte leise vor sich hin. Wir begrüßten uns und waren froh, vor der Arbeit noch ein paar Minuten für uns zu haben. Ich nahm einige Kaffeetassen und wollte damit in die kleine Küche neben der Eingangstür, wurde dabei aber fast von Don umgerannt, der in vollem Tempo hereinstürzte, die kleine Laura freudestrahlend hinter ihm her.
Er bremste scharf und sagte mit gespielter Zerknirschung, aber lächelnd: »Oh Verzeihung, Sir.«

Es gelang mir gerade noch, die Tassen festzuhalten, und ich lächelte zurück: »He, normalerweise rennt man doch vor der Therapie *weg.*«
»Tut mir leid«, sagte er und schoß an mir vorbei ins Zimmer. Laura blickte schüchtern nach oben und ging hinter ihm her. Im Flur traf ich Claudia, und dann kamen ihre Eltern herein. Claudias Gesicht war ernst, und ihre Eltern sprachen leise miteinander. Sie grüßten; Claudia blieb stumm.
Als ich zurückkam, zeigte Laura Carl gerade ein Spielzeug, und Carl ließ sich erklären, wie man damit umgeht. David schenkte Kaffee ein, und sie sprachen darüber, wo Laura am besten spielen könnte.
Als wir schließlich alle saßen, fiel mir auf, daß in der Familie eine ganz andere Atmosphäre herrschte. Sie wirkten glücklicher und entspannter. Am deutlichsten sah man das an Claudia. Sie trug ein langes Baumwollkleid mit Blütenmuster, einfach geschnitten und sauber. Ihr Haar war zu einem Knoten aufgesteckt, und sie wirkte älter. Als ich ihr sagte, daß mir das Kleid gefiel, wurde sie etwas verlegen.
Diesmal saßen die Eltern nebeneinander in den Sesseln und Carolyn machte den Anfang: »Also, meine Herren Doktoren, ich weiß nicht, ob es heute überhaupt viel zu reden gibt. Wir haben eine ganz gute Woche hinter uns. Keine Krisen, kein Streit, Claudia ist jeden Abend rechtzeitig, oder so gut wie rechtzeitig, nach Hause gekommen. Ich kenn mich gar nicht mehr aus.«
»Gratuliere«, sagte ich.
Carl lächelte und ergänzte: »Keine Bange, das bleibt nicht so.«
Carolyn lächelte zurück, und ihr Mann schnaufte amüsiert; Carls Bemerkung hatte sie aber doch unsicher gemacht. »Wie meinen Sie das?«
Carl: »Das sind Flitterwochen. Wenn Leute sich entschließen, zur Therapie zu gehen, wird meist für eine Weile alles besser. Ich wollte euch nur warnen, damit ihr nicht allzu überrascht seid, wenn es nicht anhält.«
»Oh«, sagte sie und verstummte. Draußen in dem hellen Sommermorgen hörten wir das Heulen eines Lastwagens, der drüben vor dem Krebsforschungsinstitut Abfall lud. Dann sagte Carolyn: »Na, jedenfalls bin ich froh, daß die Woche gut war, egal weshalb.«
»Natürlich«, sagte Carl. Dann wieder Schweigen. Eine Zeitlang sagte niemand etwas.

Schließlich meinte David: »Ich glaube, wir warten darauf, daß Sie anfangen.«

Carl lehnte sich in seinen Stuhl zurück und zog an der Pfeife. »Und wir warten darauf, daß ihr miteinander anfangt. Aber wir können noch weiter warten.« In seinem Tonfall lagen Freundlichkeit und Neckerei, aber zugleich auch Ernst. David lachte kurz, und dann war wieder Stille.

Aber diesmal war sie ernster, entschiedener und drohender. Ein stiller Kampf, jeder wartete, daß irgendwer den ersten Schritt machte, als sei damit eine Verantwortung verbunden, die niemand auf sich nehmen wollte. Carl und ich hatten solche Momente schon oft erlebt und durchgehalten, und wir warteten zuversichtlich, obwohl das Warten auch für uns unangenehm war.

Beim letzten Treffen hatten wir hart gearbeitet, häufig die Initiative ergriffen und die ganze Sitzung im wesentlichen gelenkt. Jetzt gingen wir plötzlich anders vor, verlangten wortlos, daß die Familie ihre Reserve aufgab, daß die einzelnen anfingen, miteinander zu sprechen. Hätten wir in der gleichen Art weitergemacht wie am Anfang – fragend, forschend, interpretierend – so würde die Familie den Eindruck gewinnen, *wir* hätten es auf uns genommen, den Wandel herbeizuführen, und diese Erwartung zu wecken, wäre gewissenlos, denn wir können sie nicht erfüllen. Sollte die Therapie erfolgreich sein, dann mußten sie so früh wie möglich wissen, daß ihre Bereitschaft zu kämpfen, vorwärts zu drängen, zu versuchen, entscheidend war. Durch unseren Rückzug aus der Arena zwangen wir sie, und zwar nicht gerade auf die sanfteste Art, sich einander zuzuwenden. Carl sprach zwar scherzhaft über unser Warten, aber es war sehr ernst und sehr wichtig.

Nicht alle Therapeuten halten es aus, so lange zu warten, bis die Familie zu ihrer Eigeninitiative findet. Manche nehmen an, Therapie sei ein Unterweisungsprozeß und der Therapeut müsse wie ein Lehrer lenken, bestimmen, aus den Leuten etwas »herausholen« und erklären. Wir sind dagegen überzeugt, daß Therapie nicht einfach nur *Behandlung* einer Person oder Familie ist. Therapie hängt für uns mit einem natürlichen Wachstumsprozeß des Lebens und auch der Familie zusammen. Wir nehmen an, daß der Wille und das Bedürfnis, sich zu entwickeln und Erfahrungen zu integrieren, universal ist; und wenn eine Familie zur Psychotherapie kommt, so deshalb, weil dieser natürliche Prozeß in ihr blockiert ist. Die Therapie ist ein »Katalysator«, von dem wir hoffen, daß er der Familie hilft, sich ihre eigenen Kraftquellen wieder zugänglich

zu machen. Wir legen großen Wert auf die Eigeninitiative der Familie, denn sie wird keinen bleibenden Nutzen von der Therapie haben, solange sie sich nicht auf ihre eigene Kraft, sich zu verändern, besinnt. Wie Eltern ihr Kind lehren, Dinge allein zu bewältigen, denken wir schon bei diesem frühen Kampf um die Initiative an das Ende der Therapie; durch unser Verhalten demonstrieren wir der Familie, daß sie sich auf ihre eigenen Kräfte und Mittel besinnen, allein zurechtkommen und sobald wie möglich lernen muß, ihr Schicksal selbst in die Hand zu nehmen.
In den Anfängen der Therapie sind wir auch darauf bedacht, eine Wiederholung des ersten Gesprächs zu vermeiden. In dem Gespräch hatten wir die Initiative ergriffen und uns auf die *Struktur* der Familie konzentriert – auf das Beziehungsmuster, das, wie alle einräumten, ziemlich festgelegt war. Wir erhielten unsere Informationen durch Fragen über das, was zu Hause geschah. Jetzt verlangten wir von den Leuten aber, sie sollten uns vorführen, was zwischen ihnen geschah; wir hatten genug über ihre Interaktion *gehört*, jetzt wollten wir sie *sehen*. Daß sie diese Forderung spürten, trug sicher zu der gegenwärtigen gespannten Reglosigkeit der Familie bei; sie kämpften mit der Entscheidung, ob sie es wagen konnten, ihre Beziehungen, so wie sie wirklich aussahen, vor uns bloßzulegen. Sie sollten etwas zeigen, das wohl noch niemand außerhalb der Familie jemals gesehen hatte: wie sie kämpften, wie sie lebten.
Das Schweigen dauerte vielleicht fünf Minuten. Selbst mir kam es länger vor. Jeder blickte von einem zum anderen. Die Kinder kicherten verlegen und ängstlich. Die Eltern rutschten in ihren Sesseln hin und her. Dann brachte keiner mehr es fertig, einen anderen anzusehen. Ich starrte auf den Teppich, sein verschlungenes Muster wuchs und verzweigte sich immer mehr, und ich hatte das Gefühl, die Linien würden anfangen, sich zu verwinden, wenn ich noch länger hinschaute. Der Vater betrachtete die Bücher in Carls Regalen. Die Mutter legte die Hände mit dem Rücken nach oben in den Schoß und musterte sie. Claudia blickte mit einem meditativen Ausdruck geradeaus; sie war in diesem Augenblick vielleicht diejenige in der Familie, die am wenigsten Angst hatte. Don hatte ein Comic-Heft hervorgeholt und blätterte nervös darin, ohne jedoch wirklich zu lesen. Laura spielte in ihrer Ecke neben dem Teppich. Und Carl zog an seiner Pfeife – still und bedächtig.
Je länger das Schweigen dauerte, desto größer wurde die Span-

nung. Ich fühlte, wie mir beim Warten die Brust immer enger wurde. *Ich* war es, der das Warten satt hatte, und ich spürte einen heftigen Drang, etwas, egal was, zu sagen, nur um dieses Gefühl des Alleinseins zu übertönen. Voller Unbehagen schaute ich wieder zu der Familie hin. Claudia hatte jetzt den Blick gesenkt, sie wirkte einsam und deprimiert. Alle schienen sie isoliert und gereizt zu sein.

Ich begann, innerlich auf mich einzureden: »Entspann dich. Tief Atmen. Entspannen.« Ich tat es, langsam und konzentriert, löste mich von dem Verlangen zu sprechen, ließ mich in den Stuhl zurücksinken, und wirklich wurde mein Atem immer gleichmäßiger und ruhiger. Bald fand ich Gefallen daran so dazusitzen, mein Körper jetzt wieder aus einem Stück und ruhend. Fast im gleichen Augenblick spürte ich eine Welle von Gefühlen, die vorher nicht da waren. Ich fühlte mich der Familie so nah, als tauchte ich in ein warmes Wasser ein, in dem wir uns alle fanden. Während ich noch dieses Gefühl genoß, daß die ganze Gruppe langsam in diese Wärme hinabsinkt, begann David auf einmal zu sprechen.

»Also, wenn es sonst keiner tut, dann spreche ich eben.« In seiner Stimme schwang etwas von wirklicher Panik mit. »Ich will über meine Beziehung zu Claudia sprechen.« Er hatte sich Carl zugewendet als wollte er ihn bitten, mit ihm zu sprechen.

Für einen kurzen, aber bedeutungsschweren Augenblick sagte Carl nichts. Dann richtete er sich in seinem Stuhl auf, nahm die Pfeife aus dem Mund und antwortete. Seine Stimme war ruhig, ließ aber keinen Zweifel an seiner persönlichen Teilnahme. »Kann ich Ihnen dabei helfen?«

David: »Ich wünschte, Sie könnten es.«

Carl: »Sprechen Sie mit Claudia über ihre Beziehung, nicht mit uns.«

David: »Das hab ich zu Hause schon versucht. Es scheint zu nichts zu führen.«

Carl: »Versuchen Sie es nochmal. Vielleicht ist es hier anders.«

David seufzte und sagte: »Na gut, ich wills versuchen.« Er wandte sich Claudia zu. Sie richtete sich steif auf, als erwartete sie eine Bestrafung. »Die ganze Woche«, begann er, »habe ich über Dr. Whitakers Bemerkung, der du zugestimmt hast, nachgedacht, daß ich dich irgendwie im Stich gelassen oder verraten habe. Mich quält das irgendwie.« Seine Stimme war zärtlich und ein wenig traurig; er mußte sich die Worte abringen, so als schämte er sich der Gefühle, die er zeigte.

Claudia ließ sich nicht darauf ein. »Na und, was ist schon groß dabei?«
David: »Ich dachte, daß es für dich einiges bedeutet.«
»Hat es auch, aber ich bin darüber weg. Ich werde weiterleben.«
Kein Zweifel, sie wollte nicht mit ihm reden, jedenfalls nicht jetzt.
David nahm eine andere Sitzhaltung ein und sagte: »Also, ich möchte versuchen, darüber zu reden. Wie habe ich dich verraten?«
Claudia hatte es vermieden, ihn direkt anzusehen; auf sein Drängen brauste sie plötzlich auf: »Ich will nicht darüber reden!« und wandte sich ab.
David sagte zu Carl und mir: »Bitte, da haben Sie's. Wir bringen es nicht fertig, darüber – oder über irgendwas anderes – ein richtiges Gespräch anzufangen.«
Und so war es auch. Ihr Bemühen, die Probleme anzupacken, war jammervoll schwach und kurzlebig. Davids Versuch war zwar echt, aber er gab sofort auf, als Claudia zurückwich. Jetzt sollten wir ihm helfen. Vielleicht erwartete er von uns, daß wir weiterforschten oder aus dem, was wir bis dahin gehört hatten, einen Sinn herausfilterten. Wie bei einem Kind, das bittend zu uns aufblickt, weil es mit den Schnürsenkeln nicht zurechtkommt, waren wir versucht einzugreifen.
Aber im Grunde lief die Sitzung eigentlich ganz gut. Unser langes Schweigen hatte eine interessante Wirkung. Der Worte beraubt, an die man sich sonst klammern kann, war jeder im Grunde in der gleichen Lage wie ich: ganz auf unsere eigene innere Wirklichkeit zurückgeworfen. Zuerst gerieten wir alle in Panik, aber dann begannen wir, mehr zu *fühlen*, wir erreichten den Bereich des Fühlens, von dem wir uns durch immer griffbereite Worte meist fernhalten. Die Worte sind zwar unser wichtigstes Kommunikationsmittel, aber man kann sie auch dazu benutzen, Gefühle zu verbergen oder abzuwehren. Während des Schweigens traten der Familie einige Gefühle, die sie sonst lieber nicht wahrhaben wollte, deutlicher vor Augen. Als wir dann wieder zu reden begannen, war es echter als vorher. Der persönliche Tonfall von Carls Kommentaren, die Dringlichkeit und Traurigkeit in Davids Stimme, die verletzte Gereiztheit in Claudias Reaktion – all das war wertvoll, weil es uns dem Mitteilen von Gefühlen näherbrachte.
Dennoch war die Kommunikation innerhalb der Familie immer noch durch starke Sperren behindert. Als wir in der letzten Woche etwas über ihr Leben zu Hause erfahren wollten, gingen sie gleich

aufeinander los. Diesmal erstarrten sie, als wir sie aufforderten, ihre Probleme hier vor uns auszutragen. Als der Vater einen aufrichtigen Versuch machte, weigerte die Tochter sich mitzumachen. Eine sehr hohe Hemmschwelle hinderte diese Familie daran, auf eine Lösung der Probleme zuzusteuern.
Carl und ich dachten nicht daran, jetzt einzugreifen. Als David sich nach Claudias Weigerung wieder an uns wandte, sagte ich mit Nachdruck in der Stimme: »Versuchen Sie's nochmal. Und vielleicht können Sie diesmal noch einen Schritt weitergehen.«
David sah Claudia an und ließ die Schultern mutlos hängen. Seine Haltung schien auszudrücken: »Muß ich das denn tun?« Kurz hatte ich den Eindruck, *er* könnte jetzt vielleicht aufstehen und hinausgehen. Aber er begann wieder zu sprechen, und diesmal klang es sehr entmutigt. »Claudia, wie kann ich reden, wenn du nicht willst? Kann ich doch nicht. Aber *warum* willst du nicht reden?«
Wenn es in der Familie eine Sperre gab, dann wurde sie von Claudia verkörpert. Sie wirkte dumpf, schläfrig, in sich zurückgezogen, als verbarrikadierte sie all ihre Lebenskräfte hinter der undurchdringlichen Maske ihres Gesichts. Sie sprach nicht.
David versuchte es wieder, fast flehend: »Willst du mir denn nicht wenigstens sagen, was ich getan habe, das man einen Verrat nennen kann? Ich weiß es nämlich nicht.«
Jetzt wurde Claudias Gesicht wütend, aber ihre Worte blieben kühl und beherrscht. »Das hab ich doch schon *gesagt.* Ich finde, ein paar von den Sachen, die Mama von mir will und ein paar von ihren Regeln sind *einfach lächerlich.* Und du hast eben manchmal meine Partei ergriff und mit ihr gesprochen, und dann hat sie ein bißchen nachgegeben. Aber jetzt stimmst du ihr immer zu, jedenfalls wenn ich dabei bin.«
Davids Stimme und sein Gesicht spannten sich. »Claudia, das muß ich. Ich kann einfach einiges, was du tust, nicht gutheißen. Daß du wegläufst, daß du dich weigerst, auch nur den einfachsten Regeln zu folgen – ich kann das einfach nicht billigen. Du sagst, ich hätte dich verraten, aber du hast mich auch im Stich gelassen. Es ist fast so, als ob du mich *zwingst,* strenger mit dir zu sein.« Pause. »Aber so einfach ist das nicht. Don hat es ja letztes Mal gesagt, ich streite auch mit deiner Mutter über dich. Und ich verteidige dich. Wenn wir uns streiten, dann meistens über *dich.*« Sein gequälter Gesichtsausdruck verriet Besorgnis und innere Zerrissenheit. Er warf seiner Frau einen verstohlenen Blick zu.

An diesem Punkt unterbrach Carolyn, die bis dahin still zugehört hatte; sie sprach mit schneidender Stimme zu Claudia, aber ihre Worte waren in Wirklichkeit an ihren Mann gerichtet. »Und ob er das tut. Ich kann nicht finden, daß er dich verrät, er steht wie eh und je auf deiner Seite. Vielleicht steht er auf meiner Seite, wenn *du* dabei bist, aber sobald du weg bist, ist alles beim alten.«
David drehte sich ruckartig zu seiner Frau um, die neben ihm saß. »Ja, was erwartest du denn?« fragte er wütend.
An dem Tag war das Schiedsrichtern wohl meine Sache. Ich sprach die Mutter leise und freundlich an und gebrauchte zum ersten Mal ihren Vornamen. »Carolyn? Darf ich Sie unterbrechen? Die beiden wollten gerade anfangen, sich mit dieser Sache auseinanderzusetzen; vielleicht ist es ihnen ganz recht, wenn Sie einsteigen und ihnen die Last abnehmen, aber ich glaube, sie müssen damit selbst zurechtkommen.« Sie zog sich sofort zurück, nahm mir meine Zurechtweisung aber offenbar nicht übel. Dann machte ich eine Bewegung zu Vater und Tochter hin.
»Also, weiter.«
Das war ein einfacher, aber wichtiger Schachzug. Zwischen Claudia und ihrem Vater gab es große Spannungen, und als es so weit gekommen war, daß sie sich diesen Problemen stellen mußten, suchten sie nach etwas, das sie davor bewahren konnte. Davids Seitenblick zu Carolyn kann schon eine Aufforderung gewesen sein, ihm beizuspringen, und sie war ja bereitwillig darauf eingegangen. Es fehlte nicht viel, und es wäre wieder das übliche Dreieck entstanden, aber damit wäre auch das Geschehen zwischen Vater und Tochter zu Ende gewesen. Carolyns Einmischung war wieder eines dieser unwillkürlichen Blockierungsmanöver in der Familie; wenn ein Streit zu persönlich oder zu schwierig wurde, so lautete die unbewußte Übereinkunft, dann mußte irgendwer einschreiten, um die Protagonisten abzulenken. Indem ich Carolyn zurückdrängte, versuchte ich, die Diskussion so einfach wie möglich zu halten; wenn die Beziehung in diesem Gespräch *dyadisch* blieb, konnte es den beiden vielleicht gelingen, ihrer Beziehung neue Impulse zu geben.
Jetzt blieb ihnen nichts mehr übrig als weiterzumachen. Ich sah, daß sie Angst hatten, noch weiterzugehen, und zugleich von dieser Möglichkeit angezogen wurden.
»Na gut«, sagte er mit wieder wachsender Entschlossenheit, »dann laß uns über *den* Punkt sprechen.«
Claudia: »Welchen Punkt?«

»Ah, komm«, meinte David jetzt ärgerlich, »du weißt ganz genau, was ich meine.«
»Meinst du mein Wegbleiben?« Ihre Stimme klang verdutzt.
David: »Du bleibst so lange weg, wie du willst, mit wem du willst, und tust, was du willst.«
Obwohl Claudia ängstlich wirkte, begann sie jetzt auch wieder wütend zu werden. Die gute Stimmung in der Familie hatte sich aufgelöst, wie Carl prophezeit hatte. »Ja, und?« sagte sie aufsässig.
David: »Das paßt uns eben nicht. Du bist noch nicht mal sechzehn, und wir scheinen überhaupt keinen Einfluß auf das zu haben, was du *tust*!« Für einen Augenblick klang seine Stimme selbstbewußt und bestimmt. Aber er widerrief sofort. »Ich weiß natürlich, daß es nicht einfach ist, daß du Spannungen ausgesetzt bist, die dein Verhalten beeinflussen. Aber wir sind nun mal deine Eltern, und wir sollten einfach mehr Einfluß haben.« Er verließ den einmal eingenommenen Standpunkt sofort wieder, als er sah, daß er damit bei seiner Tochter Verwirrung und Schmerz auslöste.
Und Claudia stieß natürlich sofort in die Bresche. Ihre Stimme wurde immer stärker, als sie die Initiative an sich riß, die ihr Vater aufgegeben hatte. »Und du weißt, was mit mir passiert, wenn ich zu Hause bleibe! Mama liegt mir wegen meinem Zimmer in den Ohren, wegen meinen Hausaufgaben, wegen meinen Freunden, es gibt überhaupt nichts in meinem Leben, was ihr paßt, und schon ist wieder Streit. Und dann muß ich weg. Ich *muß* einfach.« Ihre Stimme zeigte wirklich einen Anflug von Panik, als wüßte sie wirklich nicht, was passieren würde, wenn sie und ihre Mutter längere Zeit im selben Haus zusammen wären.
Vielleicht überhörte David diese Panik oder er ignorierte sie, denn er fuhr fort, über das Verhalten seiner Tochter zu reden. »Wir machen uns Sorgen darüber, wo du wohl hingehst. Du erzählst uns ja nicht, wo oder mit wem oder was du tust, und uns bleibt nichts übrig, als uns das alles zusammenzureimen. Und auf was wir da kommen, gefällt uns gar nicht.«
Claudia wurde ironisch, machte sich über die Besorgnis des Vaters lustig. »Und was reimt ihr euch da zusammen? Daß ich *schwanger* werde! Daß ich *Rauschgift* nehme! Daß ich die Schule schwänze, um *Hasch* zu rauchen!«
Ihr hoher Singsang war ein reines Ablenkungsmanöver; sie machte sich über den Gegenstand lustig, um ihn nicht diskutieren zu müssen.
David: »Nun ja. Das sind doch sehr reale Möglichkeiten. Im

Moment eigentlich eher Wahrscheinlichkeiten. Das und noch anderes.«

Claudia schnaubte wütend, aber immer noch ironisch: »Was denn noch? Geschlechtskrankheiten, wie?«

David wurde rot. Ihm war peinlich, daß seine Tochter Worte aussprach, die er allenfalls andeuten konnte, aber er antwortete ruhig: »Du wärst nicht die erste, der das passiert.«

Claudia äffte ihn immer noch nach. »Du wärst nicht die erste, der das passiert!« Und dann: »So, und du wärst nicht der erste Vater, der keine Ahnung von irgendwas hat.« Ihre Patzigkeit war kaum auszuhalten, so deutlich konnte man Angst und Schmerz aus ihren Worten heraushören. Sie war den Tränen nahe.

Wieder schien der Vater nichts zu bemerken. Ihr Hohn machte ihn wütend.

»Also, verdammt noch mal, Claudia, du kannst dich meinetwegen über mich lustig machen, aber ich habe einfach das Recht, darauf zu bestehen, daß du die Regeln des Hauses befolgst. Ich bin dein Vater, und ich habe auch Rechte. Und was ich fordere, ist wohl nicht unbillig. Ich will damit nur dein Bestes.«

Trotz seines Zorns wirkte er müde beim Sprechen, so, als hätte er die Worte zum hundertsten Mal gesagt und machte sich keine Hoffnung mehr, jemals gehört zu werden. Seine Stimme klang leblos, er war tief in einen hoffnungslosen Kampf verstrickt, aber nicht mit Claudia, sondern mit sich selbst.

Als David fertig war, geschah etwas mit Claudia. Vielleicht hatte sie das alles schon zu oft gehört, vielleicht hörte sie jetzt aber auch etwas Neues heraus. Sie wurde rot, ihr Körper spannte sich, sie beugte sich vor, die Fäuste geballt. »Ja, was soll ich denn *tun*?« Ihre Stimme wurde immer lauter, bis sie schließlich schrie. »Wie eine dämliche Statue in meinem scheißsauberen Zimmer sitzen? Mit gefalteten Händen einfach dasitzen und *verrückt* werden?« Ihre so lange versteckt gehaltenen Gefühle überfluteten sie jetzt, ihr ganzer Körper stand unter so hoher Spannung, daß es aussah, als wollte sie explodieren. Aber die Gefühle kamen nicht leicht heraus; in stoßweisen Eruptionen kämpften sie sich von einer anderen Kraft frei, ähnlich vielleicht der Kraft, die ihren Vater so ausgeglichen und beherrscht bleiben ließ. Aber ihre letzten Worte schleuderte sie ihm wie ein Geschoß entgegen: »Ist es das, was du von mir willst? Zu Hause in meinem Zimmer sitzen und verrückt werden?«

David antwortete noch ruhiger und beherrschter, als er vorher

schon gesprochen hatte; die Wut seiner Tochter erschreckte ihn. »Natürlich will ich das nicht, Claudia. Das weißt du doch.«
Sein Rückzieher beruhigte Claudia nicht im geringsten. Mit immer noch vor Wut zitternder Stimme fuhr sie fort: »Aber das *passiert* mit mir, wenn ich zu Hause bleibe! Ich hab das Gefühl, daß ich verrückt werde!« Und dann brach sie von Traurigkeit überwältigt in Tränen aus, all die wohlverschnürten Gefühle lösten sich in einen Strom von Tränen. Sie weinte etwa drei Minuten, niemand sagte ein Wort. Allmählich wurde ihr Schluchzen weicher, weniger zerrissen und qualvoll, eher eine Art Selbsttröstung als ein Ausdruck von Schmerz. Sie hielt den Blick nach unten gerichtet, kreuzte die Arme, umklammerte sie oberhalb der Ellbogen mit den Händen und preßte sie an sich, vielleicht ein Versuch, sich nicht so einsam zu fühlen. Wie sie sich so umarmte, fiel ihr das Haar ins tränenüberströmte Gesicht und einige Strähnen blieben an den feuchten Wangen hängen.
Der Vater wirkte erschüttert, die Mutter äußerst bestürzt. Keiner von beiden brachte ein Wort hervor. Dons Gesicht war ausdruckslos. Laura war aufgestanden und brach schließlich das Schweigen mit ihrer kindlichen Stimme: »Mama, was ist mit Claudia los?«
Carolyn antwortete leise: »Sie hat sich aufgeregt, Liebling. Das ist gleich vorbei.«
Ich hörte mich plötzlich etwas zu Laura sagen, woran ich überhaupt nicht gedacht hatte; vielleicht wollte ich das eigentlich selbst tun, was ich ihr vorschlug: »Weißt du, du könntest sie vielleicht trösten.«
Laura blickte mich verblüfft an. »Ich?«
Dann ging die Kleine zu Claudia hinüber, streckte eine Hand aus und legte sie der Schwester auf den Arm. Claudia wischte sich halb weinend, halb lachend das Haar aus dem Gesicht und schloß Laura in die Arme. Die beiden Schwestern umarmten sich einen Augenblick, hielten einander fest, und Claudia gab ein paar Laute von sich, die Lachen, Weinen und Erleichterung in einem waren. Von allen übrigen schien dabei die Spannung zu weichen, als wäre eine tiefe Wunde aus Schmerz und Einsamkeit geheilt. Dann setzte sich Laura neben Claudia hin und hielt weiter ihre Hand.
David, immer noch erschüttert, wandte sich an mich: »Hätte ich das doch tun können, sie so umarmen.« Diese Worte kamen so frisch und unbedacht wie kaum etwas, das er bisher gesagt hatte; es war etwas von der selbstverständlichen Wärme der Kinder darin, die für Erwachsene so schwer erreichbar ist.

»Sie könnten immer noch«, sagte ich.
Claudia wurde bei diesen Worten ganz steif und ihr Vater rot. »Nein, ich kann nicht. Wenn ich es könnte, wäre vielleicht alles einfacher. Ich sitze hier, immer noch wütend, frage mich, was ich getan habe, frage mich, was das ist, wovon Claudia sagt, es macht sie verrückt, und frage mich, was denn bei uns zu Hause los ist.«
Als Claudia jetzt sprach, mischte sich wieder Ärger in ihren Tonfall. »Also ich weiß nicht, was du gemacht hast, daß ich so die Fassung verliere . . .« Es sah so aus, als sollte die Diskussion wieder anfangen, aber dann mischte Carl sich ein, um zu verhindern, daß sie wieder auf den gleichen toten Punkt führte, und um zu bewahren, was schon erreicht worden war.
»Vielleicht kann ich dir dabei helfen; mir ist nämlich ziemlich klar, was passiert ist.«
Claudia blickte leicht erschrocken zu ihm hin, aber als sie ihn lächeln sah, war sie erleichtert.
Carl: »Was dich umgeworfen hat, war, glaube ich, die schreckliche *Vernünftigkeit* deines Vaters. Du hast ihn nachgemacht, weißt du noch?« Sie nickte. »Und ich denke, du hast es getan, um nicht weinen zu müssen, oder weil du deinen alten Herrn aus seinem Versteck locken und zu irgendeiner Reaktion veranlassen wolltest.« Carl beugte sich etwas vor; seine kalt gewordene Pfeife lag in seiner Hand, und die Hand ruhte auf dem Knie. »Aber dein Papa hat dir nur einen Vortrag darüber gehalten, daß er dein Vater ist und daß du die Regeln des Hauses zu befolgen hast. Er hatte eine Menge wirklicher Gefühle, aber er hielt sie alle unter Verschluß. Das ist es wohl, was dich so fertiggemacht hat, daß er seine Gefühle nicht zugeben wollte, daß er immer weiter versuchte, vernünftig zu sein, und lieber Vater sein wollte als einfach eine Person.« Carl machte eine Pause, und Claudia wartete. »Wie dein Vater *seine eigenen Gefühle zerstört* hat, seine eigene Persönlichkeit, das hat dich so verrückt gemacht. Und das war eine angemessene Reaktion von dir. Ich glaube, das ist ein sehr ernstes Problem.«
Carl zündete die Pfeife wieder an und fuhr fort: »Zum Teil liegt das Problem auch im Tonfall der Auseinandersetzung. Papa verhandelt nicht mit dir über Fragen, die du durchaus mitentscheiden kannst, sondern spricht mit dir wie mit einer Siebenjährigen, die zu springen hat, wenn er etwas sagt.« Er blickte Claudia spöttisch an. »Und ich muß sagen, du reagierst manchmal auch entsprechend. Keiner von euch beiden scheint bemerkt zu haben, daß ein

paar Jahre vergangen sind, seit ihr euch eure Beziehung das letzte Mal angeschaut habt; ihr müßt euch eine neue Art miteinander umzugehen erarbeiten. Es liegt auf der Hand, daß du nicht mehr so gelenkt werden kannst wie ein siebenjähriges Mädchen, aber keiner von euch hat sich um neue Abkünfte für das Zusammenleben bemüht, und eine neue Sprache, in der man Meinungsverschiedenheiten austragen kann, habt ihr auch nicht entwickelt.«
Claudia setzte zu einer Antwort an, aber ihr Vater fiel ihr ins Wort: »Denken Sie etwa, ich wollte . . .«
»Moment, bitte«, schnitt ihm Carl beinah schroff das Wort ab. »Ich rede mit Claudia.« Dann wandte er sich wieder an Claudia und fragte freundlich: »Was wolltest du sagen?«
Claudia begann langsam, zögernd, aber ihre warme Empfindung für Carl war deutlich zu spüren: »Ich weiß nicht, was mich so aus der Fassung gebracht hat. Ich bin wohl einfach durcheinander.«
Carl: »Ich weiß nicht, ob es überhaupt notwendig ist, das zu verstehen. Die Erfahrung selbst ist vielleicht das Wertvollste. Und was ich an deiner Aufregung so gut fand, war, daß du ›Ich‹ gesagt hast. So oft neigen wir in der Familie dazu, über Verhalten zu sprechen, über das, was Leute *tun*. Aber du hast über dich gesprochen und über das, was du *fühlst*, und darin sehe ich eine Hoffnung. Wenn jeder von euch das lernen könnte, wäre das Problem schon halb gelöst.«
Claudia freute sich still über Carls Worte; es war für sie neu, daß ihre Gefühlsexplosionen auch etwas Positives haben sollten. Manches war ihr jedoch noch fraglich: »Aber mein Vater ist eigentlich gar nicht das Problem. Wir kommen meist ganz gut miteinander aus – jedenfalls früher. Das Problem scheint eher bei Mama und mir zu liegen.«
Carl: »Oder bei dir und der Familie.«
»Hm?« machte Claudia verwirrt.
Carl: »Vielleicht kommt deine Angst, verrückt zu werden, daher, daß die ganze Familie sich, wie Papa, für ihre eigenen Gefühle taub stellt.« Er wartete einen Augenblick. »Was dir solche Angst gemacht hat, war, glaube ich, deine Phantasievorstellung, in deinem Zimmer zu sitzen und dich sozusagen in Stein zu verwandeln; das ist wie eine Reaktion auf die Neigung der Familie, Gefühle zu unterdrücken.« Ich hatte plötzlich ganz deutlich das Bild vor Augen: Claudia, wie sie statuenhaft in ihrem Zimmer sitzt und still für sich verrückt wird. Carl wollte jetzt zum Schluß kommen. »Mama hat nämlich auch etwas von dieser schrecklichen Vernünf-

tigkeit; sie ist so sehr darauf bedacht, *gut* zu sein, daß es ihr schwerfällt, *wirklich* zu sein.« Damit endete er und wartete auf eine Reaktion.

Ich betrachtete die Eltern. Beide waren bedrückt; sie fühlten sich angeklagt und nicht berücksichtigt. Einer der Vorteile der Ko-Therapie besteht darin, daß einer der beiden Therapeuten die Perspektive verlagern kann, wenn der andere ganz von der Auseinandersetzung mit einer Person oder einer Beziehung absorbiert zu werden droht. Ich sprach daher jetzt David an. »Sie sehen unglücklich aus.«

David, leicht verwundert und irritiert: »Ich verstehe gar nichts. Claudia schreit und regt sich auf, weil meine Frau und ich so vernünftig sind, weil wir das Ganze hier *rational* anzugehen versuchen? Ich weiß nicht, was daran falsch sein soll.«

Ich ließ mir etwas Zeit, bevor ich eine Antwort versuchte. Ich empfand Sympathie für die Eltern und wollte ihnen helfen, ihr Gefühl, angeklagt zu sein, zu überwinden. »Ich glaube nicht, daß es etwas ist, was Sie oder Carolyn aus eigenem Antrieb tun. Was hier bestimmend ist, ist eine Situation, ein Geflecht von *Beziehungen*, das mehr Macht hat als jedes einzelne Individuum. Und ich glaube, in der Familie wird um zwei verschiedene Einstellungen zu Gefühlen gekämpft. Wie der Konflikt angefangen haben mag, das ist eine schwierige Frage; jetzt ist es jedenfalls so, daß Sie und Carolyn Claudias heftigen Widerstand durch kühle Beherrschtheit überkompensieren und Claudia ihre Kühle überkompensiert, indem sie immer emotionaler wird. Je mehr eine Seite sich in eine Richtung bewegt, desto mehr ist die andere gezwungen, in der entgegengesetzten Richtung zu kompensieren. Je hitziger sie wird, desto kühler werden Sie, und je kühler Sie werden, desto hitziger wird sie.«

David fing jetzt an, sich über die Sache Gedanken zu machen. »Aber Carolyn und ich explodieren manchmal auch.«

Ich sah Claudia schmunzelnd an. »Und ich wette, daß Claudia dann abkühlt oder verschwindet. Wenn ihr bei euch aufheizt, dreht sie bei sich die Temperatur herunter. Das Grundproblem ist, daß die Familie als Ganzes ihre Lebenstemperatur erhöhen möchte, sich aber nicht traut. Also arrangiert ihr euch so: Wenn irgendwer den Thermostat hochschraubt, dann dreht ihn ein anderer wieder runter.«

Claudia kommentierte mit verschmitzter Fröhlichkeit: »Sie haben Recht; ich verschwinde, wenn sie anfangen zu schreien.«

Carl hatte vor wenigen Minuten etwas gesagt, das mir gefiel, aber die Familie hatte es überhört. Ich wollte sichergehen, daß sie es aufnahmen und wandte mich wieder an die Eltern: »Ich will noch mal einen Punkt aufgreifen, den Carl eben genannt hat. Er sprach darüber, daß Sie mit Claudia reden, als wäre sie sieben Jahre alt. Finden Sie, daß das stimmt?«

David war weiterhin Sprecher der skeptischen älteren Generation. »Für mich ist es einfach eine elterliche Pflicht, ihr zu zeigen, wo es langgeht.«

»Darüber will ich gar nicht mit Ihnen streiten, aber darüber, wie Sie es machen und wie Claudia reagiert. Wir haben das Gefühl, daß Sie immer noch an einem autoritären System hängen, das eher für ein kleines Kind geeignet ist. Und ich glaube, daß Sie beide deshalb so wenig von Ihnen selbst in Ihre Erlasse legen, weil Sie sie gar nicht so ernst meinen. Sie haben nur die Überreste eines veralteten Erziehungssystems, das nicht mehr funktioniert, und Sie reiten irgendwie halbherzig darauf herum.«

David: »Ja, was sollen wir denn sonst tun? Sollen wir ihr *alle* Entscheidungen einfach überlassen?« Ich spürte die Spitze dieser Frage, offensichtlich eine Falle, in die ich hineintappen sollte, um dann als Psychologe mit unmöglich lockeren Ansichten über Erziehung dazustehen.

»Sie suchen tastend den Übergang von einem alten System, in dem Sie Eltern waren, die ein Kind lenkten, zu einem neuen für eine Zukunft, in der sie selbständig sein wird und wo Sie und Claudia sich als gleichgestellte Personen gegenüberstehen werden. Allenfalls werden Sie dann noch Berater sein, an die ihre Tochter sich wenden kann.« Ich hatte vermieden, festgenagelt zu werden.

Aber David war noch nicht fertig mit seiner gespielten Suche nach praktischen Ratschlägen. Er schien mich als das jüngere Mitglied des Therapeutenteams auch nicht so ganz ernstnehmen zu wollen. »Also, wie können wir denn besser tasten? Wir tasten nämlich schon.«

Diesmal antwortete ich mit großem Nachdruck. »Eine Möglichkeit wäre, etwas mehr von Ihrer Person zu zeigen. Sie sprechen immer nur als Vater oder Mutter, aber nie über sich selbst, Ihre Gefühle. Wenn die Beziehung zu Ihren erwachsenen Kindern eines Tages eine Beziehung zwischen *Personen* sein soll, dann sollten Sie versuchen, mehr von sich selbst zu zeigen als nur den Erzieher, der immer wissen muß, was richtig ist. Sie haben auch Zweifel und Ängste und Fragen. Wenn Claudia davon etwas

wüßte, dann könnte sie eher etwas in Ihnen sehen, womit sie sich identifizieren kann, nicht nur Dinge, die sie bekämpfen muß.«
Ich sah Claudia an. »Natürlich hat dieses Ding zwei Seiten. Offensichtlich wird Claudia sich auch ändern müssen. Viele Probleme werden sich dadurch lösen müssen, daß Claudia im Verlauf der Auseinandersetzung mit ihren Eltern immer mehr Verantwortung selbst übernimmt. So wie es jetzt ist, kann sie all ihre Probleme ihnen in die Schuhe schieben.«
Während wir so sprachen, erwärmte sich die Familie sichtlich für den Gedanken, daß die Art der Beziehungen der einzelnen Mitglieder zueinander sich ändern könnte. Die Eltern würden offensichtlich gezwungen sein, einen Teil ihrer »Gewalt« über Claudia aufzugeben, Gewalt, die sie ohnehin nicht wirklich besaßen. Und Claudia mußte selbst mehr Gewalt über ihr Leben bekommen und auch annehmen. Im Augenblick war niemand besonders erpicht auf diese Veränderung. In gewisser Weise hingen Eltern und Tochter immer noch an diesem Gewirr gegenseitiger Abhängigkeiten fest. Die Eltern hatten noch nicht erkannt, wie sehr sie Claudia zwischen sich brauchten, und Claudia wußte noch nicht, wie dankbar sie dafür war, daß sie jemanden hatte, dem sie die Verantwortung für all ihre Schwierigkeiten zuschieben konnte.
Als Carl jetzt zu David sprach, hatte er ein feines, rätselhaftes Lächeln im Gesicht, an dem ich erkennen konnte, daß er etwas im Schilde führte. »Interessant ist natürlich auch die Frage, wie Sie und Carolyn Claudia dazu gebracht haben, diese archaische Schlacht bis jetzt durchzukämpfen. Haben Sie sich das jemals gefragt?«
David war jetzt ernster. »Sicher haben wir das. Allerdings haben wir es nicht gerade auf diese Art betrachtet.«
Carl, ohne Umschweife: »Haben Sie jemals daran gedacht, daß es etwas mit Ihrer Ehe zu tun hat?«
David schaute verdutzt drein. »Mit unserer Ehe?« Er und seine Frau schauten sich an.
Carl: »Ja, sicher. Was Claudia spürt, das ist vielleicht die geheimgehaltene Spannung zwischen Ihnen beiden, eine Spannung, die ihr das Gefühl gibt, verrückt zu werden. Sie steht Ihnen nämlich beiden sehr nahe, wenn auch auf verschiedene Weise.«
Carolyn war erstaunt. »Nahe? Claudia und ich? Nein.«, sagte sie ungläubig und ein wenig erschrocken. Ich fragte mich, ob wir nicht zu schnell vorgingen.
Aber Carl fuhr ohne Zögern fort. »Natürlich seid ihr das. Glauben

Sie etwa, der ganze Ärger kommt daher, daß ihr euch so fremd seid? Die Kehrseite von all diesen Schwierigkeiten ist wirkliches Interesse, und ich glaube auch Sympathie.« Mutter und Tochter warfen sich einen kurzen Seitenblick zu.
Carl hatte die Frage der Ehe aufgeworfen, und sofort machte Carolyn den Versuch, die Aufmerksamkeit wieder auf ihren Kampf mit Claudia zu lenken, als habe sie Angst davor, sich mit der Ehe zu befassen. Ich lenkte wieder auf das Thema zurück.
»Carolyn, die Frage über die Ehe schien Sie beunruhigt zu haben.«
Carolyn sah mich ängstlich an, als wollte ich sie auf unbekanntes Gelände führen. In ihrem Konflikt mit Claudia wirkte sie stark, fast zäh, aber als ich sie jetzt direkt ansprach, schien sie scheu und ohne Selbstbewußtsein zu sein. »Ja, das stimmt wohl«, sagte sie. »Sie haben letztes Mal schon darauf angespielt, und ich habe darüber nachgedacht – oder besser, versucht, nicht daran zu denken.« Mit dieser neuen Perspektive wurde sie offenbar nicht fertig.
»Eheprobleme kommen heute überall vor«, sagte ich freundlich. »Und solch eine Dreieckssituation, wie ihr sie geschaffen habt, ist ein weit verbreiteter Weg, damit fertig zu werden.«
Sie wurde noch unsicherer. »Dreieck? Wie meinen Sie das?«
»Familienkonflikte sind meist als Dreieck oder als eine ganze Reihe von Dreiecken angelegt.«
»Ich glaube, da kann ich Ihnen nicht folgen.«
Ich beugte mich vor. Jetzt mußte ich die richtigen Worte finden. »Ihre Ehe hat vor einiger Zeit angefangen, etwas abzukühlen – richtig?«
»Ja, das ist wohl richtig.«
»Aber unter der Oberfläche war, glaube ich, nicht nur Kühle. Sie und David hatten mit einer Menge Spannungen zu kämpfen, die es zwischen Ihnen gab.«
»Das stimmt, aber ich glaube, wir waren uns dessen nicht immer bewußt.«
Ich nickte. »Ich weiß.« Eine Pause, in der ich mir die Worte zurechtlegte. »Also, eine Möglichkeit, sowohl mit der Kühle als auch mit der Spannung fertig zu werden, war, Claudia zu einer Art Puffer zu machen.« Wieder eine Pause. »Spüren Sie das? Daß Claudia irgendwie *zwischen* Ihnen beiden ist?«
Mit auffälliger Betonung sagte Carolyn: »Und wie ich das spüre.«
»Können Sie hören, wie ärgerlich Sie das sagen?«
»Ja«, kam die Antwort etwas verlegen.

»Lassen Sie mich noch einen Schritt weitergehen. Können Sie auch sehen, daß jeder aus diesem Arrangement Nutzen zog, wenn es auch noch so schmerzvoll war?«
»Nein«, sagte sie kopfschüttelnd.
»Also, mir ist jedenfalls völlig klar, daß es zumindest am Anfang so war.« Ich war meiner Worte jetzt immer sicherer, und zugleich fühlte ich mich erleichtert, weil ich jetzt bald zum Schluß kommen konnte. »Claudia konnte David helfen, indem sie ihm einfach nahe war, indem sie einen Teil des leeren Raums in seinem Leben füllte. Aber dadurch wurden Sie eifersüchtig, und das war wohl auch nützlich, denn dadurch wurde der verdeckte Konflikt zwischen Ihnen angeheizt.«
Carolyn riskierte ein schwaches, verschmitztes Lächeln. »Nicht zwischen *uns*. Zwischen *Claudia* und mir.«
»Das ist ein anderer Teil. Durch den Kampf mit Claudia konnten Sie Ihren Zorn über David zum Ausdruck bringen, ohne in der Ehe einen offenen Konflikt riskieren zu müssen.« Ich machte eine Pause, um dem nächsten Satz mehr Gewicht zu geben. »In gewisser Weise haben Sie den Zorn und die Zuneigung, die zwischen Ihnen waren, durch Claudia unterdrückt. Den direkten Weg haben Sie vermieden, deshalb habe ich Claudia einen Puffer genannt.«
Carolyn saß schweigend da. Dann blickte sie mich direkt an, als habe sie sich entschieden, eine Frage zu riskieren. »Und warum haben wir das gemacht?« Ihre Frage klang naiv, als sei sie von mir abhängig und vertraue mir auf seltsame Weise. Ich wußte, daß es so einfach nicht war, daß sie innerlich durchaus bezweifelte, was ich sagte.
»Ich weiß nicht«, sagte ich rundheraus; es sollte gar nicht erst der Eindruck entstehen, daß ich vorgab, etwas zu wissen, was ich nicht wußte. »Aber ich denke, es hat etwas damit zu tun, daß Sie und David einander so viel bedeuten. Es war zu riskant, alle Gefühle, die Sie für einander hatten, zu zeigen, weil Sie fürchteten, es könnte die zerbrechliche Sicherheit, die Sie besaßen, gefährden. Das Risiko, einander zu verlieren, war zu groß.«
»Oh«, sagte sie, von dieser positiven Wendung überrascht.
Therapeuten müssen einen perversen Hang haben, die Dinge nie einfach und klar zu lassen; ich sagte plötzlich mit einem Lächeln zu Carolyn: »Die Frage, *wie* Sie beide so unsicher geworden sind, ist natürlich ein anderer Punkt für einen anderen Tag.«
Das war ein leichter Dämpfer, aber auch ein scherzhafter Hinweis,

daß ihre Furcht, offen und direkt miteinander zu sein, wirklich übertrieben war.
Carolyn lächelte zurück, sagte aber nichts. Ohne auf meine letzte Bemerkung einzugehen, sprach sie Claudia an. In ihrer Stimme war jetzt etwas Weiches, als hätte meine Art, mit ihr zu reden, auf die Art, wie sie mit Claudia sprach, abgefärbt. »Wenn wir dich so behandelt haben, dann war das wohl nicht ganz richtig.«
Carl war die ganze Zeit still gewesen und hatte mir freien Lauf gelassen. Carolyns letzte Bemerkung brachte ihn wieder in Bewegung, und was er jetzt sagte, lag ganz in der Richtung, die ich schon eingeschlagen hatte. »Nein, es handelt sich nicht darum, daß Sie Claudia etwas getan haben. Ich glaube, ihr habt darin alle übereingestimmt. Und ich nehme an, daß Claudia in diesem Arrangement nicht nur die Leidende war. Sie erhielt dabei eine Menge Macht und Einfluß, ganz zu schweigen von dem Status eines Ehrenmitglieds der älteren Generation.« Er lächelte Claudia an. Dann fragte er sie: »Was meinst du zu dem ganzen.«
Claudia wußte nichts damit anzufangen, aber sie lachte. »Für mich klingt das alles ziemlich verrückt.«
Carl behielt sein Lächeln. »Na ja, du weißt ja, wir Familientherapeuten sind alle ein bißchen verrückt.« Pause. »Was ist denn los, hast du etwas gegen verrückte Ideen?«
Claudia, jetzt wieder zurückhaltend: »Ja. Ich habe Angst vor ihnen.«
Carl: »Damit müssen wir uns noch rumschlagen; ich glaube nämlich, daß Verrücktheit sehr wichtig für's Leben ist.« Er sagte das in leichtem Tonfall, aber es sollte sicherlich kein Scherz sein. »Deswegen war ich so begeistert, als du gesagt hast, daß die Familie dich verrückt macht. Das ist nämlich auch etwas, was die Familie braucht – verrückt sein können. Natürlich will keiner verrückt *gemacht* werden, aber wenn du der Familie beibringen könntest, *freiwillig* verrückt zu sein und Spaß daran zu haben, das wär' schon was. Das könnte sogar für den Druck, den die Familie auf dich ausübt, eine Rolle spielen. Könntest du aus dieser öden Vernünftigkeit ausbrechen, dann würden die anderen vielleicht auch lernen, verrückt zu sein.« Carl war nahe daran zu sagen, daß die Familie Claudia verrückt machte, weil alle Mitglieder ein Bedürfnis nach weniger Beherrschtheit hatten, und er war offensichtlich nicht bereit, diese durch die Blume gemachte Aussage noch weiter zu erläutern. Er sah auf seine Uhr. »He, wir müssen aufhören. Ich muß wieder an die Arbeit.«

Carolyn blickte mich leicht verwirrt an. »Vielleicht stimmt ja mit mir was nicht, aber ich bin einfach durcheinander. Wir haben gerade angefangen, uns auf eine Sache zu konzentrieren, da kam wieder was anderes.«

Carl war aufgestanden und griff nach dem Telefon, um zu hören, was der Anrufbeantworter inzwischen aufgenommen hatte. Die Familie erhob sich und machte sich für den Aufbruch bereit. Laura hatte sich im letzten Teil der Sitzung an Don gekuschelt und war fast eingeschlafen; jetzt blickte sie schläfrig und etwas verstört in das Aufbruchsgetümmel.

Im letzten Moment wandte sich Carl noch einmal an Carolyn, und alle Bewegung kam zum Stillstand: »Auf die Gefahr hin, daß Sie denken, ich hätte einen Klaps: Ich glaube, Ihre Verwirrung ist gut. Verwirrung ist der Anfang aller Kreativität, und wenn Sie in der Familie etwas Neues anfangen wollen, sind Sie fast *gezwungen* verwirrt zu sein. Aber ich will Ihnen noch einen Rat geben. Versuchen Sie nicht, das alles rational zu ergründen. Lassen Sie es in sich brodeln und reden Sie zu Hause nicht darüber. Die wirklich wertvollen Dinge werden sich von selbst klarstellen; sie finden ihren Sinn, während wir einfach weitermachen.« Eine Pause; alle standen unschlüssig herum. »Nächste Woche zur gleichen Zeit?« fragte Carl.

Die Eltern nickten, wir verabschiedeten uns; Carl streichelte der schläfrigen Laura noch einmal über den Kopf, als sie vorbeiging. David und Carolyn sahen beim Hinausgehen etwas benommen aus, und wer konnte es ihnen verdenken?

Die Grundform aller noch kommenden Gespräche war damit gefunden. Wir forderten die Familie auf, die Initiative zu ergreifen, und sie tat es. Sie wagten es nicht nur, uns Teile ihrer Interaktion vorzuführen, sondern ließen den Konflikt auch »heißer« werden, als sie es zu Hause gewagt hätten, und provozierten einander auf neue Ebenen der Wut hinauf. Wir griffen zwar gelegentlich ein, wenn es nicht mehr weiter ging, aber meist bestand unsere Aufgabe nur darin zu beobachten und ihnen ein Gefühl der Sicherheit zu geben. Gegen Ende einer Stunde erzählten wir ihnen dann, was wir gesehen hatten. Das Grundmuster sieht so aus: Die Familie macht eine Bewegung, und unsere Reaktion fällt so aus, daß sie Katalysator für weitere Entwicklung sein kann.

Ihre Verwirrung über unsere Bemerkungen war wirklich ein gutes Zeichen. Sie zeigte, daß sie ihre Selbstüberwachung für eine Zeit aufgegeben und uns übertragen hatten. Unser Standpunkt außer-

halb der Familie ließ uns Muster erkennen, die sie einfach nicht sehen konnten – nicht weil sie nicht intelligent genug waren, sondern weil sie selbst zu tief in den Konflikt verwickelt waren. Die Verwirrung enthielt auch schon eine Tendenz zu noch mehr Engagement, das sich zeigte, als die Familie uns die Aufgabe übertrug, ihren Kampf zu überwachen und zu interpretieren.
Eine Familie kann zum Psychiater gehen oder wirklich »in der Therapie« sein. Diese Familie war in der Therapie.

Tatort Familie: Ein Teufelskreis?

Carl und ich haben einen guten Grund, bei der Arbeit nebeneinander und der Familie gegenüber zu sitzen. Obwohl die Familie kommt, weil sie Hilfe sucht, und wir versuchen, ihr zu helfen, führt sie auch Krieg mit uns und wir mit ihr. Von Anfang an »kämpfen« wir mit der Familie: wer soll zu den Sitzungen erscheinen, wer soll den Vorsitz haben, wer soll die Initiative ergreifen? Wir kämpfen auch um die Diagnose. Die Familie kommt meist mit der bewußten Absicht, einem ihrer Mitglieder zu helfen, und wir sind zwar auch daran interessiert, dieser Person zu helfen, aber zugleich versuchen wir auch, das Problem auf solche Art neu zu definieren, daß die Notwendigkeit, sich als Ganzes zu verändern, der Familie deutlich wird. Wie sich die Familie unserer Meinung nach ändern sollte, ist zu dem Zeitpunkt weder der Familie noch uns schon ganz klar, aber kein Zweifel besteht jedenfalls daran, daß unsere Diagnose der Probleme oft gar nicht gern gehört wird.
Irgendwann sollten sich die Familie und die Therapeuten zu einer Gruppe zusammenfinden, in der Einigkeit über die gemeinsame Arbeit für ein gemeinsames Ziel besteht. Aber am Anfang kennt keine der Untergruppen dieses empfindlichen neuen Systems die andere oder vertraut ihr, und es muß einfach zu Spannungen kommen. Zwei verschiedene Welten versuchen zusammenzuarbeiten.
Jede Familie ist eine Miniaturgesellschaft mit eigenen Regeln, eigener Struktur, eigenen Führungsverhältnissen, eigener Sprache,

eigenem Lebensstil, eigenem Weltbild. Die versteckten Regeln, die feinen Schattierungen der Sprache, die privaten Rituale und Tänze, die jede Familie zu einer einzigartigen Mikro-Organisation machen, sind für den Außenstehenden auf den ersten Blick oft kaum zu erkennen, aber sie sind da. Die Frau *weiß*, was es bedeutet, wenn ihr Mann sie auf eine bestimmte Art anschaut, und er kennt genau die Bedeutung eines bestimmten Untertons in ihrer Stimme. Aber der Nachbar kennt vielleicht nicht den Sinn dieser Signale, und Sie oder ich, Außenstehende, kennen ihn vielleicht auch nicht – noch nicht. Die Welt einer Familie bildet und festigt sich in Jahren des Zusammenlebens, und die Wurzeln ihrer gegenwärtigen Welterfahrung reichen tief in die Geschichte. Wenn die Familie die Praxis des Therapeuten betritt, ist alles, was ihr jemals geschehen ist – auch einiges, was ihr nicht selbst widerfahren ist, sondern den Vorfahren – in ihrem System lebendig gegenwärtig. Aber die Familie muß uns nicht alles über ihre Welt *erzählen* man erkennt schon einiges an der Art, wie die Mitglieder miteinander umgehen: wie sie sitzen, wie sie miteinander reden, ihr Tonfall, ihre Vorstellungen und Vermutungen über das Leben. Gemäß den Kräften, die auf sie einwirken, und aufgrund ihrer eigenen Entscheidungen haben sie ein fest gefügtes Lebenssystem geformt, dessen Sinn nur sie kennen und das für sie unersetzlich ist. Ihr Gefühlsleben unterliegt Schwankungen, die absehbar sind wie die Gezeiten. Sie sind eine Welt, ein Sonnensystem, ein kleines Universum der Erfahrung.

Auch die Therapeuten haben ihre eigene Welt. Sie kennen sich schon einige Jahre, sie haben gemeinsam und jeder für sich Erfahrungen gesammelt, und sie haben eine bestimmte Lebensperspektive. Einige dieser Erfahrungen sind berufsbezogen, einige persönlich und einige beides zugleich. Die Welt des Therapeuten besitzt mehr Festigkeit gegenüber den Vorschriften und Wertvorstellungen der Gesamtgesellschaft als die der Familie. Das Weltbild des Therapeuten besitzt eine gewisse Radikalität, durch die es für die soziale Ordnung, in der die Familie lebt und deren Leitsätze sie bisher im großen und ganzen anerkannt hat, nicht ganz akzeptabel ist. Eine der Hauptaufgaben des Therapeuten ist es vielleicht, der Familie zu helfen, all das in Frage zu stellen, was sie über Beziehungen gelernt hat.

Wenn eine Familie zum Therapeuten kommt, so gibt sie damit zu, daß ihr Lebensmodell zumindest zeitweilig versagt hat. Die Regeln, die Ordnung und das Gefühl des inneren Zusammenhalts des

Lebens lösen sich auf oder scheinen kurz davor zu stehen. Die Therapeuten haben der Familie gegenüber die Möglichkeit eingeräumt, daß sie *vielleicht* ein besseres Modell des Zusammenlebens anbieten können, ein Weltbild, das zumindest *einiges* enthält, von dem die Familie lernen könnte. Und so unterwirft sich die Familie nach außen hin der Führung des Therapeuten.

Aber das ist alles nur Oberfläche. Die Familie ist sich gar nicht so sicher, ob die Therapeuten wirklich etwas zu bieten haben. Und selbst, wenn sich herausstellt, daß es doch so ist, weiß die Familie gar nicht so genau, ob sie sich überhaupt ändern *will.* Schließlich ist ja dieses System – die Leute mit ihrer Sprache, ihren Verhaltens- und Beziehungsmustern, die in Jahren des gemeinsamen Lebens entstanden sind – das einzige, was sie hat. Es stellt die Kontinuität ihres Lebens dar, die Brücke zwischen Vergangenheit und Zukunft. Wenn es sich ändert, was dann? Bedroht der Wandel die Kontinuität? Wird das Leben vielleicht noch schlimmer?

Obgleich es also einen Vertrag gibt, in dem die Familie die Notwendigkeit eines Wandels einräumt und dem Therapeuten erlaubt zu helfen, weiß die Familie, daß sie sich sträuben wird, und die Therapeuten wissen das auch. Der Kampf beginnt also, System gegen System, wobei die Therapeuten die Erlaubnis haben, mit ihrem eigenen Weltbild in das der Familie vorzustoßen, immer jedoch in dem Bewußtsein, daß ihre Aufgabe noch weit mehr umfaßt. Das endgültige Ergebnis hängt von so vielen Variablen ab, darunter Mut und Bereitschaft der Familie zum Risiko und die menschliche und fachliche Qualifikation der Therapeuten. Eine sehr schwierige Familiensituation verlangt von den Therapeuten unter Umständen sogar, daß sie sich selbst weiterentwickeln, um der Situation gerecht zu werden. Wenn diese beiden Seiten, die jede für sich schon sehr komplex sind, bewußt zur Kollision und Vermischung gebracht werden, entstehen »chemische« Reaktionen, deren Ergebnisse nicht immer schon vorher abzusehen sind.

Durch einen Blick auf die beiden Seiten dieses Spannungsfeldes und die Stelle, wo die scharfkantigen Oberflächen zusammentreffen, wollen wir versuchen, diese Polarität noch klarer herauszuarbeiten. Zuerst die Dynamik der Familie.

Wenn die Begrüßungsfreundlichkeiten ausgetauscht sind, sitzen Carl und ich einfach da und hören der Familie zu, und meist bemerken wir dabei Dinge, die uns ein ungutes Gefühl geben. Wir beginnen, die Fehler, die Probleme, das Leiden der Familie zu sehen. Dieses Aufspüren der Fehler ist zwar ein Teil unserer

Arbeit, aber es hat auch persönliche Gründe, denn der Lebensstil der Familie bedroht oft unseren eigenen. Wir sehen in ihrem Leben eine Menge, was wir nicht mögen und woran wir nicht teilnehmen möchten. Einige dieser Dinge können für uns einfach nur unerfreulich oder unproduktiv sein, aber andere treffen vielleicht unsere eigenen wunden Punkte. Am Anfang ist es jedenfalls immer wieder so, daß wir nach einem Grund für das Unbehagen suchen, das die Familie in uns erzeugt: was ist hier eigentlich faul? Bei fast allen Familien finden wir bestimmte allgemeine Muster.

1. *Streß:* In einer mit Streß überladenen Gesellschaft leben alle Familien mit dem Streß, aber Familien, die zur Behandlung kommen, haben davon mehr als sie aushalten können. Manchmal liegt der Ursprung des Streß im dunkel. Bei der Familie Berger war der Streß nicht zu übersehen: die gespannte Haltung der Mitglieder, der schwelende und manchmal aufflackernde Zorn, die argwöhnische Abwehrhaltung, die sie alle einnahmen. Ihre Gesichter waren vom Streß abgekämpft und müde, die Stimmen matt und mutlos. Er behauptete hartnäckig seinen Platz; die Luft knisterte davon, als sei sie elektrisch.

Wenn Carl und ich nach den Ursprüngen familiärer Spannungen zu suchen beginnen, behalten wir dabei die allgemeinen Kategorien des Streß im Auge. Es gibt natürlich die ganz normale Hetze des Alltags; wir haben einen anspruchsvollen Beruf, machen uns Sorgen wegen der Hypothek, überanstrengen unsere Muskeln, um ein Sofa zu heben. Hans Selye, ein Experte auf diesem Gebiet, weist darauf hin, daß selbst Atmen, Gehen und Sprechen eine Art Streß sind, die zur Erschöpfung des Körpers beitragen. Der Streß gehört zum Leben, und so wird es immer sein.

Den *akuten, situationsgebundenen Streß* bekommen wir alle irgendwann im Leben einmal zu spüren. Eine schwere Krankheit, ein Berufswechsel, die Geburt eines Kindes, der Umzug in eine andere Stadt, der Tod eines Familienmitglieds – all das erfordert plötzliche Umstellung auf neue Umstände und erzeugt Streß. Die Forschung hat gezeigt, daß wir vor allem in solchen Zeiten der Umstellung leicht erkranken, vor allem durch die Abwehrreaktion des Körpers auf den Streß.

Interpersoneller Streß hat mit Konflikten und Uneinigkeit zwischen Leuten zu tun, die normalerweise zusammenarbeiten sollten. Anstatt mit den unzähligen praktischen Problemen und kleinen Notfällen des Lebens gemeinsam fertig zu werden, bekämpfen sich Freunde, Arbeitskollegen und Familienmitglieder. Die Entzweiungen innerhalb der Familie können sehr komplex und undurchsichtig sein, weil sie oft mit Ereignissen in früheren Generationen zu tun haben, wobei die emotionalen Rückstände dieser Ereignisse als Teil des Familienerbes weitergegeben werden. Der Gedanke, das Identitätsgefühl einer Familie könne vom Fortbestehen bestimmter Konfliktmuster abhängig sein, mag seltsam erscheinen, aber Kinder können nicht nur Tatsachen und Wertvorstellungen von den Eltern erlernen, sondern auch emotionale Muster für Konflikte und Spannungen.

Innerpersönlicher Streß ist der Krieg des einzelnen gegen sich selbst. Innere Konflikte entstehen nicht im Innern; sie entstehen aus äußerem Druck, den das Individuum internalisiert. Ein Kind, das immer wieder von seinen Eltern bedrängt wird, wächst auf als ein Mensch, der sich selbst unter Druck setzt, und diese Tendenz weitet sich schließlich auch auf Beziehungen zu anderen aus.

Zwar verdienen alle Arten von Streß unsere Aufmerksamkeit, aber Familientherapeuten achten anfangs vor allem auf den interpersonellen Streß, besonders auf den Krieg innerhalb einer Familie. Familienbeziehungen sind so entscheidend und oft bei Beginn der Therapie der Auflösung schon so nahe, daß wir an diesem Punkt zuerst ansetzen müssen.

2. *Polarisation und Eskalation:* Die Familie Berger vereinfachte die Dinge ein wenig; sie präsentierte uns eine »begradigte« Version einer umfassenderen und diffuseren Streßsituation. Den allzu einfachen Nenner »Claudia ist das Problem« lehnten wir von Anfang an ab. Wir wußten, das Problem war größer, und wir wiesen den Gedanken, die Probleme der Familie seien bei den Hörnern des Sündenbocks zu packen, entschieden von uns. Als die Familie dann endlich vollzählig war, hatte sie eine etwas »differenziertere« Vereinfachung für uns bereit: »Das Problem ist der Kampf zwischen Claudia und ihrer Mutter.« Schon besser, aber wir waren immer noch argwöhnisch.

Über den Kampf gab es keinen Zweifel: Mutter und Tochter waren tatsächlich in einen schmerzhaften Schlagabtausch verwikkelt, der einem tragischen Höhepunkt entgegenzustreben schien. Wir alle kennen diesen Vorgang: einer provoziert den anderen; der schlägt mit einer noch schärferen Provokation zurück, worauf wieder der erste mit einer noch heftigeren Provokation antwortet, und der Prozeß von Angriff und Gegenangriff eskaliert zu immer größerer Intensität. Wir alle haben uns als Schulkinder auf dem Spielplatz so verhalten, haben einander so lange herausgefordert, bis es blutige Nasen und zerrissene Jacken gab. So geschieht es auch in Familien, zwischen Treibstoffirmen während eines Preiskriegs und zwischen Staaten.

Den Systemtheoretikern ist dieser Prozeß der Polarisation und Eskalation sehr vertraut, und sie haben verschiedene Namen dafür. Ich wähle einen davon: *positive Feedback-Spirale*. Nehmen wir an, daß jedes System ein gewisses Maß an Stabilität und Ausgewogenheit besitzt, einen homöostatischen Normalzustand. Nehmen wir weiterhin an, das System braucht, um seine Balance aufrecht erhalten zu können, Informationen darüber, wie es funktioniert. Diese Informationen nennen wir Feedback, und es gibt davon zwei Arten: positives und negatives Feedback. Positives Feedback berichtet dem System, daß sich etwas verändert, daß eine Abweichung vom homöostatischen Zustand erfolgt. Negatives Feedback berichtet dem System, daß es zum üblichen – sozusagen in den »Normal«-Zustand – zurückkehrt.

Aus Gründen, die wir zunächst nicht verstanden, befand sich die Familie Berger, vor allem Carolyn und Claudia, in einer Spirale mit fast ausschließlich positivem Feedback. Jeder Schritt brachte die Beziehung immer weiter von ihrem einstigen stabilen Zustand weg. Natürlich muß jedes System sich auch wandeln, braucht von Zeit zu Zeit positives Feedback, aber der Teufelskreis um Mutter und Tochter hatte sich schon so weit entwickelt, daß die Stabilität des Gesamtsystems bedroht war. Zeiten der Ausgewogenheit wurden immer seltener. Claudia ließ sich nicht mehr von ihren Eltern beaufsichtigen, und die Eltern wollten ihr nicht die Aufsicht über sich selbst überlassen; so drehten sie sich immer im Kreise einem Schicksal zu, das alle fürchteten, aber keiner ändern konnte.

Es war nicht einfach, diesen Mutter-Tochter-Krieg zu begreifen. Die Streitpunkte erschienen uns gar nicht so ernst, jedenfalls nicht so ernst, daß man dafür Selbstmord begehen oder wahnsinnig werden mußte. Aber darum schien es dennoch zu gehen. Also *mußten* wir einfach annehmen, daß noch mehr im Busch war, versteckte Dinge, die wir erst entdecken mußten, wenn wir diese Spirale der Bitterkeit verstehen wollten. Und das Verstehen war eine Voraussetzung für die Veränderung.

3. *Dreiecksbildung:* Wir brauchten nicht lange nach dem zu suchen, was Jay Haley das Grundproblem der emotionalen Störung genannt hat – das Dreieck. Bei fast allen Fällen von »symptomatischem« Verhalten findet Haley diese einfache und traurige Geschichte: Die Eltern haben sich einander innerlich entfremdet, und

in ihrer schrecklichen Einsamkeit verwickeln sie die Kinder zu sehr in ihr emotionales Leiden. Dann wachsen auch diese Kinder mit Störungen heran und wiederholen das gleiche Muster in ihrer eigenen Familie.

Ohne Zweifel war Carolyns und Davids Ehe in Schwierigkeiten, wenn diese Probleme im Bewußtsein der beiden auch nicht mehr als ein flüchtiger Schatten waren, bis wir darauf zu sprechen kamen. Dann allerdings gaben sie es bereitwillig zu: Ihre Ehe war schon seit Jahren kühl und distanziert, und sie kühlte sich immer mehr ab. Es stand auch kaum in Zweifel, daß Claudias Schwierigkeiten sehr eng mit den Eheproblemen zusammenhingen, wenn diese Verbindung und die Veränderungsmöglichkeiten auch eine Weile unklar blieben.

Man konnte das Dreieck von Vater, Mutter und Tochter unter altmodischen sexuellen Gesichtspunkten betrachten. Wie in Freuds Darstellung des Ödipus- und Elektrakomplexes beschrieben, hatte David sich immer mehr seiner Frau entfremdet und emotionale Wärme mehr und mehr bei seiner Tochter gesucht; mit der Zeit hatte diese Beziehung eine sexuelle Tönung erhalten. David benutzte Claudia, ohne es wahrzunehmen, als Ehefrau-Ersatz.

Carolyn erkannte nicht, warum sie Claudia so böse war, aber der Grund lag zum Teil in der Art, wie David seiner Tochter übers Haar strich, wie er immer zuerst mit ihr sprach, wenn er abends nach Hause kam; die Zärtlichkeit in seiner Stimme, wenn er mit ihr sprach; die Zeit, die er aufwendete, um ihr bei den Hausaufgaben zu helfen: Carolyn war wirklich heftig eifersüchtig auf ihre eigene Tochter.

Bis hierher war die Analyse der Situation richtig. Aber diese Betrachtungsweise hat offensichtlich auch ihre problematischen Seiten. Da ist zum Beispiel die Sprache der Kausalität: »David gab sich zu sehr mit Claudia ab, und das war der Grund für Carolyns Verbitterung.« Aber in dieser Betrachtungsweise ist David der eigentliche Schurke, und die beiden Frauen reagieren nur. Das ist die alte Ursache-Wirkung-Sprache der Physik, eine Sprache, die selbst in der Physik heute veraltet ist; und auf jeden Fall hilft sie uns nicht, das Knäuel von Kompliziertheit und Komplizenschaft, das die Familie bildete, zu entwirren.

Betrachten wir es einmal so: David und Carolyn stellten in gegenseitigem »Einvernehmen« in ihrer Ehe eine gewisse Distanz her. Kümmern wir uns im Moment einmal nicht darum, *warum* das geschah – es geschah einfach. David hat es nicht getan; Carolyn hat es nicht getan. Sie taten es gemeinsam, in kleinen Schritten über die Jahre verteilt – und unbewußt. Aber der psychische Raum zwischen ihnen blieb kein Vakuum; er saugte die Kinder an, vor allem Claudia. Außerdem war zwischen den Eheleuten auch nicht nur Kühle und Ferne; als Claudia heranwuchs, wurde sie ein Faustpfand in dem unausgesprochenen, aber sehr heftigen Konflikt zwischen ihren Eltern. David fand für sein Bedürfnis nach emotionaler Nähe ein wenig Befriedigung, indem er sich an seine Tochter kuschelte, und Carolyn konnte ihrer Wut auf David indirekt Luft machen, indem sie ihre Tochter anschrie. Claudia lebte stellvertretend, indirekt, das Leben ihrer Eltern, und diese Situation war offenbar sehr verwirrend und schmerzvoll für sie.

Aber Claudia war nicht nur ein Opfer. Auf einer bestimmten Ebene war auch sie bereit, an diesem Unsinn teilzunehmen, zum Teil, so könnte man vermuten, weil sie dadurch Macht gewann. Von den Eltern in den Rang einer Halberwachsenen befördert, gewann sie großen Einfluß in der Ehe. Wenn Mutter auf eine Bitte mit nein antwortete, so konnte sie auf David, ihren heimlichen Verbündeten, zählen, wußte, daß sie Trotz bieten konnte und damit durchkommen würde. Sie kannte den Riß in der Ehe der Eltern, und sie wußte genau, wie sie ihn ausnutzen konnte.

In dem unbewußten, heimlichen Einverständnis, das diese absurde Situation hervorbrachte, ist jeder schuldig, selbst Claudia; zugleich war aber kein einzelner *für sich genommen* schuldig. Der Tanz kam nur dadurch zustande, daß jeder bestimmte Schritte machte. Eine Zeitlang schien jeder Nutzen aus diesem Tanz zu ziehen, aber das änderte sich, und schließlich entwickelte sich jene quälende Karikatur von Familienleben, die wir kennenlernten, als die Familie zur Therapie kam.

Wozu aber dieser verrückte Krieg zwischen Claudia und Carolyn, der die ganze Familie auseinanderzureißen drohte? Warum konnten David und Carolyn ihren Konflikt nicht direkt miteinander austragen? Weshalb den Kampf über Claudia ausfechten und sie damit zerstören? Weil das Ehepaar, wie wir annehmen, einfach zu viel Angst vor den möglichen Folgen eines offenen Kampfes hatte. Sie liebten einander und einer war vom anderen abhängig – es war zu riskant, ihre Feindseligkeit einzugestehen. Trotz der Distanz, die zwischen ihnen zu bestehen schien, lebten sie unter der Oberfläche in fester, angstvoller Umklammerung, und dafür wäre ein offener, ehrlicher Kampf eine Bedrohung gewesen. Die Spannung

brauchte ein Ventil und fand es in der Beziehung zwischen Claudia und Carolyn.
So zerstörerisch und tragisch der Kampf zwischen Mutter und Tochter zu sein schien, er trug nicht nur dazu bei, die Spannungen zwischen David und Carolyn unter Kontrolle zu halten, sondern führte sogar zu einer Annäherung der Eltern. Sie konnten einfach nicht anders, sie mußten zusammenarbeiten, um mit der Tochter fertig zu werden. Claudia hatte schließlich sogar Grund, sich über eine Entwicklung zu beklagen, die sie selbst herbeigeführt hatte: »Papa, du stehst neuerdings mehr auf Mamas Seite.«
Wie im Fall des schizophrenen Patienten, der in die Klinik eingeliefert werden muß, sobald der Ehekrieg zwischen den Eltern wieder offen ausbricht, ist die qualvolle Ausstoßung eines der Kinder aus der Familie der Preis für eine stabile Ehe.
4. *Vorwürfe:* Fest mit dem Leiden der Familie verbunden ist der Drang, jemanden zu finden, dem man die Schuld geben kann. Jeder schleudert Beschuldigungen gegen den anderen und will damit zugleich sich selbst entlasten. Carolyn ist sicher, daß die ganze Familie aufatmen könnte, wenn nur Claudia sich ändern wollte. Claudia sagt genau das gleiche über ihre Mutter. Jede sieht sich selbst als machtlos, als Opfer; jede sieht die Macht über ihr eigenes Schicksal in der Hand der anderen.
Wenn die beiden so dasitzen, verraten ihre bösen Seitenblicke und die Versuche, einander unter Druck zu setzen, mehr als nur Uneinigkeit über Dinge und Vorstellungen. Jede nimmt die andere sehr deutlich wahr, aber sich selbst so gut wie gar nicht. Sie sind sich weder ihrer eigenen Gefühle bewußt, noch erkennen sie die eigenen Möglichkeiten zu handeln und Veränderungen herbeizuführen. Anfangs können sie nicht einmal besonders gut über sich selbst *sprechen*, geschweige denn die Möglichkeit ins Auge fassen, daß sie selbst anders sein könnten. Immer sprechen sie über den anderen, immer ist es der andere, der sich ändern muß.
Claudia und Carolyn sind einfach nicht in der Lage, einander als die Menschen zu sehen, die sie sind. Sie sind füreinander Abstraktionen: machtvolle Wesen, bedrohliche Kräfte, wüste Phantasiegebilde im Dschungel der Angst. Carolyn ist für Claudia strafende Autorität oder Verrat oder erstickender Qualm, und Claudia ist für ihre Mutter Rebellion oder undankbare Geringschätzung oder Einschüchterung. Wer weiß, was sie wirklich sehen, wenn sie einander so anstarren? Sieht Carolyn ihren Mann, wenn sie ihre Tochter anschaut? Oder ihre Mutter? Sich selbst? Bruder oder

Schwester? Sicherlich sieht sie die verschreckte, einsame, verwirrte Tochter nicht sehr deutlich, die Carl und ich sehen, und Claudia sieht ebensowenig, die qualvolle Schüchternheit, das fehlende Selbstvertrauen und die Einsamkeit der Mutter. In ihrem Zorn sind sie einander nur Bedrohung und nicht Person.

Wir sprechen hier über mehr als nur ein Wahrnehmungsproblem, das auf Verständnislosigkeit gründet. Die Wahrnehmung des anderen wurzelt in der Selbsterfahrung, und die Unfähigkeit, den anderen als den zu sehen, der er ist, beruht auf einer eingeschränkten Selbsterfahrung. Man kann niemandem auf intellektuellem Wege beibringen, andere anders zu sehen, erst muß er sich selbst anders erfahren.

5. *Auflösung der Identität:* Es gibt in der Familie noch ein ernsteres Problem als den Kampf zwischen verschiedenen Mitgliedern. Wenn wir davon ausgehen, daß dieser Kampf nur sexuelle oder »machtpolitische« Gründe hat, überschätzen wir vielleicht den Grad der Reife der einzelnen Familienmitglieder. Carl und ich glauben, daß die Beziehungen in einer Familie, in der es ernste Probleme gibt, gespannt und schwierig sind und daß in dieser Familie niemand selbständig und unabhängig sein kann. Die einzelnen sind dazu nicht erwachsen genug, mögen sie auch ausgewachsen sein. Oft finden wir eine *familienumspannende Symbiose:* Die einzelnen sind so sehr voneinander abhängig, haben so große Angst, den Beistand der anderen zu verlieren, daß niemand wagt, an die bestehenden Verhältnisse zu rühren. Sie verfallen in starre Beziehungsmuster, komplizierte und qualvolle Routinen, die ihre Einheit auf Kosten ihrer Individualität sichern. Carolyn möchte David vielleicht direkt herausfordern, aber sie traut sich nicht. Er möchte vielleicht ein Wochenende allein draußen im Zelt verbringen, aber er wagt es nicht. Spontaneität, und Kreativität, all das, was die Lebendigkeit einer Familie ausmacht, wird immer wieder um des lieben Friedens willen zurückgestellt. Niemand wagt, er selbst zu sein. Aus Angst vor – was? Sie wissen nicht einmal, wovor sie Angst haben.

Anstelle einer Familie von fünf eigenständigen Personen gibt es nur *eine* zusammengewürfelte Person, die Familie. Und anstatt daß die einzelnen das Bild der Familie bestimmen, unterliegen sie bedingungslos den Rollenvorschriften des Familiensystems. Das System regiert sie alle mit eiserner Hand. Dieses symbiotische Miteinander, entstanden wahrscheinlich aus Streß, erzeugt wieder einen eigenen neuen Streß, weil es die Individualität und Autonomie jedes einzelnen Mitglieds bedroht. Jeder wird nun von der Angst umgetrieben, seine Individualität im Sumpf zu verlieren. Eine der Methoden der Familie, mit diesem drohenden Selbstverlust fertig zu werden, besteht darin, einen Konflikt heraufzubeschwören. Der Kampf drückt das Bedürfnis nach Eigenständigkeit aus; wer mit einem anderen kämpft, versucht, von ihm (oder ihr) unabhängig zu werden. Leider genügt dieser Kampf manchmal nicht, oder er wird zu destruktiv und verlustreich.

Zu Beginn einer Therapie beklagt sich für gewöhnlich jeder einzelne aus der Familie darüber, daß irgendein anderer ihn einzuschüchtern versucht, und sie empfinden wirklich so. Aber wenn Mann und Frau oder Mutter und Tochter anklagend auf einander zeigen und sagen: »Du willst mich einschüchtern«, so sind es weniger die einzelnen, die sich gegenseitig einschüchtern. Der Druck, den jeder spürt, entsteht vielmehr daraus, *daß sie einander brauchen.* Jeder von ihnen ist so unsicher, daß er sich den Bedingungen der Gemeinschaft unterwirft, um wenigstens ein *bißchen* Sicherheit zu gewinnen. Es ist die Beziehung, das System, der Tanz, der sie einschüchtert und zu Sklaven macht. Die Familie selbst ist es, wovon sie befreit sein wollen.

Aber es steht mehr als Freiheit und Unabhängigkeit auf dem Spiel, denn die Einheit der Familie ist unecht. Wenn die Familie in die Therapie eintritt, ist jeder einzelne von dem Gefühl bedrückt, isoliert und zugleich vollkommen eingeschränkt zu sein. Sie kennen weder das freudige Gefühl echter Eigenständigkeit noch die wohlige Wärme wirklicher Nähe. Sie alle erleiden ein scheinbar endloses Purgatorium einsamer Eingeschlossenheit in einer Familie, die sie zwar lieben, an der sie aber keine wirkliche Freude haben.

6. *Stillstand:* Es gibt in der Familie noch etwas Schlimmeres als die Furcht, einander zu verlieren, und das ist die Angst vor Festgefahrenheit und Stillstand, die im Grunde nichts anderes ist, als die Furcht vor dem Tod. Unsere ganze Erfahrung ist vom Bewußtsein des Todes geprägt, und dieses Bewußtsein ist auch entscheidend für die Familiendynamik.

David und Carolyn Berger hatten das Gefühl, daß die Jahre immer schneller an ihnen vorbeirollten, und mit jedem unerfüllten Jahr wurde das Leben, das man noch genießen konnte, kürzer. Obwohl sie sich das selbst nur zögernd eingestanden, wurde ihre Furcht immer größer, daß sie nie ein befriedigendes Leben haben würden. Nach außen hin wurde ihre Beziehung mit der Zeit immer kühler und distanzierter, aber innen waren ihre Gefühle füreinander alles andere als kühl. Mit jedem verstrichenen Jahr wurde das gegenseitige Engagement größer, wurden die Gefühle für den anderen stärker, so wie es unserer Ansicht nach bei jedem Paar ist. Wenn das aber so war, wozu dann dieses distanzierte, kühle Äußere? Weshalb waren sie einsam und unglücklich?

Das Grundübel lag in dem Modell für zwischenmenschliche Nähe, das jeder von seiner Ursprungsfamilie mitbekommen hatte. Keiner von beiden hatte als Kind seine Gefühle ausleben dürfen. Schon früh mußten sie lernen, den emotionalen »Thermostat« niedrig einzustellen, und als sich in ihrer Ehe ein emotionaler Druck zu bilden begann, ließ ihnen ihr Familienmodell nur eine Möglichkeit, mit den aufgewühlten Gefühlen fertig zu werden: emotionale Distanz. Aber die »Lava« der Gefühle verschwand dadurch nicht, sondern wanderte unter dem Oberflächengestein weiter und suchte einen Ausweg.

Dieser Ausweg fand sich in Claudia. Sexualität, Wut und Schmerz, die die Eltern in ihr auszulöschen versuchten, waren ihre eigenen, und ihre Tochter war Symbol für alles, was sie in sich selbst gern befreit hätten; aber sie wagten nicht einmal, sich dieser Wünsche bewußt zu werden. Die Familie verhielt sich also wie *eine Person*, die mit sich selbst im Streit liegt: Ein Teil (Claudia) flehte um Freiheit und suchte verzweifelt nach Leben, der andere (ihre Eltern) bekämpfte den ersten und sagte: »Bleib liegen; sei still.« Es war, wenn man so will, der Kampf des Lebens gegen den Tod.

Aber Claudia war mehr als nur ein Ausdrucksmittel für ihre Eltern. Sie war Provokateur und zugleich Vermittler zwischen der Familie und der Außenwelt. Durch ihren Satz »Ich will ich sein!« wurde sie zum Modell der Persönlichkeitsentfaltung. Während Claudia also stellvertretend die Verzweiflung der ganzen Familie zum Ausdruck brachte, verkörperte sie zugleich auch die Hoffnung, die schreckliche Lähmung und das Schweigen brechen zu können. Da die Eltern Claudia mit so vielem befrachtet hatten, war es kaum verwunderlich, daß sie sich gegen jede Veränderung der Rolle ihrer Tochter innerhalb der Familie sträubten. Unsere Kollision mit der Familie in der Frage der Diagnose war unvermeidlich; das Problem neu zu definieren, hieß ja, die Familie neu zu definieren.

Das Krisengefühl in der Familie war eine, wenn auch vorübergehende, Auflockerung der verfahrenen Lage und für uns der Punkt, wo wir ansetzen konnten. Ohne Therapie hätten sie sicher bald

ihre chronischen Konflikte nach bekanntem Muster wieder aufgenommen. Für den Moment aber war das Terrain für unsere »Invasion« relativ gut geeignet.
Wenden wir uns jetzt der anderen Seite der Beziehung zwischen der Familie und den Therapeuten zu, der Welt der beiden Ko-Therapeuten.
Carl und ich haben der Familie das Angebot gemacht, ihrem Bedürfnis nach Kontakten zu anderen sozialen Systemen zu entsprechen, und wir bilden wirklich ein soziales System. Zunächst sind wir natürlich Individuen mit eigener beruflicher und persönlicher Geschichte, eigener Familie und eigenen Ansichten über die Welt. All diese ureigenen Erfahrungen sind ein Teil von dem, was wir der Familie zu geben haben.
Ich bin in einer kleinen Stadt im südlichen Georgia aufgewachsen und Carl auf einem Bauernhof im Staat New York. Das College habe ich in Connecticut besucht; mein Hauptfach war Englisch, ich wollte Dichter werden. Später kehrte ich als Englischlehrer nach Georgia zurück. Carl verließ den Hof seiner Familie, um aufs College und später auf die Medical School von Syracuse zu gehen. Er hatte seine Ausbildung zum Geburtshilfearzt noch nicht abgeschlossen, als er durch eine eigene Therapie zur Psychiatrie kam. Mir geschah etwas ähnliches während meiner weiteren Ausbildung zum Lehrer an der Universität, und ich wurde Psychologe.
Zu Carls beruflichem Werdegang gehört eine Menge klinischer Erfahrung mit straffällig gewordenen Heranwachsenden, mit Schizophrenen, Paaren und Familien; er war Leiter einer psychiatrischen Abteilung und hat viele Jahre lang gelehrt und behandelt. Meine Laufbahn hat zwar gerade erst angefangen, aber ich habe mich auch schon in Verwaltung und Lehre versucht, und meine klinische Arbeit hat zum größten Teil mit Familien und Paaren zu tun. Margaret, meine Frau, und ich haben drei Kinder; unser ältestes ist gerade auf dem Weg vom Kind zum Heranwachsenden. Carl und Muriel haben sechs Kinder; das jüngste ist erst kürzlich aufs College gekommen.
Die Einzelheiten unseres Lebens sind nicht so wichtig. Was zählt, ist, daß wir beide für unsere Arbeit nützliche Erfahrungen mitbringen. Carl hat bei seiner Arbeit mit Schizophrenen und Kindern gelernt, »verrückt« (und indirekt) zu reden. Die Jahre des Umgangs mit schwer gestörten Patienten haben ihm ein Verständnis für die Welt des Unbewußten und Irrationalen vermittelt, das für die Arbeit mit besonders problematischen Familien sehr wich-

tig ist. Mein Hintergrund ist mehr psychologischer Art, das heißt, mehr auf die gesunde und normale Entwicklung ausgerichtet, und damit ergänze ich Carl mit seinem mehr klinischen Hintergrund recht gut. Meine Erfahrungen als Lehrer ermöglichen es mir – zumindest an guten Tagen – der Familie etwas logisch auseinanderzusetzen. Oft begrüßt die Familie meinen Ernst, aber sie lernen auch aus Carls Humor und seiner Lust am spontanen Spielen.

Vieles von dem, was wir der Familie bieten können, verdanken wir unseren eigenen Erfahrungen in der Therapie (Carl war selbst fünfmal in der Therapie, ich dreimal). Das Grundmodell für zwischenmenschliche Nähe, das uns bei unserer Arbeit mit Familien leitet, haben wir aus den Beziehungen in unseren Ehen und Familien gewonnen, Beziehungen, die wir als gut empfinden. Hilfreich ist auch, daß Carl schon über sechzig ist und sechs Kinder großgezogen hat, aber auch die Tatsache, daß ich noch relativ jung und gegenwärtig noch mit der Kindererziehung beschäftigt bin. Carls väterliche Festigkeit und meine mehr mütterliche Art ergänzen sich sehr gut, aber es kommt auch vor, daß wir diese Rollen während einer Sitzung immer wieder unbewußt vertauschen. Entscheidend ist, daß wir eine vielschichtige und robuste Beziehung in die Therapie einbringen, eine Mischung aus Eigenständigkeit und Miteinander, die eine gute professionelle »Ehe« abgibt.

Wir gehen davon aus, daß die Therapie eine symbolische Elternschaft beinhaltet, und daß unsere Beziehung als Ko-Therapeuten das wichtigste Instrument der Therapie ist. Während zwischen den Eltern der Familie nur eine schwache Bindung besteht, ist unsere Verbindung fest und doch nicht beengend. Unsere Fähigkeit zusammenzuarbeiten gibt uns die Kraft, mit der Familie zu arbeiten, und der Familie die Sicherheit, daß sie uns vertrauen kann. Wenn die einzelnen im Verlauf der Therapie ihre Individualität zu entfalten beginnen, interessieren sie sich auch mehr und mehr für uns als selbständige und verschiedene Individuen. Aber am Anfang kommt es auf die Kraft unserer Gemeinschaft an.

Eine Anmerkung über Geschlechtsrollen. Manche Therapeuten würden sagen, einer von uns sollte eine Frau sein, und sie haben vielleicht Recht; im Idealfall sollte das Therapeutenteam wahrscheinlich ein Ehepaar sein. Es scheint aber für die symbolische Annahme einer Elternrolle der Ko-Therapeuten gegenüber der Familie nicht ausschlaggebend zu sein, ob sie verschiedenen Geschlechtern angehören. Wirklich hilfreich scheint zu sein, wenn beide Therapeuten alters- und geschlechtslos sind, oder, wie ein großartiger Therapeut namens Asya Kadis gern sagte, frei, »alle Tonarten zu spielen«. Carl kann manchmal eine großbusige zärtliche Mutter sein oder ein strenger barscher Großvater, und ich gebe zuweilen einen ganz guten flegelhaften, rebellischen Jungen ab. Das alles ist viel komplizierter als die vereinfachende Art, in der wir häufig Biologie und Persönlichkeit gleichsetzen.

Bei Beginn der Arbeit mit einer Familie haben wir einige unmittelbare Ziele. Als erstes versuchen wir, den Job des Sündenbocks an uns zu reißen. Bei der Familie Berger war Claudia in gewissem Sinn der Familientherapeut, und wir können uns zum Beispiel dadurch in die Familie einschleichen, daß wir Claudias Aufgabe übernehmen, uns selbst an ihrer Stelle in die wichtigen Familiendreiecke einsetzen. Einer von uns stürzt sich kopfüber in die Familie, wird in ein Handgemenge über irgendeinen Streitpunkt verwickelt und kehrt dann in die Sicherheit der Ko-Therapeuten-Beziehung zurück. Wir machen Claudias »Rein-Raus«-Bewegung nach (weglaufen – wieder heimkommen) und hoffen, daß wir dadurch die festgefahrene Situation auflockern können, wie es auch Claudia versucht hatte. Und weil Carl und ich wissen, daß wir immer auf den anderen zählen können, stürzen wir uns mit mehr Zutrauen hinein, als wenn wir allein wären.

Die Koalitionen, die wir mit einzelnen Familienmitgliedern eingehen, wechseln häufig; bald unterstützen oder bedrängen wir einen von ihnen, bald einen anderen. So umgehen wir die Falle, permanenter Advokat einer Person oder Position zu werden. Wir arbeiten für die ganze Familie, und wir können es uns nicht leisten, uns ganz in eine bestimmte Beziehung zu verlieren.

Wir sind davon überzeugt, daß die Familie bei ihrem Kampf gegen die Umklammerung von Stillstand und Streß vor allem in Augenblicken des gesteigerten Erlebens Durchbrüche erzielen kann. Diese Augenblicke müssen nicht unbedingt während der Therapiestunde eintreten, aber wir hoffen, daß sie zumindest durch die Therapie gefördert werden. Zwei Arten der Erfahrung scheinen besonders wichtig zu sein: der Augenblick, in dem die Mitglieder der Familie es wagen, eigenständiger, uneiniger, vielleicht sogar wütender zu sein als üblich, und der Augenblick, wo sie es wagen, einander näher zu kommen als sie es sonst im täglichen Leben sind.

Für gewöhnlich läuft das etwa so ab: Die Familie gewinnt Vertrauen in die verbindende Kraft der Therapeuten und nutzt diese Hilfe aus, um dem lange angestauten Ärger Luft zu machen. Und siehe da, niemand fällt tot um oder reicht die Scheidung ein. Normalerweise geschieht sogar das Gegenteil – alle fühlen sich seltsam beflügelt und friedfertig. Einem Zornesausbruch folgt oft ein Moment größerer Wärme und Nähe, wenn es bis dahin auch oft ein langer Weg ist, weil bisher zuviel in den Familienkeller gestellt wurde.

Die Fähigkeit der Familie zu Wärme und Nähe wächst mit der Bereitschaft der einzelnen, auf eigenen Füßen zu stehen und eigene, womöglich abweichende Ansichten zu haben. Die Nähe ist zu riskant, wenn nicht stets dabei die Möglichkeit besteht, ganz für sich zu sein. Auf der anderen Seite kann man auch nicht riskieren, anders zu sein als die anderen, wenn nicht sichergestellt ist, daß der Zusammenhalt trotzdem weiterbesteht. Je stärker und unabhängiger die einzelnen in der Familie werden, desto leichter wird es, einander nahe zu sein, und je größer die Nähe ist, desto leichter fällt das Wagnis der Unabhängigkeit.

Aber wie bringt man das in Bewegung, wie bringt man die Familie dazu, einen ersten kleinen Schritt aus der tödlichen Sackgasse von Pseudo-Nähe und Pseudo-Eigenständigkeit heraus zu tun? Teile eines Modells für diesen Prozeß haben wir bereit. Wir müssen der Familie zeigen, daß sie ruhig etwas riskieren kann, indem wir selbst etwas riskieren. Wollen wir, daß die Familie einen »existenziellen Wandel« vollzieht, um wirklicher, direkter und lebendiger zu werden, dann müssen wir selbst wirklich, direkt und lebendig sein.

Wenn wir die Familie darin unterstützen, daß ihre Mitglieder sich zu Individuen entwickeln, so erwarten wir, daß sich als erstes eine Trennung zwischen den Generationen bildet. Claudia war viel zu sehr in die Angelegenheiten ihrer Eltern verwickelt und umgekehrt. Bevor die einzelnen Familienmitglieder wirkliche Individuen sein können, müssen wahrscheinlich erst die Generationen klar gegeneinander abgegrenzt sein. Das ist keine leichte Aufgabe. Claudias Eltern hatten sich nicht einmal richtig von *ihren* Eltern freigemacht, wie wir später feststellten.

David und Carolyn konnten Claudia nicht zugestehen, ein eigenes Leben zu führen, solange nicht innerhalb ihrer eigenen Generation etwas geschehen war. Die Spannung in ihrer Ehe mußte erst ein wenig gelockert werden, bevor sie von Claudia ablassen und ihr ein eigenes Leben zugestehen konnten. Bis dahin war sie an den Zustand gefesselt, daß ihre Eltern sie sehr dringend brauchten.

Und obwohl das Ehepaar bereit schien, sich seine Ehe zu betrachten und darüber zu sprechen, war es schwieriger, als wir ursprünglich dachten, ihnen bei der Veränderung ihrer Beziehung zu helfen. Es war wie ein Versuch, ein Wollknäuel zu entwirren, mit dem eine Katze lange Zeit gespielt hatte.

Großmutters Geist

Die Eheprobleme von David und Carolyn anzupacken, das wußten Carl und ich, würde Fingerspitzengefühl verlangen. Die beiden waren in bezug auf ihre Ehe sehr empfindlich, und wir mußten vorsichtig sein. Wir wußten außerdem, daß Carolyn ein sehr bedrückter Mensch war, es stand in ihrem Gesicht geschrieben. Claudia war offensichtlich der Sündenbock, aber wir erkannten immer wieder undeutlich, daß jemand anderes das eigentliche Opfer der Familie war: ihre Mutter. David machte uns weniger Sorgen; seine immer wieder nützliche »packen-wir's-an«-Haltung gegenüber den Problemen der Familie ließ erwarten, daß er bei der Stange bleiben würde. Nach einer Weile nahm er sogar die Rolle eines Schäfers seiner Herde an, handelte mit uns den Zeitpunkt des nächsten Treffens aus, stellte den anderen hilfreiche Fragen und interpretierte sogar, was er hörte. Wir trauten seinem Enthusiasmus nicht so ganz – offensichtlich war er sehr darauf bedacht, sich selbst aus der Schußlinie herauszuhalten –, aber wir waren doch sehr froh über seinen Eifer.
Ganz anders Carolyn. Es tat schon weh, wenn man sie zur Therapie kommen sah, und man spürte stets, daß sie am liebsten gleich wieder gehen würde. Irgendein nur mühsam unterdrückter Tumult tobte in ihr. Sie war abwechselnd fürchterlich wütend – vor allem bei Zusammenstößen mit Claudia – und völlig am Boden zerstört. Der Ausdruck der Niederlage erschien auf ihrem Gesicht nur, wenn sie sich unbeobachtet glaubte und mit niemandem sprach. Während wir einen Dialog zwischen Claudia und ihrem Vater verfolgten, blickte ich manchmal heimlich zu Carolyn hinüber und sah sie ganz von Traurigkeit eingehüllt. Am Boden zerstört ist der richtige Ausdruck. Carl und ich waren ratlos.

Wir machten uns auch Sorgen darüber, daß Carolyn sich so sehr zurückhielt. Die Mutter ist in der Familie eine so wichtige Person, daß wir es uns nicht leisten konnten, sie gegen uns zu haben. Väter entschließen sich oft nach den ersten kritischen Sitzungen, in denen sie befürchten, ganz übergangen zu werden, dazu, bereitwillig, wenn auch nur am Rande, an der Familientherapie teilzunehmen. Aber wenn die Mutter kein Interesse zeigt, scheitert die Therapie. Sie ist wahrhaft der Schlüssel zum psychischen Leben der Familie, und sie ist das Tor, das der Therapeut benutzen muß, um in die Familie einzudringen. Hatte Carolyn Schuldgefühle wegen Claudias Schwierigkeiten? Hatte sie Angst, wir würden sie anklagen? Was zum Teufel ging eigentlich in ihr vor? Wir wußten es nicht, aber zweifellos mußte Carolyn sich erst mehr auf den Prozeß der Therapie einlassen, bevor das Paar fähig sein würde, sich mit seiner Ehe zu befassen.

Don begann die nächste Sitzung mit seinem üblichen halb-beteiligten Grinsen, »Ich weiß, worüber wir heute reden könnten, hihi. Wir sollten zur Abwechslung mal über Claudias Zimmer reden.«

Und auch Carls Retourkutsche kam wie üblich: »Nöö. Sprechen wir doch mal über *dein* Zimmer. Bestimmt hältst du da Skorpione und Schlangen. Mama kennt bestimmt nichts schöneres, als in deinem Zimmer zu sein.«

Carolyn lächelte ein wenig. »Woher wissen Sie das?« Ihre Stimme zitterte, obwohl sie vergnügt zu wirken versuchte. »Nur hat er da statt Schlangen und Skorpionen lauter Drähte und so Sachen – wie heißt das noch? Strobe lights. Also, ich geh' da nur rein, wenn es unbedingt sein muß.«

David, der hinter seinen dicken Brillengläsern eulenhaft und gutmütig wirkte, erklärte Carl: »Don hat eine Stereoanlage in seinem Zimmer, und da hat er diese Lampen so angeschlossen, daß sie synchron mit der Musik aufblitzen. Das ist schon schlimm genug, aber es hätte noch schlimmer kommen können. Er wollte das Zimmer schwarz anstreichen, um den Effekt zu verstärken – das haben wir gerade noch verhindern können. Also hat er jetzt ein weißes Zimmer mit komischen Lampen.« Insgeheim war er stolz auf seinen Sohn.

Carl war damit beschäftigt, seine Pfeife zu stopfen, und sagte zu Don: »Schade, daß du dich nicht durchgesetzt hast. So ein schwarzes Zimmer wär ein großartiger Platz gewesen, um deprimiert oder verrückt zu werden. Die ganze Familie hätte es benutzen können, wenn sie es mal wieder nötig hätten.« Das war eine jener hinterhältigen Bemerkungen Carls, die den Tonfall eines Gesprächs sofort verändern. Mitten in einem Gespräch über ein Zimmer und Stroboskoplampen war doch zugleich schon von Depression und Verrücktwerden die Rede. Kein Zweifel, die Sitzung hatte begonnen.

Claudia ging unvermittelt in scharfem Tonfall auf ihre Mutter los: »Das ist auch was, worüber ich mal reden will – Dons Zimmer. Du hackst immer auf mir rum, wenn mein Zimmer unordentlich ist, aber ihn läßt du in Ruhe, egal, wie es bei ihm aussieht. Warum nörgelst du bei ihm nicht so wie bei mir? Warum immer bei mir?«

Die nächste Runde des Kampfes war eingeläutet; Carolyn seufzte schicksalsergeben. »Weil er sein Zimmer irgendwann mal aufräumt, wenn ich es ihm sage. Du nicht. Dich könnte ich anflehen, und du würdest dein Zimmer nicht saubermachen.«

»Und deshalb sitzt du mir im Genick wie ein verdammter Hausdrachen und machst mich mit deinem Gekeif verrückt.« Claudia war sichtlich darauf aus, mit ihrer Mutter aneinanderzugeraten. Aber Carolyn war so niedergeschlagen, daß wir nicht einmal wußten, ob sie sich überhaupt auf einen Streit einlassen würde. Sie versuchte es, aber ihre Stimme war schwach. »Claudia, ich dulde nicht, daß du so mit mir sprichst.« Kein bißchen überzeugend. Claudia blitzte sie an, und Carolyn schien den Tränen nahe. Sie wandte sich an David, ein zorniger Unterton kam in ihre Stimme, als sei er an allem Schuld. »Hörst du das? Willst du zulassen, daß sie so mit mir redet?«

David lächelte schwach und sagte zu Carl und mir: »Ich halte mich da raus, Sie haben ja angedeutet, daß das besser ist.« Wir sagten nichts dazu. Was sie jetzt brauchten, war Mut und nicht Interpretationen. Die Tochter forderte die Mutter heraus, und die Mutter schien aufgeben zu wollen. Es war schrecklich, das mit anzusehen.

»Na, ist es denn nicht so?« legte Claudia wieder los. »Hörst du jemals auf, mich rumzuhetzen? Claudia, mach dies! Claudia, mach das! Claudia! Claudia!« Sie imitierte die greinende Stimme ihrer Mutter.

»Du willst, daß ich mit dir streite, stimmts?« sagte Carolyn, die sich jetzt wieder aufrichtete und ihrer Stimme eine stählerne Härte gab. Ihre Augen wurden schmal, ihr Mund eine dünne, bittere Linie. »Und ich streite einfach nicht unter deinen kindischen Bedingungen.«

Aber Claudia war nicht mehr aufzuhalten. »Was willst du denn tun? Stubenarrest? Wieder in meinem gottverdammten Zimmer?

In diesem Haus? Mach ruhig! Tu's! Wirst schon sehen, wie scheißegal mir das ist! Ich mach sowieso, was ich will.«

In der Regel hatte ich viel Sympathie für Claudia; ich hatte die unaufhörliche nörgelnde Krittelei ihrer Mutter erlebt und gesehen, wie sie in dem Dreieck mit ihren Eltern festsaß. Aber heute war das anders. Ich saß da und dachte: »Was für ein Blag! Warum nimmt Carolyn das hin?« Dann blickte ich wieder zu Claudia hinüber. Sie trug Jeans mit bestickten Flicken auf den Knien und ein Hemd, das sie selbst nach indianischer Art gefärbt hatte. Ihr Haar war glatt und sauber und glänzte. Die oberen Knöpfe an ihrem Hemd waren offen, und sie trug offensichtlich keinen BH. Ich erwischte mich, wie ich verstohlen auf ihre wohlgeformten Brüste starrte und blickte schuldbewußt weg. Obwohl die Gesichtszüge und der Körperbau der beiden Frauen sehr ähnlich waren, erschienen sie in diesem Augenblick grundverschieden. Claudia war vital, jung und aggressiv; ihre Mutter wirkte müde, älter und entmutigt, ihr Gesicht zeigte beginnende Faltenbildung. Etwas Sonderbares und Verwirrendes ging zwischen Mutter und Tochter vor. Je teilnahmsloser und mutloser Carolyn wurde, desto heftiger geriet Claudia in Wut. Dann sah ich die scharfen Linien der Angst um Claudias Augen, während sie ihre Mutter anfunkelte, und jetzt merkte ich, was los war. Sie hatte Angst, ihre Mutter würde aufgeben!

»He, Claudia, kann ich dich mal unterbrechen?« sagte ich zu ihr. »Das führt zu nichts.« Sie schien erleichtert, brach ihre Tirade mitten im Satz ab, als sei sie gar nicht wichtig. »Okay«, sagte sie schnippisch, »hör' ich halt auf.«

»Warum beschimpfst du deine Mutter? Was hast du denn vor?« fragte ich.

Sie senkte den Blick. »Ich weiß nicht. Sie macht mich wahnsinnig. Ich weiß nicht, warum. Warum ist sie immer hinter *mir* her? Verraten Sie mir das!«

»Ich bin im Moment nicht an deiner Mutter interessiert. Sprechen wir doch mal über dich.« Mir gefiel nicht, daß sie das Gespräch so eifrig auf ihre Mutter zu konzentrieren versuchte.

»Na gut, dann sagen Sie's mir doch. Sie sind ja der Doktor.« Ich konnte Carolyns Problem immer besser verstehen, und ich fing selbst an, böse zu werden.

»Hör mal«, sagte ich und warf ihr einen wütenden Blick zu, »mit ihr kannst du meinetwegen so reden, wenn sie dich läßt, aber nicht mit mir.« Ich war jetzt richtig wütend. Für einen Augenblick

schwankte ich, ob ich weitermachen sollte; ich sah schon vor mir, wie sie aufsprang, aus dem Zimmer rannte und mich, wie neulich ihre Eltern, mit offenem Mund zurückließ. Ich sagte in einem Tonfall, in dem sich meine Wut und eine wohldosierte Schroffheit die Waage hielten: »Ich bin nicht deine Mutter.«
Claudia blieb still. Alle waren still. Laura hörte auf zu schaukeln. Don blickte von der Zeichnung auf, die er gerade anfertigte. Seltsam, ich hatte gar nicht vorgehabt, mich mit Claudia anzulegen, und jetzt wußte ich nicht, was ich mit diesem unangenehmen Schweigen anfangen sollte. Ich tat erst mal nichts. Noch mehr Schweigen. Schließlich sagte ich sehr leise, aber immer noch mit einer Spur von Ärger in der Stimme: »Was ich sagen wollte, war, daß die Resignation deiner Mutter dir Angst zu machen schien. Als müßtest du mit ihr streiten, um sie vom Aufgeben abzuhalten. Hat dich das jemals beunruhigt, der Gedanke, daß sie aufgeben könnte?«
Claudia gewann ihren Zynismus zurück. »Nein, das würde sie niemals tun.« Sie log, und damit war mein Karren natürlich festgefahren. Das hat man davon, wenn man einem Teenager eine so direkte Frage stellt. Teenager sind manchmal sehr direkt, dann wieder weichen sie aus.
Jetzt war Carl an der Reihe. Er machte keine Bewegung, räusperte sich nur ganz leise, und wie auf ein Stichwort wandte Carolyn sich ihm zu. »Ich denke über Ihre Rolle in dieser Geschichte nach«, sagte er zu ihr. »Spüren Sie, wie Sie die Dinge bis zu dem Punkt einfach geschehen lassen, wo Ihre Tochter Sie dann herunterputzen kann, ohne daß Sie etwas dagegen unternehmen können?« Diese Frage war ein überaus sanfter Tadel und eine Herausforderung ganz eigener Art. Sie schien gekränkt und dachte einen Augenblick nach, bevor sie antwortete.
»Ich weiß es wirklich nicht«, sagte sie schließlich. »Claudia und ich hatten bis vor ein paar Jahren ein ganz gutes Verhältnis zueinander. *Ich* hatte das Gefühl, daß wir manchmal ziemlich eng miteinander verbunden waren.« Sie machte eine Pause, um sich zu erinnern. »Dann schien alles auseinanderzufallen. Zum Teil lag das an dieser Gruppe von jungen Leuten, die sie von der Schule kannte; ich konnte an denen wirklich keinen Gefallen finden. Ich versuchte ihr diese Leute auszureden, aber sie hörte nicht. Und diese Meinungsverschiedenheit hat anscheinend alles zerstört, was es an Vertrauen und Zuneigung zwischen uns gab. Danach haben wir uns über alles gestritten, worüber man sich streiten kann.« Sie

blickte abwesend vor sich hin – nachdenklich, verwirrt, traurig. Dann faßte sie sich, lächelte und streckte Laura die Hand hin. Die Kleine lächelte zurück und ergriff die Hand ihrer Mutter.
Carl wollte die Sache voranbringen. »Aber das ist für Heranwachsende in dieser Welt ganz normal. Sie suchen sich was, worüber die Eltern nur den Kopf schütteln können, die Eltern spielen mit und schütteln wirklich den Kopf, und der anschließende Kampf hilft beiden Seiten, die Generationen gegeneinander abzugrenzen. Diese Abgrenzung ist meistens notwendig; allerdings ist solch ein Kleinkrieg wohl die unangenehmste Art, eine Abgrenzung zu finden.«
»Ich verstehe, was Sie meinen«, sagte Carolyn leise, »aber dadurch wird es nicht leichter, sich damit abzufinden. Wir versuchen, Claudia Freiheit zu lassen, aber sie scheint nicht damit umgehen zu können. Sie scheint darauf zu bestehen, daß wir sie überwachen. Sie handelt nicht verantwortlich, wenn wir ihr Verantwortung geben.«
So ging das Gespräch eine Zeitlang weiter – matt und rational, Carolyn immer noch deprimiert. Carl machte gutmütige Scherze über den Familientanz, dem sich niemand entziehen konnte: Claudia verlangte Freiheit und bekam es mit der Angst, wenn sie sie hatte; dann mußte sie die Eltern dazu bringen, ihr wieder alles abzunehmen, damit sie es wieder behaglich hatte. Claudia warf protestierend ein, das sei überhaupt nicht behaglich, und Carl gab zurück, es sei zumindest besser, als ganz allein und für sich selbst verantwortlich zu sein. »Das würde dir nicht gefallen – so erwachsen zu sein, das ist ganz schön erschreckend.«
»Ich würde es gerne versuchen«, sagte sie voll Ironie.
»Vielleicht kannst du das bald mal«, sagte Carl noch und wandte sich dann wieder Carolyn zu. Nichts schien sie wirklich berührt zu haben. »Unterstützt Ihr Mann Claudia immer noch gegen Sie? Ist es das, was Sie so mürbe macht?«
Carolyn blickte auf. »Ja . . . nein . . . also, früher war das so. Aber ich glaube, das ändert sich allmählich.«
»Heute hat er sich zurückgehalten.« Pause. »Sind Sie vielleicht deswegen deprimiert? Wenn er sich heraushält und einfach nur zwischen Ihnen und Claudia steht, haben Sie dann das Gefühl, daß Sie verlieren werden?«
»Es sieht so aus, daß ich verlieren werde«, sagte sie.
Ich hatte diesem wechselvollen Gespräch, in dem Carl versucht hatte, Carolyn wieder etwas aufzurichten, sehr aufmerksam zuge-

hört und fühlte mich ratlos. Die Verzweiflung schien tief und unerreichbar in ihr verwurzelt zu sein, als sei der Kampf mit Claudia nur ein Beispiel dafür, daß das Leben als Ganzes für sie eine einzige vernichtende Niederlage war. Welchen tieferen Grund hatte ihre Traurigkeit? Wie war sie nur zu ihrer trüben Lebensauffassung gekommen? Lag es an ihrem Mann? Was war eigentlich in ihrer Ursprungsfamilie los gewesen? Ich stellte eine naheliegende Frage: »Hat all das mit dem Kampf zwischen Ihnen und Ihrer Mutter zu tun? War es in Ihrer Familie auch so?« Carl und ich hatten diese Richtung schon einmal eingeschlagen, und ich konnte mir ganz gut vorstellen, was Carolyn sagen würde.
Sie war ebenso verblüfft wie betreten. »Meine Mutter und ich?« Ein halbes, mehr nach innen gerichtetes Lächeln erschien auf ihrem Gesicht. »Nein, ganz anders.«
»Können Sie sagen, *wie* es denn war?«
»Meine Mutter war eine sehr – wie soll ich sagen – schwierige Frau. Niemand wagte es, ihr in die Quere zu kommen, vor allem mein Vater nicht. Sie hatte Launen – ich kann Ihnen sagen . . . Und sehr kritisch konnte sie sein.« Dann schwieg sie plötzlich und schaute Carl ärgerlich an, als sei sie von ihm mit diesem Thema überrumpelt worden. »Warum reden wir denn über meine Mutter? Sie hat mit dieser Sache mit Claudia nichts zu tun.« Sie war irritiert.
»Selbstverständlich hat sie etwas damit zu tun«, sagte Carl mit Nachdruck. »Sie ist Ihr einziges Muttervorbild, und wir reden doch über Sie als Mutter Ihrer Tochter.«
Carolyn, immer noch verärgert: »Aber ich bin *überhaupt* nicht wie meine Mutter. Ich glaube nicht, daß meine Mutter irgendwas mit dieser Sache zu tun hat.«
In David arbeitete etwas. Er schien unentschlossen, ob er es aussprechen sollte oder nicht. Schließlich nahm er sich ein Herz und sagte: »Carolyn, du stellst sofort alle Borsten hoch, wenn irgendwer *irgendwas* über deine Mutter sagt. Ich glaube, nach all den Jahren versuchst du immer noch, sie zufriedenzustellen.«
»He, Sie Hobbypsychiater«, sagte Carl mit breitem Lächeln, »ich bin hier der Therapeut. Sie halten sich da raus!« Er sagte das so herzerfrischend, daß David einfach lächeln mußte, wenn er auch ein wenig verlegen war, weil man ihn wieder beim Analysieren erwischt hatte. Es wäre in der Tat sehr problematisch geworden, wenn David sich in diesen Dialog eingemischt hätte; jeder wußte, daß ihn die Beziehung seiner Frau zu ihrer Mutter ärgerte, und

Carolyn weigerte sich gewiß zum Teil deswegen, über ihre Mutter zu sprechen, weil David ihr oft so hart zusetzte. Ein Teil von ihrer Wut auf David wendete sich nun gegen uns, als wir sie über diesen Bereich ihres Lebens befragten.
Carl fuhr unbeirrt fort. »Ihre Mutter kritisierte also jeden? Worüber war sie denn so erbost?«
An diesem Tag war offensichtlich Carolyn dran, in die Enge getrieben zu werden. Ließ die Tochter sie mal in Ruhe, schon waren diese verdammten Psychiater zur Stelle. Aber sie fügte sich drein. »Ich weiß nicht so recht. Ich weiß nur, daß meine Mutter ihr ganzes Leben lang schrecklich hart gearbeitet hat – sie war Lehrerin und eine unverwüstliche Person. Mein Vater hatte eine ›Rükkenverletzung‹, so hieß es jedenfalls immer; er verbrachte seine Zeit mit Lesen, Gelegenheitsarbeiten und angeblicher Stellungssuche. Und gelegentlich hatte er auch mal eine Zeitlang eine Stellung. Aber der eigentliche Ernährer der Familie war Mutter, und sie sorgte dafür, daß er das nie vergaß.«
Carl: »Mama war also wütend auf Papa, weil er nur auf seinem Hintern saß, und wütend auf sich selbst, weil sie ihm das durchgehen ließ.«
Carolyn, leise, wie zu sich selbst: »Ja, das nehme ich an. Aber sie hat es ihm wirklich unter die Nase gerieben. Er hat reichlich Federn lassen müssen. Und wir übrigen auch.«
»Sie auch?«
»Ich auch.« Wieder dieser Ausdruck der Vernichtung in ihrem Gesicht, als sie sich erinnerte.
»Wie war das zwischen Ihnen und Ihrer Mutter?« wollte ich wissen.
Carolyn sah mich an; die Frage schien sie zu ängstigen, aber sie war offenbar bereit zu antworten. Sie schlug die Beine übereinander, holte eine Zigarette aus der Handtasche und zündete sie umständlich an. Ich hatte nicht gewußt, daß sie rauchte.
»Ich glaube, ich hatte immer Angst vor meiner Mutter«, sagte sie, während sie heftig den Rauch ausblies, »und wie mein Mann sagt, versuche ich wahrscheinlich immer noch, sie zufriedenzustellen.« Eine Pause.
»Sie kann sehr kritisch sein, geradezu niederschmetternd manchmal, und das zerreißt mich immer.«
Ich war verblüfft, daß sie das Wort »niederschmetternd« benutzte – wir hatten offenbar den gleichen Eindruck von ihrer Gefühlslage. Je länger sie über ihre Mutter sprach, desto gespannter wurde

ihr Körper. Gewiß, wir trieben sie an, aber wir taten es langsam und sanft, und wir sahen ihre Qual sehr deutlich.
»Was kritisiert sie denn?« fragte ich.
»Oh, das spielt wirklich keine Rolle«, sagte sie bissig. »Alles, was ich mache, paßt ihr nicht – wie ich mit den Kindern umgehe, wo ich lebe, wie ich mich kleide. Wenn sie ihre Laune hat, dann spielt es wirklich keine Rolle, worüber sie wütend ist.« Dann schien sich ihre Stimmung zu ändern, sie lächelte ein wenig. »Aber nicht, daß Sie einen falschen Eindruck bekommen. Sie hat auch ihre guten Seiten, und zwischen uns gibt es viel Positives.«
»Was könnte denn hinter ihren Angriffen auf Sie stecken?« fragte Carl. »Sie sind nicht vielleicht der Liebling Ihres Vaters oder irgend so etwas?«
Carolyn errötete. »Ja, also, doch, ich glaube, das bin ich. Meine Beziehung zu meinem Vater war immer ziemlich eng, aber ich bin mir nicht sicher, ob meine Mutter das weiß. Ich glaube, sie würde eher sagen, daß die Beziehung zwischen *ihr* und mir ziemlich eng war. Und in gewisser Hinsicht stimmt das auch. Für mich ist das alles sehr verworren.«
Carl: »Sie haben also zu beiden Eltern eine recht tiefe Verbindung.«
»Ja, mehr als mein Bruder oder meine Schwester, glaube ich«, stellte sie nüchtern fest.
Ich fragte, ob ihre beiden Geschwister jünger seien als sie. Sie waren es. Dann hatte ich noch eine Frage, glaubte aber die Antwort schon vorher zu kennen. »Haben Sie jemals mit ihrer Mutter gestritten? Widerstand geleistet, wenn Sie angefahren wurden?«
Carolyn schüttelte langsam den Kopf. »Nein. Ich sagte ja schon, ich glaube, ich habe immer Angst vor ihr gehabt.«
»Immer noch?« fragte ich lächelnd. »Selbst im Alter von . . .?«
»Sie ist achtundsechzig.« Carolyn dachte eine Weile nach. »Na ja, vielleicht macht ihre Wut mir heute keine Angst mehr. Aber heute würde ich mich nicht trauen, mit ihr zu streiten, weil ich sie nicht verletzen möchte.«
Ich versuchte mir diese Frau vorzustellen, die ihrer Tochter so mächtig erschienen war und ihr so sehr geschadet hatte; sie war jetzt alt und vielleicht schon gebrechlich. Und dann der Vater, der so schwach war und seine Frau doch so zornig machen konnte. Das waren verwaschene, unklare Bilder, voller Widersprüche. Auch der Platz, den Carolyn im Leben dieser beiden Menschen

einnahm, war schwer zu erkennen, obwohl einige Muster sehr klar zu sein schienen.

Carl dachte offenbar über einige Parallelen nach. »Darf ich Ihnen zumuten, noch einen Schritt weiter zu gehen?«

Carolyn sagte zögernd ja; sie wußte nicht, worauf Carl hinauswollte.

Carl: »Wird das, was zwischen Ihnen und Claudia geschieht, für Sie klarer, wenn Sie an Ihr Verhältnis zu Ihrer Mutter denken?«

»Nein. Das scheint mir etwas ganz anderes zu sein. Ich würde *niemals* so mit meiner Mutter reden, wie Claudia mit mir redet. Nicht in tausend Jahren!« Sie war entrüstet über den bloßen Gedanken, diese beiden Beziehungen in Verbindung zu bringen.

Carl, mit einem leichten Lächeln: »Das meine ich ja gerade. Den großen Unterschied. Man hat geradezu den Eindruck, Sie hätten es selbst so eingerichtet, daß Claudia Ihnen auf eine Weise Trotz bietet und Sie beleidigt, wie Sie es Ihrer eigenen Mutter gegenüber nie gewagt hätten.«

»Und weiter?« sagte Carolyn mit spöttischem Unterton.

»Sie sind in diesem Tanz Ihre Mutter geworden, und Claudia ist wie der Teil von Ihnen, der sich Mutter widersetzen wollte und sich nicht traute.« Carl lächelte immer noch.

Carolyn sträubte sich gegen Carls trügerisch einschmeichelnde Worte. Der Zorn stieg in ihr hoch. »Ich richte es nicht ein, daß Claudia so widerspenstig ist. Sie ist es gegen meinen Willen, ja trotz meines äußersten Widerwillens. Es macht mich rasend, wenn sie einfach nicht tut, was ich ihr sage!«

»Tut mir leid«, sagte Carl trocken und drückte damit aus: »Sie sind auf dem Holzweg.« Dann sagte er mit fester, ruhiger Stimme: »Die Resultate hängen nicht davon ab, was Sie erreichen *wollen*, sondern von dem, was wirklich *geschieht*. Natürlich trägt Ihr Mann auch einen beträchtlichen Teil zu diesen Resultaten bei. Ich will Sie nicht zum Sündenbock machen.« Wieder eine Pause. »Aber es wäre ein Fehler, wenn Sie sich nicht auch mal die Rolle ansehen würden, die Sie im Ablauf dieser Sache spielen.«

Carolyn war immer noch entrüstet. »Ich kann das nicht sehen. Ich glaube einfach nicht, daß irgendein Teil von mir will, daß meine Tochter so mit mir redet.«

Carl ließ nicht locker. »Aber das *geschieht* doch.«

»Aber ohne daß ich es *will*.«

Carl ist ein geübter Kämpfer; er wechselte die Position. »Es ist vielleicht noch komplizierter, als daß Ihre Tochter stellvertretend

Vater, Mutter und Kind ...

für Sie aufmuckt. Wenn Claudia anfängt, Sie fertigzumachen, wird sie in Ihrem Kopf vielleicht Ihre Mutter – wie sie Sie überfährt und kritisiert. Und dann fühlen Sie sich wie damals, als Sie klein waren – am Boden zerstört.« Dann sah er Claudia an, nahm die Pfeife aus dem Mund, legte die Hände auf die Knie und beugte sich vor. »Du hast dir wohl auch nicht träumen lassen, daß du deine eigene Großmutter sein könntest?«

Claudia kicherte nervös; dann wurde sie ernst. »Aber sie kritisiert *mich* dauernd, nörgelt an *mir* herum!«

Carl mußte einfach grinsen. »Tja, bei solchen Gelegenheiten imitiert sie halt einfach ihre Mutter. Ihr imitiert sie *abwechselnd*, was hältst du von der Idee?«

Claudia schüttelte den Kopf und machte eine abwehrende Handbewegung. »Ich glaube, Sie spinnen, Dr. Whitaker.«

»Das ist nun mal mein Berufsrisiko.«

Carolyn gab sich redlich Mühe, sich ihren Ärger nicht von Carls guter Laune verderben zu lassen. »Ich verstehe nicht, weshalb meine Mutter hier unbedingt eine Rolle spielen muß. Mir wär's lieber, wenn wir sie ganz rauslassen würden.«

»Großartig! Ganz meine Meinung. Aber wir kriegen sie nur raus, wenn wir erst mal akzeptieren, daß sie an diesem Krieg beteiligt ist.«

»Nein, das kann ich einfach nicht glauben.«

Ich hatte dieses Gefecht genau verfolgt und wollte jetzt auch wieder mitmachen. »Ich verstehe nicht, warum Sie das so heftig abwehren. Es könnte doch ein guter Plan sein. Sie könnten lernen, wie man kämpft, indem Sie sich mit Claudia streiten.«

Carl zog sofort mit. »Das stimmt. Sie könnten lernen, Claudia auf eine Weise entgegenzutreten, die wirklich zu etwas führt. Es würde ihr auch helfen, und Sie könnten sich dann vielleicht sogar gegen Ihre Mutter behaupten, von Ihrem Mann ganz zu schweigen.«

Carolyn überhörte den Hinweis auf David. »Aber ich schreie Claudia an und stampfe mit den Füßen. Es nützt nichts.«

Carl sprach plötzlich ganz nüchtern. »Es kommt nicht auf die Lautstärke an, sondern darauf, daß Sie *sich selbst anders erfahren* – als eine Person, die es wert ist, geachtet zu werden und die Respekt verlangen kann; Sie brauchen mehr Vertrauen in sich selbst. Besonders wichtig ist aber, glaube ich, für Sie, daß Sie sich Claudia gegenüber als zur älteren Generation gehörend betrachten.« Carls Stimme wurde immer freundlicher, und Carolyns

Spannung ließ sichtbar nach. »Mir scheint, daß die Macht Ihrer Mutter – oder ihre Angriffslust, ich bin mir nämlich gar nicht sicher, ob sie sich mächtig *fühlte* – für Sie so peinigend war, daß Sie irgendwann beschlossen haben, sich nicht mehr durchzusetzen. Diese Entscheidung entsprang zum Teil sicher auch dem Wunsch, daß Ihren Kindern nicht das gleiche geschehen sollte wie Ihnen. Aber Sie lassen sich natürlich auch nicht gern ständig überrennen, und das sollen Sie auch nicht.« Er machte eine Pause und schaute Carolyn an; ihr Gesicht war sehr ernst und gefaßt. Es war, als wartete er darauf, daß sie einen Schritt zur Lösung ihres Dilemmas unternahm. Dann schloß er: »Vielleicht finden Sie eine Art sich durchzusetzen, wo Sie sich nicht grausam oder gemein vorkommen.«

»Das klingt ganz schön«, sagte sie, von Carls Freundlichkeit entwaffnet, »aber wie macht man das? Ich fühle mich schrecklich elend, wenn ich Claudia anschreie.«

Auch ich empfand eine stille Sympathie für Carolyn; ich sah ihre Traurigkeit über die Mutter und ihren Schmerz über den Konflikt mit Claudia. Sie saß bewegungslos in dem Sessel neben ihrem Mann, und er betrachtete sie sorgenvoll. Es gibt Augenblicke, wo man zu jemandem hingehen und ihn in die Arme nehmen möchte, und vielleicht hätte Carl oder ich das tun sollen. Aber wir konnten es nicht oder taten es jedenfalls nicht. Ich dachte darüber nach, wie schnell die Stimmung sich gewandelt hatte – eben hatte Carl Carolyn noch humorvoll aggressiv bedrängt. Sie war ärgerlich und zurückhaltend gewesen und hatte uns auf Distanz gehalten.

Die Augenblicke, wo der Therapeut eine Person bedrängt, mögen als sehr unangenehm empfunden werden, aber sie haben einen Sinn. Der Patient nähert sich einer Konfrontation mit einem Teil seines verdrängten Schmerzes und versucht sich dagegen zu wehren. Der Therapeut bleibt hart, und schließlich kommt der Moment, wo Schmerz und Enttäuschung des Patienten sich einfach Bahn brechen. Erst dann kann der Therapeut sich diesem lange versteckt gehaltenen Schmerz direkt zuwenden.

Das ist für den Therapeuten ein schwieriges Problem – man kann sich den Leuten nicht immer nur warmherzig und gutmütig zeigen; es wäre nicht aufrichtig und wird zudem nicht akzeptiert. Sie glauben dann, man wolle sich nur einschmeicheln und sei im übrigen machtlos. Man muß sie stoßen, manchmal sogar sehr hart. Aber man kann nicht nur stoßen – man muß die Leute auch annehmen können. Carl hatte Carolyn gestoßen, und jetzt, wo sie

uns einen Blick hinter ihre Schutzmauern hatte werfen lassen, waren wir sehr viel freundlicher zu ihr.
Wo wir es nicht wagen, jemanden physisch zu streicheln, tun wir es, glaube ich, mit unserer Stimme. Das jedenfalls empfand ich, als ich sagte: »Klingt so, als hätten Sie die Angriffe Ihrer Mutter sehr ernst genommen.« Carolyn sah mich an. »Und jetzt greifen Sie sich selbst an oder bringen Claudia dazu, Sie anzugreifen.« Ich wartete. »Sind Sie so streng mit sich selbst?«
»Ja«, sagte sie mit Nachdruck.
»Vielleicht ist das der erste Kampf, den Sie ausfechten müssen«, sagte ich in Anlehnung an Carls orakelhafte Ausdrucksweise.
»Wie meinen Sie das?«
»Gegen den Teil von Ihnen, der so streng mit Ihnen ist.« Ich sprach voll Sympathie, als wollte ich zugleich sagen: »Kopf hoch!«
Jetzt lag Frieden über dem Zimmer. Nichts Dramatisches war geschehen, aber seit Carolyn eingestanden hatte, daß sie Kummer hatte und mutlos war und seit sie bereit war, uns näher an sie heranzulassen, hatte die Spannung nachgelassen. Sie war jetzt weder abweisend noch böse, während wir leise mit ihr sprachen, und ihre Bereitschaft, uns näherkommen zu lassen, war eine große Erleichterung.
Carl hatte eine Weile nicht an dem Gespräch teilgenommen. Das ist immer eine gute Gelegenheit, etwas Neues zu entdecken, was der andere Therapeut, der gerade in einen bestimmten Aspekt vertieft ist, nicht sieht. »Was ist aus dem Kampf Ihrer Eltern geworden? Haben sie eine Lösung gefunden?« fragte er.
Carolyn zuckte zusammen. Dann blickte sie Carl direkt an und sagte ruhig, wenn auch mit traurigem Unterton: »Nein, das ist alles sehr bitter. Es ist traurig, mit anzusehen, wie Menschen sich so dem Ende ihres Lebens nähern.«
Dann starrte sie durch das Fenster in den Nachmittagshimmel. Das Licht spiegelte sich in dem breiten Strom von Tränen, der über ihr Gesicht lief. Kein Laut.
»Ich glaube, ich verstehe Ihre Traurigkeit jetzt sehr viel besser«, sagte Carl leise.

Die nächste Sitzung hatte eine ganz neue Atmosphäre. Carolyn war da, wirklich anwesend; sie saß nicht mehr nur elend herum und wartete auf das Ende der Stunde. Sie saß ganz anders in ihrem Sessel – wie jemand, der eine Weile bleiben möchte. Sie hatte den Mut gehabt, uns einen kleinen Teil von ihrem Schmerz zu zeigen, und wir hatten mit ganz normalem menschlichem Mitgefühl geantwortet. Nichts Dramatisches. Aber für Carolyn war es keine Kleinigkeit.

Nimmt man einmal an, daß Psychotherapeuten symbolisch (und wahrscheinlich im Grunde ihres Herzens) Mütter sind, so hatte Carolyn uns anfangs wohl ähnliche Gefühle entgegengebracht wie ihrer Mutter: vorsicht, nicht zu nahe kommen! Zeigte sie uns ihre wahren Gefühle, so konnten wir sie verletzen, wie es die Mutter so oft getan hatte. Also blieb sie lieber in ihrem Versteck.

Gute alte Übertragung. Obwohl wir Therapeuten intellektuell darüber Bescheid wissen, sind wir auch immer wieder blind und schmeicheln uns, daß der Patient am Anfang auf *uns* als wirkliche menschliche Individuen reagiert. Das kommt zwar auch vor, aber es wäre eine Selbsttäuschung zu übersehen, daß der Patient auch mit meist unsichtbaren Geistern und Bildern aus der Vergangenheit kämpft. An dem, was mit Carolyn geschah, ist wichtig, daß sie von uns erwartete, wir würden wie ihre Mutter reagieren – mit Kritik und Vorwürfen. Als diese Reaktion ausblieb, war sie mehr als überrascht und vor allem erleichtert. Plötzlich merkte sie, daß sie bei uns doch ein wenig Sicherheit fand und entschloß sich, mehr Engagement zu wagen. Wir freuten uns darüber aus mehreren Gründen, auch deswegen, weil wir uns jetzt freier bewegen konnten.

Wir begannen, direkte Fragen zu stellen, wie: »Was stimmt mit der Ehe nicht?« und warteten ab, was dabei herauskam. Anfangs war das nicht viel. Mann und Frau saßen da und drucksten an Antworten herum.

Carolyn war, wie wir wußten, insgeheim wütend auf David, weil er ständig arbeitete. Selbst zu Hause war er immer am Telefon oder am Schreibtisch. Der Schreibtisch stand im Schlafzimmer, und Carl zögerte keinen Augenblick, darüber einen Witz zu reißen: »Sie könnten immerhin darauf bestehen, daß er ein Sofa in seinem Büro hat, wenn der Schreibtisch schon im Schlafzimmer stehen muß!« Alle lachten, obwohl sie das eigentlich gar nicht komisch fanden. Das war für David und Carolyn ein sehr unangenehmer Gegenstand.

Manch einer denkt vielleicht, in der Familientherapie, wo ja die Kinder anwesend sind, könne man nicht offen und ehrlich über Sexualität sprechen. Es ist aber nicht nur möglich, sondern macht sogar Spaß, wenn man die ersten peinlichen Augenblicke erst einmal hinter sich hat. Man muß da ein bißchen zupackend sein und sich nicht von der altmodischen, aber immer noch vorherrschenden Ansicht beirren lassen, Kinder wüßten nichts über Sex und brauchten auch nichts zu wissen. Die sexuelle Seite von David und Carolyns Ehe war nicht besonders befriedigend; das war einer der Gründe für die spannungsgeladene Atmosphäre in der Familie. Zur Zeit der Familienkrise hatte die fünfzehnjährige Claudia wahrscheinlich sogar erheblich mehr sexuelle Erlebnisse als ihre Eltern. Und das war natürlich auch eine der Ursachen dafür, daß Carolyn so böse mit ihr war. Wir erfuhren erst sehr viel später einiges über Claudias sexuelle Erfahrungen, aber wir wußten zu dieser Zeit, was auch den Eltern bekannt war – daß Claudia häufig und mit verschiedenen Jungen Geschlechtsverkehr hatte. Das scheint aber im großen und ganzen keine sehr erfreuliche Sache gewesen zu sein; es geschah beiläufig, wie unter Zwang, und Liebe schien keine große Rolle dabei zu spielen. Dieses zwanghafte Sichausleben der Heranwachsenden ist ein eigenes und sehr komplexes Thema.

Claudias Geschlechtsleben hatte, wie wir annehmen, ein wichtiges und meißt unbewußtes Ziel: Sie suchte jene Zärtlichkeit und jenen Rückhalt, den man für gewöhnlich »Bemutterung« nennt (obwohl beide Eltern daran beteiligt sind). Claudia war sehr von ihren Eltern abhängig. Als sie und die Eltern ihren Familienkrieg begannen, war sie gezwungen, die Abhängigkeit zu verlagern. Sie verkleidete sie als Sexualität und suchte in einer Reihe von anscheinend beiläufigen Erlebnissen eine Mischung aus Freiheit und Geborgenheit, die ihrem Leben fehlte. Sie brauchte die Nähe anderer, aber sie hatte Angst vor zu viel Nähe, denn sie fürchtete, eingeengt und angekettet zu werden. Ihre »promiskuitive« Einstellung zur Sexualität war eine Kompromißlösung, in der sie zugleich Nähe und Freiheit zu finden hoffte.

Claudias Verhalten war auch deutlich eine Reaktion auf die Angst der Eltern vor der Sexualität. David und Carolyn machten ihrer

Tochter indirekt wegen ihrer Affären Szenen, aber in ihrer Schelte lag auch eine ungreifbare versteckte Ermunterung. Sie sagten »tu es nicht« auf eine Weise, die wie »tu es« klang. Claudia folgte der Aussage, die sie aufforderte weiterzumachen.

Die Eltern hatten allen Grund, Claudia heimlich zu einem aktiven Geschlechtsleben zu ermuntern. Schließlich waren sie selbst nicht in der Lage, über Sexualität zu sprechen, und Claudia konfrontierte sie wenigstens mit dem Gegenstand. Wie Kinder es fertigbringen, versteckte Ängste und Bedürfnisse ihrer Eltern zu erspüren und auszuleben, ist ziemlich rätselhaft, aber es besteht kein Zweifel, daß es geschieht. Claudias sexuelle Probleme waren die sexuellen Probleme ihrer Eltern. Sie folgte lediglich der subtilen Anweisung »sich selbst in Schwierigkeiten zu bringen«.

Hätte Claudia sich dabei wohlgefühlt, so wäre vielleicht alles nicht so schlimm gewesen. Ihre Eltern hätten etwas lernen können und wären so vielleicht mit ihren Verdrängungen und Ängsten besser fertiggeworden. Aber Claudia hatte die gleichen Hemmungen und Schuldgefühle wie ihre Eltern, und ihr sexuelles Leben erfüllte sie nicht, sondern schadete ihr nur noch mehr. Die Eltern hatten ihr nicht geholfen, gesunde Einstellungen zu finden, und jetzt konnte sie ihnen natürlich ebensowenig helfen. Immerhin, sie ließ nicht locker, und zumindest gelang es ihr, die Familie unsicher zu machen. Unsicherheit und Angst sind für die Therapie stets hilfreich, denn oft sind sie das Motiv für die Suche nach Veränderungsmöglichkeiten.

Wir befragten Claudia also nicht über ihre sexuellen Probleme. Sie war schon geplagt genug, und wir wußten, daß ihr wirkliches Problem ihre Eltern waren. Wir nahmen aber an, daß die Eltern nicht sprechen konnten und fragten Claudia daher nach den sexuellen Problemen ihrer *Eltern.* Das war ein gespannter Augenblick.

Carl lächelte wie fast immer, wenn er sich an Claudia wandte. »Wie steht's mit der Sexualität bei deinen Eltern? Glaubst du, daß sie sexuell gut miteinander auskommen?« Carolyn erbleichte, und David schnappte nach Luft.

Claudia lächelte gequält. »Ich weiß nicht, aber ich glaube nicht, daß da viel passiert. Wenigstens Mama sieht für mich immer ziemlich frustriert aus.« Wir waren verblüfft, mit welcher Leichtigkeit sie darüber sprach; sie schien geradezu auf dieses Thema gewartet zu haben. Vielleicht gefiel es ihr auch, diejenige zu sein, die über das große Tabu am ehesten sprechen konnte.

»Und Papa? Meinst du, daß er auch frustriert ist?« Carl versuchte die Dinge immer im Gleichgewicht zu halten.
Claudia schien belustigt »Na, *irgendeinen* Grund muß er ja haben, so viel zu arbeiten.«
David versuchte einen dünnen Scherz: »Du glaubst wohl, ich hab zu viel *Spaß* an meiner Arbeit.« Trotzdem blieb nicht verborgen, daß die Eltern von Carls Versuch, über die Kinder in ihr Schlafzimmer einzudringen, ziemlich entsetzt waren.
Carl zu Don: »Wie steht's damit? Ob deine Eltern wohl genug Spaß am Sex haben? Oder sagen sie dir nichts?«
»Sie sagen mir nichts«, gab Don mit undurchdringlichem Gesicht zurück.
»Und du fragst auch nicht, wie? Ich sollte dir von einer Kultur im Südpazifik erzählen, wo die Kinder die Pflicht haben, ihre Eltern jeden Morgen nach den sexuellen Erlebnissen der letzten Nacht zu fragen. Um sicherzugehen, daß alles richtig läuft, verstehst du?« Carl strahlte. »Wir sind hier ziemlich hinter dem Mond mit all den Schuldgefühlen und so.« Dann zwinkerte er Don zu. »Was meinst du, wie das euren Eltern helfen würde, wenn ihr das machen könntet!« Don lachte nervös.
Carl hatte mit diesem Thema nicht gerade einen durchschlagenden Erfolg, aber das schreckte ihn nicht ab. Er warf jetzt Laura, die ängstlich vermied ihn anzusehen, einen spitzbübischen Blick zu. »Was weißt du denn schon über Sex?« fragte er.
»Nichts«, sagte sie und zog eine schüchterne Schnute.
»Na, jetzt willst du mich aber veräppeln!« sagte Carl. »Du willst mir weismachen, daß du eins von den altmodischen Mädchen bist. Ich weiß über euch heutigen Mädchen Bescheid.« Dann wieder ernster: »Kannst du deine Eltern über Sex fragen?«
»Mami kann ich fragen«, sagte Laura mit einem Blick auf die Mutter. Die beiden sahen sich zärtlich an.
»Sehr gut«, sagte Carl, »aber du solltest Papa nicht übergehen. Wie will er denn jemals etwas über Sex lernen, wenn du ihm keine Fragen stellst?«
»Er weiß Bescheid«, sagte Laura schüchtern und blickte zu Boden.
Carl: »Ich weiß, er kennt die Tatsachen und all das langweilige Zeug, aber anderes weiß er vielleicht nicht, zum Beispiel, daß Sex gar nicht schlecht ist, wie ihm seine Eltern immer erzählt haben. Und wenn du ihm eine Menge Fragen stellst, dann merkt er vielleicht, daß Sex einfach zum menschlichen Leben dazugehört. Erwachsene tun sich damit unheimlich schwer, weißt du.« Carl

sprach mit Laura, aber er sprach auch *durch* sie, durch ihre rührende und vertrauensvolle Unbefangenheit, mit David. In ihr fand er ein Sprachrohr, durch das er mit so viel Wärme und Spontaneität mit den Eltern sprechen konnte, wie es auf direktem Weg noch nicht möglich war.

Die ganze Runde war jetzt aufgelockerter, und Carl konnte sich den Eltern zuwenden. Aber ich kam ihm zuvor. »Ist die Sexualität in Ihrer Ehe ein schwieriges Gebiet?« fragte ich Carolyn. Sie sah mich an, als hätte ich sie aufgefordert, sich auszuziehen und vor ihren Kindern zu demonstrieren, was Sexualität ist, aber sie nahm allen Mut zusammen und antwortete.

»Ja, das ist es wohl. Jedenfalls ist sie nicht befriedigend.« Sie blickte ihren Mann scheu von der Seite an. »Aber ich glaube, das ist noch nicht das Schlimmste. Wichtiger ist, daß wir überhaupt nicht mehr viel gemeinsam haben in unserem Leben. Der Mangel an Sexualität ist nur Teil eines allgemeinen Mangels in unserem Leben.«

»Haben Sie vielleicht beide ein Verhältnis?« fragte Carl auf seine hintergründige Art.

Inzwischen war Carolyn schon direkter und gewitzter im Umgang mit Carl. Sie hob ganz leicht eine Augenbraue und sagte: »Nicht daß ich wüßte.«

Carl lachte. »Na, das Übliche ist doch, daß der Mann ein Verhältnis mit seiner Arbeit hat und die Frau mit den Kindern. Und jeder empfindet den anderen als treulos.«

Carolyn war innerlich zerrissen; sie mochte die Leichtigkeit, mit der Carl diese Dinge behandelte, aber sie verübelte ihm einige der Punkte, die er ins Gespräch brachte. Sie versuchte zu lächeln, aber ihre Worte verrieten Bitterkeit: »Ja, ich empfinde seine Arbeit etwa so, als hätte er noch eine andere Frau, als würde ich ständig betrogen.«

Davids Augen wurden immer größer vor Staunen, und dann packte ihn die Wut. »Also, ich bekomme jedenfalls deinen Seitensprung mit den Kindern – und mit deiner Mutter, wie ich wohl hinzufügen darf – sehr deutlich zu spüren.« Sie schienen schon wieder auf einen Zusammenstoß zuzusteuern.

Das Gespräch über Sexualität hatte zum Teil deshalb nicht lange gedauert, weil ihnen das Thema einfach zu peinlich war, aber zum Teil auch, weil Carolyn einfach recht hatte: Das wirkliche Problem war umfassender und nicht so eindeutig wie die Sexualität. Nicht lange und der vertraute Zorn hatte wieder die Oberhand und behielt sie auch bis auf weiteres. Der Versuch, über Sexualität zu reden, war angebracht gewesen, und sei es auch nur, um der Familie zu zeigen, daß wir keine Angst vor dem Thema hatten. Außerdem eignete sich dieses Thema, um der Familie mitzuteilen, daß es – in unseren Augen – ganz richtig war, über Dinge zu sprechen, die die Gesellschaft für tabu erklärt hat. Als wir natürlich merkten, daß sie an diesem Punkt einfach noch nicht über Sexualität reden *konnten*, mußten wir diese Tatsache hinnehmen. Die Zeit würde schon noch kommen.

Der Leser sollte sich nicht dadurch verwirren lassen, daß wir die Familie manchmal hart bedrängen und uns in die innersten Angelegenheiten einmischen. Wie schon gesagt, müssen die Therapeuten manchmal schon ein wenig stoßen, um die Familie hinter ihrer »ist-doch-alles-in-Ordnung«-Fassade hervorzuholen, an der sie anfangs so ängstlich festhält. Aber wir geben uns auch Mühe, die Eigeninitiative der Menschen zu respektieren und sie selbst entscheiden zu lassen, über was sie reden und wie schnell sie vorgehen wollen. Wir müssen den rechten Ausgleich von »Stoßen« und »Warten« finden, und manchmal gehen wir dabei auch in die Irre.

Und der Humor? Wirkt er gefühllos? Ich hoffe, nicht, denn er ist oft sehr nützlich. Familien in schwierigen Situationen werden manchmal sehr verbissen, jeder hält starr an seiner Position fest. Diskussionen, die einem Außenstehenden lächerlich erscheinen müssen, werden zum Kampf auf Leben und Tod, und jeder hält stur an seiner Interpretation der Fakten fest. Keiner kann nachgeben, denn das würde Niederlage und Gesichtsverlust bedeuten. Humor ist eines der Mittel, mit denen der Therapeut die verhärteten Fronten auflockern und die Familie vielleicht aus ihrer hypnotischen Trance erwecken kann, in der alles Verzweiflung und Kampf ist. Vielleicht ändert sich die Stimmung, wenn wir die Leute dazu bringen können, über sich selbst zu lachen – wenigstens ein bißchen. Außerdem dienen unsere Späße der Selbsterhaltung; man braucht sie einfach, wenn man Stunde für Stunde gespannte, zorngeladene und oft verzweifelte Familien sieht.

David und Carolyn brachten so eine Art Streit zuwege. David hatte sich in den letzten Sitzungen sehr zurückgehalten, und als er sich jetzt wieder einschaltete, merkte man, daß er ziemlich fit war.

»Ich finde es ganz schön unfair, dein ganzes Unglück an meiner Arbeit aufzuhängen. Lieber Himmel, ich verdien doch schließlich unsere Brötchen!« Er suchte nach Worten. »Das ist wie bei deinen Streitereien mit Claudia; hast du erst mal einen Aufhänger gefunden, dann ist diese Sache für alle deine Probleme verantwortlich. So, und ich meine, daß du eigene Probleme hast.«

»Was denn zum Beispiel, wenn du schon so gut über meine Probleme Bescheid weißt?«

»Zum Beispiel die Beziehung zu deiner Mutter. Mir kommt es so vor, als ob sie in unserem Haus lebt – dauernd hängst du am Telefon. Und zum Beispiel dein Gefühl, daß du nichts *tust.* Du tust, was eine Menge Frauen tun, aber irgendwie reicht dir das nicht. Und anscheinend ist es *meine* Schuld, daß es dich nicht befriedigt, Hausfrau und Mutter zu sein!« Für jemanden, der lange nichts gesagt hatte, legte er ganz schön los; Carolyn war einen Moment sprachlos.

Dann holte sie zum Vergeltungsschlag aus: »Du sprichst dauernd von meiner Mutter, aber was ist denn mit deinen Eltern? Weshalb mußten wir hierher ziehen? Damit dein Vater dir nicht mehr ständig zusetzen kann und damit deine Mutter sich nicht mehr ständig bei dir über ihn beschweren kann.« Sie schlug sich recht wacker. »Und außerdem glaube ich, daß du deswegen so viel arbeitest, weil du deinem großmächtigen Papa imponieren willst. Du mußt es ihm gleichtun und eine Million Dollar verdienen! So, und ich werde das nicht so lammfromm und geduldig hinnehmen wie deine Mutter. Ich habe keine Lust, mit einer Karriere verheiratet zu sein!«

David ging wütend auf sie los: »Aber du willst auch nichts daran ändern, vielleicht dir eine Arbeit suchen oder irgendwas, was dich außer deiner Freundin mit ihren unaufhörlichen Problemen noch beschäftigen könnte!«

Carolyn zog sich vor Davids Zorn in Ironie zurück. »Na, das wär' doch wunderbar! Ich könnte dann so beschäftigt sein wie du und wir würden uns überhaupt nicht mehr sehen.«

David, in bitterem Tonfall: »Vielleicht würdest du dann meine Probleme verstehen und fühlen, was es heißt, finanziell für die Familie verantwortlich zu sein.«

»Aber du würdest nie versuchen, meine Probleme mit einem großen Haus und drei Kindern zu verstehen. Es wäre unter deiner Würde, auch nur zu versuchen, solche Bagatellprobleme zu verstehen!«

Beide hatten mit jedem Schritt den Zorn immer mehr geschürt. Jetzt saßen sie da, starrten einander wütend an und wußten nicht, ob sie noch weiter gehen sollten. Dann explodierte David.

»Ja, was zum Teufel soll ich denn wegen deinen Problemen

unternehmen? Mich an die Brust schlagen? Fasten? Kündigen? Was zum Henker willst du eigentlich? Ich bin auch nur ein Mensch!« Es war wohl eher der Tonfall als die Bedeutung der Worte, was Carolyn wie eine unsichtbare Hand in den Sessel zurückwarf. Bis hierher hatte sie sich verteidigt, aber Davids Ausbruch führte eine dramatische Änderung herbei. Plötzlich weinte sie, wieder lautlos, die Tränen liefen ihr über das Gesicht. Ihr Standpunkt fiel augenblicklich in sich zusammen. Wir hörten einen leisen, wimmernden Laut, der tapfere Versuch, nicht in lautes Schluchzen auszubrechen. David sah mit Entsetzen, was er angerichtet hatte; offenbar fühlte er sich äußerst unwohl dabei und überlegte, was er jetzt machen konnte. Kaum angefangen, war die Diskussion auch schon vorüber.

Als ich so dasaß und ebenfalls überlegte, was jetzt zu tun war, fühlte ich den starken Wunsch, Carolyn zu trösten. Ihr Haar hing über die eine Gesichtshälfte, sie sah traurig und hilflos aus und doch zugleich weich und anziehend. Ich bin ein Mensch, der sehr leicht durch Tränen – insbesondere Frauentränen – zu beeinflussen ist, aber diesmal traute ich meiner Reaktion nicht; dieses Weinen war so sonderbar. Wie konnte Carolyn erst so wütend sein und dann von einer Sekunde auf die andere plötzlich in Tränen ausbrechen? Ich dachte: »Sie wirkt ein bißchen so wie ein kleines Mädchen, das eine Abreibung bekommen hat.« Dieser Eindruck blieb. Ich fing an, Carolyn – sie war fast zehn Jahre älter als ich – als ein Kind zu betrachten, das weinte, weil es (mit Worten) geschlagen worden war. Und ich empfand sehr väterlich für sie. Ich spann den Faden weiter: Kleines Mädchen. Schläge. Wer schlägt? David? Vater? Mutter? Na klar!

Ich fragte Carolyn: »Darf ich Ihnen von einem Bild berichten, das ich vor Augen habe?«

Carolyn hatte aufgehört zu weinen und blickte hoch; ihr Augen-Make-up zerlief auf ihren Wangen. »Sicher«, sagte sie.

»Ich hatte den sehr lebhaften Eindruck, daß David, als er sie anschrie, plötzlich Ihre kritische, schimpfende Mutter wurde.« Ich wartete ein paar Sekunden, bevor ich fortfuhr: »Erst war er Ihr wütender Mann und Sie seine wütende Frau. Dann wurde er noch wütender, und plötzlich schlug es um. Er wurde die Mutter und Sie das kleine Mädchen.« David war von da an für Carolyn nicht mehr David, sondern eine Übertragungsfigur, eine symbolische Person. Übertragung kommt in jeder Ehe vor, aber wenn es in der Ursprungsfamilie ernste Probleme gegeben hat, so kann eine Ehe leicht in Schwierigkeiten geraten, wenn einer den anderen als Vater oder Mutter sieht. Auf jeden Fall war dieser Streit dadurch beendet worden.

Carolyn sah mich direkt an, ihre Augen waren immer noch feucht, das Gesicht bedrückt. Sie tupfte sich die Tränen mit einem Taschentuch ab. »Das ist interessant«, sagte sie nachdenklich. »Ich hatte plötzlich Angst, aber ich weiß nicht, warum.«

Ich wollte es ganz klar machen. »Ich glaube, daß Sie sich in dem Moment an die Mutter erinnerten, die Sie hatten, als Sie klein waren, und daß Sie Angst hatten. Plötzlich war David nicht mehr David. Er war Strafe, Kritik, Vorwurf. Und das jagt einem schon einen ziemlichen Schreck ein, wenn so was passiert.« Ich hatte selbst schon einen etwas elternhaften Tonfall. Dann fragte ich: »Passiert das zu Hause auch? Fühlen Sie sich eingeschüchtert, wenn Sie miteinander streiten?«

»Ja, ich glaube«, sagte sie in Gedanken an die seltenen Auseinandersetzungen zu Hause.

»Ich will Ihnen sagen, was Sie tun können. Wenn so etwas passiert, können Sie sich sagen: ›Er ist nicht meine Mutter, und ich bin kein kleines Mädchen.‹ Und dann können Sie gleich weiterstreiten.«

»Das könnte ich wohl versuchen«, sagte Carolyn wenig überzeugend.

Carl war eine Weile still gewesen. Erst als er jetzt wieder sprach, fiel mir auf, daß ich mich ganz auf eine Seite dieses Streitgesprächs konzentriert hatte.

»Das kann sehr nützlich sein«, sagte er. »Mir kam es nämlich so vor, als hätten Sie beide Angst gehabt, der Streit könnte noch hitziger werden und als hätten Sie dann gemeinsam den Abbruch herbeigeführt.«

David hat seine Stimme auf eine Weise erhoben, von der er wußte, Sie würden es nicht ertragen können, und Sie, Carolyn, sind prompt zusammengebrochen. Und dann war David wieder an der Reihe, sich von Ihren Tränen erweichen zu lassen. Und so brach der ganze Streit in sich zusammen.« Carl hielt immer schön die Waage.

Jetzt fühlte David sich angeklagt. »Ich hatte nicht die Absicht, Carolyn zum Weinen zu bringen.«

Carl, fester: »Sie hören nicht zu. *Sie* haben es nicht gemacht. Sie hatten beide Angst. Und es gehörten beide dazu, den Streit zu stoppen.« Dann fügte er mit einem leichten Lächeln hinzu: »Schade. Vielleicht wären einige Punkte endlich mal auf den Tisch gekommen, wenn Sie es nicht mit der Angst gekriegt hätten.«

David seufzte und sah Carl an. »Auf den Tisch vielleicht. Aber wie wir eine Lösung finden sollen, weiß ich wirklich nicht.«
Carl kramte unter einem Stapel von Briefen nach seinen Pfeifenreinigern und sagte dabei: »Ich bin wie Gus – ich kann Ihnen dazu einen Rat geben.«
»Guten Rat kann ich immer brauchen, ob ich ihn befolge oder nicht«, sagte David, gespannt auf Carls Worte.
Carl wandte sich wieder der Gruppe zu und begann, seine Pfeife zu säubern. »Oh, es ist eigentlich ein Rat für Sie beide. Sie könnten mit Ihren Psychotherapiespiel aufhören.«
»Wie meinen Sie das«, fragte David.
»Ich meine«, sagte Carl gutmütig und bedächtig, »daß jeder von Ihnen versucht, der Psychotherapeut des anderen zu sein.«
»Ich nicht«, sagte David etwas schroff.
»Aber sicher. Sie sprechen über Carolyns Probleme mit ihrer Mutter und über ihre Schwierigkeiten, eine neue Rolle zu finden, jetzt, wo die Kinder größer werden, und Sie klingen dabei selbst schon wie eine besorgte Mutter.« Er wartete lächelnd. »Aber machen Sie nicht nur sich selbst Vorwürfe deswegen. Sie macht das gleiche mit Ihnen, versucht Ihnen mit Ihrem Arbeitszwang und mit Ihren Eltern zu helfen.« Carl schwieg und ließ David aufnehmen, was er gesagt hatte. David dachte etwa eine Minute über das Gespräch nach, dann kam ein neuer Abwehrversuch.
»Es ist wirklich schwer einzusehen, daß Carolyn mir zu helfen versucht.«
»Wie würden *Sie* es denn nennen?« fragte Carl.
»Vorwürfe«, sagte David nach kurzem Zögern.
Carl: »Oh, da kann ich nur zustimmen. So schrecklich hilfreich ist das wirklich auf keiner Seite. Aber das Problem ist eben, daß Sie nur über Carolyns Probleme reden und Carolyn nur über Ihre. Und offensichtlich helfen Sie einander damit nicht, obwohl Sie es immer wieder versuchen.«
Carolyn hatte Carl immer ungläubiger angestarrt, während er sprach, und schließlich platzte sie heraus: »Aber worum geht es dann in der Ehe überhaupt, wenn nicht darum, sich gegenseitig zu helfen?«
Ich konnte nicht widerstehen, mich einzuschalten. »Um viel mehr als nur darum«, sagte ich, und schon waren wir in eine ziemlich lange Debatte über Ehe und gegenseitige Hilfe verwickelt.
Nach unserer Auffassung beginnt die Ehe für gewöhnlich mit dem Traum, unser Partner sei die Idealgestalt – Vater (Mutter), Thera-

peut, Liebhaber, Freund, Partner – die alle Sehnsüchte erfüllen und alle Bedürfnisse befriedigen wird, die wir mit in die Ehe bringen. Vor allem hoffen wir, der Partner werde uns helfen, das schwierige und unvollendete Geschäft des Erwachsenwerdens abzuschließen. Diese Art von Hilfeersuchen liegt heute beim Liebeswerben sozusagen in der Luft; man braucht sich nur die Schlagertexte anzuhören, da kommt immer wieder vor: »Hilf mir doch«, »Ich brauch dich so« und »So vieles hast du mir zu geben«.

Nun ist die Ehe allerdings tatsächlich therapeutisch. Verheiratete Menschen leben – statistisch gesehen – länger als einzelne, vielleicht deshalb, weil sie jemanden haben, mit dem sie die Sorgen und Nöte des Alltags teilen können. Und die Ehe hilft den Menschen, sich zu ändern: einfühlsamer und verantwortlicher zu werden und die Bedürfnisse anderer besser zu sehen. Es hilft wirklich, wenn man entmutigt von der Arbeit nach Hause kommt und jemand da ist, der einen in die Arme nimmt und ein paar tröstende Worte sagt. Und es hilft wirklich, wenn man jemanden hat, mit dem man über Probleme sprechen kann. Aber – und das ist eine schwerwiegende Einschränkung – gerade dieses Teilen von Freud und – vor allem – Leid, kann manchmal zu Schwierigkeiten führen.

Sind beide Partner ziemlich selbstsicher, unabhängig und stark, so werden sie kaum für *größere* Probleme Hilfe vom anderen erwarten. Für sie sind der Schmerz, die Einsamkeit und der Streß des Lebens etwas, womit man im entscheidenden Augenblick selbst fertigwerden muß. Sie wissen, daß das Leben schöner ist, wenn man einige von seinen Ärgernissen mit einem anderen teilen kann, aber sie versuchen nicht, den Anforderungen des Lebens auszuweichen und jemand anderem die Verantwortung für das eigene Leben aufzubürden.

Aber wenn sie die Ehe so anfangen wie die meisten von uns – und Carl und ich geben Ehepaaren gegenüber gerne zu, daß unsere Ehen auch mit einigen unrealistischen Erwartungen begonnen haben – so fühlen sie sich abhängig und verunsichert und suchen in größerem Umfang Hilfe beim Ehepartner. Jeder von uns hofft, der Partner werde ihm den magischen Totem Sicherheit verschaffen. Und natürlich soll die Ehe uns auch noch bezaubern, soll Kameradschaft, praktische Hilfe und eine Menge anderer Dinge bieten. *Wir bringen zu viele Bedürfnisse mit in die Ehe.*

Wäre einer der Partner erwachsen und selbständig und der andere etwas unreif und nur mäßig von Schwierigkeiten geplagt, so ließe sich schon eher denken, daß einer dem anderen hilft: Der Reifere würde dem weniger Reifen helfen, bis sich beide auf der gleichen Stufe befinden. Aber unserer Erfahrung nach geschieht das selten. Irgendein geheimnisvolles Gesetz bringt meist Partner zusammen, die praktisch psychische Zwillinge sind, obwohl sie von ihrer psychischen Verfassung her sehr unterschiedlich *wirken* können. Die Frau des Alkoholikers mag zum Beispiel im Vergleich zu ihrem kindisch abhängigen und impulsiven Mann sehr reif wirken, aber kratzt man an der Oberfläche, so kann es sehr leicht geschehen, daß sie sich als ebenso unsicher erweist wie er – nur ist sie eben jemand, der sein Sicherheitsgefühl daraus bezieht, daß sie sich um jemand anderen kümmert. Hinter der Rolle des Helfers hat sie ihre Unsicherheit sorgfältig versteckt.

Wir glauben, daß verheiratete Leute in vieler Beziehung sehr gut zueinander passen – in ihrer persönlichen Reife, ihrer Fähigkeit zu Intimität, in dem Maß von Ärger, das sie ertragen können, in ihrer sexuellen »Temperatur«, in ihrer Fähigkeit, vulgär, spontan, ehrlich und eine Menge anderer Dinge zu sein. Vor allem aber passen sie im Schwierigkeitsgrad der Probleme, die sie mit in die Ehe bringen, zusammen.

Meist fängt es damit an, daß jeder kleinere Forderungen an den anderen stellt.

Ehemann: »Mann, was bin ich heute fertig. Der Chef hat mir den ganzen Tag im Genick gesessen.«

Ehefrau: »Ooch, armer Liebling. Komm, setz dich hin, ich hol' dir einen Kaffee, und dann kannst du mir alles erzählen.« Das ist alles sehr unschuldig, und ganz sicher wird sich der Mann besser fühlen, wenn er sich bei seiner Frau ausgesprochen hat. Und sie macht es vielleicht am nächsten Tag ebenso, beklagt sich über die eintönige Hausarbeit, eine neugierige Nachbarin oder das Betragen der Kinder. Aber das Problem liegt gerade in der Tatsache, daß solche Erleichterung wirklich hilft. Wenn etwas Hilfe gut ist, wieviel mehr muß es dann viel Hilfe sein? So werden sie immer anspruchsvoller, und bald fangen sie an, die Ehe mit wirklich großen Problemen zu belasten: »Hilf mir mit meiner Beziehung zu meinen Eltern« oder »Hilf mir, eine Entscheidung über meine berufliche Laufbahn zu treffen« oder »Hilf mir mit meinen unguten Gefühlen über mich selbst«. Die Bitte um Hilfe ist stets gegenwärtig, auch wenn sie oft nicht direkt ausgesprochen wird. Und dann wird sehr schnell alles kompliziert. Beide Partner bekommen Angst, daß sie die Bedürfnisse des anderen nicht befriedigen können. »Wie kann ich meiner Frau bei ihren Gefühlen über sich selbst helfen, wenn ich die gleichen Gefühle über *mich* habe?« fragt sich der Mann. Und die Frau fragt sich: »Wie kann ich meinem Mann bei seiner Unzufriedenheit mit seinem Beruf helfen, wenn ich selbst mit dem, was ich tue, unzufrieden bin?« Und jetzt beginnen beide, sich unter dem Druck der Erwartungen voneinander zurückzuziehen. Es scheint einfach nicht soviel Hilfe zur Verfügung zu stehen, daß jedem geholfen werden kann.

Die nächste Stufe ist eine wachsende Besorgnis über den beiderseitigen Rückzug. Jeder wendet sich an den anderen und gibt ihm zu verstehen: »Laß mich doch nicht so im Stich! Das haben meine Eltern schon getan, und ich halte das nicht aus!« Aber die Distanz bleibt, und aus den Bitten werden bald Forderungen und schließlich Druck. Jeder sagt (ohne es auszusprechen): »Wenn ich dich *so* nicht dafür gewinnen kann, meine Erwartungen zu erfüllen, dann muß ich dich eben *zwingen*! Wirst schon sehen!« Beide wenden sich irgendeinem Ersatz zu – seine Arbeit, ihre Kinder, ihre Mutter, seine Saufkumpanen, sein Verhältnis, ihr Verhältnis. Jeder versucht den anderen eifersüchtig zu machen, ihm zu zeigen, daß die Unterstützung, die man von ihm haben wollte (aber inzwischen aus Stolz nicht mehr erbitten kann), woanders durchaus zu bekommen ist. Immer mehr Zorn und Ärger schleicht sich in die Interaktion ein, ein Gestrüpp aus Druck und Gegendruck, indirekten Forderungen und Bitterkeit über unbefriedigte Bedürfnisse. Aber unter dieser Oberfläche aus Bitterkeit und Vorwürfen finden wir zwei geduckte, verletzte, einsame, traurige Kinder, die sich als Erwachsene aufspielen. Jeder kennt das verängstigte, hilflose Kind im anderen, und beide verschließen ängstlich die Augen davor. Jeder würde lieber unter Tränen zusammenbrechen und zugegeben, wie einsam und verängstigt er ist, aber keiner wagt es.

Kompliziert wird dieser Prozeß dadurch, daß jeder den anderen als Elternfigur zu sehen beginnt. Natürlich wünscht niemand diese Entwicklung herbei und meist ist keiner von beiden sich ihrer bewußt, aber das gegenseitige Bitten um Hilfe ruft machtvolle Assoziationen an die Kindheit wach. Carolyn mußte sich zum Beispiel zuerst von David abhängig fühlen; als er aber anfing, ärgerlich und kritisch zu werden, wiederholten sich darin für sie die traumatischen Erfahrungen mit ihrer durch nichts zufriedenzustellenden Mutter. Hätte sie David nie in einer Elternrolle gesehen, so hätte sie seinen Ärger als eine ganz normale Reaktion eines Gleichgestellten betrachten können, aber sie erlebte seinen Zorn als viel bedrohlicher: als elterlichen Zorn. Er warf sie in eine Zeit zurück, wo sie als ein kleines Mädchen zu der turmhohen Gestalt einer zornigen Mutter aufblickte. Etwas Vergleichbares geschah auch mit David, aber auf welche Weise Carolyn für ihn eine Elternrolle spielte, verstanden wir erst viel später.

Das Erwachen von Assoziationen zur »alten Familie« spielt in einer problembeladenen Ehe auch für die Sexualität eine Rolle: sie fällt dem Sicherheitsbedürfnis der Eheleute zum Opfer. Aus ihrer Unsicherheit heraus fangen sie zunächst an, den anderen als Elternfigur zu betrachten, und dann wird die Sexuelität sehr schnell zu dem Tabu, das sie zu Hause immer war. Sexualität kann zwischen verheirateten Erwachsenen sogar inzestuöse Untertöne haben, wenn der Zwang, einander als »Eltern« zu betrachten, sehr groß ist.

Ist die Austauschbarkeit der Begriffe »Elternteil«, »Mutter« und »Therapeut« verwirrend? Wir halten dem Ehepaar in der Tat vor, daß beide einander all diese Rollen vorspielen. Und wo bleiben die Väter? Wenn Carolyn ihren Mann schon als eine symbolische Person sieht, sollte sie ihn dann nicht als Vater betrachten? Wir projizieren so viele symbolische Bilder in unseren Ehepartner hinein, daß wir ihn abwechselnd als Mutter, Vater, Bruder, Schwester, ja selbst als Großmutter oder Großvater betrachten. Durch Wiederbelebung verschiedener Familienbeziehungen in der Ehe versuchen wir einige der Probleme der Vergangenheit zu lösen. Aber diese Tendenz bleibt nicht auf die Ehe beschränkt; bald verwickeln wir auch unsere Kinder in den Versuch, unsere Ursprungsfamilien nachzubilden.

Weil aber die Mutter-Kind-Beziehung unser wichtigstes Vorbild für zwischenmenschliche Nähe ist, bestimmt sie auch, wie nahe Menschen sich in der Ehe kommen. Diese frühe Beziehung scheint für alle wichtigen Punkte des Lebens den Ton anzugeben: ob wir fähig sind, anderen zu vertrauen und auf sie einzugehen, ob wir fähig sind, uns selbst zu vertrauen und ob wir fähig sind, das Selbst und den anderen als getrennt und doch aufeinander bezogen zu sehen. Väter spielen sicherlich im frühen Leben ihrer Kinder eine große Rolle, aber eher indirekt – durch die Art, wie sie an der Ehe beteiligt sind. Haben Mann und Frau eine gute Beziehung zueinander, so wird auch die Beziehung zwischen Mutter und Kind gut sein. Auf jeden Fall ist das Kind vor allem durch die Mutter mit der Welt der Familie verbunden, wie diese Welt auch aussehen mag, und diese Beziehung zwischen Mutter und Kind bestimmt später das Verhalten in der Ehe. Wenn die Partner einander um Hilfe bitten, so verlangen sie damit eine Weiterführung der Bemutterung. Das Geschlecht dessen, der um Hilfe bittet, spielt dabei keine Rolle; Helfen scheint in jedem Fall synonym mit Bemutterung zu sein. (Und natürlich ist »Bemutterung« auch das zentrale Modell der Psychotherapie.)

In unserer Kultur besteht die traditionelle Rolle des Vaters darin, zwischen der Geborgenheit in der Familie und dem harten Konkurrenzkampf der äußeren Welt zu vermitteln (wenn man auch einräumen muß, daß solche Rollenbilder sich zur Zeit im Fluß befinden). Auch die Stärke und Objektivität, die man traditionell mit der Vorstellung »Vater« verbindet, sind für den therapeutischen Prozeß wertvoll, denn oft entstehen Schwierigkeiten in der Mutter-Kind-Beziehung aus zu viel Bemutterung, aus einer übertriebenen, symbiotischen Abhängigkeit, die später, wenn sie auf die Ehe übertragen wird, als sehr bedrohlich empfunden werden kann. Daher muß der Therapeut psychisch »bisexuell« sein, er muß warm und liebevoll wie die traditionelle Mutter sein können, aber auch die Fähigkeit des traditionellen Vaters haben zu lehren, wie man selbständig wird und die Furcht vor der »Welt da draußen« überwindet.

Bei Carolyn und David war der Streß so groß, daß sie glaubten, sie könnten nicht damit zurechtkommen, und beide spürten sehr deutlich, daß der Partner Hilfe verlangte, wo sie keine Hilfe geben konnten. Aber sie kamen – notdürftig – zurecht. Dann kam eines Tages Davids Beförderung, die ihn zum Leiter einer größeren Abteilung machte. Laura kam in dem Jahr auf die Schule, und Carolyn blieb mit leeren Händen und praktisch beschäftigungslos zu Hause. Gleichzeitig zog Claudia sich immer mehr von ihr zurück. So kam eins zum anderen; David war beruflich noch mehr eingespannt als früher, und Carolyn kam sich überflüssig vor. Sie versuchte, David mehr Aufmerksamkeit für sich und ihre Depressionen abzuringen, aber er hatte seine eigenen Probleme. Claudia spürte die Spannung in und zwischen ihren Eltern anwachsen und übernahm willig die Funktion des Überdruckventils.

In dieser Sitzung sprachen Carl und ich über diese Zusammenhänge; es war eine gemäßigte, ganz an den Verstand gerichtete Diskussion. Aber je länger wir sprachen, desto unwohler schien das Ehepaar sich zu fühlen, als wären wir im Begriff, die Grundannahmen ihres Lebens zu untergraben. Schließlich stellte David die naheliegende Frage: »Aber was sollen wir denn tun, wenn nicht einander helfen? Sollen wir uns gegenseitig weh tun?«

Carl gab die Antwort, und er nahm die Frage sehr ernst. »Natürlich nicht. Aber Sie können jedenfalls jetzt davon ausgehen, daß jeder von Ihnen als Therapeut versagt hat. Also versuchen Sie auch nicht mehr, dem anderen zu helfen. Und Sie können sogar einen Schritt weitergehen: nehmen Sie sich die Freiheit, den anderen abzuweisen, wenn er um Hilfe bittet.«

»Aber warum?« fragte Carolyn.

»Damit Sie anfangen können, uns als Therapeuten zu benutzen, und damit Sie sich nicht mehr so aneinander festklammern müssen. Wenn wir Ihre Therapeuten sein können, sollten Sie die Freiheit haben, endlich Gleichgestellte zu sein – Liebende, Freunde, Gegner, Gefährten – dann braucht keiner mehr für den anderen Mutter zu spielen.«

David war zwar immer noch skeptisch, aber das fand er nun interessant. »Aber wenn wir jetzt nicht mehr Hilfe beim anderen suchen, was machen wir dann, wenn Sie nicht in der Nähe sind? Oder soll die Therapie immer weitergehen?«

»Nein«, sagte ich, »das glaube ich nicht. Wir hoffen, daß jeder von Ihnen und auch alle übrigen in der Familie soviel von dieser Therapie haben, daß Sie später notfalls ihr eigener Therapeut sein können. Daß Sie einander nicht mehr so sehr brauchen und nicht mehr so abhängig sind. Wenn jeder von ihnen erst einmal sicher ist, daß er mit den Strapazen des Lebens allein fertigwird, bekommt das Helfen einen ganz anderen Sinn. Denn man *teilt* dann die guten und schlechten Seiten des Lebens und fühlt sich nicht mehr ständig enttäuscht, weil irgendwer in der Familie einen nicht genügend beschützt, und auch nicht mehr schuldig, weil man andere nicht genügend beschützt.«

»Das stimmt«, sagte Carl bekräftigend. Wir waren in dieser Sache so sehr einer Meinung, daß wir fast wie eine Person sprechen konnten. »Sich nach der Therapie gegenseitig zu helfen, ist sehr viel schöner, leichter, weniger bindend und weniger bedrohlich. Aber um dahin zu kommen, müßt ihr eure Eigenständigkeit vielleicht eine Weile übertreiben, damit ihr eure bisherige übertriebene Zusammengehörigkeit überwinden könnt.«

Don hatte das Gespräch verfolgt und fiel fröhlich ein: »Das find' ich gut, mein alter Herr und meine alte Dame als Verliebte. Stellt euch das vor! Wie im Kino.«

»Du magst wohl solche Liebesgeschichten, wie?« fragte Carl.

»Na ja, eigentlich find' ich sie ziemlich schauderhaft, aber das wär' doch mal was anderes.«
Claudia war die ganze Stunde über still gewesen. Sie sah nachdenklich und bekümmert aus, als hätte sie zum ersten Mal ernsthaft und bewußt die Ehe ihrer Eltern betrachtet und sich nach dem Platz gefragt, den sie darin einnahm. Der Gedanke, daß sie einmal nicht mehr gebraucht werden könnte, traf sie unvorbereitet.

Der erste Schritt zur Aussöhnung

Weil Carolyn jetzt mehr zur Kooperation bereit war und sie und David angefangen hatten, über ihre Ehe zu sprechen, hatten wir angenommen – ziemlich voreilig, wie sich herausstellte –, daß wir jetzt eine direkte Lösung der Eheprobleme in Angriff nehmen könnten. Claudia könnte dann aus ihrer komplizierten Verwicklung in die Angelegenheiten ihrer Eltern befreit werden und sich ungehindert dem Geschäft des Erwachsenwerdens widmen. So weit unsere Annahmen.
An einem warmen Mittwochabend im August erhielt Carl einen Anruf von David Berger. Carl wollte gerade mit Muriel zum Segeln, aber daraus wurde nichts. Er sprach ein paar Minuten mit David und rief mich dann an. Ich hatte eine späte Verabredung gehabt und wurde an der Tür von Margaret und den Kindern begrüßt. »Willkommen daheim«, sagte Margaret und wies dann zum Telefon – der Hörer lag auf dem Tisch. »Da ist gerade ein Anruf für dich.« Ich zog eine saure Miene und ging ans Telefon.
»Hallo, alter Knabe«, sagte Carl fröhlich. »Tut mir leid, daß ich so in deinen Feierabend einbrechen muß, aber hättest du nicht Lust, heute Abend eine Familie zu treffen?«
»Heute abend?« fragte ich mit einem Gefühl, als wäre ich in eine Grube gestolpert. Margaret und ich hatten uns darauf gefreut, nach dem Essen eine lange Fahrradfahrt mit den Kindern zu unternehmen.
»Welche denn?« fragte ich und versuchte zu erraten, welche von den zahlreichen Familien, mit denen wir zur Zeit arbeiteten, in Schwierigkeiten war.

»Familie Berger«, sagte Carl müde. »David hat angerufen; anscheinend haben Carolyn und Claudia sich ziemlich in die Haare gekriegt; er schien besorgt zu sein. Ich hätte morgen früh um neun Zeit, aber ich hab gesagt, ich müßte erst mal hören, wie es bei dir steht, und wenn du dann keine Zeit hättest, könnten wir uns vielleicht heute abend treffen – Lust hab ich keine. Aber es klang so, als hätte es nicht Zeit bis nächste Woche.«

»Morgen früh geht es bei mir nicht«, sagte ich seufzend. Schwer zu sagen, wer von uns beiden über diesen Zwischenfall unglücklicher war. »Na gut. Meine Praxis oder deine?«

»Nehmen wir doch mal deine«, sagte Carl, »die liegt für alle am nächsten.«

Als ich eine Stunde später das Haus verließ, war es noch hell, aber kühler; vom See her strich eine sanfte Brise durch die Bäume. Sarah und Mark, unsere beiden älteren, kletterten auf ihre Räder, und Margaret verstaute die kleine Julia auf dem Kindersitz an ihrem Rad, während ich ihnen traurig zuwinkte und in meinen alten Volkswagen stieg.

Als ich das Backstein-Bürogebäude erreichte, in dem meine Praxis ist, waren die Bergers schon da; sie kletterten einer nach dem anderen aus ihrem großen Kombiwagen. Don hüpfte auf den Eingang zu, und Carolyn hielt Laura an der Hand, als sie den Parkplatz überquerten. Claudia schien sich auf dem Rücksitz zu verstecken und David lehnte sich über die Rückenlehne und versuchte offenbar, sie zum Aussteigen zu überreden.

Während ich zum Haus hinüberging dachte ich: »Wieso Claudia und Carolyn?« Ich hatte angenommen, sie hätten sich beruhigt. Was war bloß los? Die Familie sah mir zu, während ich im Halbdunkel mit den Schlüsseln an der Tür herumwerkelte; dann andere Türen öffnen, Licht machen, Kaffee aufgießen. Carolyn nahm mit den beiden kleineren Kindern im Wartezimmer Platz; sie sah müde und traurig aus. Claudia und Carl waren immer noch nicht da. Die Luft war etwas stickig, und ich öffnete ein Fenster; draußen war nur das leise Geräusch abendlicher Kricketspiele zu hören. Ich ließ mich nieder, starrte vor mich hin und dachte an Margaret und die Kinder. Dann hörte ich leise Stimmen auf dem Flur; es war Carl, der mit Claudia und David hereinkam.

Alle kamen schnell in mein Büro, als seien sie froh, da zu sein. Nur Claudia nicht; sie kam als letzte herein und hielt den Kopf gesenkt. Die Eltern setzten sich zusammen auf mein großes braunes Sofa, und die Kinder verteilten sich auf die kleineren Sessel. Carl und ich

saßen wie üblich zusammen. Claudia setzte sich in einen der weichen Ledersessel uns gegenüber und hielt das Gesicht immer noch abgewendet. Als sie schließlich aufblickte, rief ich aus: »Lieber Himmel, was ist denn mit dir passiert?« Ihr rechtes Auge war angeschwollen und wurde zusehends blauer; das ganze Gesicht war vom Weinen verquollen.
David antwortete: »Sie und ihre Mutter haben sich ganz schön in der Wolle gehabt – und sind noch nicht fertig damit.« Er lächelte ein wenig, als sei er entweder auf den Kampf stolz oder darauf, daß er Vermittler gewesen war. Dann verschwand das Lächeln, und sein Gesicht bekam einen düsteren Ausdruck.
Carl und ich blickten gleichzeitig zu Carolyn hin. Auch an ihr waren die Zeichen des Kampfes zu sehen; am Kragen ihrer geblümten Bluse war ein Knopf offenbar gewaltsam abgerissen worden, und ihr Haar war in Unordnung geraten. Ihre zusammengebissenen Zähne und die verengten Lider deuteten darauf hin, daß die Wut immer noch in ihr kochte.
»Was ist passiert?« fragte ich sie.
Und wieder antwortete David. »Es war kurz vor dem Abendessen, und Carolyn versuchte alle zusammenzurufen, damit der Tisch gedeckt wurde und –«
Carl unterbrach ihn. »Wollen wir sie nicht selbst darüber reden lassen? Sie waren schließlich darin verwickelt. Oder Sie auch?«
»Nein, diesmal anscheinend nicht. Ich habe mich sowieso bewußt rausgehalten.«
Carl: »Außer, was das Erzählen angeht.« David lief bei Carl gegen eine Mauer. David hatte tatsächlich etwas unangenehm Geflissentliches an sich, das mir auch nicht gefiel.
Ich fragte Carolyn noch einmal: »Also, was war los?«
»Ich weiß nicht, ob ich darüber reden kann«, sagte sie und preßte die Lippen noch mehr zusammen, atmete dann plötzlich heftig aus wie um aufgestauten inneren Druck abzulassen. Claudia senkte für einen Moment den Blick, schaute aber dann wieder auf und sah ihre Mutter direkt und wütend an.
»Auf geht's«, dachte ich und fragte mich, was jetzt wohl kommen würde. Carolyn zögerte kurz, dachte offenbar an die Möglichkeit, den Streit mit Claudia wiederaufzunehmen, überwand sich dann aber und sprach mich an. »Ich war gerade dabei ein ganz besonders gutes Abendessen zu machen – jedenfalls war es ein schwieriges Rezept. Ein französisches Menü mit vier Gängen. Ich war müde – ich hatte schlecht geschafen, war früh aufgestanden und hatte

den Tag über viel zu erledigen gehabt.« Sie dachte zurück an das, was dann geschehen war. »Und plötzlich stieß mir auf, daß alle anderen machten, wozu sie gerade Lust hatten, und ich stand da in der heißen Küche, um etwas *für sie* zu tun.« Wieder eine Pause. »David und Don waren unten im Hobbyraum und spielten Schach oder sowas. Laura war oben bei ihren Puppen, und Claudia spielte im Eßzimmer gleich neben der Küche Klavier. Also, ich hatte die Nase voll, ging nach draußen und habe gerufen, jemand soll kommen und beim Aufräumen und Tischdecken helfen.«

Don meldete sich schüchtern zu Wort und wandte ein: »Ich hab nichts gehört, Mama, ehrlich. Wenn ich was gehört hätte, Mann, dann wär ich natürlich gekommen.«

»Das stimmt, Carolyn«, sprang David ihm bei. »Wir haben dich beide nicht gehört.«

»Und ich auch nicht«, stimmte Laura kläglich ein. »Ich war gerade beim Schallplattenhören.«

»Na gut«, sagte Carolyn, »jedenfalls hat Claudia mich gehört – sie war nur drei Meter weg –, und sie ist auch nicht gekommen!«

»Ich bin wohl gekommen«, murrte Claudia.

»Erst als ich dich angeschrien habe«, gab Carolyn zurück, die sich ihrer Sache jetzt ganz sicher war und gewiß keinen Rückzieher machen würde. Dann wurde sie wieder ruhiger und sagte zu mir: »Claudia hörte schließlich auf, Klavier zu spielen und kam mit einer Schnute in die Küche, als hätte ich sie geschlagen. Dann hat sie sehr widerwillig und sehr schlampig den Tisch gedeckt. Und dabei gab es noch so viel anderes zu tun – der Salat mußte gemacht werden, in der Küche mußte gekehrt werden, die Eßzimmerstühle standen noch vom letzten Bridgeabend im Wohnzimmer. Und eine Menge anderer Sachen. Aber sie macht nur, was ich ihr sage, zieht die ganze Zeit soo ein Gesicht und geht dann einfach wieder. Ich war fuchsteufelswild, und das bin ich immer noch. Also hab ich nach nebenan geschrien, ob das alles wär, was sie tun wollte, und« – sie unterbrach sich und suchte nach Worten – »und dann hat sie etwas dermaßen Gemeines gesagt, das kann ich hier gar nicht wiederholen. Jedenfalls hab ich plötzlich rot gesehen. So lasse ich meine Tochter nicht mit mir reden.«

Claudia blitzte aus ihrem Sessel in der Ecke in die Runde.

David räusperte sich und fragte: »Kann ich was sagen?«

»Sicher«, sagte ich.

»Also, ich kam in dem Moment gerade die Treppe rauf, und ich kann Carolyn nicht verdenken, daß sie wütend ist.«

Carl ließ wieder eine von seinen hintergründigen Bemerkungen fallen: »Ist das nicht toll, wie solche Sachen immer zeitlich abgestimmt sind?« Er spielte darauf an, daß David gerade an der entscheidenden Stelle aufgetaucht war. Das alte Dreieck war so sehr in Fleisch und Blut übergegangen, daß David unvermeidlich in den heraufziehenden Sturm hineintappte. Aber alle außer mir konnten mit Carls Bemerkung nichts anfangen. Ich wollte jetzt endlich wissen, was Carolyn zum Platzen gebracht hatte und fragte sie: »Also, was *hat* sie denn nun um Himmels Willen gesagt?«

Carolyn sah mich äußerst verlegen an, aber Claudia kam ihr zu Hilfe und platzte wütend heraus: »Ich hab nur gesagt, sie soll ihren Scheißdreck doch selber machen. Gar nichts Schlimmes.«

»Nichts Schlimmes?« brauste Carolyn auf. »Was ist denn bei dir wohl schlimm? Ich erwarte von meiner Tochter, daß sie so nicht mit mir redet. Ich lasse das nicht zu.«

Ich wollte nicht, daß sie ihren Streit wieder aufnahmen und fragte deshalb Carolyn weiter: »Und was dann?« Sichtlich erleichtert fuhr sie in der Beschreibung der Auseinandersetzung fort.

»Ich war einfach völlig außer mir. Ich hab so laut ich konnte angefangen zu schreien, daß sie das Haus verlassen müßte, daß ich nicht mit ihr in einem Haus zusammenleben würde, wenn sie so mit mir redet. Und dann hat sie wieder was gesagt, woran ich mich nicht mal mehr erinnere, und plötzlich hab ich sie geschlagen. Ich wollte sie eigentlich nicht fest schlagen, aber es hat nur so geknallt.«

Claudia brummelte: »Ich hab nur gesagt, daß ich nicht gehe. Weiter nichts.«

»Komisch«, dachte ich, »erst will sie verhindern, daß Claudia wegläuft und jetzt will sie sie rausschmeißen; aber jetzt will Claudia nicht.« Der Krieg bleibt der gleiche, aber die Leute wechseln ihre Positionen, ohne es auch nur zu bemerken.

Carolyn warf uns einen Blick zu, dann Claudia. Sie erhob leicht die Stimme, als sie sagte: »Also, jedenfalls war das der Tropfen, der das Faß zum Überlaufen brachte; du warst so bockig, wie du nur sein kannst. Mir kam es so vor, als wollte sie *mir* vorschreiben, was ich zu tun habe, und ich müßte mir das auch noch gefallen lassen. Aber ich lasse mir das nicht gefallen!« Sie waren kurz davor, wieder aufeinander loszugehen und sahen Carl und mich an, den einzigen festen Bezugspunkt, der sie noch zurückhalten konnte.

Das war ein haariger Augenblick; sie erwarteten von uns einen

Hinweis darauf, was jetzt geschehen sollte. Sollten sie ihren Streit fortsetzen? Oder darüber reden und jeder seine Position rechtfertigen? Sollten sie in der Vergangenheit nach Hinweisen auf den Ursprung ihres Zorns suchen? Eigentlich hatten sie die Frage schon dadurch selbst beantwortet, daß sie sich mitten im Kampf an uns gewendet hatten. Die Auseinandersetzung war in vollem Gang, nur brauchten sie uns noch als Anstandswauwaus, damit sie nicht zu gefährlich werden konnte. An diesem kritischen Punkt kommt der Therapeut aufgrund seiner Unsicherheit über das mögliche Gewaltpotential in der Familie leicht in Versuchung, lieber zu beschwichtigen: »Na, na, wir wollen doch vernünftig sein.« Hinter dieser Botschaft lauert seine eigene Furcht vor Zornausbrüchen, die unausgesprochene Bitte: »Bleibt um Himmels Willen ruhig, eure Wut macht mir Angst.«

Aber Carl tat unbeirrt das einzig Richtige; er hatte diesen Augenblick wohl schon zu oft erlebt, als daß er sich noch bange machen ließe. »Können Sie das zu Claudia sagen?« dirigierte er Carolyn, die gerade wieder anfing, sich über ihre Tochter zu beklagen. Carolyn merkte, daß dies der Hinweis war, auf den sie beide gewartet hatten und daß er bedeutete, sie sollten ihre Auseinandersetzung fortsetzen. Ihr Gesicht verriet eine leise Bangigkeit, als sie sich jetzt wieder an Claudia wandte, und ihre Stimme schien alle Kraft verloren zu haben.

»Claudia, ich kann diese Art von Betragen einfach nicht von dir akzeptieren.«

Claudia hob den Kopf und erwiderte: »Und ich kann nicht hinnehmen, daß du mich schlägst.«

Ich konnte Carls Vertrauen in diese Art, mit solch einer Situation umzugehen, durchaus nicht teilen. Mein Blick hing voller Unbehagen an dem schweren, scharfkantigen Glasaschenbecher auf dem Tisch neben Claudia. Dann sah ich, in Carolyns bequemer Reichweite, die handliche kleine Steinplastik, die Margaret mir geschenkt hat. Die würde ein feines Wurfgeschoß abgeben. Ich umklammerte die Armlehnen meines Drehstuhls. Ganz am Rand meines Bewußtseins zog der Gedanke vorbei, wie ich wohl die Blutflecken wieder aus meinem fast weißen Teppich bekommen würde.

Dann hörte ich irgendwo ganz fern in meinem eigenen Kopf eine beruhigende Stimme: »He, mal langsam! Reg dich doch nicht so auf.« Als ich mir diese Worte gesagt hatte, fiel mir auf, was geschehen war. Plötzlich sah ich die Familie, in der ich aufgewachsen war; wir saßen um den Abendbrottisch, sprachen leise und immer schön nett und freundlich, obwohl jeder einem anderen wegen Tausend kleiner Dinge böse war, die er nicht auszusprechen wagte. Wir bemerkten unseren Zorn die meiste Zeit nicht einmal; erst Jahre später wurde mir klar, wie sorgfältig Ärger und Aggression in unserer Familie stets totgeschwiegen wurden. Was hier in diesem Gespräch geschah, hatte ich schon erlebt: Der Patient Familie war drauf und dran, eine der unausgesprochenen Regeln meiner Familie zu verletzen: »Du sollst deinen Zorn nicht direkt ausdrücken!« Und wie meine Eltern neige ich dazu, verbal ausgedrückten Zorn mit physischer Gewalt gleichzusetzen. Als der »Patient« *meine* Familienregeln verletzte, bekam ich Angst. Nach all diesen Jahren, nach eigener Therapie, nach meiner eigenen Ausbildung und nachdem ich selbst eine Familie mit ganz anderen Regeln (Margaret und ich streiten durchaus) gegründet habe, sollte ich es doch eigentlich besser wissen. Aber das ist nun mal eines der Risiken unseres Berufs; die Familie ist so machtvoll und so besitzergreifend, daß sie im Therapeuten eine Saite tief in seinem eigenen Inneren zum Mitschwingen bringt. Die Familie, die man behandelt, wird plötzlich eine Abwandlung der Familie, in der man aufgewachsen ist, und man wird selbst ein »Patient«, der mit seinen Gefühlen kämpft. Auch das spricht dafür, einen Ko-Therapeuten zu haben – im allgemeinen tappen nicht beide zugleich in diese Falle.

Während Carl also die Familie ruhig zum Weitermachen aufforderte und Claudia und Carolyn miteinander sprachen, versuchte ich mich zu entspannen. Von Zeit zu Zeit warf ich allerdings einen Blick auf die kleine Plastik, die für Carolyns nervös und zornig gestikulierende Hände so leicht zu erreichen war, und auf den immer dunkler werdenden Fleck um Claudias Auge und auf den verdammten Aschenbecher, der wie eine scharfgemachte Granate auf dem Tisch stand.

Carolyn wurde sehr viel ruhiger, als sie jetzt ihre Tochter direkt ansprach; es war, als hätte Carl ihr durch seine Aufforderung, den Konflikt auszufechten, die Möglichkeit gegeben, direkt und offen zu sein. »Claudia, was mich so wütend macht, ist nicht das, *was* du sagst – die Wörter sind mir natürlich nicht neu. Aber deine *Einstellung* macht mich rasend. Und ich weiß gar nicht, wieso ich das so lange ausgehalten habe oder was jetzt passiert ist, aber jetzt kann ich es eben einfach nicht mehr ertragen.« Sie wartete einen Augenblick, und als sie dann wieder sprach, lag in ihrer Stimme etwas unangreifbar Endgültiges, nicht mehr dieses leise unentschlossene Zittern. Sie schien wirklich zu meinen, was sie sagte. »Oh, ich könnte das wohl endlos aushalten, aber ich will nicht mehr. Wir haben den Punkt erreicht, wo irgendwas sich ändern *muß*. Du mußt deine Haltung ändern oder ausziehen.« Dann fiel ihr noch etwas ein, und sie schien beinahe zu lächeln, als sie in fast belustigtem Tonfall sagte: »Oder *ich* muß ausziehen. Das ist ja wohl auch eine Möglichkeit.« Sie wurde immer ruhiger, aber jetzt war David alarmiert.

»Ich – ich weiß nicht«, stammelte er, »ob ich dazu was sagen soll. Ich dachte, ich sollte mich diesmal raushalten.«

»Sagen Sie, was Sie fühlen«, forderte ich ihn auf, neugierig darauf, was jetzt in ihm vorging.

Er sprach zu Carolyn. »Ich glaube, ich muß dir zustimmen. Ich finde ihre Einstellung auch unmöglich. Ich weiß nicht, ob du sie unbedingt schlagen mußtest, aber daß sie mehr Achtung oder Respekt oder wie immer du das nennen willst, vor dir haben sollte, finde ich auch.« Auch seine Worte klangen jetzt bestimmter, und Carolyn entging der Tonfall in seiner Stimme nicht. Sie merkte, daß er sie unterstützte, und schwieg.

Ein Blick zu Claudia verriet mir ihre Wut.

»Also, ich finde, sie könnte auch vor mir mehr Respekt haben, zum Beispiel, mich nicht ins Gesicht schlagen! Ist das Respekt? Wie will man von mir erwarten, daß ich jemanden achte, der mich schlägt, wenn ich einfach nur Widerworte gebe? Was hab ich denn getan? Nicht mehr gemacht, als mir aufgetragen war – meine Güte, ich hatte doch schon gemacht, was sie von mir wollte!«

Carolyn fauchte zurück: »Claudia, wir sind nicht gleich und gleich in diesem Haus. Ich bin deine Mutter, und bestimmte Arten, mit mir zu reden, dulde ich einfach nicht.« Dann wurde ihr Tonfall wieder etwas leichter und bekam sogar einen Beiklang von Mitleid. »Es tut mir leid, daß ich dich geschlagen habe. Ich wollte das eigentlich nicht, oder ich hatte es zumindest nicht vor. Und die meiste Zeit nehme ich sehr wohl Rücksicht auf deine Gefühle oder versuche es wenigstens. Ich erniedrige dich nicht, und ich lasse mich nicht von dir erniedrigen.«

Claudia hatte das Ende ihrer kurzen Beherrschung erreicht. »Das stimmt nicht!« schrie sie. »Du machst einfach alles runter, was ich tue!«

Carolyn war verblüfft. Zuerst reagierte sie mit der betont kühlen Distanziertheit, mit der sie schon immer auf Claudias Ausbrüche reagiert hatte. Dann änderte sich etwas. Sie blickte ihre Tochter an, die Augen blitzten vor Wut, ihre Stimme war stark und selbstsicher. »Claudia, ich mache dich nicht runter. Ich tadle dich. Ich stoß dich zurecht. Ich halte dich immer wieder zu den Sachen an, die du tun sollst.«

Claudia antwortete wieder schreiend. »Und wie du das tust! Pausenlos!«

Carolyn zuckte zusammen, und dann wurde auch ihre Stimme lauter, nicht so laut wie Claudias, aber zorniger. »Und warum tue ich das? Weil du mich dazu zwingst! Wenn ich dich auffordere, etwas zu tun, dann tust du es widerwillig oder weigerst dich einfach.« Dann wurde ihre Stimme wieder leiser, ohne aber an Stärke zu verlieren. Und sie sprach jetzt ohne Umschweife. »Und mir ist im Moment wirklich egal, ob das vernünftig ist oder nicht, aber ich verlange von dir, daß du *tust*, was ich dir sage, und nicht, weil du es einsiehst, *sondern einfach, weil ich es sage!*« Ihre Stimme schwoll wieder an, und irgendwie schien sie jetzt uns alle anzusprechen. »Oder du verläßt dieses Haus! Ich weiß nicht, ob du verstehst, was ich meine, aber du hast jetzt die Wahl: gehorchen oder verschwinden! So einfach ist das!«

Jetzt war Claudia schockiert. Für einen Augenblick kam sie völlig ins Schleudern. Beide Frauen saßen auf der Vorderkante ihres Sessels, wurden wie von einem magnetischen Sturm aus Kräften und Gegenkräften aufeinander zu gezogen und wieder zurückgeworfen. Claudia faßte sich schnell wieder und schrie zurück: »Was glaubst du denn, was ich bin? Eine Sechsjährige? Und alles, was du sagst ist richtig, und ich muß es tun, weil Mami es halt sagt? Also, vielleicht finde ich das gar nicht richtig! Ich bin nicht mehr sechs!«

Carolyn, immer noch laut, aber nicht schreiend: »So war das nicht gemeint! Ich bin gerne bereit, dir mehr Verantwortung zu lassen, wenn du zeigst, daß du damit umgehen kannst. Aber gemeint ist, daß ich nicht mit einer Tochter im selben Haus bleibe, die mir nicht gehorcht!«

Die übrigen saßen bleich und starr dabei. Laura verkroch sich ängstlich in das Sofa. Davids Augen wanderten ständig zwischen den beiden hin und her. Don starrte mit kugelrunden Augen und offenem Mund. Und Carl und ich saßen – nicht ratlos, aber untätig – da und beobachteten das Geschehen wie zwei Sportberichterstatter bei einem heißen Fight, ganz am Rand der Ereignisse, aber doch wichtig.

Alle anderen Streitereien, deren Zeugen wir bisher gewesen waren, hatten immer etwas gezwungen Zurückhaltendes an sich gehabt. Der Zorn kam nur halberstickt und bissig heraus oder blieb einseitig; wenn er aus einer Person herausbrach, zog der Adressat nicht mit. Oder er wurde dadurch abgeschnitten, daß einer sich weigerte weiterzumachen und den Raum verließ. Aber dieser Kampf wogte heftig hin und her, keine der beiden Seiten nahm irgendwelche Rücksichten oder gab auch nur einen Fußbreit Boden her. Die anderen Kämpfe hatten immer wie eingeschnürt gewirkt, die Streitenden schienen dabei fest zusammengebunden zu sein, als dürfte es in jeder Auseinandersetzung immer nur eine »Person« geben. Aber diesmal setzten Carolyn und Claudia alles, was sie verbinden mochte, aufs Spiel. Sie waren zwei eigenständige, selbstbestimmte und sehr wütende Personen. Dieser Streit war eine Errungenschaft, so schmerzhaft und heftig er auch sein mochte. Wenn es eine symbiotische Verbindung zwischen Mutter und Tochter gegeben hatte, durch die sie früher immer zur Beschwichtigung ihres Zorns gezwungen worden waren, so schien sie jetzt in einem Feuersturm zu verbrennen.

Je länger diese mal heftige mal eher gemäßigte Diskussion dauerte, desto deutlicher wurde Carolyns Stärke. Sie rückte keinen Schritt von ihrer Forderung ab, daß Claudia entweder gehorchen oder das Haus verlassen müsse. Zuerst fand ich diesen Kampf aufregend: die Geburt von Carolyns Selbstbewußtsein, ihre wachsende Sicherheit in der Elternrolle, und Claudias kraftvolle Darstellung der von ihr als ungerecht empfundenen Situation. Es schien ein notwendiger und heilsamer Reinigungsprozeß zu sein, eine Krise, durch die es ihnen vielleicht gelang, einander zu finden. Aber je sicherer Carolyn wurde, desto bekümmerter wirkte Claudia. Sie spürte, daß ihre Mutter darauf bestand, in dieser Beziehung die »Erwachsene« zu sein, und sie war nicht bereit zu kapitulieren. Sie hatte wieder diesen suchenden Blick, als versuchte sie, kurz vor der Niederlage noch eine Hintertür zu finden, durch die sie entwischen konnte, ohne ihre Position aufgeben zu müssen. Ich sah, wie sie immer mehr in Panik geriet und fing wieder an, mir Sorgen zu machen, was sie wohl anstellen würde.

Claudia fiel immer weniger ein, was sie ihrer Mutter entgegnen konnte. Wie sie so nach Worten suchte, wurde mir plötzlich klar, wie jung und verletzlich sie war. Vorher hatte ich immer nur ihren Zorn und ihre Aufsässigkeit gesehen, jetzt sah ich ein verängstigtes Mädchen, das sich wohl vorzustellen versuchte, was es hieß, aus dem Haus gejagt zu werden. Ich dachte auch darüber nach – die

Anhörungen vor dem Jugendamt, wie sie dann ins Erziehungsheim gebracht wurde, einen Sozialarbeiter würde man ihr zuweisen, und all die Probleme, die man mit diesem hübschen und schwierigen Mädchen haben würde. Sie sah verwirrt aus, als fühlte sie sich verraten und in die Enge getrieben.
Ich wurde allmählich selbst etwas unsicher. Mir war nicht mehr klar, ob dieses Gespräch nun konstruktiv war oder der Anfang einer neuen Katastrophe. Je länger es dauerte, desto wahrscheinlicher erschien mir die Katastrophenhypothese. Claudia war einfach nicht in der Lage, ihren Standpunkt zu verändern. Ich sah es kommen: Claudia würde sich immer weiter verteidigen, immer mehr Lautstärke oder neue Taktiken ins Feld führen, um sich gegen die wachsende Überlegenheit der Mutter zu wehren, und Carolyn würde zurückschlagen. Die Eskalation würde fortschreiten, bis einer von beiden zusammenbrach – und was würde dieser Zusammenbruch alles mit sich reißen?
Am wichtigsten war im Augenblick, was Claudia vorhatte. Sie blickte ängstlich zur Tür, und ich fragte mich, ob sie wieder davonlaufen wollte. Von diesem ungewissen Augenblick hing vieles ab. Claudia wirkte so vernichtet von der neuen Stärke ihrer Mutter und so demoralisiert durch Davids Solidarisierung mit seiner Frau, daß ihr nur noch die totale Kapitulation übrigzubleiben schien – oder Flucht. Ich saß da und dachte: »Claudia braucht Hilfe«, aber mir fiel nichts ein, was ich tun konnte. Auch Carl schien darüber nachzudenken, wie man ihr helfen könnte.
Und plötzlich geschah es. Claudia stand auf, war mit drei weiten Schritten bei der Tür und stieß unter Tränen und sehr zornig hervor: »Macht euren Kram doch, wie ihr wollt! Ich mach nicht mehr mit!« Wie zuvor waren alle so überrascht, daß keiner sich rührte. David und Carolyn saßen sprachlos da, als sie an ihnen vorbeiging, und auch Carl und ich sahen ihr einfach nur nach. Sie mußte durch den engen Zwischenraum zwischen meinem Knie und dem Sofa hindurch, und ich dachte kurz daran, ihr den Weg zu verstellen, aber es war ja nicht meine Aufgabe, Claudia in der Familie zu halten. Wenn jemand sie aufhielt, so konnten das nur die Eltern sein, und sie waren dazu offenbar nicht in der Lage. Ich tat also nichts, und Carl tat nichts, und in diesen endlosen zwei Sekunden rollte die ganze Katastrophe noch einmal vor meinem inneren Auge ab: die juristische Prozedur, das Erziehungsheim, die unendliche Bitterkeit.
Dann griff Claudia nach dem Türknauf und riß daran. Laut wie ein

Schuß traf das unmißverständliche »Klack« einer verschlossenen Tür die Ohren der völlig versteinerten Zuschauer. Die Tür rührte sich nicht. Beim Betreten des Zimmers mußte ich sie versehentlich wieder abgeschlossen haben, als ich den Schlüssel abzog (der Schließmechanismus an meiner Praxistür ist etwas ungewöhnlich; schließt man ab, so sind beide Knäufe blockiert, und wenn die Tür jetzt einschnappt, läßt sie sich nur noch mit dem Schlüssel öffnen).
Claudia drehte sich um und sah mich mit offenem Mund an. Entsetzlich! – mit den Eltern in einer psychiatrischen Praxis eingesperrt! »Ja Himmelarsch!« sagte sie. Dann ertönte plötzlich rechts von mir Carls herzliches und ansteckendes Lachen und entschärfte die ganze Situation; wie eine Kettenreaktion erfaßte es alle Anwesenden, ein Lachen, in dem sich zugleich unsere Spannung, unsere Erleichterung und das reine Vergnügen an der Absurdität dieser Situation ausdrückten. Da saßen wir nun, führten ein Stück auf, in dem sich gerade die tragische Wende abzeichnete: die wutentbrannte Tochter stürmt davon, um sich den Gefahren der Welt entgegenzuwerfen – und dann so ein Patzer!
»Was zum Teufel . . .«, sagte Claudia hilflos, versuchte, das Lächeln zu unterdrücken, aber es gelang ihr nicht. Ein verlegenes Grinsen breitete sich gegen ihren Widerstand über ihr Gesicht aus und verschwand auch nicht, als sie jetzt protestierte: »Ich will hier raus.«
»Das tut mir aber leid«, sagte ich lächelnd, »mein Unterbewußtsein wollte wohl nicht, daß du gehst.«
Und das machte sie wieder wütend. »Verdammt, ich will hier *raus*!«
»Ich wünschte, du würdest dableiben«, sagte ich; an meinem Tonfall mußte sie hören, daß ich mir nicht einbildete, sie wirklich festhalten zu können; es war nur eine Bitte. »Ich finde, du solltest wenigstens ein paar von diesen Sachen mal mit deiner Mutter ausfechten.«
Dann war der Raum wieder vollkommen still; Claudia funkelte mich an, dann ihre Mutter. Ich griff in die Tasche, um meine Schlüssel herauszuholen, und als ich sie in der Hand hielt, sagte Carolyn: »Claudia, setz dich wieder hin, laß uns darüber reden.« Ihre Stimme klang jetzt bedauernd und viel weicher. Eine Pause. »Bitte!« Kein Befehl also, sondern eine Bitte. Es war, als würde ihr gerade klar, daß Claudia wirklich weggehen könnte.
Claudia seufzte, besiegt von dem weichen Klang in der Stimme der Mutter. Echte Warmherzigkeit ist einfach unwiderstehlich. Sie

ging zu ihrem Sessel zurück und kuschelte sich erleichtert darin zurecht. Inzwischen schloß ich die Tür auf; sie sollte sehen, daß wir Vertrauen in ihre Kraft hatten, die Lage auch so zu meistern.
Dann geschah kurze Zeit nichts. Claudia war immer noch nicht fähig, mit ihrer Mutter zu sprechen. Als die Pause wieder peinlich zu werden schien, schritt Carl ein und sagte zu Claudia: »Kannst du auch in Worten sagen, was du mit deinem Weggehen auszudrücken versucht hast?« Er sprach jetzt sehr ernsthaft und feinfühlig mit ihr. So erleichternd das Lachen für jedermann gewesen war, jetzt war wichtig zu vermeiden, daß Claudia das Gefühl bekam, sie würde ausgelacht.
Aber auch Carls Frage brachte sie nicht zum Reden. Ich hatte das Gefühl, daß ich das Problem verstand; sie fühlte sich so sehr zum Schuldigen gestempelt, daß sie nicht bereit war, sich Fragen von allen Seiten auszusetzen, mochten sie noch so freundlich gestellt sein. Ich wandte mich deshalb an Carolyn. »Ich glaube, daß Ihr Zorn nicht allein auf Claudia zurückzuführen ist, und vielleicht war sie auch deswegen so aufgebracht.«
»Wie meinen Sie das?« fragte Carolyn.
»Das alles hat doch angefangen«, sagte ich ruhig, »als Sie auf alle böse waren, weil sie nicht beim Abendessen geholfen haben. Aber Claudia war eben diejenige, die den ganzen Zorn abbekommen hat. Ich bestreite Ihnen nicht das Recht, über Claudias Antwort böse zu sein – ich will nur auch die anderen Aspekte dieses Konflikts berücksichtigen. Haben Sie das Gefühl, daß die ganze Familie Ihnen nicht genug hilft, daß Sie ausgenutzt werden?«
»Ja, so ist es, glaube ich«, sagte Carolyn nach einer Pause. »Jeder nimmt einfach an, daß ich alles in Ordnung halte, die Mahlzeiten bereite, mich um die Kleider kümmere und so weiter. Und ich hab das langsam satt.« Der Ärger stieg wieder in ihr hoch. »Don hat fast noch nie seine Sachen auf den Bügel gehängt. Er ist eigentlich für den Abfall zuständig, aber ich habe keine Lust, ihn ständig zu ermahnen, und trage ihn selber raus. Laura – vielleicht ist sie noch zu klein – aber sie soll eigentlich den Tisch decken.«
»Und Ihr Mann?« fragte ich lächelnd. »Haben Sie ihn schon mit der Tatsache vertraut gemacht, daß Teller und Tassen ebensogut in seine Hände passen wie in Ihre?«
»Der?« fragte Carolyn mit einem Seitenblick auf David; ihre Stimme klang dabei ebenso gereizt wie erstaunt. Die Vorstellung, daß David im Haushalt helfen würde, erschien ihr ganz abwegig. »So weit würde er sich nie erniedrigen«, sagte sie bitter. Ich war

verblüfft, wie kurz der Weg von der Auseinandersetzung zwischen Claudia und Carolyn zu diesem zwar weniger brisanten aber doch wichtigen Streitpunkt war. Claudia fühlte sich von der Mutter für alles Böse verantwortlich gemacht, aber Carolyn fühlte sich von der ganzen Familie mißbraucht.

Carl nahm den Faden auf. »Es wäre interessant gewesen zu sehen, was passiert wäre, wenn Sie das ganze Essen in den Garten gefeuert hätten. Vielleicht hätten sie dann beim nächsten Mal gehört, wenn Sie rufen.« Dann fragte er Claudia, die erleichtert wirkte, weil sie jetzt nicht mehr im Mittelpunkt stand, aber auch ein wenig verloren: »Und wie sieht's bei dir jetzt aus? Immer noch böse?«

Ich dachte, sie würde gleich wieder mit Anklagen und Rechtfertigungen anfangen, aber statt dessen fing sie leise an zu weinen und sagte unter Tränen: »Es ist immer das gleiche, wenn sowas passiert. Immer soll ich schuld sein, immer ist alles mein Fehler.«

»Na, ganz sicher ist es das nicht«, sagte Carl freundlich. »Hast du wirklich geglaubt, daß alles immer dein Fehler ist?«

Claudia antwortete heftig atmend und schluchzend: »Ich kann nicht anders, wenn sie mich so anschreit.« Ihre Stimme wurde ganz hoch und wimmernd, als käme der Schmerz über den Angriff der Mutter wieder hoch. »Es sieht langsam so aus, daß es wirklich an mir liegt, daß jeder Fehler wirklich meine Schuld ist.«

»Ganz bestimmt ist es nicht so«, sagte Carl noch einmal mit Nachdruck, »und ich hoffe, daß jeder seinen eigenen Anteil an der Schuld selbst finden und auf sich selbst beziehen kann.« Dann wieder leise und freundlich: »Jedenfalls ist es gut, daß du zugeben kannst, daß du nicht nur wütend wirst, sondern manchmal auch verletzt bist und Angst haben kannst. Das macht dich für mich viel menschlicher.«

Claudia beendete ihr leises Weinen mit zwei tiefen Atemzügen und warf Carl einen warmen, erleichterten Blick zu. Dann wurde sie verlegen und schaute weg. Aber für einen winzigen Augenblick hatten die beiden doch einen liebevollen Blick gewechselt.

Niemand sagte etwas; alle wußten, dies war ein bedeutungsvoller Augenblick. Daß jemand nach all den Angriffen seinen Schmerz eingestand, war eine große Erleichterung. Die nachdenkliche Stille hielt an. Carolyn wirkte jetzt ruhiger und auch traurig, wie sie ihrer Tochter so gegenübersaß. »Wie fühlen Sie sich jetzt?« fragte Carl sie.

»Oh«, sagte sie aus ihren Gedanken auftauchend, »ein bißchen verlegen, scheint mir. Wenn ich Claudia so reden höre, kommt mein Ärger mir auf einmal furchtbar übertrieben vor. Ich weiß nicht, was mich so wütend gemacht hat.«

»Na, das liegt doch auf der Hand«, sagte Carl. »Ich habe eben über unser erstes Treffen nachgedacht und wie wir euch beide immer vom Streiten abhalten mußten. Diese Verbitterung hat sich über lange Zeit bei euch beiden angesammelt und mußte einfach mal raus. Ich glaube, auf diesen Streit habt ihr schon lange gewartet.«

»Aber muß es denn unbedingt *so* sein? Gibt es keine bessere Möglichkeit unsere Differenzen auszutragen?«

»Das hoffe ich doch stark. So ist es jedenfalls für alle ziemlich brutal.« Er machte eine kurze Pause, und sein Schweigen wirkte nicht gerade ermutigend. »Vielleicht könnt ihr jetzt, wo ihr etwas von eurer Wut losgeworden seid, langsam zu etwas freundlicheren Lösungsmethoden kommen.«

»Aber wie?«

»Ich weiß auch nicht genau, wie. Wenn ich ein Rezept hätte, würde ich es Ihnen sagen.« Er dachte nach. »Es passieren so viele Dinge gleichzeitig in der Familie. Es ist richtig, daß Sie Ihrer Tochter gegenüber eine gewisse Autorität aufzurichten versuchen, aber Claudias Versuch, mehr Freiheit und Unabhängigkeit zu finden, ist auch richtig. Der Streit, den ihr heute abend hattet, hätte vor zehn Jahren stattfinden müssen. Auch Sie und David versuchen, nach Jahren der Trennung wieder zusammenzukommen, und Sie wollen die Familie so neuordnen, daß jeder mehr Verantwortung übernimmt. Das ist ein ziemliches Knäuel, und es wird seine Zeit brauchen, bis es sich wieder entwirrt.«

»Und *was* für ein Knäuel das ist«, sagte Carolyn mutlos.

»Die Hoffnung«, sagte Carl, und jetzt wurde seine Stimme wieder zuversichtlicher, »ist der neue Tonfall, den ich jetzt höre. Viel rücksichtsvoller und viel persönlicher. Die wirkliche Lösung besteht wohl darin, über diese Frage, wer nun das Ruder in der Hand halten soll, hinauszukommen und bessere Beziehungen zwischen euch herzustellen. Ich finde auch, daß Eltern sich von ihren Kindern nicht alles gefallen lassen sollen, aber es gibt so vieles zu berücksichtigen, daß sie meiner Meinung nach auch nicht immer alles einfach bestimmen können. Eine Familie muß mit einer Art intuitiver Übereinstimmung vorgehen – wie eine Mannschaft, die gewinnen will. Man spielt gut zusammen, weil man es will, nicht weil einen jemand dazu zwingt.«

»Puh«, sagte Carolyn, »davon sind wir noch so weit weg.« Sie sah ihre Tochter an; ihre Blicke trafen sich kurz, dann schaute Claudia weg.

»Diesen Blick könnte man als einen Anfang betrachten«, sagte Carl. »Wollt ihr noch einen Schritt weitergehen? Gibt es irgendwas, das ihr euch sagen wollt?«

»Es tut mir leid, daß ich mich so vergessen habe«, sagte Carolyn zerknirscht zu Claudia.

Claudia, immer noch verletzt und böse, sichtbar übellaunig: »Mir auch.« Sie ließ absichtlich offen, ob sie damit sich selbst oder die Mutter meinte. Die Atmosphäre war alles andere als ungezwungen.

Carl: »O ihr Schauspieler! Es tut euch nicht leid, auch wenn ihr jetzt nicht mehr so böse seid wie vor ein paar Minuten. Macht euch doch nicht weis, ihr hättet nicht gemeint, was ihr gesagt habt! Genau da meinen wir wirklich, was wir sagen: wenn wir wütend sind. Ihr seid also explodiert. Und nun, was weiter?«

Die Sitzung war fast vorüber. Alle wirkten jetzt, wo die Spannung nachgelassen hatte, sehr müde. Mir hatte Carls Diskussion mit Carolyn gefallen, aber mir war noch nicht ganz wohl bei der Sache, ich hatte das Gefühl, den Streit immer noch nicht verstanden zu haben. Die Frage, die ich mir am Anfang der Stunde gestellt hatte, plagte mich immer noch: Weshalb dieser plötzliche Ausbruch, nachdem wir uns doch endlich David und Carolyns Ehe zugewendet hatten? Plötzlich sah ich wieder Claudias unglückliches Gesicht am Ende der vorigen Sitzung vor mir und sah die Verbindung.

»Claudia«, sagte ich, »mir ist da eben noch was eingefallen, willst du es hören?«

»Sicher«, sagte sie, wenn auch zögernd.

»Ich glaube, ich weiß jetzt, warum das hier passiert ist. Erinnerst du dich an die letzte Sitzung? Mama und Papa fingen an, etwas an ihrer Beziehung zu tun.«

»Ja?« sagte sie; ein leiser Zweifel mischte sich in ihren Tonfall.

»Nun, ich glaube, das hat ihnen Angst gemacht und dir auch und überhaupt euch allen. Und da hat die Familie unbewußt beschlossen, lieber wieder zu dem Streit zwischen dir und Carolyn zurückzukommen, damit Mama und Papa sich nicht noch weiter die Finger verbrennen. So blieb ihnen ihre Konfrontation erspart, und du konntest deine Rolle in ihrer Beziehung behalten.«

»So hab ich das noch gar nicht betrachtet.« Ein zustimmendes Lächeln breitete sich über ihr Gesicht aus.

»Aber die Familie hat sich diesmal vielleicht selbst ein Bein gestellt«, fügte ich schmunzelnd hinzu.
»Wieso?«
»Weil das vielleicht eine neue Art von Streit war. Du und deine Mutter, ihr seid vielleicht einen Schritt weitergekommen.«
»Dank deiner komischen Tür«, sagte Carl. Und mit Gelächter ging diese Stunde zu Ende.

Flucht in die Gesundheit

Ein paar Tage lang hatten Carl und ich nach dieser Sitzung noch ein ungutes Gefühl. Wir machten uns natürlich Sorgen, daß die beiden Frauen vielleicht wieder aneinandergeraten konnten. Außerdem waren wir mit uns selbst auch nicht ganz zufrieden. Eine der Kardinalregeln der Therapeuten besagt, daß wir möglichst verhindern müssen, daß ein Familienmitglied zu sehr in die Rolle des Sündenbocks gedrängt wird. Diese Regel hatten wir aber verletzt, weil wir den Streit so hitzig hatten werden lassen, daß Claudia völlig in die Enge getrieben wurde. Das war einfach ein Kunstfehler. In der Hitze des Kampfes ist es schwierig, Entscheidungen zu treffen, aber wir hätten Claudia beispringen müssen, bevor ihre verzweifelte Lage ihr nur noch die Flucht ließ.
Normalerweise hätte David Claudias Partei ergriffen, aber diesmal hatte er die Vermittlerrolle uns überlassen. Vielleicht waren wir von Carolyns Auftauchen aus dem Sumpf der Niedergeschlagenheit so beeindruckt, daß wir die Wirkung ihres Zorns auf Claudia unterschätzten. Zumindest war uns jetzt deutlicher, weshalb David sich ständig in die Auseinandersetzungen der Frauen einmischte: Verließ Carolyn einmal ihre Deprimiertheit, um zu kämpfen, dann besaß ihr angestauter Zorn einige Durchschlagskraft. Vielleicht brauchte Claudia manchmal wirklich Schutz.
Unsere Sorgen über weitere Ausbrüche waren offenbar unbegründet. Keine weiteren Anrufe, keine Notfälle. Zur üblichen Zeit betrat die Familie in der nächsten Woche angeregt plaudernd die Praxis. Claudia wirkte fröhlich und ausgeruht; sie sah lächelnd

ihrem Bruder zu, der allerlei Faxen aufführte, um die Aufmerksamkeit auf sich zu ziehen. Unter ihrem Auge war nur noch eine ganz leichte Verfärbung zu erkennen. Sie saß auf der gleichen Couch wie ihre Mutter, zwischen ihnen die kleine Laura. Ein fast freundliches Bild. Mein Eindruck wurde noch verstärkt, als Mutter und Tochter sich amüsiert und mit gespielter Entrüstung über Don ansahen, der wie ein Affe herumhüpfte und dabei hohe Quietschlaute ausstieß.

»Soll ich Ihnen was verraten, Whitaker?« platzte Don heraus, als alle saßen und ihm ihre ganze Aufmerksamkeit zuwandten.

»*Dr.* Whitaker, bitte«, gab Carl lächelnd zurück. »Lernst du das denn nie?«

»Ach ja, stimmt ja«, entschuldigte sich Don. »*Dr.* Whitaker!«

»Schon besser«, sagte Carl.

»Wie ich gerade sagen wollte, bevor dieser Herr Doktor mich so überaus rüde unterbrach«, fuhr Don fort, »ist etwas serrr Interessantes passiert. Mutter und Tochter sprechen jetzt miteinander. Manchmal sind sie sogar freundlich. Doch, doch. Das Haus ist entschieden ruhiger geworden.«

Es stellte sich heraus, daß Don recht hatte. Nach dem Ausbruch hatten Carolyn und Claudia einige tastende Annäherungsversuche unternommen. Ihre »Gespräche« hatten eines Abends bei der Vorbereitung des Essens mit einer Unterhaltung begonnen, die sie nach dem Essen noch ungefähr eine Stunde lang fortsetzten. Es ging darin nicht um weltbewegende Dinge, wichtig war, daß sie überhaupt miteinander sprachen. Der richtige Durchbruch war offenbar gekommen, als Carolyn sich für ihren regelmäßigen Sonntagmorgenspaziergang im nahegelegenen Park fertigmachte und Claudia plötzlich spontan fragte, ob sie nicht mitkommen wolle. Sie wollte.

»Ich weiß nicht mehr, über was wir gesprochen haben«, erzählte Claudia, »aber es war einfach schön, etwas mit Mama zusammen zu machen.« Alle waren etwas befremdet über diesen Frieden, und das war nach der Krise der letzten Woche nicht verwunderlich.

»Das Wichtige war vielleicht der neue Ton in euren Stimmen«, sagte ich. »Vielleicht habt ihr beide gehört, daß die andere euch doch wichtig nimmt.«

»Da könnten Sie vielleicht Recht haben«, sagte Carolyn, und auch ihrer Stimme hörte man noch das Staunen über diesen Wandel an. Für den Rest der Stunde diskutierten wir das von der Familie angeregte Thema, wie man solche zornigen Zusammenstöße in

Zukunft vermeiden könnte. Carl und ich sagten, der beste Weg, große Ausbrüche zu vermeiden, sei öfter und rechtzeitig zu streiten. Werden kleine Unstimmigkeiten gleich auf den Tisch gebracht, so kann sich der Ärger gar nicht erst anstauen.
Wir sprachen auch darüber, daß die Familie ein neues Kommunikationssystem entwickeln mußte, etwas, das wir bei unserer Arbeit immer wieder erwähnen. Die Familienmitglieder müssen lernen, mehr über sich selbst und ihre eigenen Gefühle zu reden und sich weniger bei kritischen Angriffen auf andere aufzuhalten. Anstatt zu Claudia zu sagen: »Du bist ein übler Drückeberger«, hätte Carolyn lieber sagen sollen: »Ich fühle mich hier in der Küche ausgenutzt und finde, daß meine Arbeit nicht anerkannt wird. Hilf mir doch ein bißchen.« Die Familie hörte bei dieser Unterhaltung über eine neue Sprache gut zu. Auf der intellektuellen Ebene verstanden sie sicher, worüber wir sprachen, aber es in die Praxis umzusetzen, würde noch einige Schwierigkeiten bereiten. Alte Gewohnheiten verändern sich langsam.
Wir sagten ihnen außerdem, daß sie ihr Konfliktsystem demokratisieren mußten. Streit schien es immer nur zwischen Carolyn und Claudia zu geben. Warum stritten Carolyn und David nicht? Waren Don und Laura nie der Kritik ausgesetzt? Dieser Punkt war einfach, aber wichtig. Man kann nicht von einer Beziehung erwarten, sie solle den Streß der ganzen Familie tragen, und je mehr die Konflikte die Familie *als Gruppe* betrafen, desto produktiver würde die Gemeinschaft wahrscheinlich werden.
Wichtigstes Thema war natürlich die Frage, wie die Familie »eine bessere Mannschaft« werden konnte. Carl und ich verwenden gern die Metapher der Mannschaft; sie verdeutlicht, daß eine Gruppe zusammenarbeiten muß, obgleich jedes Mitglied eine individuelle Rolle spielt. Carolyn machte sich unserer Ansicht nach zuviel Sorgen darüber, ob sie die Kinder, vor allem Claudia, fest genug am Zügel hatte. Die verschiedenen Aufgaben, die mit dem Abendessen in Verbindung standen, waren ein gutes Beispiel. Wie konnten sie von einem System, in dem die Eltern – vor allem Carolyn – alle Verantwortung trugen und alle Entscheidungen fällten, zu einem System gelangen, in dem jeder verantwortlich war und entscheiden konnte? Wie konnten sie ein neues Gefühl für die Notwendigkeit der gegenseitigen Hilfe bei den vielen praktischen Aufgaben des täglichen Lebens gewinnen? Wie konnten sie mehr Begeisterung für ihr Handeln als Gruppe entwickeln? Wir ließen keinen Zweifel an unserer Meinung, daß Eltern ihren

Kindern, gleich welchen Alters, nicht erlauben sollten, sie verächtlich zu behandeln oder herumzuschubsen. Es war wichtig, daß Carolyn bei Claudia einmal durchgegriffen hatte. Aber wir waren mit ihnen der Ansicht, daß das Durchsetzungsvermögen der Erwachsenen sich nicht unbedingt durch höchste Lautstärke bekunden muß. Man kann Macht auch human und feinfühlig gebrauchen. Und wenn sie sich genügend anstrengten, konnte vielleicht auch die Macht in der Familie demokratisiert werden; die Kinder würden dann allmählich umso mehr Verantwortung übernehmen können, je mehr sie tragen lernten.

Dieser Punkt soll auch dem Leser deutlich werden: Wir betrachten die große Abrechnung mit viel Geschrei nicht als eine Lösung für Familienprobleme. Eine Familie, in der sich über längere Zeit viel Ärger angestaut hat, braucht eine Arena, in der dieser Ärger an die Oberfläche kommen darf, und sie muß lernen, ihm auf ungefährliche Art Luft zu machen. Wenn wir auch gelegentlich Fehler machen, so kann ein Streit im Rahmen der Therapiestunde doch eher produktiv sein, als wenn er zu Hause ausgetragen wird. Wir ermuntern die Familie nicht zu einem naiven »macht euch nur ordentlich Luft«, vor allem dann nicht, wenn sie nicht mit einem erfahrenen Therapeuten zusammenarbeitet. Die simple Formel »drück deine Gefühle aus«, kann auf lange Sicht nur wieder enttäuschen oder gar gefährlich sein – es steht zuviel auf dem Spiel, und die einzelnen Punkte sind viel zu kompliziert.

Am Ende der Sitzung war die Familie entspannt und von dem Gespräch angeregt, aber es kamen aus ihrer Mitte kaum eigene Diskussionsanregungen. Auch die nächste Stunde verlief in gelöster Stimmung mit Scherzen und Gesprächen über Alltägliches. Claudia und Carolyn setzten ihre Versöhnung fort. Nachdem Carolyn sich einmal durchgesetzt hatte, konnte sie Claudia jetzt mehr Freiheit lassen – und Claudia blieb prompt mehr zu Hause. Sie konnte erst tun, was ihre Mutter wollte, nachdem diese ihre Macht demonstriert und ihre Forderungen zurückgeschraubt hatte.

Die Familie hielt zu Hause auch Konferenzen ab, auf denen die häuslichen Pflichten verteilt wurden, und selbst David erklärte sich bereit, mehr zu helfen. Er übernahm zu Carolyns Entzücken die Aufgabe, das Aufräumen nach Tisch zu überwachen und auch dabei zu helfen. Soweit schien das System zu funktionieren.

Die nächste Sitzung verlief ähnlich, der Mangel an Konflikten ließ fast schon Langeweile aufkommen. Mir war etwas unwohl bei

diesen oberflächlichen Gesprächen, Geplauder über Wetter und Neuigkeiten vom Tage, zwischendurch immer wieder bemühte Diskussionen um nebensächliche Familienangelegenheiten. Carl ließ sich nichts anmerken. Er hielt Laura auf dem Schoß und malte mit ihr Ungeheuer, die sie liebevoll Mami und Papi nannte. Zu Don sagte er stichelnd, er sei immer so schüchtern, ob er uns nicht erlauben wolle *ihn* mal zu behandeln, wir brauchten nämlich unbedingt ein neues Problem. Mit David sprach er über das Geschäftsleben und die Politik. Carolyn erzählte von ihren Eltern, die sich für einen Besuch angekündigt hatten.
Ich hatte das Gefühl zu wissen, was da vor sich ging und fand es an der Zeit, darüber zu reden. »Wißt ihr was«, sagte ich schließlich, »das hier kommt mir nicht mehr wie Therapie vor. Ich glaube nicht, daß wir dabei viel erreichen.« Stille.
»Den Gedanken hatte ich auch schon«, sagte Carl und zog an seiner Pfeife. »Ich frage mich, ob wir vielleicht fertig sind.«
Carolyn, die am Anfang so widerwillig zur Therapie gekommen war, erbleichte. Bei dem Gedanken, jetzt aufzuhören, war ihr offenbar gar nicht wohl, aber sie sagte kein Wort. Ganz anders Don: »Hurra! Können wir jetzt gleich gehen? Oder noch früher?«
»Langsam, du Krümel«, sagte Carl, »oder du wirst der nächste Sündenbock, wenn du nicht aufpaßt.« Nach einer Pause fügte er hinzu: »Und dann werden wir dir *helfen*, mein Lieber.«
»Was soll das heißen, ich werde der Sündenbock?« fragte Don leicht gereizt, aber auch mit einer Spur von Angst in der Stimme.
»Na ja, man kann doch nie wissen. Manchmal braucht eine Familie drei bis vier Sündenböcke bis die Spannungen sich lösen. Aber das weiß man natürlich vorher nie. Vielleicht kommst du auch einfach als Rotznase durch.«
Don streckte ihm die Zunge heraus. Carl hatte zwar im Scherz gesprochen, aber doch mit einem Beigeschmack von Ernst.
David meldete sich zu Wort. »Ja, ich denke auch schon die ganze Zeit, daß wir vielleicht durch sind, aber ich dachte, die Fachleute wissen vielleicht noch was, was ich nicht weiß.«
»Anders herum«, sagte ich, »Die Familie selbst weiß allein, wann es Zeit ist aufzuhören. Wir könnten immer weitermachen, wenn wir eine Familie erst mal kennen. Sie können sich in dieser Frage wirklich nicht auf uns verlassen.«
Das Gespräch über die Beendigung der Therapie wurde noch eine Weile fortgesetzt. Sie kamen zu keinem Entschluß. Die regelmäßigen Treffen zur Bewältigung ihrer Probleme hatten der Familie

trotz aller bedrohlichen Seiten der Therapie einen starken Rückhalt gegeben. Die Aussicht auf die Beendigung der Therapie bedeutete für die Familie ein plötzliches Innehalten und brachte ihr zu Bewußtsein, daß sie von der wöchentlichen Stunde, dem sicheren Boden, und den Therapeuten abhängig geworden war.
Sie waren in dieser Frage keineswegs einmütig. Carolyn und Claudia schienen sich Sorgen zu machen, daß ihre Streitereien wieder anfangen könnten. David erwog, wie es seine Art war, eifrig das Für und Wider, kam aber zu keinem Ergebnis. Don plädierte weiter für Aufhören, und Laura war es gleichgültig. Die Stunde verstrich, während die Familie nach einer sicheren Basis für eine Entscheidung suchte. Sie fand keine.
Carl und ich holten unsere Terminkalender hervor. Wir saßen da, sahen die Familie an, und sie sahen uns an. Es war Zeit.
»Tja«, sagte Carl, »was machen wir denn jetzt?«
»Ich weiß nicht«, antwortete David, die Stirn wie üblich in Falten gelegt. Die Frage des nächsten Termins war seltsam wichtig geworden.
Nach einem tosenden Schweigen von dreißig Sekunden machte Carl den Vorschlag, den ich erwartet hatte: »Vielleicht sollten wir eine Woche oder so aussetzen und ihr seht zu, wie die Sache läuft. Kommt ihr zurecht, ist es gut, wenn nicht, braucht ihr nur anzurufen.«
»Ja, das klingt gut«, sagte David wie erlöst.
Carolyn hatte immer noch nichts gesagt, und wir wollten ihre Meinung noch hören. Alle sahen sie an.
»Also gut«, sagte sie widerstrebend, und dann, mit einem kurzen Lächeln: »Aber nur, wenn wir wiederkommen können.«
»Natürlich«, kam unsere Antwort wie aus einem Mund.
Sie verabschiedeten sich; Don und Laura schienen sich wie am Ende des letzten Schultages vor den Sommerferien zu fühlen, die Erwachsenen gaben sich fröhlich und herzlich, zeigten aber nicht die Erleichterung der Kinder. Claudia warf mir noch einen verstohlenen besorgten Blick zu, als sie den Raum verließ.
Carl und ich sprachen noch eine Weile über das, was in der Therapie geschehen war und machten uns Gedanken über die Zukunft der Familie.
Der Zusammenprall von Carolyn und Claudia gab uns immer noch zu denken. Er eignete sich ganz gut dazu, die Aufmerksamkeit von der Ehe abzulenken; vielleicht waren wir wirklich zu schnell in diesen empfindlichen und schwierigen Bereich vorgesto-

ßen. Eine Familie unter Streß ist ein System mit einem sehr instabilen inneren Gleichgewicht, das zudem von der gleichen Struktur abhängig ist, die auch den Schmerz in der Familie erzeugt. Durch unsere plötzliche Kehrtwendung in Richtung auf die Ehe nahmen wir Claudia ihre gewohnte Rolle und erzeugten bei dem Ehepaar einen jähen Anstieg der Angst. Danach fiel die Familie mit Getöse in ihre alten Bahnen zurück.

Aber dieser Streit hatte etwas Neues: Zumindest an der Oberfläche war es diesmal ein dyadischer Konflikt, weil David sich nicht beteiligte, ein Umstand, der Claudia wohl auf schwankenden Boden brachte. Wieder diese Abhängigkeit vom Vertrauten. Dieser Streit war außerdem sehr viel intensiver und länger als gewöhnlich, weil Claudia der Fluchtweg diesmal abgeschnitten war. Der Familienthermostat schoß weit über die rote Marke hinaus.

Anscheinend zerstreute dieser Kampf auch die heimliche Angst in der Familie, eine Auseinandersetzung mit Worten sei einem Mord gleichzusetzen. Die Wut brach sich in breiten Wellen Bahn, und niemand starb. Die Symbiose zwischen Carolyn und Claudia schien mit diesem Kampf gebrochen. So aufgebracht, wie beide waren, mußte ihnen einfach auffallen, daß sie zwei Menschen waren und nicht eine Person. Und dieses Gefühl des Getrenntseins hatten sie dringend gebraucht. Mit diesem Gefühl entstand auch endlich das Bewußtsein des Generationsunterschieds, und die Beziehung zwischen den beiden wurde wärmer.

Das Wertvollste an diesem Streit war vielleicht die anschließende Versöhnung. Es ist seltsam, daß die Leute ihre Gefühle füreinander oft erst eingestehen können, wenn sie einander sehr weh getan haben und einer schließlich aufschreit, weil er den Schmerz nicht mehr erträgt. Hat sich so viel Ärger angestaut, daß eine Konfrontation unausweichlich scheint, so entsteht für die Beteiligten eine beängstigende Situation, denn man weiß nie, ob hinterher eine Versöhnung möglich sein wird. Von der unbewußten Absicht der Beteiligten hängt ab, ob eine Konfrontation für ihre Beziehung katastrophal wird oder ihr neue Impulse gibt.

Der Wille der Familie Berger, ihre Probleme zu lösen, war ihre größte Stärke und ist überhaupt für jede Psychotherapie unabdingbar. In der Rückschau sahen wir eine Familie, die darum kämpfte, etwas zu erreichen, und die bei diesem Kampf ihre eigenen therapeutischen »Happenings« erfand. Daß die Familie Don beim ersten Treffen zu Hause ließ oder Claudia dazu brachte, weinend aus dem Zimmer zu laufen, oder den Konflikt zwischen Mutter und Tochter vor das gefährliche Thema Ehe schob, geschah nicht mit Absicht; das kollektive – und schöpferische – unbewußte Leben der Familie tat all das, und dieser intuitiv-unbewußte Gruppenprozeß wird, wenn er schließlich in die Bemühungen der Therapeuten einmündet, zum eigentlichen Heilmittel in der Familientherapie. Die fruchtbarsten Augenblicke in der Therapie sind die, wo die unbewußten Vorgänge in der Familie sich mit dem unbewußten »Denken« der Therapeuten vermischen, zum Beispiel als mir am Ende der Sitzung, in der Claudia und Carolyn so heftig aneinandergeraten waren, Claudias niedergedrückte Gestalt auffiel und ich plötzlich etwas ganz Neues sah. Auf diese Augenblicke kann man nur hoffen; sie lassen sich nicht absichtlich herbeiführen.

Aus der letzten Errungenschaft der Familie – ihre gute Laune und die entspannte Atmosphäre der Gespräche – ergaben sich ein paar interessante Fragen. Vielleicht war die Therapie wirklich beendet, die großen Probleme gelöst, aber wir zweifelten daran. Wir sahen darin eine »Flucht in die Gesundheit«; die Familie fühlt sich durch den schnellen Wandel in der Therapie bedroht und täuscht eifrig guten Willen vor, damit sie eine Ausrede für die Flucht vor den Therapeuten hat. Sie umgeht ihre Furcht vor Veränderungen, indem sie sich einfach für geheilt erklärt. Sie benimmt sich wie ein Kind, das die Hand des Arztes mit der Spritze auf sich zukommen sieht und sich plötzlich »wieder ganz gesund« fühlt.

Eine vorzeitige Beendigung der Therapie kann auch eine Art Solidaritätserklärung in der Familie sein, mit der die einzelnen Mitglieder einander versichern: »Wir können selbst zurechtkommen.« Sie proben damit die Unabhängigkeit, eine wichtige Voraussetzung für ein normales Leben, selbst wenn sie sich später entscheiden sollten, die Behandlung fortzusetzen. Durch die Entscheidung, die Therapie zu beenden, vergewissert die Familie sich auch ihrer Fähigkeit, Tempo und Tiefe der Therapie zu bestimmen, und sie demonstriert sich selbst und uns, daß sie sich jederzeit zurückziehen kann, wenn es zu ungemütlich wird.

Dennoch mußten wir bei der Familie Berger das Gefühl des Wohlbefindens und der Selbständigkeit unterstützen; auch Eltern, die ihre Kinder auf den Schulweg schicken, wollen deren Eigeninitiative und Selbstvertrauen ja nicht untergraben. Wir wußten, daß sie noch viel Arbeit vor sich hatten, nahmen aber an, daß sie zurückkehren würden, wenn sie es wollten. Kamen sie wieder, so würden sie vielleicht frei sein, sich mehr auf die Therapie einzulas-

sen, denn sie wußten ja jetzt, daß sie jederzeit entkommen konnten. Vielleicht würde dann ein anderer Punkt auf der Tagesordnung obenan stehen: die ganze Organisation der Familie zu verändern und nicht nur einen Konflikt zu lösen.
Damit schlossen Carl und ich unser Gespräch ab und machten uns für den Heimweg fertig. Neben der Kaffeemaschine standen noch schmutzige Tassen und die Sessel waren leicht verrückt. Die Aura der Familie war noch im Zimmer – das ängstliche Lachen, verstohlene liebevolle Blicke, Augenblicke von Spannung und Ermüdung, all das war als ein Ganzes gegenwärtig, ein Gemurmel von Stimmen, die von ihrer Liebe, ihrem Willen und ihrem Zorn sprachen. Claudia, die noch vor Monaten mit einem Einzeltherapeuten zusammengesessen hatte, fiel mir wieder ein, und dann die Familie, deren Mitglieder so eng und stark miteinander verbunden waren.
»Kannst du dir vorstellen, mit einem von ihnen allein zu arbeiten?« fragte ich Carl.
Carl hatte ein eigenartiges Lächeln im Gesicht, als er die Praxistür abschloß. »Ich kann es mir nicht nur vorstellen, sondern habe es sogar fünfzehn Jahre lang getan.« Seiner Stimme war die Müdigkeit anzuhören, die uns jetzt beide ergriffen hatte. »Erst wenn du weggehst, siehst du wirklich, wo du selbst eigentlich stehst.«

Auf Biegen oder Brechen: Der Seitensprung

Zum Glück haben nicht alle Ehepaare soviel Angst, sich ihren Eheproblemen zu stellen, wie David und Carolyn. Sie erkennen ihre Konflikte, sehen, daß sie beide dazu beitragen, und gehen zu einem Therapeuten, um etwas daran zu tun. Wenn sie früh genug gehen – bevor das »Unrecht«, das sie einander antun, verhängnisvolle Formen annimmt oder bevor die Kinder zu sehr in den Kampf hineingezogen worden sind –, stellen solche Paare den leichtesten, aussichtsreichsten und interessantesten Teil unserer Arbeit dar. Jung Verheiratete sind noch am ehesten zu tiefgreifenden Veränderungen in ihrer neuen Welt fähig, und ihnen dabei zu helfen, stellt eine große Befriedigung dar.

Wahrscheinlich gibt es aber noch viele solche Paare wie David und Carolyn. Die Ehekrise bleibt verdeckt, fast unsichtbar, so ernst sie auch sein mag. Die Partner sehen die Probleme einfach nicht, obgleich es manchmal nicht leicht ist, die Augen davor zu verschließen. Weshalb sie nicht sehen wollen, ist für den Außenstehenden ziemlich klar: Sie sind so sehr voneinander abhängig und haben soviel Angst vor möglichen Schädigungen ihrer Beziehung, daß sie das wahre Ausmaß der Probleme nicht eingestehen können. Im Lauf der Zeit haben sie sich eine bestimmte Art zu manövrieren angeeignet: weggehen, wenn man wütend ist, Zuneigung vorspielen, wenn man sie nicht wirklich empfindet, und im übrigen darauf vertrauen, daß mit der Zeit auch der Rat kommt. Sie leben in angstvoller Entfremdung mit unterdrückten Sehnsüchten und erstickten Schreien, opfern ihr inneres Leben einem dürftigen und unbehaglichen Frieden.
Zudem entwickeln sie eine Art Katastrophenmythos. Mit steigender Spannung beginnen bedrohliche Bilder in ihr Bewußtsein einzudringen, flüchtige Tagträume, die von kommenden Katastrophen künden. Diese Bilder sind je nach Art der Spannungen und wunden Punkte verschieden. Für manche ist die Zuneigung selbst bedrohlich; sie fürchten, davon noch tiefer in den Wirrwarr der Ehe verstrickt zu werden. Für andere besteht das Schreckgespenst der Katastrophe in der Vorstellung von Trennung und Scheidung. Einige malen sich aus, sie könnten ihren Stolz verlieren und wie Kinder weinen. Aber für fast alle ist Zorn der allgegenwärtige Widersacher, der hinter jeder Stunde ihres Lebens lauert und hinter jedem ihrer Worte; er ist der Teil von ihnen, den sie loswerden möchten, die Kraft, die das ganze Gerüst ihres Lebens einzureißen droht.
So vieles sammelt sich zwischen den Partnern an: Bedürfnis nach Zuneigung, Verlangen nach Freiheit, heftiger Zorn, sexuelle Wünsche, ein schmerzhaftes Gefühl des Alleinseins, Bitterkeit über gebrochene Versprechen, Enttäuschungen und Demütigungen. Der aufgestaute Lebenshunger meldet sich mit der Zeit immer heftiger, aber alles, was diese Bedürfnisse und Frustrationen aufdecken könnte, wird selbst zu einer Bedrohung. Die Partner empfinden die Spannungen als so erschreckend, daß sie es oft nicht einmal wagen, sich ihrer bewußt zu werden. Das Drama des Konflikts spielt sich im Stillen, unter der Oberfläche, ab, so daß den Beteiligten manchmal selbst die Wirklichkeit ihres eigenen Erlebens zweifelhaft wird: »Bilde ich mir das nur ein?« »Hat er das

wirklich gesagt?« »Ist mein Gefühl berechtigt?« Manchmal dringt der Konflikt an die Oberfläche, erschreckt das Paar aber so sehr, daß es ihn auf ein vages »Morgen« verschiebt.

Psychotherapie, insbesondere Ehepsychotherapie, ist eine Bedrohung, denn sie könnte ja das chaotische Innere der Ehe aufdecken. »Wenn wir gemeinsam in der Therapie Hilfe suchen«, sagte jeder im Stillen zu sich selbst, »dann kommt alles raus.« Die Wut, die Bitterkeit, die Verletztheit und die Schuldgefühle, die jeder mit sich herumträgt, werden die ganze Ernte sein, wenn sie sich einander öffnen. »Vielleicht zerstört das alles, was wir haben«, befürchten sie. Ihnen schaudert nicht nur vor dem Verlust der Stabilität ihrer Ehe, sondern auch vor der Zerstörung des zerbrechlichen Bildes, das jeder von sich selbst hat. Um nicht ihre qualvolle und dürftige Sicherheit aufs Spiel setzen zu müssen, unterdrücken sie die Möglichkeit, gemeinsam etwas an ihrer Ehe zu tun. »Zu gefährlich«, scheint das endgültige Urteil zu sein, obgleich ihnen diese Entscheidung meist nur vage bewußt ist.

Die Ausweichstrategie von David und Carolyn – Claudia zum Sündenbock der Familie zu machen, um von ihren eigenen Eheproblemen verschont zu bleiben – kann Kinder jeden Alters treffen, und es gibt viele verschiedene Symptomraster, die Kinder als Folge der Last, die sie zu tragen haben, entwickeln. Hyperaktive Kinder, Kinder, die schlecht schlafen, in der Entwicklung zurückbleiben, bettnässen, stottern, sich hartnäckig weigern, zur Schule zu gehen, Wutausbrüche haben, das Essen verweigern, leiden wahrscheinlich unter den Eheproblemen ihrer Eltern. Therapeuten unserer Richtung sehen diese Verbindung nicht nur, sondern beziehen die Familie sofort in die Behandlung ein, wenn solch ein Kind an sie überwiesen wird.

Der Sündenbock muß nicht unbedingt ein Kind sein. Auch einer der Ehepartner kann unbewußt die Rolle der »Problemperson« annehmen. Jeder der beiden Partner kann depressiv werden, Spannungskopfschmerzen bekommen, sich selbst mit Zweifeln an seiner Befähigung zu seinem Beruf verrückt machen, die Fähigkeit zu schlafen verlieren, zu trinken anfangen, Magengeschwüre bekommen, mit den Kindern oder dem Arbeitgeber streiten oder eine Phobie entwickeln. Eine Frau bekam so große Angst davor, das Haus ohne ihren Mann zu verlassen, daß sie nicht einmal mehr einkaufen gehen konnte. Erst als ihr Mann zugab, daß er schon seit einiger Zeit an Scheidung dachte, und erst, als sie gemeinsam eine Therapie anfingen, fanden sie die Ursache dieser Phobie. Die Frau hatte den Riß in der Ehe und die Absicht ihres Mannes intuitiv erspürt und unbewußt dieses Symptom entwickelt, um ihn in ihrer Nähe zu halten.

Warum hat meist nur einer der Partner das »Symptom«? Weil es nicht nur um die Ehe geht, sondern um die ganze Familie. Wenigstens einer der beiden muß sich noch mit der Realität auseinandersetzen können, während der andere sich darauf »spezialisiert«, die gestörten Gefühle beider Partner auszuleben. Manchmal geht der »Kranke« dann zur Individualtherapie, obwohl die Krise eigentlich die Ehe betrifft. Solch eine Entscheidung kann schwerwiegende Folgen für das Paar haben; einige davon werden wir später besprechen.

Die Entwicklung eines Symptoms in der Familie steht für zwei einander entgegengesetzte Tendenzen oder unbewußte »Pläne«. Der Streß wird einer Person zugeschrieben, und so kann es die Familie eine Zeitlang vermeiden, dem wirklichen Eheproblem ins Auge zu sehen. Aber darunter liegt noch ein zweiter unbewußter Plan. Die Krisenperson kann irgendwann einmal eine Beziehung zu einem Außenstehenden finden, damit das Familiensystem aus dem Gleichgewicht bringen und eine offene Krise heraufbeschwören. So führt gerade der Mechanismus, der die Stabilität erhalten soll – jemanden zum Sündenbock stempeln –, schließlich zur Durchbrechung der Blockade.

Aber von all den erfindungsreichen Strategien, die Ehepaare anwenden, um ihren Problemen nicht direkt ins Auge sehen zu müssen (wobei sie dann allerdings meist rückwärts hineinstolpern), scheint eine immer polulärere zu werden: das Verhältnis. Es ist ein verzweifelter Versuch des Paares, die festgefahrene Ehe wieder in Gang zu bringen, ein Versuch, der oft bis an den Rand der Katastrophe führt und manchmal sogar darüber hinaus. Werfen wir einen kurzen Blick auf ein Ehepaar, das für viele andere Paare, die wir bei unserer Arbeit kennenlernen, als Beispiel dienen kann. Wie David und Carolyn Berger hatten John und Eleanor Henderson die ersten Jahre ihrer Ehe als sehr erfüllt empfunden. Aber dieses wunderbare Gefühl, durch die Liebe zum anderen erst lebendig zu werden, hielt nicht lange an. Sie gerieten bald in das gleiche Fegefeuer wie das Ehepaar Berger, sie fühlten sich aneinandergekettet, aber es machte ihnen wenig Freude. Sie hatten beide eine unglückliche Kindheit gehabt, und die paar Jahre, in denen sie sich kennengelernt, ineinander verliebt und schließlich geheiratet hatten, kamen ihnen jetzt nur noch wie ein unerklärliches Zwi-

John = Monica
Eleanor = Wolf

schenspiel vor. Ihr gegenwärtiges Leben war ein ödes Einerlei gleichmäßiger Verzweiflung. Sie merkten nicht, daß sie in ihrer Ehe das gleiche Klima herstellten, das auch schon in ihrem Elternhaus geherrscht hatte.

Die Ehe der Hendersons war von einer stillen und dauerhaften Ausweglosigkeit bestimmt, so dauerhaft, daß sie manchmal schon genau hinsehen mußten, um festzustellen, daß es überhaupt Schwierigkeiten gab. Waren nicht alle Ehen so – eine Abfolge kalter, grauer Tage, an denen es viel zu erledigen gab, die aber eigentlich nach nichts schmeckten? Ihr Groll stand in keinem Verhältnis zu ihren eigentlich geringfügigen Unstimmigkeiten. Er flößte ihnen Furcht ein, und sie lernten, ihn zu unterdrücken. Kam er aber doch einmal an die Oberfläche, so äußerte er sich in einem kurzen, bitteren und destruktiven Sturm. Niemals entstand etwas Gutes aus so einem Streit. Ihre Gefühle füreinander schienen gestorben zu sein; an ihre Stelle war die Pflicht getreten.

Ein paar Jahre später hatten sie das Gefühl, daß sich niemals mehr etwas ändern würde. Sie fürchteten sich beide davor, einander und die Kinder, die sie wirklich liebten, zu verlassen, aber sie glaubten auch nicht mehr an das, wonach sie sich im Stillen sehnten: an die Rückkehr jener so schnell verflossenen Zeit, wo sie in einer anderen Welt gelebt hatten, in der sie sich geborgen und frei, mitgerissen und sicher gefühlt hatten. War das nur ein Traum gewesen? Oder war das die ganze Ration wirklichen Lebens, die ihnen zustand? Heimlich (und ohne über diese Fragen und Zweifel miteinander zu sprechen) begannen sie sich zu fragen, ob sie vielleicht schon starben. Als dieser Verdacht in ihnen aufstieg, begann sich in ihrem Innern eine schleichende Panik auszubreiten.

Noch später geschah etwas, das neue Erwartungen in ihnen weckte, aber sie wußten nicht, was es eigentlich genau war. Vielleicht war es die Woche, die sie mit seinem Collegekameraden und seiner Frau verbrachten; sie erlebten aus nächster Nähe eine Ehe, die glücklicher als ihre zu sein schien. Vielleicht war es aber auch die Scheidung seiner Schwester und die Erschütterung, die sie in der Familie auslöste, in der Scheidungen nicht gerade an der Tagesordnung waren. Vielleicht hatte ein Buch oder ein Film oder eine Krise bei Freunden eine Saite in ihnen angeregt. Eines Tages war »es« jedenfalls da, und das Paar schöpfte neue Hoffnung – anfangs nur ganz vage –, daß sich in seiner Ehe doch noch etwas ändern könnte.

Auf Befragung konnten sie sich schließlich an eine bestimmte

Unterredung erinnern. Sie hatten einen Fernsehfilm gesehen, in dem der Ehemann ein Verhältnis hatte. Vielleicht hätte ihnen auffallen müssen, wie hellwach und angeregt sie abends um halb zwölf noch waren. Eleanor hatte schließlich im Scherz gesagt: »Also, wenn *du* mal einen Seitensprung machst, will ich nichts davon wissen.«

»Nicht mal eine Andeutung?« hatte John gewitzelt.

Und sie hatte lachend geantwortet: »Nein, ich glaube, das könnte ich nicht ertragen.« Sie merkten nicht, daß sie unbewußt oder halbbewußt einen Plan ausheckten.

In den nächsten Monaten bemerkte John immer deutlicher, daß es auch noch andere Frauen gab. Er gestand sich nicht ein, daß er jemanden suchte, aber so war es. Hungrig wie ein Tier, das aus dem Winterschlaf aufgewacht ist, lag er auf der Lauer. Er suchte jemanden, der einen wie ihn suchte, jemanden, den es wie ihn dazu drängte, etwas Gefährliches zu tun.

Es geschah bei einer Büroparty, an der Eleanor nicht teilnehmen konnte, weil sie krank war. Im Interesse seines Berufs und mit heimlicher Erleichterung ging John hin. Vielleicht war es Zufall, daß Teresa, eine junge Frau, mit der er schon ein paarmal interessierte Blicke getauscht hatte, ohne ihren Freund kam; vielleicht war es Teil eines so feingesponnenen Plans, wie ihn die meisten von uns lieber gar nicht erst für möglich halten. John und Teresa unterhielten sich jedenfalls den ganzen Abend lang miteinander und bemerkten kaum, was um sie herum geschah.

Anfangs sprach jeder über seine Probleme. Sie machte sich Sorgen, weil die übliche Gehaltserhöhung ausgeblieben war. Er zerbrach sich den Kopf über einige Probleme seiner Kinder. Sie ärgerte sich ein wenig darüber, daß ihr Freund nicht zur Party gekommen war. Er regte sich darüber auf, daß seine Frau immer ausgerechnet bei wichtigen geschäftlichen Ereignissen krank wurde. Dann gingen sie zu anderen Themen über und merkten bald, daß sie vieles gemeinsam hatten: beide interessierten sich für moderne Kunst und Filme, und beide machten gern lange Spaziergänge mit ihrem Hund. Vielleicht spielte auch eine Rolle, daß sie beide ein wenig müde und niedergeschlagen waren und etwas zu viel getrunken hatten, aber da war auch etwas Echtes, eine leise Erregung, die beide spürten.

Er bot ihr an, sie nach Hause zu fahren, und sie nahm mit einem verstohlenen Lächeln an. Im Auto überkam ihn ein schwindelndes Gefühl, das sich aus Erregung und Angst mischte. Sein Herz schlug wie wild. Als sie während der Fahrt ihren Kopf an seine Schulter lehnte, konnte er an nichts anderes mehr denken, als sie zu küssen. Die ganze Zeit über blieben sie in diesem ekstatischen Schwebezustand wie zwei Statuen, die darum kämpften, lebendig zu werden. »Könnte die Fahrt doch immer so weitergehen«, dachte er und fragte sich, ob das nicht ein sonderbarer Gedanke sei. Ihm fiel nicht auf, daß er genau das gesucht hatte, was er jetzt gerade erlebte – die köstliche Erfahrung, sich mit einer geheimnisvollen verbotenen Person zusammenzukuscheln.

Eine Woche lang blieben sie diesseits der Grenze, hinter der etwas lag, das ihnen abwechselnd als Katastrophe und Paradies erschien. Zweimal gingen sie zusammen Essen und waren, von Andeutungen abgesehen, nicht in der Lage, über ihre Gedanken frei zu sprechen. Sie fieberten *dem* Ereignis nicht nur entgegen, sondern schreckten auch davor zurück. Schließlich lud sie ihn einmal ein, mit in ihre Wohnung zu kommen, und dort fielen sie einander sofort mit primitiver Heftigkeit in die Arme. Im Bett war es dann, wie sie sich gegenseitig eingestanden, »so schön wie nie zuvor«. John hatte erheblich mit Schuldgefühlen zu kämpfen. Er war nicht fähig, seiner Frau etwas zu erzählen, redete sich ein, das Ganze sei nur eine vorübergehende Sache, und schließlich hatte Eleanor ja gesagt, sie wolle von solchen Geschichten lieber gar nichts erfahren. Es verwirrte ihn, daß er eher seiner Geliebten gegenüber so etwas wie Treuepflicht empfand. Am Geschlechtsverkehr mit seiner Frau fand er keinen Geschmack mehr und entzog sich ihr unter immer neuen Vorwänden. Die Liebenden verabredeten sich bald zu regelmäßigen Treffen, die allerdings, wie sie selbst empfanden, zu selten waren und zu hastig verliefen. Aber ihre Schuldgefühle und die Kürze der Zusammenkünfte trug auch dazu bei, daß ihre Leidenschaft nicht erlahmte. Es waren traumhafte, ekstatische Erlebnisse, die beide Protagonisten verwirrten. Beide wollten ihre alten Beziehungen nicht aufgeben, aber sie fühlten sich so heftig zueinander hingezogen, daß vieles in ihrem Leben plötzlich fragwürdig wurde. Warum fühlten sie so lebhaft und intensiv, wenn sie zusammen waren? Und warum fiel es ihnen dann so schwer, ihre alten Partner aufzugeben? Die Kompliziertheit ihrer Lage war allein schon reizvoll. Beide fragten sich außerdem selbst im Stillen, ob sie den anderen überhaupt kannten. Es blieb so wenig Zeit, miteinander zu reden.

Dann schöpfte Eleanor Verdacht. Die Zweifel begannen mit der Auflösung ihrer sexuellen Beziehung, dem einen Gebiet, auf dem

John sich bisher immer noch für sie zu interessieren schien. Monatelang wich sie dieser Frage aus, die immer wieder wie ein Traumfragment in ihr hochkam. Dann wurden undeutliche Bilder aus der Frage: von Männern und Frauen, von Orten, von Worten und Taten. Sie wollte fragen. Sie hatte Angst zu fragen. Sie wartete. Mann und Frau merkten, daß irgend etwas bevorstand, aber sie konnten nicht wissen, was es war. Wie zwei erschöpfte Vögel über einem Meer von Ungewißheit, er von Schuldgefühlen, sie von Zweifeln geplagt, ließen sie sich schließlich auf einem kleinen Stück Treibgut vom Schlachtfeld der Ereignisse nieder: eine Streichholzschachtel mit dem Namen eines Hotels auf dem Etikett, die sie in seiner Tasche gefunden hatte. Sie brauchte nur noch zu fragen: »Ist es wahr?«

John, ebenso bestürzt wie erleichtert: »Ja.«

Dann folgte die klassische Auseinandersetzung. Auch dieser Ehekrach war wie Johns Liebschaft eine Art Wiedererwachen, aber von einer anderen Sorte. Eleanor war wutentbrannt, verletzt, verwirrt, und ein quälendes Gefühl des Versagens nagte an ihr. John hatte Schuldgefühle, war zornig und ebenfalls verwirrt, ließ sich aber nicht zu Rechtfertigungen herbei. Sie stritten und weinten, sprachen und forschten eine ganze Nacht lang. Und am nächsten Abend ging der ermüdende Kampf weiter. Gefühle, die jahrelang verborgen geblieben waren, kamen ans Licht; Zweifel und Anschuldigungen, mit deren Äußerung sie niemals gerechnet hatten, wurden ausgesprochen. Eleanor mußte alles wissen, und je mehr sie erfuhr, desto unstillbarer wurde ihre Neugier. Je mehr sie erfuhr, desto schuldiger fühlte sich John und desto wütender wurde sie, bis er schließlich nicht mehr konnte, und sein Schrei um Erbarmen führte schließlich eine vorübergehende Versöhnung herbei. Zum ersten Mal, soweit sie zurückdenken konnten, weinten sie zusammen.

Eine Zeitlang fühlten sie sich erleichtert; endlich war ihnen in ihrer stillen und trüben Ehe ein Durchbruch gelungen. Zum ersten Mal seit Jahren fühlten sie sich zusammen wieder lebendig. Rätselhaft blieb ihnen, daß sie jetzt manchmal mitten in einem Sturm von Gefühlen – Bitterkeit, Verletztheit, Schuldgefühle und etwas Neues: hemmungslose Hingabe – zusammen ins Bett gingen. Und da war es, wie sie einander eingestanden, »so schön wie nie zuvor«. Wie waren sie sich nur in all dem Haß so schnell wieder so nahe gekommen?

Für ein paar Tage kamen sie zur Ruhe. Dann dämmerte ihnen

beiden die Frage: Was wird mit Teresa? John ließ sich nicht das Versprechen abringen, sie nicht mehr zu treffen, und Eleanor geriet in Panik. Wieder begannen sie zu streiten, diesmal aber mit einem neuen, drückenden Gefühl der Ausweglosigkeit. Er konnte oder wollte die Situation nicht aufgeben, die sie unerträglich fand. Am nächsten Tag klagte Eleanor einer Nachbarin weinend ihr Leid, und diese Nachbarin schlug ihr eine Psychotherapie für Ehepaare vor.

Auf diese Art kommen viele junge Paare zur Therapie. Sicher kommt das außereheliche Verhältnis nicht nur bei jungen Paaren vor, und es kommen auch viele junge Paare zur Therapie, ohne daß etwas derartiges vorgekommen ist, aber diese Situation gibt uns ein Modell für die Betrachtung der Familientherapie, in dem das als »Patient« identifizierte Objekt ein junges Ehepaar ist.

Zuvor etwas über die Dynamik solcher Abläufe. Hört man dem Getratsch über einen Seitensprung zu oder achtet darauf, was die Leute darüber denken, so liegt der Fall klar auf der Hand: »John hat Eleanor betrogen.« Er hat ihr also etwas getan, und zwar etwas Böses. Aber die Ansicht, ein heimliches Verhältnis sei eine üble Gemeinheit, die einer dem anderen zufügt, ist in ihrer einseitigen moralisierenden Pose eine grobe Verzerrung der oft sehr komplizierten Verhältnisse.

Unserer Ansicht nach wird der Seitensprung wie viele andere Ereignisse in der Ehe unbewußt und intuitiv von beiden Partnern »arrangiert«. *Beide* treffen diese Vereinbarung, und die »unschuldige« Partei leistet dem »Verbrechen« Vorschub. Aber das Wort »unbewußt« ist hier vielleicht ein wenig mißverständlich. Hätten John und Eleanor besser auf ihr scherzhaftes Gespräch über einen möglichen Seitensprung von John geachtet, so wäre ihnen nicht entgangen, daß sie bereits mit dem Gedanken spielten und Eleanor ihre unausgesprochene Zustimmung gab. Sie bestätigte ihn geradezu in der Rolle des »Auserwählten« und gab ihm auch schon Anweisungen, wie er sich verhalten sollte: Er sollte ihr nichts erzählen. Später hat sie vielleicht noch nachgeholfen, indem sie sexuell immer inaktiver wurde, Johns Versuche, über die Probleme zu reden, ignorierte und alle frühen Anzeichen dafür, daß er nach einem Partner ausschaute, übersah. Sie folgten einem geheimen Drehbuch, in dem sie die Unschuld vom Land spielte und er den hinterlistigen Bösewicht. Aber die Partner scheinen nicht nur den Seitensprung gemeinsam zu planen, sondern auch seine Dauer und schließlich sogar seine »Aufdeckung«. Anscheinend gibt es in der Ehe keine wirklichen Geheimnisse, nur ein absichtliches Nicht-Aussprechen dessen, was jeder Partner intuitiv spürt.

Wenn wir nach den Kräften suchen, die einen Seitensprung herbeiführen, genügt es also nicht, einen der beiden Partner zu betrachten; wir können uns nicht einmal auf die Ehe oder auf das unselige Dreieck beschränken, sondern müssen den Rahmen noch weiter stecken. Beim Ehebruch sitzen – zumindest symbolisch – eine ganze Reihe anderer Leute mit im Bett. Der Seitensprung ist nur *ein* Ereignis in einem ganzen Gewebe von Beziehungskämpfen, die jede Richtung nehmen können, sich aber meist auf die Ursprungsfamilie beziehen.

Als John zehn Jahre alt war, ließen seine Eltern sich scheiden. In der Ehe war es von Anfang an sehr stürmisch zugegangen, und der äußere Anlaß für die Scheidung war der Alkoholismus der Mutter und ihre sexuellen Abenteuer, die mit ihrer periodisch auftretenden Sauflust einherzugehen schienen. Auch Johns Vater hatte seine Probleme; er war ein distanzierter, frostiger Mann, der seine Frau auf heimtückisch versteckte Weise sadistisch behandeln konnte. John und seine Schwester lebten bei der Mutter, und John hatte in den Jahren nach der Scheidung die Hauptlast der Spannungen zu tragen. Wenn er nach der Schule nach Hause kam, wartete seine Mutter schon auf ihn. Sie war dann schon angetrunken und wollte mit jemandem reden. Seine Hausaufgaben und sein Wunsch, sich mit den Freunden zu treffen, waren ihr gleichgültig. Sie mußte reden, um sich selbst zu retten, und er hatte zuzuhören. Er hörte sich die lärmenden Beschimpfungen seines Vaters an, ihre Sorgen, ihre dürftigen Erfolgsrezepte und Rachepläne. Aber das war noch nicht alles. Da er jetzt »der Mann im Haus« war wurde er mit der Zeit immer mehr zum Zielpunkt ihrer Feindseligkeit gegen ihren Mann. Sie war völlig von John abhängig, liebte ihn auf eine ganz verquere Art und mißbrauchte ihn.

John und seine Mutter begannen einen stillen und zähen Kampf. Immer ging es dabei um Johns Freiheit: sich mit bestimmten Mädchen zu verabreden, Fahrten mit seinen Freunden zu unternehmen, selbst zu entscheiden, welche Kurse er an der High School belegen wollte. Seine Mutter konnte nicht sagen: »Ich habe Angst, daß du mich genauso verläßt wie dein Vater«, denn sie war sich ihrer Motive für den Versuch, John an sich zu binden, nicht bewußt.

Aber obgleich sie ihn an sich zu binden versuchte, war sie ihm nicht gerade treu; immer wieder ließ sie sich mit ihrem früheren

Ehemann ein und traf sich dann eine Zeitlang öfter mit ihm. John fühlte sich dann verlassen und deprimiert. Diese »Seitensprünge« mit dem Vater dauerten nie lange und waren meist von verstärkter Trunksucht und anderen, ganz oberflächlichen Verhältnissen gefolgt. John wurde immer deprimierter; die ihm zugeteilte Rolle hing ausschließlich von den Launen der Mutter ab – mal Ersatzehemann, mal einfach nur Kind.

John duldete still, aber manchmal spürte er einen unerklärlichen Zorn in sich, wußte nur, daß seine Mutter irgendwie damit zu tun hatte. Manchmal war es aber auch viel schlimmer, ein qualvoller Zustand, in dem er festzusitzen, zu ersticken glaubte. Er sah dann vor sich, wie seine Mutter ertrank und ihn mit in die Tiefe zog. »Ich muß hier raus«, sagte er sich im Stillen. Er hatte komplizierte Alpträume, in denen er auf verschiedene Arten getötet wurde, meist jedoch durch Ersticken.

Die Flucht gelang ihm schließlich mit Hilfe seines Vaters, der Johns Probleme mit seiner Mutter zu begreifen begann und ihm deshalb mehr Zeit widmete. Er weckte in seinem Sohn den Gedanken an eine berufliche Laufbahn und schickte ihn schließlich aufs College. Dort entdeckte John bald, daß er einen guten Kopf hatte, und machte rasche Fortschritte. Für eine Zeit wurde der Schulerfolg zu seinem Lebensinhalt und Heilsweg. Immer noch fühlte er sich einsam, aber als er merkte, daß er in der Welt des Intellekts überleben konnte, begann seine Depression und Verwirrung nachzulassen. Zum ersten Mal seit Jahren fühlte er sich lebendig. Und gerade, als er sich seiner Stärke bewußt zu werden begann, traf er Eleanor.

Flott, energiegeladen, blond, schlank und intelligent, wie sie war, gefiel Eleanor ihm sofort. Sie hatte etwas von seiner eigenen Begeisterung für Ideen und von seiner zurückhaltenden Freundlichkeit. Sie verliebten sich sehr schnell; es wurde ein aufregendes Abenteuer mit langen Nachmittagsspaziergängen im Park, Wettläufen am Seeufer und Entdeckungsfahrten mit dem Fahrrad auf abseits gelegenen Landstraßen. Sie blieben bis spät in die Nacht auf, gingen ins Kino, schmusten auf der Bank vor dem Studentenwohnheim und ließen Studium Studium sein. In diesem Semster fielen sie beide in einem Kurs durch, etwas, das bei beiden bis dahin undenkbar gewesen wäre.

Johns Vater bot ihnen finanzielle Unterstützung an, und sie beschlossen zu heiraten und weiter zu studieren. Ihre Leben verbanden sich unter beiderseitigem Aufatmen zu einer – wie ihnen schien – engen und glücklichen Einheit. Es gab so viel zu tun und keine Ursache, sich ihre Differenzen näher anzusehen. Eleanor wirkte zwar nach außen hin unsicherer als John, aber ihre Beziehung war dennoch eine beiderseitige »Adoption«, in der jeder den anderen hingebungsvoll »bemutterte«. Hier war endlich jemand, der sich wirklich um einen kümmerte, aufmerksam zuhörte und half.

Auch Eleanors Eltern führten eine unglückliche Ehe, aber sie hatten nie gewagt, ihre innere Scheidung durch einen juristischen Akt offenkundig zu machen. Durch die ganze Kindheit war Eleanor vom Schmerz über die Entfremdung der Eltern verfolgt. Sie fragte sich, ob sie nicht etwas tun könnte, ob vielleicht alles ihre Schuld war. Ihre Mutter machte die Kinder zum Inhalt ihres Lebens; schließlich brauchte sie ja jemanden, dem sie sich verbunden fühlte. Eleanor wurde sehr abhängig von ihrer Mutter, weil sie von ihr dazu erzogen wurde, aber keiner von beiden merkte etwas davon.

Was Eleanor allerdings doch auffiel, war, daß sie ihrer Mutter aus irgendeinem Grund, der ihr nicht klar wurde, nicht vertrauen konnte. Wenn Eleanor ihre Mutter wirklich brauchte, war sie irgendwie innerlich nicht »greifbar«. Die Mutter war im Grunde nicht empfänglich für Eleanors Bedürfnisse, von denen einer auch der Wunsch nach mehr Unabhängigkeit war, sondern gebrauchte sie als ein Objekt, das ihr Sicherheit gab. Unbewußt spürte Eleanor die Bitterkeit der Mutter über ihre Selbstaufopferung für die Kinder und fürchtete ständig, von ihr verlassen zu werden.

John und Eleanor hatten also sehr unterschiedliche Existenzängste. John fürchtete, überrannt und erdrückt zu werden; Eleanor lebte in der Angst, daß jemand, von dem sie abhängig war, ihr nicht mehr half. Sie konnten diese Ängste spüren: Kam Eleanor zu nahe, so wurde es John ungemütlich; blieb John zu sehr auf Distanz, so war Eleanor ganz verstört. Einige Jahre konnten sie die Balance halten: nicht zu nah für John, nicht zu distanziert für Eleanor. Sie machten die Abschlußprüfung am College. Da Johns Vater immer noch aushalf, konnten sie sich bereits Kinder leisten, während John noch zur Universität ging; er wollte Chemielehrer am College werden.

Wie es so oft geschieht, konnten die Spannungen in der Ehe erst sichtbar werden, nachdem sie ein paar Jahre lang fest aufeinander gestützt zusammen gelebt hatten. Ein Ehepaar wagt erst dann einen Bruch seiner Symbiose, wenn beide einige Lebenserfahrung gewonnen und die Sicherheit der Gemeinschaft eine Zeitlang erfahren haben. Sie können ihre Probleme erst zeigen, wenn sie sich so sicher fühlen, daß sie sich zutrauen, auch allein damit fertig zu werden.

John begann sich darüber zu ärgern, daß Eleanor in so vielen kleinen Dingen – jedenfalls kamen sie ihm klein vor – so sehr von ihm abhängig war. Sie hatte keinen Führerschein, und er mußte sie oft fahren und Besorgungen für sie erledigen. Und so gab es manche andere Dinge, die sie »nicht tun konnte«, vor denen sie Angst hatte. Sie war oft krank. Sie weinte leicht. Er sagte ihr, sie müsse sich ändern. Sie versuchte es, aber es mißlang. Langsam wurde aus seinem Ärger Zorn und eine allmählich anwachsende Panik. »Das sind doch Kleinigkeiten«, sagte er zu sich selbst. »Die sollten mich nicht so aufregen.« Er entwickelte eine Hyperventilation, und plötzlich wurde ihm klar: »Ich ersticke in dieser Ehe. Ich muß raus!«

Er merkte nicht, daß er damit nur seine Wut über die Mutter, die ihn so eng an sich gebunden hatte, auf Eleanor übertrug. Eleanors Ansprüche und ihre Unselbständigkeit waren wohl tatsächlich ärgerlich, aber die übertrieben heftige Reaktion Johns ließ sich damit kaum erklären. Gefühle, die er daheim bei der Mutter unterdrückt hatte, schossen wie ein Geysir in ihm hoch und erschreckten ihn selbst mit ihrer Gewalt. Sein Wunsch zu fliehen war zum Teil das Bedürfnis, seinen eigenen Gefühlen zu entkommen.

John dachte daran, direkt auf Eleanor zuzugehen und mehr psychischen Freiraum in der Beziehung zu fordern – mehr Freiheit, mehr Raum zum Atmen. Aber er schaffte es nicht, sowenig, wie es ihm damals bei der Mutter gelungen war. Statt dessen zog er sich in sich selbst zurück, eine Abwehrtaktik, die er als Junge gründlich erlernt hatte. Eleanor wurde daraufhin noch ängstlicher und anspruchsvoller, erreichte damit aber nur, daß er sich noch mehr verkroch. In dieser Zeit wachsender, aber immer noch auszuhaltender Angst entstand der Plan für Johns Seitensprung.

Dieser Seitensprung war das Symbol für die Freiheit, nach der John sich schon so lange sehnte. Und wie genoß er das wilde Land, in das er floh! Aber dieses Abenteuer stand für ihn in direkter Beziehung, zu seinem Gefühl der Beschränktheit in der Ehe. Er brauchte die Ehe für seine Sicherheit, und das Verhältnis, um sein Bedürfnis nach Freiheit und Abenteuer zu befriedigen. Erst beides zusammen ergab ein Ganzes.

Als er Eleanor schließlich sein Verhältnis eingestand, wurde das Gegenteil einer Flucht daraus. Ihr schlimmster Alptraum war plötzlich wahr geworden: betrogen und im Stich gelassen zu werden. Wut und Entsetzen packte sie bei dem Gedanken, daß sie John verlieren könnte. Sie hatte die Angst, verlassen zu werden, die sie durch ihre Kindheit verfolgt hatte, auf John übertragen, und Johns Verhältnis wurde für sie zu einer verheerenden Katastrophe. Ihre Panik und Verzweiflung vergrößerte nur Johns alte Furcht, erdrückt zu werden. Je mehr sie fürchtete, ihn zu verlieren, desto größer wurde seine Furcht, wieder eingekerkert zu werden. Der Gedanke, Teresa aufzugeben, bedeutete für ihn das gleiche wie, die Idee der Freiheit ein für allemal aufzugeben. Die Spirale der Panik, die sie schließlich zur Therapie brachte, war in der Tat von dem Stoff, aus dem Alpträume gemacht sind: Eleanor klammerte sich verzweifelt an John, obgleich sie wußte, daß sie ihn damit vertrieb; John schlug um sich und traf Eleanor, obwohl die Schläge unbewußt gegen seine Mutter gerichtet waren. Beide fühlten sich dem Wahnsinn nahe.

Hatte ein böser Geist diese beiden Menschen zusammengebracht, die sich in vielem so ähnlich waren und so sicher die wunden Stellen des anderen zu treffen wußten? War diese Beziehung vielleicht von vornherein dazu angelegt, sie beide verrückt zu machen? Wir sind davon überzeugt, daß sie einander zum Teil deswegen heirateten, weil sie unbewußt das Potential zu solch einer Krise spürten. Sie spürten, daß es eine Beziehung war, die sie irgendwann einmal zwingen würde, sich ihren Lebensängsten zu stellen. Es geschah etwas, das Freud Wiederholungszwang genannt hat: Beide stellten das zentrale Dilemma ihres Lebens wieder her, um es diesmal endlich aufzuarbeiten.

Viele Ehekrisen sehen wir ähnlich: Jeder der beiden Partner reaktiviert in dem anderen Ängste, die ihn in den alten Konflikt in seiner Ursprungsfamilie zurückwerfen. Sie tun es nicht aus Bösartigkeit, sondern weil beide den unbewußten Wunsch haben, sich zu entwickeln. Gelingt es ihnen, diesen Schrecken gemeinsam standzuhalten, so lernen sie vielleicht endlich, wirklich zu leben. Nur die Person kann uns wirklich verrückt machen, die wir wirklich lieben, die unser Innerstes berührt, und vielleicht kann auch nur dieser Mensch uns helfen, unsere tiefsten Kräfte zu mobilisieren.

Am meisten fürchteten John und Eleanor sich – wie viele andere Paare – vor dem Absterben ihrer Beziehung. Der Seitensprung ist eine Suche nach mehr Kraft und mehr Leben; er stellt den Versuch dar, das auszugleichen, was die Systemtheoretiker negative Entropie nennen, die fortschreitende Erschöpfung eines Systems zu immer niedrigeren Energieniveaus. Dadurch wird die Entwicklung der Individuen, wenn nicht gar ihr Leben, bedroht und das Bedürfnis, die unterdrückte Vitalität wieder verfügbar zu machen, wird immer dringender.

Die Suche nach mehr Vitalität konzentriert sich meist auf die Sexualität, aber sie umfaßt in Wirklichkeit mehr. John fragte sich verblüfft, wieso er bei Teresa, einer Person, die er kaum kannte, so leidenschaftlich, zärtlich und voller Hingabe sein konnte. Er verstand auch nicht, weshalb die sexuelle Beziehung zwischen ihm und Eleanor so trostlos geworden war. Die Erklärung für seine Verwirrung liegt in der Fähigkeit des menschlichen Geistes, Erfahrungen zu assoziieren und zu übertragen. Die Ehe wurde zur wichtigsten Quelle der Sicherheit im Leben der beiden, und deshalb konnte sie so leicht mit den Ursprungsfamilien assoziiert werden. Die Ehe bekam den Geruch, die Aura des »Daheim«, und diese Assoziierung brachte einige der machtvollen Repressionsmechanismen mit sich, die sie in ihren Familien erlernt hatten. John hatte sehr starke sexuelle Gefühle für Eleanor, aber er war zu stark mit seiner Mutter verkettet gewesen, als daß er sich erlauben konnte, diese Gefühle wirklich wahrzunehmen. Einige von Eleanors Eigenschaften brachte er unbewußt mit »Mutter« in Verbindung, und diese Assoziationen standen seinen sexuellen Bedürfnissen im Weg. Er unterdrückte seine Sexualität, um diesen »inzestuösen« Beigeschmack zu vermeiden.

Als Eleanor John aufforderte, Teresa zu beschreiben, fiel ihm etwas auf, das ihn zunächst sprachlos machte. Dann sagte er: »Also, eigentlich ist sie dir ziemlich ähnlich. Ich glaube, du würdest sie vielleicht sogar mögen.« Er hatte also eine Geliebte gefunden, bei der er seine unterdrückten sexuellen Empfindungen für Eleanor ausleben konnte. Theresa war Eleanors Double! Die ganze entfesselte Sexualität war auf der Ebene des Gefühls eigentlich der Ehe zugedacht.

Der Seitensprung wird so zu einem Modell für die Art von Freiheit und Intensität, die das Paar für sich selbst sucht. Eleanor *muß* einfach alles über Johns Erlebnisse wissen, denn sie will wirklich wissen, wie das ist. Schließlich muß sie ja auch einige ihrer Hemmungen überwinden, wenn ihre sexuelle Beziehung den knisternden Reiz gewinnen soll, den John bei Teresa gefunden hat.

Und das Gefühl der Rivalität, das Eleanor jetzt empfindet, gibt ihr den Anstoß, den sie so dringend benötigt. John war als Pfadfinder im Dschungel der verbotenen Erfahrung und das erregende Abenteuer, das er dort fand, die Aufhebung der Tabus, werden nun in die Ehe aufgenommen, um auch dort mit hemmenden Tabus aufzuräumen. Eine Zeitlang scheint das zu funktionieren; die Beziehung wird sehr viel intensiver.

Johns Verhältnis zwingt das Paar, seine Kommunikation auch auf tiefere Ebenen auszudehnen. Der Ausbruch eines der beiden Partner ist offenbar eine Botschaft des »Abenteurers« an den »Unschuldigen«. Durch die Blume sagt John zu Eleanor: »Das ist die Art von Sex, die ich mir auch in unserer Beziehung wünsche«, oder »Ich will mehr Freiheit«, oder »Ich mag es, wenn jemand zärtlich zu mir ist«. Daß er mit Eleanor nicht einverstanden ist, läßt sich unschwer heraushören. Wenn Johns unterschwellige Botschaft eine Weile in der Ehe herumgegeistert ist, so dehnt sich der Prozeß des Sich-Öffnens immer mehr auf beide Seiten aus. Eleanor fragt nach den Hintergründen für Johns Handeln, er antwortet, und dann berichtet auch sie über ihre Gefühle und inneren Widersprüche. Sie reden über Themen, die sie noch nie anzusprechen gewagt haben, zum Beispiel darüber, was im einzelnen an ihrer sexuellen Beziehung für John so unbefriedigend ist. Und was Eleanor fühlt, wenn John sich manchmal wochenlang in seine Studienarbeit verkriecht. Sie reden ehrlicher miteinander, denn sie haben keine andere Wahl. Ihre Ehe ist in einen solchen Engpaß geraten, steht so dicht vor dem Abgrund von Trennung oder Scheidung, daß sie ihre angstvolle Zurückhaltung überwinden und einander offen gegenübertreten. Jetzt oder nie!

Auch die Suche nach Hilfe spielt eine Rolle, wenn einer von beiden Partnern ein Verhältnis anfängt. Die gegenseitige Amateur-Psychotherapie in der Ehe hat versagt, und dem Abenteurer fällt die Aufgabe zu, einen Psychotherapeuten für beide zu finden. Daß John seine Probleme wieder einem Amateur, seiner Geliebten, darstellt, beruht vielleicht nur auf einem Fehlurteil. Hinter seiner Suche stehen eine echte Absicht und ein wirkliches Bedürfnis.

Bei all den Nebenbedeutungen, die ein Verhältnis hat, ganz zu schweigen von all den Leuten, die zumindest symbolisch daran beteiligt sind, bleibt es ein sehr riskantes Abenteuer. Der Verrat wird nicht vorsätzlich geübt, sondern ist meist eine rituelle Wiederholung von Verrat in der Ursprungsfamilie; John macht mit Eleanor, was seine Mutter mit ihm gemacht hat. Trotz der Ent-

wicklungsmöglichkeiten für das Ehepaar, das der Seitensprung mit sich bringt, hinterläßt er auch Wunden, und diese Wunden heilen manchmal nur schwer oder gar nicht.
Oft ist ein Verhältnis auch der Anfang vom Ende einer Ehe. Beide Ehepartner verstehen die Hintergründe ihrer Lage nicht und reiben sich in einem Kampf auf, bei dem es vor allem um Schuld und Unschuld geht. Der »Abenteurer« wird von dem tief verletzten »unschuldigen Opfer« vor die Tür gesetzt, und obwohl vielleicht jeder still für sich um Verständnis und Verzeihung fleht und wieder angenommen werden möchte, läßt der Stolz nicht zu, daß wieder Bewegung in ihre unerbittlich starren Gesichter kommt. Vor lauter Selbstrechtfertigung verrennen sie sich immer mehr in unaufgebbare Positionen, und jeder Tag macht die Bitterkeit, den Bruch zwischen ihnen, tiefer und breiter. Endlich wird das Verhältnis, zuerst nur aus einem Impuls entstanden, zu einer verlockenden Alternative für die trostlose Ehe, und die Scheidung scheint das Ende aller Leiden zu versprechen.
Ein Verhältnis bedeutet für die ganze Beziehung ein schweres Risiko. Das Paar ist vom geraden Weg abgewichen und steht nun, mühsam das Gleichgewicht haltend, am Rande eines steilen Felsens. Ein paar Worte, ein paar Tage, ein paar kritische Ereignisse können hier über alles entscheiden. In dieser verzweifelten Lage kann die Frage »Psychotherapie oder nicht« den ganzen Rest des Lebens bestimmen.

Zu früh gefreut: Rückkehr zur Therapie

Zwei Monate vergingen, bevor wir wieder etwas von der Familie Berger hörten. David rief Carl an, erzählte aber nicht, wo das Problem gerade lag. Er schien nur besorgt zu sein.
Die Therapie mit dieser Familie hatte zu Beginn des Sommers angefangen. August war es, als die Familie sich vorläufig verabschiedete, wobei fraglich geblieben war, ob sie so bald eine wirkliche Lösung gefunden oder nur ein Plateau, einen Zustand, in dem kein erkennbarer Fortschritt mehr stattfindet, erreicht hatten.

Jetzt war es Anfang Oktober, immer noch recht warm, abgesehen von gelegentlichen Vorboten des Winters. Während ich zur verabredeten Zeit zu Carls Praxis fuhr, dachte ich über den Zusammenhang von Therapie und Jahreszeit nach. Ob wir wohl ernsthafter arbeiten würden, jetzt, wo das Arbeits-Halbjahr anfing und der Winter kam?

Alle begrüßten mich herzlich, als ich das Zimmer betrat. Ich wollte schon sagen, daß ich mich freute, sie wiederzusehen, aber mir fiel gerade noch ein, daß sie sich gewiß nicht darüber freuten, uns wiedersehen zu müssen. Und sie wirkten wirklich bedrückt – gar nicht mehr die fröhliche Gruppe, die sich im Sommer von uns verabschiedet hatte. Nur Laura schien noch die gleiche zu sein.

David machte den Familiensprecher. »Ich hatte das Gefühl, wir müßten uns so bald wie möglich treffen«, sagte er zu Carl. »Mit Don ist was passiert, was mir Sorgen macht, und ich glaube, Don und Carolyn werden auch nicht damit fertig.« Er sprach wie immer ruhig und sachlich, aber ich merkte doch, daß er unter seiner bemühten Nüchternheit sehr beunruhigt war. Könnte er das doch nur einmal offen zeigen!

Carolyn wirkte gereizt, ihre unruhigen Augen blickten mich an während sie den Sessel zurechtrückte, so daß sie David sehen konnte. Sie und Don nahmen die beiden Sessel in der Mitte des Zimmers ein, und David saß auf der Couch rechts von Carl. Don saß zwischen seinen Eltern. Claudia und Laura schienen meilenweitweg auf der linken Couch zu sitzen, als hätten sie nichts mit dem Konflikt zu tun, der sich jetzt vor uns entfalten sollte. Als Carolyn zu sprechen begann, fiel mir auf, daß Don beunruhigt und abwesend wirkte. Er trug ein leichtes Jackett, machte aber keine Anstalten, es abzulegen, obwohl der Raum warm war.

»Ich habe mich jedenfalls furchtbar aufgeregt«, sagte Carolyn zu David.

»Wie wär's, wenn Don seine Ansicht von der Sache erzählen würde?« sagte David mit leicht tadelndem Unterton. Er sah Carolyn mißbilligend an, und ich fragte mich, was da vorging. Sie sprachen über Don, schienen dabei aber miteinander zu streiten. Als das Gespräch auf ihn kam, tauchte Don aus seiner Abwesenheit auf. Er sprach zu Carolyn. »Also, ich bin immer noch sauer, wegen dem, was passiert ist. Das war das Schlimmste, was es überhaupt gibt. Na ja, nicht das Schlimmste, aber mir hat's wirklich gelangt.« Sein Auftreten hatte etwas Panikhaftes und Verängstigtes, das neu an ihm war. Das war mehr als kindlicher Zorn; es war ein Schmerz, der ihn völlig verstörte. »Was mich echt fertig gemacht hat«, fuhr er fort, »war, daß du so getan hast, als ob du wirklich immer recht hast.«

Carolyn ging sofort in Abwehrstellung. »Ich hab zu deinem Vater nicht gesagt, daß ich recht habe.«

Bis hierher hatte Don vermeiden können, seine Mutter direkt anzusehen, aber jetzt funkelte er sie an, seine Stimme wurde plötzlich laut und heftig. »Oh doch! Du hast gesagt, daß du recht hast!«

Carolyn blieb bei diesem Ausbruch für einen Moment die Sprache weg. Sie wandte sich an Carl und mich, als fürchtete sie sich davor, die Diskussion mit Don fortzusetzen. »Da ist etwas, über das wir sprechen müssen, und am besten machen wir das jetzt gleich. Mir ist unbegreiflich, weshalb Don in den letzten Wochen, aber vor allem in den letzten Tagen, bei jedem Anlaß immer sofort auf mich losgeht.« Sie schien Carl und mir böse zu sein, als könnten wir etwas dafür.

Aber Don ließ sich nicht ablenken. Er sprach ebenso laut weiter, wobei er sich gegen seine Mutter vorbeugte und die Hände in den Jackentaschen behielt. »Weil ich ganz schön sauer auf dich bin! Wenn du mich kaputtmachst, dann bin ich eben scheißsauer auf dich! Und das hier bringt mich um! Ich fühl mich so beschissen dabei!«

Carolyn wurde rot und umklammerte die Armlehnen ihres Sessels. Sie sah aus, als würde sie gleich in Tränen ausbrechen oder schreien. In diesem Augenblick unterbrach Carl und signalisierte mit ausgestreckter Hand, daß er etwas sagen wollte.

»He, Moment mal.«

Alle sahen ihn an, offensichtlich erleichtert, daß die drohende Explosion noch einmal aufgeschoben wurde. Carl sagte lächelnd, aber mit Nachdruck: »Ich freue mich, daß ihr das ausfechten wollt, aber vielleicht laßt ihr mich dabei helfen, damit etwas daraus wird.« Nachdem er ihre Aufmerksamkeit auf sich gelenkt hatte, wartete er einen Augenblick und fuhr dann fort: »Ich bin ganz durcheinander. Ich habe keine Ahnung, worüber ihr eigentlich streitet. Könnt ihr mir auf die Sprünge helfen?« Dann sah er Don an und sagte: »Wie ist es mit dir? Kannst du mir erzählen was los ist? Wie hat es angefangen?«

Don, der auch den Tränen nahe schien, sah Carl erleichtert an. Mit halberstickter Stimme begann er: »Also, angefangen hat es, glaube ich, als ich aus meinem Zimmer gekommen bin.«

Eben hatte Don nicht aufhören können zu streiten, jetzt brachte Carolyn es nicht fertig, ihn ruhig erzählen zu lassen. »Eine *Stunde* nach deiner Schlafenszeit!«
Carl überging diesen Einwurf und fragte Don: »Du warst im Bett?«
Don wurde etwas entspannter. »Und ich bin rausgekommen und hab zu Papa nach unten gerufen, daß ich Claudias Rad am nächsten Morgen ausleihen wollte, und ob er ihr nicht einen Zettel schreiben könnte, weil, sie war nämlich ausgegangen.«
Carolyn fiel ihm wieder ins Wort: »Nein, nein, du hast deinen Vater gebeten, sie zu fragen, wenn sie nach Hause kommt, und er hat gesagt, das sei ihm zu umständlich und du solltest ihr eine Nachricht schreiben.«
Ihre Einwände fingen an, mich zu irritieren; sie waren so kleinlich. Auch Don brachte sie damit ganz durcheinander. Als er Carl seine Geschichte weitererzählen wollte, war er schon nahe daran, sich zu verhaspeln. »Ich hab das also zu Papa runtergerufen, und Mama schreit aus einem anderen Zimmer, ich soll doch ins Bett, ins Bett soll ich gehen, weil, das wär doch albern. Also hab ich Papa gerufen, er soll raufkommen in mein Zimmer, und er wollte, kam schon rauf, und da hat Mama gerufen, er soll nicht raufgehen, weil das doch alles Blödsinn wär und bloß, weil ich nicht ins Bett wollte.«
»Und was ist dann passiert?« fragte Carl.
»Dann hab ich Papa gefragt, ob ich dann runterkommen könnte, und er sagt ja. Also bin ich runter, aber ich wußte ja, daß Mama wütend war und ich hatte, na, ein bißchen Angst. Ich hab Papa gefragt, ob ich den Zettel schreiben könnte, und er sagt, ich soll hinmachen und den Zettel schreiben. Ich hatte Angst, ob Mama mich jetzt bestrafen würde, aber ich bin losgegangen, um Papier zu suchen. Dann hat Mama wieder gerufen, ich soll das nicht tun, ich soll entweder ins Bett gehen oder sie bestraft mich. Und dann hab ich es richtig mit der Angst gekriegt.«
Zum ersten Mal trug jetzt auch David etwas zu dem Bericht bei; seine Worte klangen wohlwollend und verständnisvoll. »Also bist du zu mir zurückgekommen und hast gefragt, was du tun sollst, und ich hab dir gesagt, du müßtest das selbst entscheiden.« Mir zog sich das Herz zusammen. Bei der Vorstellung dieser unglaublichen Zwangslage, in die sie Don gebracht hatten, stieg die Wut in mir hoch.
Carolyn fiel wieder dazwischen; ihr Gesicht war gespannt und

zornig. »Nein, das war später«, sagte sie, und zwar zu Don, obgleich ihr Einwand eigentlich gegen David gerichtet war.
Hatte Don bisher noch mit Mühe zusammenhängend berichten können, so war er jetzt vollkommen durcheinander und verängstigt. »Nein, Ja. Nein, noch nicht. Und deshalb – ja. Dann hast du, sie zu Mama gerufen, du wirst deine Entscheidung ja doch verhindern, weil sie weiß, du wirst deine Entscheidung verhindern, weil sie eben weiß, daß sie recht hat, weil sie weiß, daß du dir die Gründe nicht überlegt hast.« Ich verstand davon überhaupt nichts. Don schien nicht einmal mehr genau zu wissen, ob er über seinen Vater oder seine Mutter sprach.
David ergriff jetzt wieder das Wort. »Na, um die Sache zum Abschluß zu bringen, Don ging nach oben in sein Zimmer. Als ich später nach oben ging, weinte er unter der Decke. Da ist mir, glaube ich, zum ersten Mal klargeworden, in was für einer schwierigen Lage er war. Ich sagte ihm, ich würde die Sache mit seiner Mutter schon regeln, und er könnte seinen Zettel ruhig schreiben.«
Don bot ein mitleiderregendes Bild; geistesabwesend und völlig blockiert saß er da. Am liebsten hätte ich ihn irgendwie getröstet, ihm gesagt: »Na komm, so schlimm ist es nun auch wieder nicht«, aber vielleicht waren seine Probleme größer, als wir uns vorstellen konnten.
Carl reagierte ganz anders. »Jesusmaria«, grummelte er leise und fassungslos. Alle sahen ihn erschrocken an. »Haben Sie gesehen, was gerade passiert ist?« fragte er die Eltern.
Carolyns Gesicht war die ganze Zeit wütend gewesen, aber jetzt schien sie Dons Situation zu begreifen, und ihre Stimme wurde weicher. »Don ist mit der Geschichte durcheinandergekommen. Wahrscheinlich *ist* sie kompliziert.«
Carl konnte seine Wut nur mit Mühe unterdrücken. »Haben Sie gesehen, *warum* er verwirrt war?«
»Ja, wir haben ihm alle reingeredet«, gab sie zu.
»Und haben Sie mitbekommen, an welchem Punkt er steckenblieb? Wo sein Verstand nicht mehr mitkam?«
»Ja«, sagte Carolyn etwas kleinlaut.
»Es war, als Sie beide anfingen, sich darüber zu streiten, ob er die Geschichte richtig erzählt. Sie wollten ihm beide dabei ›helfen‹, aber Sie konnten sich nicht darüber einigen, was nun eigentlich passiert ist. Don stand sozusagen als Prellbock zwischen Ihnen, und da mußte er zusammenbrechen, hier vor unseren Augen.«
»Klingt wie neulich abend, wo es darum ging, ob Don die Nach-

richt für seine Schwester schreiben durfte oder nicht«, sagte ich zu Carl.

Er warf mir einen kurzen zustimmenden Blick zu und sagte dann wieder zu den Eltern: »Das stimmt. Alles, was hier heute passiert, ist eine Fortsetzung des Streits, den ihr zu Hause gehabt habt.« Er dachte nach, wie er jetzt weitermachen sollte. »Können wir darauf noch mal zurückkommen? Ich glaube nämlich, daß das ziemlich wichtig ist.«

»Natürlich«, sagte Carolyn. Carls Entrüstung brachte sie in Abwehrstellung.

»Mal sehen, ob ich das verstanden habe«, sagte Carl. Der Klang in Carolyns Stimme ließ ihn wieder etwas ruhiger sprechen; er bezog jetzt auch David in seine Erkundigungen ein und fragte ihn: »Sie haben die erste Entscheidung getroffen und ihm gesagt, er könnte die Nachricht an seine Schwester schreiben.«

»Richtig«, sagte David.

Carl sah Carolyn an. »Dann haben Sie Davids Entscheidung widerrufen und Don gesagt, daß er es nicht darf, sondern ins Bett gehen soll.«

»Ja.«

Die nächste Frage wieder an David: »Und dann haben Sie Don gesagt, er könne wählen, wem von beiden er folgen wolle. Sie haben nicht einmal *versucht*, sich darüber mit Carolyn zu verständigen?«

»Nein«, gab David kleinlaut zu.

Carl konnte seinen Zorn über die Eltern kaum noch zurückhalten. »Haben Sie überhaupt eine *Ahnung*, wie Sie zu diesem System gekommen sind, das jedem von Ihnen erlaubt, die Entscheidungen des anderen aufzuheben? Ich glaube nämlich, daß das auf beiden Seiten geschieht. Diesmal war es anscheinend so, daß Sie, David, eine Entscheidung gefällt hatten und Carolyn sie über den Haufen warf. Erschreckend ist daran aber, daß sie es getan hat, ohne mit Ihnen darüber zu sprechen. Sie handelte so, als gäbe es Sie gar nicht. Sie verlangte einfach von Don zu tun, was sie wollte.« Jetzt blickte er David schärfer an. »Das tun Sie sicher auch manchmal, Sie haben es sogar in dieser Situation getan. Sie haben weder mit ihr um die Aufrechterhaltung Ihrer Entscheidung gekämpft, noch sich Carolyns Entscheidung gebeugt. Statt dessen haben Sie die Entscheidung einfach *Don* überlassen! Als hätte er zu entscheiden, wem von Ihnen er gehorchen wollte.« Carl gab sich große Mühe, die Last gleichmäßig auf beide Eltern zu verteilen und sie nicht zu sehr vor den Kopf zu stoßen. »Indem Sie Don die Entscheidung überließen, haben Sie Carolyn auf die gleiche Weise ignoriert, wie Sie von ihr ignoriert wurden.«

In dieser für ihn sehr mißlichen Lage stand ich ganz auf Dons Seite, und es war an der Zeit, das einmal auszusprechen. »Und Don kam mit dieser Zwickmühle nicht zurecht. Deshalb mußte er an dem Abend zusammenklappen – er konnte nicht entscheiden, wem von seinen Eltern er folgen sollte. Sobald er sich entscheidet, wird er zum Ehepartner eines der beiden, und der andere wird das Kind.«

Don wachte aus seiner Abwesenheit auf, ein leichtes Lächeln auf den Lippen. »Und bestraft wird er auch noch.« Die Erwachsenen lächelten, froh darüber, daß wieder etwas Humor aufkam.

Carolyn schien trotz aller Bemühungen Carls anzunehmen, daß die Vorwürfe nur ihr galten. »Ich wußte gar nicht, daß ich Don in eine so schwierige Lage gebracht habe.«

Don hatte sich schnell wieder gefangen, jetzt wirkte er fast schon wieder fröhlich und ganz obenauf. »Siehste, siehste, sie gibt es zu!«

Carolyn blickte Carl trostsuchend an. »Aber Dons Wut macht mich einfach fertig. Ich weiß nicht, was ich damit anfangen soll.«

Carl lächelte, als er antwortete: »Mir ist das ganz klar. Ich glaube, daß *David* wegen neulich abend immer noch böse auf Sie ist und Don irgendwie zu verstehen gegeben hat, daß er diesen Groll Ihnen gegenüber zum Ausdruck bringen soll. Er hat sich nicht auf direktem Weg gegen Sie durchzusetzen versucht, sondern einfach Dons Partei ergriffen. Und Don hat mitgemacht und ist auf Sie losgegangen.«

Jetzt hatte David den schwarzen Peter. »Sie meinen, ich habe Don benutzt, um meine eigene Schlacht zu kämpfen?« Er schwieg einen Augenblick und ließ den Gedanken auf sich wirken. »Hm, ja, sehr unangenehm.« Und dann kam ihm ein noch peinlicherer Gedanke: »Meinen Sie, daß ich das gleiche auch mit Claudia gemacht habe?«

Carl, lakonisch: »Ja.«

David lächelte mühsam und sagte zu Carolyn: »Kein Wunder, daß du in letzter Zeit so sauer auf mich bist; ich habe ja die Kinder gegen dich eingenommen.« Carolyn antwortete mit einem schwachen Lächeln.

Ich machte mir Sorgen, daß jetzt die Eltern wieder zu sehr in die Rolle des Sündenbocks kamen, und warf ein: »Ich halte es für einen Fehler zu sagen ›David hat Carolyn dies getan‹ oder ›Carolyn hat Don jenes getan‹. So eine Verhaltensstruktur funktioniert

nur, wenn alle mitmachen, auch Don. Die *Familie* hat diese Lage geschaffen, und jeder trägt daran, meiner Ansicht nach, nur einen Teil.«
»Ganz bestimmt«, pflichtete Carl bei.
»Sie meinen, daß wir Don nicht nur für unseren Streit benutzen, sondern er uns auch gegeneinander ausspielt?« fragte David.
»Oh, oh«, fiel Don ein, bevor Carl etwas sagen konnte, »das mußte ja kommen. Ich glaub, ich geh jetzt lieber.«
David und Carolyn hatten nach dem letzten Teil des Gesprächs ziemlich demoralisiert dreingeschaut, aber nach dieser neuen Wendung faßten sie wieder Mut. David sagte zu Carl und mir: »Na, das ist ja ein Schlamassel, muß ich schon sagen. Aber was hätten wir denn anders machen können? Wie hätten wir das klären können?«
»Es geht nicht so sehr darum, etwas anderes zu *tun*«, sagte Carl. »Die Situation war vor allem deswegen so schwierig, weil Sie und Carolyn sich nicht einig waren. Zwischen Ihnen war ein Graben, und die Situation an diesem Abend kam Ihnen gerade recht, um damit ihre Uneinigkeit auszudrücken – und Don hat dabei geholfen.« Er blickte Don an, dann wieder David. »Sie können nicht gemeinsam erziehen, wenn Sie seelisch nicht zusammen sind.« Er suchte nach Worten. »Und ich glaube, der Graben reicht über diese Situation hinaus. Ich glaube, Sie könnten betrachten, was Sie wollen, immer würde sich die gleiche Uneinigkeit dabei wieder zeigen.«
»Sie meinen, unsere Ehe ist das wirkliche Problem?« forschte Carolyn vorsichtig.
Carl zögerte; er wollte nicht noch mehr Schuld auf das Paar laden. »Also, ich weiß nicht, ob es irgendwelche schlimmen dunklen Punkte in Ihrer Ehe gibt; Ihr Problem scheint mir eher in einer generellen Angst vor Konflikten zu liegen als in einzelnen Streitfragen. Hätten Sie neulich abend den Mut gehabt, sich gegenüberzutreten und Ihre Meinungsverschiedenheit über Don auszutragen, dann wäre vielleicht alles anders gekommen. Aber irgendwas hält Sie davon ab, und ich glaube, das eigentliche Problem ist, daß Sie nicht offen zueinander sein können. Das verleitet Sie dazu, die Kinder als Vermittler zwischen sich zu stellen.«
Ich fügte hinzu: »Und das Erschreckende daran ist – wenn ich Ihnen noch ein bißchen mehr Angst machen darf – daß es auf diese Art wahrscheinlich auch mit Claudia angefangen hat. Don ist der *zweite* Sündenbock. Und wenn Sie in Ihrer Ehe nicht offener

werden, wird er es wahrscheinlich bleiben, oder Sie schieben die Last Laura zu oder wieder zurück zu Claudia.«
Claudia hatte die meiste Zeit geschwiegen und das Gespräch mit einer Mischung aus Interesse und Skepsis verfolgt. Jetzt fragte sie: »Wollen Sie sagen, daß Don mich einfach in meiner alten Rolle vertritt?«
Carl: »Ja.«
Claudia beugte sich vor, um ihren Bruder ansehen zu können, der auf der anderen Seite neben Carolyn saß. »Hör zu, alter Junge«, sagte sie warmherzig, »ich weiß nicht, ob sich das lohnt. Vielleicht schlägst du diesen Ehrenposten lieber aus.« Während sie sprach, fiel mir auf, wie sehr sie sich verändert hatte. Sie trug einen wollenen Rock und einen Pullover, ihr Haar war voll und sorgfältig frisiert. Am meisten erstaunte mich aber ihre Stimme, die sehr viel reicher an humorvollen und ironischen Zwischentönen geworden war.
Bevor Don etwas antworten konnte, sagte Carolyn: »Sie meinen, wir haben uns *überhaupt* nicht geändert?«
»Das hab ich nicht gesagt«, versicherte ich ihr mit einem aufmunternden Lächeln. »Ich glaube, daß die Familie sich erheblich verändert hat. Sie brauchen nur auf den humorvollen Ton in Claudias Stimme zu hören. Das ist was Neues. Und wie leicht können wir jetzt über all diese Dinge sprechen. Die Konflikte haben nicht mehr dieses Verzweifelte wie früher. Und verglichen mit der Auseinandersetzung mit Claudia ist dieser Konflikt mit Don eher eine kleine Sache, allerdings mit der gleichen Struktur.«
»Was *meinen* Sie dann aber?« fragte Carolyn verwundert.
Carl: »Daß Sie sich Ihrer Ehe noch nicht direkt zugewendet haben. Und weil Sie es nicht haben, entstehen für Sie immer neue Probleme.« Nach einer kurzen Pause fügte er nachdrücklich hinzu: »Und für Ihre Kinder.«
Alle schwiegen, aber es war ein gutes Schweigen. Offenbar akzeptierte die Familie, was wir gesagt hatten, war sogar erleichtert darüber, obwohl sie alle wußten, daß damit noch viel mehr Arbeit auf sie zukam.
Carolyn seufzte, und sie schien damit die Stimmung der ganzen Familie auszudrücken. »Mir scheint, wir haben noch einige Veränderungen vor uns«, sagte sie zu Carl und mir. Ich war froh, daß gerade sie das sagte, denn sie neigte am meisten dazu, in die Defensive zu gehen. Mir gefiel auch, daß sie jetzt »wir« sagte. Das Schweigen hielt an. Ich sah zu Laura hinüber und wunderte mich,

daß sie die ganze Stunde so ruhig geblieben war; sie war sehr aufmerksam und beteiligt.
David unterbrach das Schweigen mit einer Bemerkung zu Carolyn. »Du solltest diese Perlen nicht in den Mund nehmen, es sind vielleicht giftige dabei.« Carolyn trug eine Halskette aus verschiedenen Samenkernen, die sie während des nachdenklichen Schweigens leicht mit den Lippen berührt hatte.
Carl fing an zu lachen – ein tiefes, gelöstes, gemütliches Lachen. David merkte sofort, daß Carl über die kaum verdeckte Feindseligkeit in dieser Bemerkung lachte und fügte schnell hinzu: »Und ich will dich *langsam* umbringen!«
Carolyn sah Carl an: »Meinen Sie, da könnte Curare drin sein?«
Carl: »Dann wären Sie schon paralysiert und könnten nicht mehr reden.«
David lachte. »Nein, deinen Mund würde es wohl kaum paralysieren, Liebling.«
Carolyn lächelte Carl und mir zu. »Hilfe, man will mich schon wieder anschwärzen.«

Ein Ringkampf mit dem Therapeuten

Als die Familie das nächste Mal kam, war Don wieder so fröhlich wie immer, und auch die anderen wirkten längst nicht so deprimiert, wie man es bei einem Wiedereintritt in die Therapie erwarten sollte.
»Dr. Whitakter«, fragte Don, »wo sind die Magnete, die hier sonst immer rumliegen? Kann ich damit spielen?«
»Ich dachte, du hättest sie gestohlen«, sagte Carl mit undurchdringlichem Gesicht.
»Ooch, Whitaker, warum sollte ich das tun? Dann müßte ich ja immer hier rumsitzen und mich langweilen.«
»Oder aufpassen«, sagte ich lächelnd.
Bei dieser Bemerkung gab Don seine ironische Haltung auf und sagte zu uns beiden: »Übrigens, ich muß zugeben, daß die Sitzung letzte Woche große Klasse war. Die beste überhaupt.«

»Weil du mal der Star gewesen bist«, sagte Claudia scherzhaft und freundlich, aber auch etwas eifersüchtig. Sie hatte jetzt etwas von der Selbstzufriedenheit des emeritierten Sündenbocks, der sich im Wohlwollen der Eltern sonnt. Dann sagte sie zu Carl: »Eine neue Waffe hat er auch. Die ganze Woche hat er zu jedem, der in seine Nähe kam, gesagt: ›Laß mich aus deinem Dreieck raus!‹ Wie wenn er seinen Revolver zieht.«

»Hach, bist du blöd«, sagte Don, plötzlich ärgerlich, offenbar war ihm Claudias Bericht peinlich. »Ich fand die Sitzung gut, weil der große Whitaker *einmal* nicht so sarkastisch war, sondern mir mit meinen Problemen geholfen hat. Mama und Papa haben es mal abgekriegt und nicht ich.«

»Findest du, daß Carl dir gegenüber zu sarkastisch ist?« fragte ich ihn.

»Naja, oft, aber letztes Mal nicht.« Er zögerte und entschloß sich dann, Carl direkt anzusprechen. »Manchmal sind Sie sarkastisch wie der Teufel, Dr. Whitaker. Und das andere, was mir nicht paßt, ist, daß ich nicht als gleichwertig behandelt werde.« Jetzt hatte er wieder zu seinem alten rechthaberischen und ungeduldigen Ton zurückgefunden.

»Aber du bist nicht gleich«, warf Claudia ein. »Ich auch nicht. Wir sind nur Kinder.«

Don, ganz entschieden: »Aber ich will kein Kind sein.«

Claudia hatte ihren Frieden mit dieser Sache geschlossen und erteilte bereitwillig Ratschläge.

»Du mußt deine Rolle annehmen.«

Don war damit nicht zufrieden und ließ eine ziemlich zusammenhanglose Rede vom Stapel: »Also, ich kenne viele Kinder, und viele Kinder sind irgendwie blöd. So; aber da ist ein heller Kerl in der Menge, und der findet, er weiß genug, um wählen zu können. Und er ist für diesen Mann, und das ist sein Grund: ›Der ist gut, weil er mit meinem Vater an der Schule Baseball gespielt hat.‹ Und diese blöden Kerle verderben alles. Ich finde, die sollten einen Intelligenztest machen, dann sieht man ja, ob du schlau genug bist zu wählen oder eine Menge andere Sachen zu machen. Meine Güte, Kinder sind eben nicht alle gleich.« Ich merkte, daß er mich langsam aufzuregen begann. Er wirkte verzogen, anmaßend, fast herrisch.

Carl fragte ihn höflich: »Willst du damit sagen, du willst als Erwachsener betrachtet werden, weil du so klug bist?«

Diese Frage brachte ihn in Verlegenheit, und er murmelte etwas

über Jesus, auf den die Leute auch nicht hören wollten, obwohl er so klug war.
»Ich mache mir vor allem Sorgen darüber, wie sehr du wohl gehaßt wirst«, sagte Carl.
»Gehaßt?« fragte Don verblüfft.
»Ja, von den Leuten.«
»Von allen?« fragte Don unsicher.
Carl antwortete leise und freundlich, und seine Worte wurden dadurch zentnerschwer. »Sieh mal, es sind eine Menge Leute in der Welt, die unsicher über sich selbst sind und deshalb nicht ausstehen können, wenn sie sich dumm vorkommen oder wenn man auf sie heruntersieht. Und die spüren dann einfach, daß du auf sie heruntersiehst und hassen dich deswegen.«
Don hatte sein Gleichgewicht noch nicht wiedergefunden. »Wer hat denn was von dummen Leuten gesagt?«
Ihm war gar nicht klar, was er gesagt hatte.
Carl, immer noch freundlich: »So hab ich das verstanden – daß die Kinder in der Schule dumm sind.«
»Ach, die.« Stille. Er dachte über Carls Worte nach. »Ich glaube, ich sehe wirklich auf sie herunter.«
»Hast du eine Ahnung, wie es dazu gekommen ist?« fragte Carl. »Wie du zu dem Gefühl gekommen bist, daß du zu den Erwachsenen gehörst?«
Bevor Don die Möglichkeit hatte zu antworten, drängte sich Carolyn dazwischen. Obwohl sie sich große Mühe gab, ganz nüchtern und vernünftig zu erscheinen, verriet ihre Stimme die Entrüstung der Partei, der Unrecht geschieht. »Ich weiß nicht recht, ob das zur Sache gehört, aber ich mache mir immer noch Sorgen über Don. Wir haben *so* viele Schwierigkeiten mit ihm.« Sie sprach zwar von Sorgen, meinte aber in Wirklichkeit, daß sie ärgerlich war. Sie schlug die Beine übereinander, beugte sich vor und gestikulierte mit den Händen, während sie erklärte: »Eine Sache kommt nach der anderen. Neulich kam er mit dem mittleren C auf dem Klavier nicht zurecht und bekam einen fürchterlichen Wutanfall. Er schreit Laura an und streitet ständig mit ihr. Er rülpst laut und hat so ein entsetzliches heiseres Lachen an sich. Und mit *mir* streitet er auch die ganze Zeit. Und das verstehe ich überhaupt nicht. Wir kommen wunderbar miteinander aus, er hilft mir in der Küche, und plötzlich, rums, ist er wütend auf mich und schreit mich in höchsten Tönen an. Ich kann nur staunen, daß er so

böse auf mich ist; manchmal kann er nämlich richtig nett und hilfsbereit sein.«

»Ich hab da so eine Art Struktur festgestellt«, warf David ein, »wenn ich das mal darstellen darf.« Der ganze Ablauf gefiel mir nicht; erst Don mit seiner gereizten Stimmung, dann Carolyns Entrüstung, und jetzt drängte sich David auch noch in die Diskussion hinein. Alle Anzeichen der üblichen Dreiecksbildung waren vorhanden. Aber Carl und ich warteten ab und hörten zu. »Mir scheint, wenn zwischen Carolyn und mir alles in Ordnung ist, dann verschlechtert sich gerade unsere Beziehung zu Don. Wir sind in der letzten Woche gut miteinander ausgekommen, und Don war einfach schrecklich.« Er dachte nach. »Ich suche immer nach etwas, das Don und ich zusammen tun können, verstehen Sie, als zwei Männer. Wir gehen nach unten und machen etwas in der Werkstatt oder so. Aber das hilft anscheinend nicht. Don bleibt ärgerlich.«

»Können Sie sich vorstellen«, fügte Carolyn hinzu, »daß Don daran herumnörgelt, wie sein Vater ein Brett sägt oder so etwas? Nichts bleibt von seinem Sarkasmus verschont.«

Don wurde immer wütender. Und da kam auch schon der nächste Ausbruch: »Wenn du nicht immer alles besser wissen würdest und selbst nicht so sarkastisch wärst, dann wüßte ich gar nicht, wie man sarkastisch ist. Du hast mir das beigebracht, du und Dr. Whitaker!«

»Sehen Sie, das ist das, was mich so fertigmacht«, sagte Carolyn mit einer resignierten Geste zu Carl und mir.

Ich wollte gerade die Dreiecksbildung zwischen den Eltern und Don wieder ins Gespräch bringen, als mir einfiel, daß ich damit nur wiederholen würde, was wir in der letzten Stunde gesagt hatten. »Wo steht Don in dieser ganzen Sache?« fragte ich mich. Dann fiel mir auf, daß wir uns mit *seinem* Anteil an dem Dreieck noch nicht befaßt hatten, mit seinen Ideen, Gefühlen, Phantasien. Ich wußte keinen Weg, wie wir direkt an ihn herankommen konnten, aber während ich zu den von David und Carolyn aufgeworfenen Fragen etwas sagte, wurde mir immer klarer, daß wir ihn irgendwie erreichen *mußten.* »Mir scheint, daß Sie beide schon einen Teil seines Zorns erklärt haben. Sie sagten es, glaube ich, David, als Sie von sich und Don als zwei Männern sprachen. Vielleicht ist zwischen Ihnen und Don so etwas wie eine Beziehung zwischen Gleichaltrigen und Gleichgestellten entstanden, ähnlich, wie es bei Claudia war. So schön, wie das manchmal ist, ergeben sich doch auch Probleme daraus. Wenn Don Sie kritisiert, David, kann das zum Teil daran liegen, daß Sie eher sein Kumpel als sein Vater zu sein versuchen. Vielleicht macht Ihnen der Abstand der Generationen so sehr zu schaffen, daß Sie der Kamerad ihres Sohns werden, um die Kluft zu überbrücken.«

David sah niedergeschlagen aus. »Aber zwischen mir und meinem Vater war so viel Distanz. Kann sein, daß ich es mir zwischen Don und mir anders wünsche.«

»Das kann ich verstehen«, sagte ich freundlich, »aber Don kann sich der älteren Generation kaum näher fühlen, wenn Sie nicht *dazugehören.* Es klingt doch geradezu, als hätten sich die Generationen umgekehrt – er bemängelt, wie *Sie* ein Brett sägen. Ich weiß nicht, ob das einem von euch beiden nützt.«

Während David noch mit meinen Aussagen beschäftigt war, fiel Carolyn wieder ungeduldig ein. »Ich verstehe immer noch nicht, weshalb das Dons Ausbrüche mir gegenüber erklärt. Seine Wut ist einfach – also, steht einfach in keinem Verhältnis zu der Situation, in der sie auftritt.«

Die Spannung im Raum wuchs; Carl antwortete mit ruhiger Stimme. Er sprach als erläuterte er beiläufig einen theoretischen Gegenstand. »Dons Konflikt und die Ursache für seinen Zorn kann etwas mit Ihrer Beziehung zu David zu tun haben. Denn wenn Sie und David nicht zusammen sind, neigen Sie vielleicht dazu, sich an Don als den ›anderen Mann‹ zu wenden – damit er Ihnen hilft oder was immer. Es ist, als hätten Sie zu Don in gewisser Weise eine so enge Beziehung, wie sie Vater und Sohn noch nicht zwischen sich herstellen konnten, obwohl sie es versucht haben. Wenn Sie ›nur staunen‹ können, daß Don so böse auf Sie ist, dann fühlen Sie wahrscheinlich, daß die Verbindung zwischen ihm und Ihnen gestört ist.«

Was Carl sagte, verwirrte Carolyn, aber es interessierte sie auch. »Ich weiß immer noch nicht, was das damit zu tun hat, daß Don so wütend wird!« Ich sah zu Don hinüber und bemerkte, daß er sich sehr unbehaglich fühlte.

Carl erklärte. »Es sind die plötzlichen Übergänge. Sie und Don haben eine Zeitlang eine enge Beziehung und er fängt an, sich darauf zu verlassen. Dann kommen Sie und David wieder zusammen und Don fühlt sich fehl am Platz. Plötzlich ist er einfach wieder nur ein Kind. Und er fragt sich sehr beunruhigt, ob er nun Kind oder Erwachsener ist, ob Sie ihn lieben oder nicht und was für eine Beziehung er überhaupt zu Ihnen hat.« Carl sprach mit

Sympathie für Don und zeigte, daß er seine Probleme verstand, aber zugleich vermied er auch, den Eltern Vorwürfe zu machen. Ergänzend sagte ich zu Carolyn: »Das ist das Gegenstück für die Beziehung, die David zu Claudia hatte, allerdings ist die Lage bei Ihnen und Don weniger offensichtlich.«

Während Carl und ich sprachen, war Don immer unruhiger geworden; er rutschte auf seinem Sessel hin und her und gab allerlei Geräusche von sich. Jetzt platzte es aus ihm heraus: »Das ist doch alles Quatsch. Alles ausgedachter Therapiemist.« Dann, zu Carolyn: »Und der Grund, daß ich mit dir streite, ist, weil du immer alles besser weißt und weil du immer so sarkastisch bist.« Seine Stimme war laut und zornig, aber es war auch ein fast flehender Unterton darin.

Carolyn richtete sich in ihrem Sessel auf. »So, und ich kann nun mal deine Art, mit mir zu reden, nicht leiden, und ich dulde das auch nicht.«

Carl lachte gemütlich und lenkte die beiden von ihrem Streit ab. »Klingt wie ein altes Ehepaar, das sich streitet. Jedenfalls nicht wie Mutter und Sohn.«

Don blitzte Carl an. »Na, was ist denn da dran falsch? Warum soll ich nicht mit ihr streiten? Sie und Papa tun das ja auch!«

Carls Stimme wurde ganz hart. »Hör dir nur deine Stimme an, dann sag ich dir, was daran falsch ist!«

Die Schärfe in Carls Stimme war der Abgrund, auf den alle sich schon die ganze Zeit zubewegt hatten. Don schaute drein, als sähe er die Katastrophe, einen Todessturz, vor sich. Er stand plötzlich auf, sein Gesichtsausdruck sagte unmißverständlich: »Laßt mich hier raus!« Ich sah unmittelbar vor Augen, daß er über Carl und mich hinwegspringen würde, weil wir ihm den Weg versperrten. Und wirklich ging er los, stolperte aber beim ersten Schritt über Carls ausgestreckte Beine. Heftig mit dem Gleichgewicht kämpfend, schlug er – in Wut und Panik – nach Carl. Mit der Faust streifte er Carls Kopf und riß ihm die Brille ab. Mit einem lauten Klack fiel die Brille unter Carls Schreibtisch auf den Boden, und das Geräusch mischte sich mit einem plötzlichen Gewirr von Bewegungen, so schnell, daß ich nur ohnmächtig zusehen konnte. Ich fühlte mich seltsam ruhig, als beobachtete ich eine Situation, die einfach keine Zeit für Gefühle ließ.

Carl hatte Don sofort gepackt, und die beiden gingen zu Boden, ein Knäuel von Armen und Beinen. »Oh, mein Gott«, sagte Claudia entsetzt.

Dons schlanke Gestalt war kein Gegner für den schweren und muskulösen Carl. Als er schließlich auf Dons Brust saß, preßte der Junge einen zugleich wütenden, entsetzten und verblüfften Schrei hervor: *»Iiiaaahhh!«* Dann überwog der Zorn immer mehr, und seine Äußerungen wurden wieder artikulierter: »Mistkerl! Lassen Sie mich los, Sie elender Sauhund!« Er stieß die Worte mit hoher Stimme und sehr heftig hervor, aber ohne zu schreien. Dann begann er, wie wild zu treten und mit der freien Hand um sich zu schlagen. Carl packte die Hand und verlagerte sein Gewicht so, daß Don seine Beine nicht mehr bewegen konnte. Derart festgenagelt, begann Don wieder zu schreien und wand sich, so heftig er konnte. Es gelang ihm sogar, eine Hand loszubekommen und sich zur Seite zu drehen. Dann versuchte er den starken Arm zu erreichen, der seine andere Hand festhielt, als wollt er beißen.

»O nein!« sagte Carl und zwang ihn in die Brustlage. Dann packte er wieder beide Arme und preßte sie weit von Dons Kopf entfernt auf den Boden.

»Sie ... Sie ...« Don suchte, während er verzweifelt weiterkämpfte, nach einem passenden Ausdruck und entschied sich schließlich verächtlich für »Null!«

Claudia, immer noch schreckensbleich, bat Carl flehentlich: »Dr. Whitaker, bitte! Lassen Sie ihn los!«

Carl, der sich schwer atmend gegen den sich aufbäumenden Don stemmte, gab zurück: »Ihm passiert nichts. Er hat nur durchgedreht.«

Bei diesen Worten verdoppelte Don seine Anstrengungen und schrie: »Ich hab nicht durchgedreht! Ich bin einfach scheißsauer auf Sie!«

»Also, ich weiß ja nicht, ob deine Wut nur auf mich gerichtet ist, aber ich bin froh, daß du sie an mir ausläßt«, sagte Carl schnaufend. »Aber ich reagiere nicht wie deine Eltern. Ich denke nicht daran, jemanden auf mir herumklettern und mir auch noch die Brille von der Nase schlagen zu lassen.« Seine Stimme wurde fester. »*Ich* bin nicht derjenige, der dich so wütend gemacht hat.«

Als sie so ins Gespräch kamen, ließen Dons Ausbruchversuche nach. Er schien jetzt sogar eher an einem Gespräch interessiert zu sein.

»Na, ich wollte Ihnen ja nicht die Brille runterhauen. Also, lassen Sie mich jetzt los?« bettelte er. »Ich geb auf.«

»Sobald du dich beruhigt hast«, sagte Carl freundlich und blieb auf ihm sitzen. Dann lockerte er langsam den Griff um Dons Hände.

Sofort fing Don wieder an, um sich zu schlagen. »Ich dachte, du gibst auf«, sagte Carl.

Don sagte nichts; grunzend mühte er sich weiter loszukommen. Allmählich kehrte auch ein Funken Humor in die beiden Streithähne zurück.

»Ich verlange einen Anwalt«, sagte Don naßforsch.

»Großartig«, sagte Carl begeistert. »Ich kann dir einen empfehlen.«

»Warum zum Henker machen Sie das«, fragte Don keuchend.

»Was heißt hier *ich* mach das?« erwiderte Carl heftig schnaufend. »Du und ich, wir sind doch schon lange sauer aufeinander.«

Auch David gab jetzt schmunzelnd seinen Kommentar dazu. »Ihr tägliches Brot ist das wohl auch nicht gerade.«

»Oh, ich komm schon zurecht«, gab Carl zurück.

Als der Ringkampf immer noch nicht aufhörte, ging Laura auf die beiden Kampfhähne zu und packte Carl wortlos am Kragen. Das Hemd zog sich um seinen Hals zu. »He, das ist unfair! Du erwürgst mich ja!«

»Don nicht wehtun«, sagte sie kläglich.

Carl war von dieser Wendung der Dinge nicht sehr erfreut. »Ihm passiert nichts, Schätzchen. Ich tu ihm nicht weh.«

»Aufstehen!« befahl Laura.

»Gleich«, sagte Carl, das Hemd immer noch fest um seinen Hals. »He, laß los. Du tust mir am Hals weh.« Laura ließ los und setzte sich neben ihre Mutter. Alle beobachteten den Fortgang des Ringkampfs. Der Kampf war jetzt längst nicht mehr so verbissen und zornig, ein Kräftemessen, das Don zwar nicht gewinnen konnte, aber er durfte sich auch nicht einfach so besiegen lassen. Er setzte seine ganze Kraft ein, und Carl konterte jede Bewegung. Don war ein drahtiger und zäher Bursche, und für Carl mit seinen sechzig Jahren war es keine Kleinigkeit ihm standzuhalten. Aber Don ging allmählich auch die Luft aus, und seine Ausbruchsversuche wurden seltener. Schließlich hörte er auf zu kämpfen. Carl stand immer noch nicht auf; er blieb auf ihm sitzen und fing an, ihn zu massieren.

»Was machen Sie da?« fragte Don erstaunt.

»Ich helfe dir, dich zu entspannen.«

»Hmmmmm«, machte Don, offenbar unentschieden, ob er die Massage genießen oder lieber weiterkämpfen sollte.

Schließlich hatte Carl genug. »Von mir aus können wir jetzt aufhören. Wie steht's mit dir?«

Don war still. Ich fragte mich, ob er wohl wieder loslegen würde. Dann sagte er: »Ich geb auf.«

Carl stand ächzend auf und einen Moment später auch Don. Carl sank langsam auf seinen Stuhl und seufzte vor Erleichterung. Don ließ sich neben seinem Vater auf das Sofa fallen. Erst jetzt fiel mir auf, daß David gespannt und bewegungslos dasaß und weinte. Das wirkte so widersinnig, dieser beherrschte und rationale Mann mit Tränen im Gesicht.

»Warum weinen Sie?« fragte ich.

Er schüttelte mehrmals den Kopf. »Ich weiß nicht. Irgendwas ist in mir passiert.«

Claudia war am Anfang entsetzt gewesen, und selbst jetzt nach dem relativ entspannten Ausgang des Kampfes war ihre Ablehnung deutlich zu spüren. »Warum haben Sie das getan, Dr. Whitaker?« fragte sie mit einem enttäuschten Unterton in der Stimme.

Carl antwortete freundlich. »Wie ich gesagt habe, wir waren einfach wütend aufeinander, Don und ich. Das hat sich schon lange in uns beiden angesammelt.«

Don sagte gar nichts. Er wirkte nicht verbittert – nur sehr müde.

David traf die nächste Verabredung mit uns, und seiner Stimme war dabei immer noch die heftige innere Bewegung anzuhören.

Die nächste Sitzung fand in sehr gelöster Stimmung statt, anscheinend vor allem ein Ergebnis des Ringkampfs zwischen Carl und Don. Während der vergangenen Woche hatte Don seinen Vater aufgefordert, mit ihm zu ringen, und David hatte mitgemacht. Don berichtete ganz aufgeregt darüber. »Und wissen Sie was, Whitaker, er ist stärker, als ich dachte. Er hat mich besiegt! Ich hab nicht gewußt, daß er mich unterkriegen kann!«

David war genauso erstaunt von dieser Enthüllung wie wir. »Ja, hast du denn gemeint, du könntest mich besiegen?« David war keineswegs athletisch, aber er wog bestimmt gut achtzig Kilo. Wir sprachen eine Weile über Dons Fehleinschätzung seiner eigenen Kraft. In dem Bemühen, Dons Kamerad zu sein, war David niemals entschieden und fest seinem Sohn gegenüber aufgetreten, so daß der Junge immer in der Überschätzung seiner Macht gelebt hatte.

Die Ringkämpfe zwischen Vater und Sohn gingen noch einige Wochen weiter. Don genoß die Berührung mit der Kraft seines Vaters und vergewisserte sich immer wieder, daß er tatsächlich überlegen war. Die Kämpfe blieben immer freundschaftlich, aber

es waren richtige Kämpfe mit dem Einsatz aller Kräfte. Und David gewann jedesmal.
Auch in David lösten sich dadurch viele Gefühle über seinen eigenen Vater. Erst jetzt wurde ihm ganz klar, wie fern sie einander immer gewesen waren. Als er nun davon erzählte, konnte er nur mit Mühe die Tränen zurückhalten. »Mein Vater war für mich immer ein Mann von Macht und Einfluß, aber er war immer so weit weg von mir. Ich sah zu ihm auf, bewunderte ihn für alles, was er erreicht hatte, aber ich hatte nie eine enge Beziehung zu ihm.« Am meisten hatte er zu kämpfen, als er sagte: »Ich kann mich nur an wenige Gelegenheiten erinnern, wo wir uns berührt haben.« Darum hatte er also geweint, als Carl und Don miteinander kämpften. »Mich hat tief beeindruckt, Carl, daß Sie sich so sehr für uns einsetzen. Das war sicher mehr, als die Pflicht von Ihnen verlangt.«
Carls Ringkampf mit Don war sicher nicht geplant und vom professionellen Standpunkt betrachtet in mancher Beziehung unsachgemäß. Es war ein primitiver Ausbruch, den Carl und die Familie gemeinsam herbeigeführt hatten, und Carls Reaktion war im Grunde persönlicher Art. Dons Arroganz hatte ihn mehr als nur aufgeregt. Don war wirklich das Opfer einer Struktur in der Familie, die in ihm den Eindruck erzeugte, er sei älter, klüger und stärker als er wirklich war. Ohne es zu wollen, hatten die Eltern in ihm die Illusion bestärkt, er könne beim Kräftemessen mit seinem Vater gewinnen und ihn bei der Mutter ersetzen. Dons Allmachtphantasie fiel zuerst nicht auf, aber als sie dann immer mehr zum Vorschein kam, wurde sie für Carl immer quälender.
Ein Zusammenprall von Carl und Don schien von Anfang an unausweichlich. Als es schließlich soweit war, wurde es eine physische Auseinandersetzung – sehr ungewöhnlich für unseren therapeutischen Stil. So bestürzt die Familie diesen Kampf aber zunächst aufnahm, die Auswirkungen waren positiv. Dons »Flegelhaftigkeit« verschwand fast augenblicklich. Sein Sarkasmus blieb natürlich, aber er hatte jetzt eine andere Färbung. Sobald Don seinen Platz im Gefüge der Generationen gefunden hatte, schien er sicherer und herzlicher zu werden. Und er erwärmte sich immer mehr für Carl. Später sagte er einmal: »Ich bin damals meinen ganzen Haß losgeworden. Was Dr. Whitaker angeht, ist mir jetzt viel wohler.«

Die Wende oder »Der therapeutische Augenblick«

»Was können wir tun?« fragt die Familie ungeduldig.
»Es gibt nichts, was ihr tun könnt«, antwortet der Therapeut entschieden, »und auch nichts, was wir tun können.« Zweifelndes Schweigen. »Die Frage ist schon falsch gestellt. Es geht nicht darum, anders zu *handeln*, sondern anders zu *fühlen.*« Wieder lastendes Schweigen. »Und ich wünschte, es gäbe ein Rezept dafür. Euch kämpfen zu helfen, ist so ziemlich alles, was wir euch anbieten können.«

Das ist ein für diese Phase der Behandlung typischer Dialog. Das Gefühl der Neuartigkeit, als ganze Familie in der Therapie zu sein, ist verbraucht, und der Vorrat der Therapeuten an interessanten neuen Ideen geht zur Neige. Die Frage, durch was alles anders werden soll, ist durchaus berechtigt. Die Familie hofft, daß der Therapeut eine Technik oder Zauberformel für sie bereithält. Kann man nicht irgendwas Praktisches *tun*, wodurch das Leben anders wird – und sagt einem jemand, was es ist? Soll man den Beruf wechseln oder den Partner oder den Wohnort, abnehmen, meditieren? Vielleicht kann der Therapeut ihnen helfen, ihre Fragen neu zu formulieren, damit sie schließlich den Nebel ihrer Vorstellungen durchdringen. Carl und ich pflegen in solch einem Fall zu sagen, daß wir selbst wünschen, wir wüßten die Antwort, nach der die Familie sucht.

Aber wir wissen alle, daß es entscheidende Momente gibt, wo das Leben seine Richtung ändert. Die Gezeiten des Wandels schreiten im menschlichen Leben sehr langsam fort, aber manchmal können ein paar Augenblicke, ein paar Worte große Bedeutung haben. Wir sind immer bereit, diesen wichtigen therapeutischen Augenblick zu ergreifen. Er hat seinen Ursprung weder in den Therapeuten noch in der Familie, sondern entsteht aus dem außerordentlich komplexen Kräftespiel in der ganzen Gruppe. Dieser Augenblick kann nur wirklich durchschlagende Wirkung haben, wenn er nicht geplant ist. Er muß einfach geschehen. Wenn wir der Familie also die Illusion einer schnellen Lösung nehmen und uns weigern, den therapeutischen Prozeß zu planen oder zu schematisieren, versuchen wir eigentlich nur, sie zu überreden, den Einsatz zu erhöhen. Wir warten auf solch einen dramatischen Umschlagspunkt, wie es der Kampf zwischen Carl und Don war.

Als die Familie Berger nach zwei Monaten Pause die Therapie wieder aufnahm, war die ursprüngliche Krise um Claudia im großen und ganzen bereinigt, aber jetzt reorganisierte sich der Dreieckskonflikt um Don. Er wurde der zweite Sündenbock. Sobald Carl die Struktur dieses neuen Konflikts durchschaute, ging er sehr direkt vor und hielt den Eltern vor, was sie mit Don machten. Die nüchterne Härte in Carls Tonfall signalisierte das Ende der Diplomatie. Die Familie war zur Therapie zurückgekehrt, aber diesmal mit dem unausgesprochenen Ziel, die Familienstruktur wiederherzustellen, und Carl reagierte mit einer Verschärfung der Gangart. »Hört mit den Spielen auf«, sagte er. »Werdet erwachsen!« Er war entrüstet, therapeutisch entrüstet. Carolyn brauchte sich wirklich nicht so in das schwierige Verhältnis von Vater und Sohn einzumischen, wie sie es tat. Und sicherlich hätte David sich dagegen wehren können, daß Carolyn seine Entscheidungen aufhob und ihn ignorierte. Warum gingen sie nicht aufeinander zu, um ihre offensichtlichen Unstimmigkeiten zu diskutieren, sondern benutzten Don als Ausdrucksmittel? Eine wohlverdiente Elternschelte.

Etwas veränderte sich. Vielleicht schämten sich David und Carolyn wirklich. Don fühlte sich bei der nächsten Sitzung vom elterlichen Dreieck befreit und war bereit zu kämpfen. Carls Beistand gab ihm die Gelegenheit, seinem Zorn freien Lauf zu lassen. Zuerst griff er seine Mutter an, die daraufhin ihr schon seit Wochen andauerndes Erstaunen über seinen Jähzorn bekundete, und dann wandte er sich ohne ersichtlichen Grund gegen Carl und schlug nach ihm. Da geschah auch in Carl etwas, womit niemand gerechnet hatte; vor den erstaunten Augen aller Anwesenden entstand eine wilde Rauferei.

Aber das geschah nicht grundlos. Don und Carl waren einander schon eine Weile auf die Nerven gegangen. Don konnte Carls »Sarkasmus« nicht leiden, und Carl mußte sich manchmal auf die Zunge beißen, um Don nicht wegen seiner Arroganz anzufahren. »Es ist wirklich nicht meine Sache, wenn seine Eltern ihn so mit sich reden lassen«, sagte er sich. Innerlich hatten die beiden die Weichen für einen Zusammenstoß schon gestellt. Und als es endlich zum offenen Kampf kam, zeigte sich darin die Notwendigkeit, die Therapie mit vermehrtem Einsatz zu betreiben.

Eine der Maximen der Familientherapeuten lautet: *Die Familie wird versuchen, mit uns zu machen, was die einzelnen Mitglieder miteinander machen.* Um die Eindringlinge kaltzustellen, versuchen sie unbewußt, uns in ihr System hineinzuziehen. Eine andere Maxime lautet: *Der Therapeut wird sein eigenes Familiensystem in die Familie, die er behandelt, hineinprojizieren.* Engagiert sich der Therapeut mehr als nur auf der intellektuellen Ebene, so kann sich der »Sog« der Familie mit seinen eigenen inneren Tendenzen zu einer alles mitreißenden Kraft verbinden. Aber diese Gefahr sorgt auch dafür, daß die Therapie spannend bleibt. Wir sind alle selbstbezogen, und wenn irgend etwas in der Familie das persönliche Interesse und Engagement des Therapeuten auf den Plan ruft, gewinnt die Therapie erst die richtige emotionale Wucht. Ohne das emotionale Engagement des Therapeuten bleibt sie eine technische Übung, bei der der Patient zwar etwas erfährt, aber es berührt ihn nicht. Läßt sich der Therapeut andererseits zu sehr in das Geschehen hineinziehen, so gibt er seine Berufshaltung auf und wird nichts erreichen.

Familien verfügen über unzählige intuitive Manöver, mit denen sie den Therapeuten tief in ihre Geschichte zu verwickeln versuchen. Die Mitglieder können zum Beispiel unbewußt ein Szenarium aufbauen, in dem der eine so offensichtlich der Schuft ist und der andere das Opfer, daß der Therapeut einfach in die Parteinahme hineinstolpert. Oder die Familie bittet zwar den Therapeuten um Hilfe, präsentiert ihm jedoch zugleich eine zum verrücktwerden glatte Oberfläche. Wird der Therapeut so zwischen widersprüchlichen Botschaften eingekeilt und spürt zugleich den unterdrückten Groll in der Familie, so wird er zunächst ungeduldig und dann ärgerlich. Einer aus der Familie kann ihn zum Angreifen aufstacheln oder ihm schmeicheln, und wenn er dann nicht vor Übertragungsreaktionen auf der Hut ist, läßt er sich vielleicht dazu verführen, eine bestimmte Rolle in der Familie anzunehmen. Eine Familie kann den fähigsten Therapeuten konfus machen, indem sie mit atemberaubender Geschwindigkeit die Themen wechselt. Die Leute bitten ihn flehentlich um Hilfe, bringen aber selbst kaum Verantwortungsgefühl oder Initiative für die Lösung ihrer Probleme auf.

In der Anfangsphase muß der Therapeut sich möglichst eng an seine therapeutischen Methoden halten, damit er nicht vom Familiensystem eingefangen wird. Er muß sich immer auf die ganze Gruppe beziehen: klarstellen, daß die bestehenden Probleme *Familien*probleme sind; Regeln und Richtlinien für die Arbeit festlegen; die Eigeninitiative der Familie bestärken; die Kommunikation innerhalb der Familie beobachten; nach Alternativen Ausschau halten, die er der Familie vorschlagen kann. Er muß deutlich machen, daß er sich als Therapeut der ganzen Familie versteht, dessen größte Stärke in seinem Status als Außenstehender besteht. Dann kommt jedoch die Zeit, wo es nicht mehr ausreicht, Regeln zu machen, zu vermitteln und zu kommentieren. Die Familie hört sich alles an und versucht sich zu ändern, aber obgleich die Mitglieder vielleicht ihr Verhalten ein wenig ändern und anders reden, sind ihre Gefühle immer noch gleich. Dem Therapeuten gelingt kein tiefgreifender Durchbruch; die Beziehung bleibt oberflächlich.

Aber wenn die Familie sich wirklich ändern will, warum kommt sie dann nicht weiter, sondern bleibt an ihren alten Tanz gefesselt? Hat eine Familie wiederholt versucht, sich zu ändern, und sich damit nichts als schmerzhafte Fehlschläge eingehandelt, so beginnt sie leicht, vor weiteren Versuchen zurückzuschrecken. Allen Mut haben sie zusammengenommen und eine Therapie angefangen – was, wenn es wieder schiefgeht? Was bleibt dann noch außer endgültiger Verzweiflung? Die Angst gewinnt die Oberhand; sie sträuben sich heftig gegen den Wandel, den sie doch erreichen wollen und müssen.

Die Familie fragt sich natürlich auch, wer wohl die Macht hat, einen durchgreifenden Wandel herbeizuführen. Wie zu einem Selbstmord meist mindestens zwei gehören (einer, der sterben will, und einer, der ihn gern tot sähe), bedarf auch die Entwicklung in einer Therapie der Zusammenarbeit. Die Familie muß sich ändern *wollen*, und der Therapeut muß *wollen*, daß sie sich ändert. Ein Modell für dieses beiderseitige Bestreben ist zwar im frühen, technischen Stadium der Therapie eingeführt worden, aber ihm fehlt noch der richtige »Mumm«, irgendeine primitive Kraft, die den Zugang zu einer neuen und tieferen Ebene des Engagements öffnet.

Der Therapeut muß mehr als ein vernünftiger, wohlwollender und ausgereifter Mensch sein. Nur mit großer persönlicher Kraft gelingt ihm der fast schon chirurgische Schnitt durch alle Schichten von Angst und Nicht-sehen-wollen, mit dem er die ganze Tiefe der Qual und die ungeheure Macht einer Familie bloßlegt. Das ist eine ganz besondere Kraft, die von Einfühlungsvermögen und wirklicher Anteilnahme getragen sein muß. Wie kann die Familie für den Therapeuten so wichtig werden, daß er solchen Aufwand treibt?

Zunächst muß die Familie zum Wagnis bereit sein. Die tiefere

Ursache vieler unbewußter Wagnisse ist Hoffnung. Die Bergers ließen einen solchen »Versuchsballon« los, als sie Don dazu »abkommandierten«, bei der ersten Sitzung zu fehlen, und ähnlich war es, als Don nach Carl schlug. Sie versuchen mit allen Mitteln, den Therapeuten zu mehr Engagement zu bewegen.

Der Therapeut muß sich auf dieses Engagement für die Familie einlassen. Seine emotionale Beteiligung an der Familie weitet sich langsam aus, und manchmal merkt er erst, wie tief er sich schon für die Familie engagiert hat, wenn irgendein Ereignis die Gefühle an die Oberfläche bringt. Schließlich hat er sich Mühe gegeben, immer professionell und fair zu bleiben. Es regte Carl plötzlich auf, Don mitten in einem Konflikt zwischen den Eltern zappeln zu sehen, und was er gegenüber den Eltern vorbrachte, war mehr als ein objektiver Kommentar. In der nächsten Sitzung ging ihm Dons Arroganz sogar noch mehr an die Nieren. Seine wachsende Sorge um die Familie führte ihn über jene psychische Schwelle, hinter der das schwer greifbare Innenleben der Familie beginnt.

Dons Schlag löste eine Alarmglocke in Carl aus. Er war in die Mitte der Familie hineingeraten, und deren Lebensweise bedrohte nun ihn. Dieser Augenblick verlangte von ihm eine definitive Stellungnahme, und sie kam fast ohne sein Zutun: »Nein! Das lasse ich mir von einem Kind nicht bieten.« Und schon brach der Kampf los.

Das war ein vielschichtiger Augenblick. Auf einer Ebene nahm Carl in der Familie eine elterliche Stellung ein. Don hatte sich gegen Carl gestemmt, wie er es auch gegen seine Eltern tat, und Carl übernahm jetzt ihre Funktion. Für eine Weile wurde Don sein Kind, er Dons Vater, und er gab der Familie ein direktes, kraftvolles und doch humanes Vorbild. Gerade weil Carl so energisch durchgriff, war er vielleicht freundlicher als David und Carolyn, die sich gegen ihren Sohn oft kaum behaupten konnten, ihm aber dafür auf versteckte Art wehtaten. Carl zeigte den Bergers eine neue Art, stark zu sein, und diese Demonstration verfehlte ihre Wirkung nicht. David und Don griffen das Beispiel auf und führten es in eigenen Ringkämpfen weiter. Und dabei kam Don die erschreckende Erkenntnis, daß sein Vater stärker war.

Aber Carl reagierte noch auf andere Weise auf Dons Verhalten; er identifizierte sich mit dem Jungen, sah etwas von sich selbst in ihm. Carl sagt oft, daß man nicht ohne ein gewisses Maß an Omnipotenzwahn Arzt wird, denn der Arzt muß in bestimmten Situationen die Gewalt über Leben und Tod in seine Hand nehmen. Vielleicht war es seine eigene Allmachtsphantasie, die er in Don wiedererkannte und bekämpfte. Es können auch andere Inhalte sein; wichtig ist daran, daß der Therapeut einen Aspekt von sich selbst in seinem Gegenüber erkennt und sich mit ihm identifiziert. Wir alle leben mit dem Gefühl, daß unsere Eltern uns gegenüber irgendwie versagt haben. In diesem kritischen Augenblick sieht der Therapeut sein »Kindheits-Ich« im »Patienten« und reagiert so, wie er es sich von seinen Eltern gewünscht hat. Siene Reaktion ist also ebenso für einen Teil von ihm selbst bestimmt wie für das Familienmitglied, das sie hervorgerufen hat. Er hilft damit dem einzelnen und gibt zugleich der ganzen Familie ein neues Modell für menschliche Nähe.

Dons Schlag löste bei Carl eine Alarmreaktion aus, weil das Omnipotenzgebaren, das der Junge an den Tag legte, ein sehr beunruhigendes Symptom ist. Carl hatte schon zu viele Schizophrene erlebt, die mit dem ständigen Ausspruch »Ich bin Gott« herumwanderten und unbeirrbar an diesem Wahn festhielten. Der Schizophrene hat sein wahnhaftes System gründlich und über lange Zeit erlernt, und Don hatte eigentlich noch von niemandem in der Familie seine wahre »Schuhgröße« gezeigt bekommen, so wie Carl es jetzt tat. Carls Ringkampf mit Don hat vielleicht einige sehr destruktive Tendenzen im Leben des Jungen umgekehrt.

Vielleicht verwirrt es den Leser, daß wir abwechselnd auf die »Familie« und das »Individuum« Bezug nehmen. Erinnern wir uns daran, daß sich Familientherapie stets auf zwei Ebenen abspielt: auf der *intra*personellen Ebene (im Individuum) und der *inter*personellen Ebene (zwischen den Individuen). Don wird von der Familie für den direkten Zusammenprall mit dem Therapeuten »ausgewählt«, aber er hat zugleich auch mit seinen eigenen inneren Problemen zu kämpfen. Der Therapeut muß in den einzelnen »eindringen« um an dessen intrapersonellen Konflikt heranzukommen, aber indem er das tut, gibt er der Familie zugleich ein interpersonelles Modell für intensive zwischenmenschliche Beziehungen.

Die Familie verändert sich zwar als Ganzes im Lauf einer Therapie, aber die intensivsten Augenblicke sind oft die Begegnungen zwischen einzelnen Familienmitgliedern und dem Therapeuten. In einer erfolgreichen Therapie sollte jeder einzelne in der Familie seine »Krise« haben und dabei die konzentrierte Aufmerksamkeit des Therapeuten erfahren. Der »Fahrplan« und die Handhabung dieser Krisen ist jedoch kompliziert. Carl und ich identifizierten uns zum Beispiel sofort mit Claudia, aber wir halfen ihr dadurch, daß wir die Aufmerksamkeit von ihr *abwendeten*. Dann wurde Carolyn der »Patient«, und wir erlebten einige zwar nicht sehr dramatische, aber äußerst wichtige Augenblicke mit ihr. Als nächsten »Patienten« hatten wir die Ehe vorgesehen, aber die Familie schob Dons Krise dazwischen; vielleicht sollte auf diese Weise getestet werden, ob Carl und ich die Kraft hatten, die Eheprobleme in Angriff zu nehmen. Hat die Familientherapie erst einmal angefangen, dann ist sie so etwas wie ein brodelnder Eintopf. Der Prozeß ist so verwickelt, daß man nie weiß, was als nächstes an die Oberfläche kommen wird und wie hoch es dann kocht.

Der therapeutische Augenblick kann sehr unterschiedlich aussehen, und es ist schwer, etwas Allgemeines darüber auszusagen, außer daß dem Therapeuten plötzlich etwas sehr Wichtiges in der Familie auffällt, worauf er sehr stark und *persönlich* reagiert. Der Augenblick kann liebevoll, humorvoll oder zornig sein, immer aber ist er ein tiefes Gefühlserlebnis. Der Beitrag des Therapeuten entspringt vor allem aus seiner Person und nicht so sehr aus seiner professionellen Geschicklichkeit. Wenn der Therapeut mit der Familie kämpft, so deshalb, weil das, was in der Familie geschieht, für ihn sehr wichtig geworden ist. Er dringt auf Veränderung.

Das persönliche Engagement des Therapeuten stellt manchmal eine Gefahr für seine berufliche Rolle dar. Ich stand einmal unter großer Spannung, als die junge Mutter aus einer Familie, mit der ich gerade arbeitete, nach einem Selbstmordversuch ins Krankenhaus eingeliefert wurde. Sie war ein psychisch schwer leidender Mensch, und ich wußte nicht, ob sie überleben würde. Als ich mich etwas später mit einer anderen Familie traf und die junge Mutter dieser Familie in weinerlichem und forderndem Tonfall über Probleme zu klagen begann, die mir vergleichsweise harmlos vorkamen, ging ich in die Luft. Ich schrie ihr ins Gesicht, wie verzogen und kindisch ich sie fand. Sie war wie vernichtet. Mein Angriff war für sie besonders niederschmetternd, weil sie eine so qualvoll distanzierte Beziehung zu ihrem Vater hatte. Meine Beschimpfungen machten ihren schlimmsten Alptraum wahr. In der nächsten Sitzung waren sie und ihr Mann zorngeladen, und es sah so aus, als wollten sie die Therapie abbrechen.

Ich hatte den Grund für meinen Ausbruch erkannt und bot der Frau eine uneingeschränkte Entschuldigung an. Ich erzählte ihr den Grund meiner Reaktion und bat sie zu verstehen, daß auch Therapeuten nur Menschen sind. »Wir machen auch Fehler«, sagte ich. Meine Bitte um Entschuldigung gab ihr die Möglichkeit zu sehen, daß ich wirklich ein Mensch war, und außerdem unterschied sie sich so sehr von allem, was ihr Vater in solch einer Situation getan hätte, daß sie der Wendepunkt in unserer bis dahin ziemlich angespannten Beziehung wurde. Die Frau gab sogar zu, daß sie quengelig und weinerlich gewesen war. Zwischen uns entwickelte sich ein freundschaftliches Verhältnis, und die Therapie der Familie war erfolgreich.

Sich als Therapeut persönlich für eine Familie zu engagieren, bleibt eine zweischneidige Sache. Manchmal bringt uns dieses Engagement an den Rand einer therapeutischen Katastrophe. Die Gründe für ein Über-Engagement für eine Familie können in unseren gegenwärtigen Problemen liegen, aber auch in den Kräften, die in der Geschichte unserer eigenen Familie wirksam sind. Hätte ich zum Beispiel einen autoritären Vater gehabt und würde jetzt mit einer Familie arbeiten, in der der Vater ebenfalls autoritär ist, so müßte ich mich vor unangemessenem Engagement für diese Familie hüten. Weist die Familie, mit der wir arbeiten, ein Beziehungs*muster* auf, das unserem eigenen ähnelt, so ist die Gefahr, daß wir unsere Berufsperspektive verlieren, noch größer.

Aber wie sehr sich der Therapeut auch von einer Familie in Anspruch nehmen läßt, stets sollte er ein wenig mehr Distanz zum therapeutischen Prozeß haben als die Familie. Selbst als Carl sich auf den Ringkampf mit Don einließ, blieb ein Teil von ihm ganz professionell distanziert – überwachte den Kampf, gab Kommentare ab, interpretierte. Wir besitzen einige Hilfsmittel, um diese entscheidend wichtige Distanz zu wahren; das wichtigste ist der ausgleichende und mäßigende Einfluß der ko-therapeutischen Beziehung. Als Carl Don packte, schien er ganz in diesem Augenblick aufzugehen. Dann faßte er sich wieder, und zwar zum Teil durch Blickkontakt mit mir. Ich war für ihn die Verbindung zu dem mehr technisch-distanzierten Teil unserer Arbeit; unsere Beziehung bildete eine »Sicherheitszone«, die er verlassen hatte und in die er zurückkehren konnte. Es ist überhaupt nur durch die Stabilität, die in der ko-therapeutischen Beziehung liegt, möglich, sich so tief und so persönlich mit einer Familie einzulassen.

Dabei arbeiten wir in der Regel nach einem Rhythmus, den der Leser wahrscheinlich schon bemerkt hat. Einer der Therapeuten beteiligt sich am Familienkampf. Der andere wartet still und aufmerksam ab, ist immer bereit, dem Partner notfalls beizuspringen, bleibt aber distanzierter und objektiver als er. Wenn der aktive Teil schließlich ermüdet oder den Faden verliert, so oft deshalb, weil er sich zu sehr engagiert hat. Er zieht sich in die ko-therapeutische Beziehung zurück und sein Partner übernimmt die Führung. Dieser Prozeß kann sehr unterschiedlich ablaufen, was bleibt, ist der Wechsel von Vorstoß und Rückzug, der beiden Therapeuten erlaubt, persönlich zu sein und nüchtern professionell zu bleiben.

Carl und ich arbeiten auch mit anderen Ko-Therapeuten zusammen, und oft sind unsere Partner noch in der Ausbildung. Das ist einerseits eine gute Schulungsmöglichkeit für unerfahrene Therapeuten und zum anderen erspart es der Familie das Honorar für den zweiten Therapeuten. Am Anfang müssen wir vieles allein machen, aber meist lernen die Nachwuchstherapeuten sehr schnell und nehmen aktiv Teil. Mit manchen von ihnen arbeiten wir jahrelang zusammen, und am Ende dieser Zeit sind sie meist vollwertige Therapeuten. Es erfordert viel Zeit und Arbeit, ein erfolgreiches Team aufzubauen, aber die Mühe lohnt sich; vielfach ist das Verhältnis, das wir zu einer Familie gewinnen, stark von unserer Beziehung zum Ko-Therapeuten beeinflußt.

Die »Zweiheit« der Ko-Therapie hat überdies für die Familie eine symbolische Bedeutung. Wir sind »Eltern«, ein Team, das vielleicht besser funktioniert als jede Beziehung innerhalb der Familie. Und wir sind immer sichtbar. Arbeiten wir in irgendeiner Weise gegeneinander, so sieht man es. Lassen wir uns gegenseitig unsere Freiheit und helfen einander, wo es notwendig ist, so sieht man das auch. Stimmen wir einmal nicht überein, so kann die Familie verfolgen, wie wir den Streitpunkt klären. Wir können den Leuten viel über Beziehungen *erzählen*, lernen werden sie am meisten aus dem, was wir vor ihren Augen *leben*.

Ein anderer Schutz gegen die Gefahr des Über-Engagements besteht darin, daß wir sehr gut über unsere eigenen Familien Bescheid wissen und vor allem über unsere eigenen wunden Punkte. Bei unserer Ausbildungstätigkeit, schlagen Carl und ich den Studenten vor, in kleinen Gruppen zusammenzuarbeiten, um sich für ihre eigenen Familienspannungen zu sensibilisieren. Einer von ihnen malt ein Diagramm seiner Familienstruktur an die Tafel, und die anderen helfen ihm, Konflikte und Spannungspunkte zu untersuchen, um so das Auge für »blinde Flecke« bei späteren Klientenfamilien zu schärfen. Diese Gruppen haben zwar nicht direkt eine therapeutische Absicht, aber meist entwickelt sich in ihnen eine Atmosphäre der Hilfsbereitschaft.

Zur umfassenden Vorbereitung eines Familientherapeuten gehört, daß er selbst sich einer Therapie unterzogen hat. Die meisten Schulungsprogramme machen diese eigene Therapieerfahrung zwar nicht zur Bedingung, aber viele junge Therapeuten lassen sich mit ihren Familien behandeln, um für ihre Arbeit besser gerüstet zu sein. Diese Therapeuten sind später besser gegen die Gefahren des Über-Engagements geschützt.

Selbst wenn der Therapeut gut vorbereitet ist und sich auf die Unterstützung durch seinen Partner verlassen kann, gibt es noch viele Momente, wo ihm all seine Erfahrung nichts nützt. Irgend etwas an einer Familie fordert ihn heraus. Er muß jetzt reagieren. In diesem entscheidenden Moment, wo er nach etwas sucht, das er der Familie anbieten kann, fühlt er sich vielleicht plötzlich gedrängt, eine Reaktion zu *erfinden*, in der sich seine eigene Familienerfahrung, seine eigene Therapie, seine gegenwärtigen Bemühungen, sich zu entwickeln, seine Phantasie und seine Zukunftserwartungen mischen. Entscheidend dafür, ob es ihm gelingt, etwas Eigenes und Persönliches zu finden, das er der Familie geben kann, ist vielleicht der *Wille, sich zu entwickeln.*

Welche Vorteile der Patient auch von einem Ansatz haben mag, der persönliches Engagement, Kreativität und eigene Entwicklung des Therapeuten zu Elementen der Therapie macht, dieses starke persönliche Element hat auch seine Kehrseite, denn die Persönlichkeit entwickelt sich nicht ohne Krisen. Natürlich erleben auch Therapeuten schlechte Tage, quälende Monate und öde Jahre. Wir kommen ins Stocken und die Familie mit uns. Aber unsere Berufsausbildung und Erfahrung hilft uns meist über solche Zeiten hinweg, bis das Leben wieder aufregend und interessant wird und mit ihm auch unsere Arbeit.

Obwohl dieser Ansatz vor allem den Nutzen des Patienten im Auge hat, kann auch der Therapeut großen Nutzen daraus ziehen. Wenn sich der Therapeut aufgrund der Natur seiner Arbeit dazu zwingt, sich selbst zu entwickeln, so kann er viel eher beruflich und persönlich beweglich bleiben. Hätte Carl sich gegen seinen Ärger über Don taub gestellt, so wäre er beim nächsten Mal vielleicht noch eher versucht gewesen, sich selbst zu verraten und eine ganz natürliche Reaktion zu unterdrücken. Indem der Therapeut seiner immer auch zum Teil unberechenbaren Persönlichkeit einen Platz in der Therapie einräumt, sorgt er dafür, daß seine Arbeit zumindest interessant bleibt.

Wenn Carl und ich uns in der »neuen Welt« der Psychotherapie umsehen, entdecken wir vieles Interessante und Aufregende. Wir sehen aber auch Entwicklungen, die uns nur entmutigen können. Ob es Verhaltenstherapie, Bioenergetik, Transaktionsanalyse, Rolfing, Scientologie, positives Denken, Transzendentale Meditation ist oder eine Menge anderer psychologischer Neuentwicklungen, überall sehen wir eine immer größer werdende Abhängigkeit von *Techniken.* Der »Experte« packt seine Fälle nach einem vorgeplanten Schema an, und seine Therapie besteht im Wesentlichen aus der Unterweisung seiner Patienten. Ein technischer Ansatz kann für den Patienten sehr hilfreich sein, aber für den Therapeuten kann er sich letztlich als Sackgasse erweisen. Wir haben viele Therapeuten gesehen, die sich einer »Formel« verschrieben hatten, und nach fünf Jahren oder so sind sie ihrer Arbeit gegenüber emotional tot. Wie ein Fließbandarbeiter seiner Handgriffe müde wird, so werden sie ihrer Technik müde. Anstatt sich mit ihrer Arbeit zu entwickeln, werden sie selbst so statisch wie ihre Arbeit. Carl und ich wenden auch Techniken an, aber wir hüten uns davor, abhängig von ihnen zu werden.

Sorge bereitet uns außerdem, daß nach wie vor so viel Gewicht auf den einzelnen und die Individualtherapie gelegt wird. Obgleich die Betonung des Selbst und des Strebens nach Glück als Antwort auf unsere lange Geschichte der Selbstverleugnung durchaus berechtigt ist, bezweifeln wir, daß die einseitige Ausrichtung auf das Selbst eine befriedigende Lösung ist.

Was wir brauchen, ist ein ausgewogenes Verhältnis zwischen dem Selbst und den anderen in sinnerfüllten Beziehungen. Aber diese Ausgewogenheit müssen wir uns erkämpfen – wir glauben nicht, daß es jemals eine Formel für die unglaubliche Vielfalt der menschlichen Beziehungen geben wird, vor allem nicht innerhalb der Familie.

Carolyn und David: Ehe auf Kollisionskurs

Es war Februar. Der eintönig graue Himmel versprach weder weitere Schneefälle, noch zeigte er eine Neigung sich aufzuklären. Der alte Schnee lag wie ein schmutziges, zerfetztes Laken über der Landschaft. Woche für Woche setzte Familie Berger ihre Therapie fort. Fortschritte waren durchaus zu erkennen. Die Kinder waren ihre Sündenbockrolle endlich losgeworden, die Therapie wurde infolgedessen für sie immer uninteressanter. Sie langweilten sich.

David und Carolyn kamen jedoch mit ihrer Beziehung nicht recht voran. Carl und ich setzten ihnen immer wieder freundlich zu, doch mehr zu riskieren oder ihre Probleme wenigstens einmal direkt anzugehen, aber sie zögerten. Gelegentlich kritisierte einer den anderen, aber jedesmal war dann der Kritisierte weder in der Lage, sich nachdrücklich und überzeugend zu verteidigen, noch brachte er es fertig, auch nur einen Fußbreit Boden aufzugeben. Der Konflikt, der zwischen ihnen schmorte, ließ sich nicht zu einer reinen, klaren Flamme entfachen. In diesem kalten Monat hätten Carl und ich uns über die Wärme richtiger Zuneigung oder die Hitze direkter, ehrlicher Wut gefreut. Nichts dergleichen geschah. Nichts konnte diese feuchtkalte winterliche Szene lebendig machen.

Während wir durch all diese frustrierenden Sitzungen weiter aushielten, bemerkten Carl und ich eine langsam wachsende Spannung. Wir sahen auch, daß die zunehmend unbehagliche Stimmung etwas mit der Entrüstung des Paares über unsere »Untätigkeit« zu tun hatte. Zudem wurde für beide der Gedanke an ihre Ehe offenbar immer unerfreulicher. Manchmal herrschte peinliches Schweigen, und es fiel ihnen nichts ein, was sie einander hätten sagen können. Es kam sogar vor, daß sie einander nicht einmal mehr in die Augen sehen konnten. So wenig offen sie ihre gelegentlichen Streitgespräche führten, wurde doch eine Zuspitzung auf bestimmte Punkte mit der Zeit immer deutlicher. Wir hatten das Gefühl, es werde schließlich etwas geschehen, aber bei der Art, wie die beiden miteinander sprachen, war keineswegs sicher, ob wir mit etwas Positivem rechnen durften. Aber jede Bewegung, gleich in welche Richtung, war besser als dieser endlose Stillstand. Wir warteten. Es wurde März, und unsere erste Sitzung in diesem trüben Monat fiel auf einen Mittwoch.

Nachdem alle sich aus ihren Wintermänteln und Stiefeln geschält und Platz genommen hatten, leitete Carolyn die Sitzung ein, allerdings erst, nachdem wieder eine Weile unangenehmes Schweigen geherrscht hatte. Ihre Stimme verriet, daß sie deprimiert war.
»Ich glaube, ich fang heute mal an, weil mich etwas bedrückt, das gestern abend passiert ist. Ich komme mir ein bißchen komisch vor, wenn ich darüber spreche, wir haben das nämlich alles schon besprochen, und inzwischen mache ich mir kaum noch Hoffnung, daß das Reden irgendwas ändert.«
Mit dieser Einstellung wird sie wohl nicht sehr weit kommen, sagte ich mir.
Trübsinnig fuhr sie fort: »Also, Sie kennen ja diese Sache, über die wir schon oft diskutiert haben, wenn ich irgendwas am Haus gemacht haben wollte. Wir reden schon eine ganze Zeit darüber, daß unser Schlafzimmer neu gestrichen werden soll – dieses Rosa ist wirklich furchtbar – und ob wir es vielleicht selbst machen sollten. Das ist natürlich keine Geldfrage; wir könnten es uns leisten, das ganze Haus zu renovieren. Ich habe aber den Eindruck, daß ich David einfach nicht dazu bringen kann, sich für solch ein Projekt oder für irgendwas, das ich für wichtig halte, zu interessieren.«
»Wollen Sie sagen, er ist dagegen, daß es gemacht wird?« fragte ich.
Carolyn wirkte vollkommen entmutigt. »Das ist es nicht. Er ist gern bereit zu zahlen, wenn ich mich um alles kümmere. Er interessiert sich nur eben für nichts, außer für das, was *er* für wichtig hält.« Sie seufzte. »Und das scheint niemals mit dem zusammenzufallen, was *ich* wichtig finde.«
»Also, was ist denn gestern abend passiert?« fragte Carl etwas ungeduldig.
Carolyn: »Na, ich wollte es einfach mal anders machen als sonst – ohne David erst lange um eine Entscheidung anbetteln zu müssen, ohne den ganzen Ärger mit den Malern und ohne hinterher auch noch der Angeschmierte zu sein, weil David sich überhaupt nichts aus der ganzen Sache macht, sondern sich nur beklagt, weil er zahlen muß. Ich hab mich also entschlossen, das Zimmer selbst zu streichen und ihn damit zu überraschen. Eins der Kinder hat mir beim Möbelrücken geholfen, und ich hab den ganzen Tag gestrichen, um fertig zu sein, bis er nach Hause kam.«
»Großartig!« sagte Carl begeistert.
Carolyn lächelte gequält, aber ihr Gesicht fiel sofort wieder in den

Ausdruck deprimierter Stumpfheit zurück. »Warten Sie lieber mit ihrer Begeisterung noch. Ich nehme an, Sie können sich denken, was jetzt kommt.« Sie sah David an, der sich allmählich unbehaglich zu fühlen schien. »Er kam heim, spät natürlich, und ich hab ihn noch vor dem Abendessen nach oben gebracht, damit er sich das Zimmer ansieht. Er hat sich sehr wohlwollend dazu geäußert – so nicht. Aber ich konnte spüren, daß es ihm im Grunde ziemlich gleichgültig war. Für meine ganze Mühe bekam ich ein paar höfliche aber gefühllose anerkennende Worte. Und ich war einfach so enttäuscht.« Sie sah Carl und mich an und kämpfte gegen die Tränen. »Was muß ich bloß tun, damit er mich und das, was ich tue, auch als wichtig anerkennt?«
David sah ziemlich betreten aus, und er wehrte sich. »Ich finde aber, daß ich wirklich anerkannt habe, was du gemacht hast. Ich war etwas überrascht und wohl auch ein bißchen befremdet, daß wir nicht vorher darüber gesprochen haben, aber es hat mir gefallen. Wirklich.«
Ein bitterer Ton kam in Carolyns Stimme. »Das ist es nicht, David. Sondern der Mangel an Gefühl bei dir. Wir haben diesen Streit bei so vielen verschiedenen Dingen, und es ist immer der gleiche Streit. Wenn du von der Arbeit nach Hause kommst und wir beide einen harten Tag gehabt haben, dann höre ich wirklich zu, wenn du von deinen Sorgen und Schwierigkeiten erzählst. Ich nehme sie ernst. Aber wenn ich einen schlimmen Tag hatte, mich einsam gefühlt, abgerackert und mit den Kindern gestritten habe, dann brummelst du einfach ein paar Worte dazu und fertig. *Du hörst mir niemals wirklich zu.*« Ihre Stimme unterstrich ihre Worte, sank aber dann in die Mutlosigkeit zurück. »Es kommt mir so vor, als ob du mich überhaupt nicht wichtig findest.«
»Carolyn, ich glaube, da irrst du dich«, erwiderte David mit Bestimmtheit. »Ich finde, daß du meine mangelnde Fähigkeit zuzuhören etwas zu schwarz malst und überhaupt die ganze Sache ziemlich aufbauschst.«
»Na, *jetzt* passiert es doch gerade!« fauchte Carolyn. »Du fegst den Punkt, den ich gerade aufwerfen möchte, einfach vom Tisch.«
Davids maßvolle Verteidigungsversuche wichen jetzt einer wachsenden Erbitterung. »Ich fege es nicht vom Tisch, Carolyn. Ich *sehe* es einfach anders. Es stimmt nicht, daß ich geringschätze, was du fühlst und was dich interessiert. Ich spreche nur zufällig die Worte des Lobes und der Anerkennung nicht in genau der Weise aus, die du erwartest.«

Auch Carolyns Stimme klang jetzt zorniger. »Wir reden hier nicht über *Worte*. Du weißt, daß ich nicht auf nette Phrasen aus bin. Du gerätst ganz aus dem Häuschen über deine verdammten Rechtsfälle – *die* sind wichtig für dich – aber mir gegenüber oder gegenüber dem, was ich tue, hast du nicht gerade starke Gefühle.«

David saß steif in seinem Sessel; seine Stimme hatte einen Tonfall wie ein gespannter Bogen. »Jetzt willst du mir erzählen, was ich fühle; also, das ist doch wohl ein starkes Stück.«

»Dann sag mir doch, was du fühlst, wenn überhaupt«, sagte Carolyn verbittert. Sie schwankte zwischen Zorn und Verzweiflung, bald griff sie David an, bald versuchte sie, ihn zum Angreifen zu provozieren, aber in all ihrer gebändigten Wut war ein Unterton von Hoffnungslosigkeit deutlich herauszuhören.

»Ich bin verdammt wütend auf dich«, sagte David. »Das ist mein Gefühl.«

Carolyn gab ihren Zorn immer weiter auf. »Ich wünschte, ich hätte so viel Hoffnung, daß ich auch mal richtig wütend werden könnte«, sagte sie traurig.

David zögerte und verstummte. Carl und ich sahen, daß der Streit wie üblich zu nichts führen würde; er flackerte kurz auf, wurde dann unter einer Flut von Vorwürfen begraben und endete in stummer Verzweiflung. »Wozu aufgeben und depressiv werden?« fragte ich die beiden. »Wenn Sie weitermachen, dann kommt vielleicht was dabei heraus.«

David faßte sich ein Herz und sagte etwas, das er offensichtlich unterdrückt hatte. »Also, Carolyn, was willst du denn eigentlich? Ich weiß wirklich nicht, was ich tun kann.« Er sprach wie ein Erwachsener zu einem Kind, dessen Forderungen allmählich lästig wurden.

Dieser herablassende Tonfall hatte Carolyn gerade noch gefehlt. »Du kannst von mir aus zum Teufel gehen!« schrie sie wütend. Sie zögerte, und ihre Augen füllten sich mit Tränen. Aber dann siegte ihr Zorn. »Ich sitze hier und bitte dich, mir ein bißchen mehr wirkliche Beachtung zu schenken – es ist schon schlimm genug, wenn man den eigenen Mann bitten muß, daß er einem hilft, sich ein bißchen besser zu fühlen – und du fragst auch noch, was du *tun* kannst.« Wieder war sie dem Weinen nahe. »Bist du denn blind? Taub? Hast du denn überhaupt keine Gefühle für mich?« Das waren Worte, die sie sich nur unter Qualen abrang.

Angesichts ihrer Verletztheit milderte David seinen Tonfall wieder. »Carolyn, darum geht es überhaupt nicht. Meine Gefühle für dich stehen für mich außer Zweifel.« Seine kühle Vernünftigkeit war verglichen mit ihrem offenen Schmerz brutal. »Die Frage ist, ob ich deinen Ansprüchen gerecht werden kann. Und ich finde, daß einige deiner Ansprüche einfach unangemessen sind.«

Carolyns Antwort war so höhnisch, daß sie mich direkt an Claudias frühere Manöver erinnerte. »Ach ja, du findest sie also unangemessen.« Sie versuchte, ihn zu einem Wutausbruch zu bringen. Während der Konflikt sich immer weiter zuspitzte, warfen Carl und ich uns einen Blick zu; wir waren zwar erleichtert, daß die beiden jetzt mehr Direktheit wagten als sonst, aber wir wußten nicht, wohin der Streit führen würde. Die Kinder wirkten bekümmert und hilflos; sie standen ganz außerhalb des Konflikts. Carolyn hatte Erfolg. Die Muskeln an Davids Kiefern traten hervor, so biß er die Zähne zusammen. Dann legte er los: »Also, verdammt noch mal, Carolyn, du verlangst einfach zu viel Aufmerksamkeit und Bestätigung von mir. Manchmal verhältst du dich wie ein kleines verschrecktes Mädchen, dem man die Hand halten soll.« Diese Worte waren gut gezielt; Carolyn zuckte zusammen. Nach kurzem Zögern fuhr David fort: »Und meine Bedürfnisse treffen bei dir auch nicht gerade immer auf den besten Widerhall. Ich muß wohl nicht erst sagen, welche Bedürfnisse ich meine.« Wieder zuckte Carolyn zusammen, dieser Schlag hatte noch besser getroffen. Die Anklage, sie sei ein schlechter Sexualpartner, war offensichtlich sehr schmerzhaft für sie.

Entschlossen, nicht in Tränen auszubrechen, klammerte Carolyn sich an die Armlehnen ihres Sessels und funkelte ihren Mann an. »Und ich lasse mich nicht allein für unsere sexuellen Probleme verantwortlich machen. Du bist manchmal so mechanisch und so gefühllos, daß ich all meine Empfindungen über das, was eine liebevolle Beziehung ausmacht, verraten müßte, um in so einem Augenblick mit dir zu schlafen. Ich finde, ich habe ein *Recht*, von der Person, mit der ich meinen Körper teile, ein bißchen Gefühl zu verlangen! Ich kann einfach zwischen meinen Gefühlen und dem, was ich tue, nicht trennen! Aber du, lieber Himmel, du könntest mitten im schlimmsten Streit ins Bett gehen. Du denkst an nichts anderes.«

Jetzt fing die Auseinandersetzung an, wirklich bösartig zu werden. »Und *das* halte ich für eine Manipulation«, sagte David und fuhr spöttisch fort: »Wenn ich brav Männchen mache und alles fein richtig sage, dann ziehst du vielleicht mein Beischlafersuchen wohlwollend in Erwägung!«

Carolyn war jetzt auch nicht mehr wählerisch. »Und du glaubst, du manipulierst *mich* nicht? Wenn ich mir zu Hause den Buckel krummschufte, dir das Leben recht angenehm mache, auf die leiseste Andeutung hin willig ins Bett hüpfe, dann könnte – könnte! – es passieren, daß du dich so weit herabläßt, mir ein wenig Aufmerksamkeit zu schenken, dir anzuhören, was ich sage, wenn du auch nicht so weit gehst, dich um die Gefühle zu kümmern, die hinter meinen Worten stehen!«

»Oh, Carolyn!«

»Oh, David!« echote sie höhnisch. Zwei Felsblöcke, die zusammenstoßen und sich knirschend gegeneinander reiben; nur die Oberfläche bröckelt etwas ab, keiner kommt weiter. Je länger der Streit dauerte und je deutlicher jeder spürte, daß er beim anderen nicht durchdrang, desto heftiger wurden die Zusammenstöße. Die Auseinandersetzung ähnelte im Aufbau zwar den früheren, aber es gab doch einen deutlichen Unterschied. Diesmal war keiner von beiden bereit, klein beizugeben. Beide hielten so zäh an ihrer Position fest, daß der Streit weiter ging als üblich; entmutigend war allerdings, daß er in eine totale Ausweglosigkeit führte. Aber wenigstens war der schon lange schwelende Krieg endlich offiziell erklärt worden.

»Wenn du mich noch einmal so nachäffst«, brauste David auf, »dann verschwinde ich auf der Stelle, und du kannst diesen Mist allein auseinandersortieren.« Mir zog sich bei dieser Drohung die Brust zusammen, Jetzt war klar, wo Claudia das spöttische Nachahmen und das Weglaufen vor einer Diskussion gelernt hatte.

Carolyn blieb ungerührt. »Bei deinem Engagement für unsere Ehe, könntest du eigentlich genausogut draußen bleiben.« Dann hörte sie aber doch lieber auf, ihn zum Weggehen zu provozieren.

Jetzt war bei David die Grenze erreicht, und er fing an zu schreien. »Carolyn, das stimmt nicht! Du hast kein *Recht*, mir zu sagen, wie sehr ich mich für meine eigene Ehe engagiere! Du bist doch kein Gedankenleser!«

Mit gequälter Stimme kam die Antwort: »Ich habe ein Recht, dir zu sagen, wie einsam, unglücklich und ungeliebt ich mich in dieser Ehe fühle!«

Sie starrten einander an, Tränen strömten über Carolyns Gesicht, und David war rot vor Wut; sie schienen am Rand von Gewalt- oder Verzweiflungsausbrüchen zu stehen. Ich hatte die lebhafte Vorstellung, daß Carolyn mit den Fingernägeln auf Davids Gesicht losgehen und er sie an der Gurgel packen würde. Das war ein

Moment quälender Unentschiedenheit, das Paar in ein Gewirr geheimnisvoller Kräfte verstrickt, die von einem zum andern strömten.

In diesem Augenblick, wo vielleicht etwas Unwiderrufliches hätte geschehen können, mußte ich die beiden anhalten. »Wo soll das hinführen?« fragte ich. Linkische, lächerlich nichtssagende Worte in dieser gefühlsgeladenen Atmosphäre, aber mir fiel nichts Besseres ein. Dennoch wandten beide sich erleichtert mir zu.

»Nirgendwohin«, kam die Antwort fast wie aus einem Mund. Ich war mir da nicht so sicher. Sie hatten schon Mut bewiesen, indem sie den Streit so weit hatten kommen lassen, aber wenn sie mehr erreichen wollten, als sich gegenseitig zu verletzen, dann brauchten sie Hilfe. Als ich die qualvolle Spannung in ihren Gesichtern sah, empfand ich für beide Sympathie. Ich sah, daß ihre Probleme keinen von ihnen allein betrafen, sondern sie beide *als Paar*. Ich sah die Verhaltensmuster, die sie gemeinsam aufrecht erhielten und in denen sie gemeinsam festsaßen, die gemeinsame Qual, den inneren Druck, der beide umspannte. Ich sprach daher beide als ein Ehepaar an. »Es wäre schön, wenn Sie mal über sich *selbst* sprechen könnten. Ihre Worte sind so voller Anklagen und Angriffe. Immer noch ist der andere das Problem.« Ich ließ sie durch meinen Tonfall spüren, daß ich wußte, wie schwer es war, sich zu ändern.

Wir hatten nun schon so lange an ihrer Art, miteinander zu sprechen, gearbeitet, ihnen immer wieder nahegelegt, lieber »ich fühle« als »du bist« zu sagen, ihre Zweifel und Leiden zu beschreiben anstatt anzugreifen. Aber ihre Verbindung brach unter Streß regelmäßig zusammen. Mit deprimierender Gleichförmigkeit kehrten sie immer wieder zu Vorwürfen und Angriffen zurück. Nicht daß sie unfähig waren, diesen Prozeß zu durchschauen; das Problem bestand darin, daß die psychologische Grundlage ihrer Beziehung immer noch gestört war. Es war nach wie vor eine symbiotisch verfilzte Beziehung, und sie nahmen ihre Ehe aufgrund ihrer inneren Unsicherheit und der immer noch deutlich sichtbaren psychischen Schatten, die das Elternhaus über beide warf, oft vollkommen verzerrt wahr. Wenn sie anfingen, einander anzuschreien, empfand jeder von ihnen den anderen wirklich als eine verschlossene Tür, die ihn von seiner eigenen Persönlichkeit fernhielt. Das Tor zu Glück und Freiheit war immer noch der andere. Keiner hatte bisher gewagt, jene letzte Schwelle zu überschreiten, hinter der die Erforschung des Selbst beginnt.

Mein Einwurf brachte ihren Kampf zum Stillstand; etwa eine Minute lang schwiegen sie, fast schuldbewußt. Dann brach Carl das Schweigen, und er schien weit weniger Mitgefühl zu haben. »Tja«, sagte er mißmutig, »scheint wirklich Zeitverschwendung zu sein, wenn Sie nach all den Monaten immer noch darum streiten, wer denn nun Schuld hat. Als ob Sie immer noch glaubten, es könnte *einer* von Ihnen sein.« Die beiden sahen ihn ernüchtert an. »Ich habe nicht den Eindruck, Carolyn, daß ihr gespanntes Verhältnis zur Sexualität ein größeres Problem ist als Davids Angst vor Intimität, oder daß Ihre Unfähigkeit, unabhängig zu sein, mehr wiegt als Davids Unfähigkeit zu geben und Beistand zu leisten.« Mit Bestimmtheit, aber ohne Schärfe fuhr er fort: »Die Frage ist nur, was Sie mit diesen zweiseitigen Problemen anfangen. Keiner von Ihnen ist bisher weiter gekommen, als den anderen unter Druck zu setzen, als ob sich damit irgendwas erreichen ließe.« Sie krümmten sich förmlich unter diesen Worten; beiden war klar, daß sie zutrafen. »Wenn jeder mal sich selbst betrachten würde, dann könnten Sie vielleicht etwas lernen. Dann könnten Sie vielleicht mal anfangen, den anderen um etwas zu bitten, anstatt zu jammern und sich darüber zu beklagen, was der andere alles falsch macht.«

Während Carl sprach, dachte ich noch einmal über den Streit nach und versuchte, die wichtigsten Punkte herauszufiltern. Ich konnte Carls Kritik nicht ganz zustimmen, denn ich sah in dem Kampf der beiden auch eine positive Seite, und die sollte nicht verlorengehen. Ich beschloß, Carl meine Gedanken mitzuteilen. »Weißt du, ich frage mich, ob ihr Streit nicht auch etwas Anerkennenswertes hat. Wir haben ihnen doch gesagt, sie sollten ihren Ärger offener zeigen, und das haben sie getan. Wenigstens sind jetzt einige ihrer Beschwerden ganz klar geworden. Die Frage ist: Wie können sie etwas ändern?« Meine Worte kamen mir selbst steril und unpersönlich vor, und ich wollte irgendwie die Verbindung zu den beiden wiederherstellen. Ich konnte nicht vergessen, mit welcher Dringlichkeit Carolyn ihren Wunsch nach mehr Aufmerksamkeit und Bestätigung vorgebracht hatte. Und ich spürte auch Davids Panik, als er schrie, er könne einfach nicht noch mehr tun.

Als ich Carolyn ansah, merkte ich, daß ihr Zorn wieder der Depression zu weichen begann. Ich war in großer Sorge, daß sie vollständig aufgeben könnte, und dieser Eindruck drängte sich vor alle anderen Möglichkeiten, die ich gerade in Betracht zog. »Sie wollen aufgeben?« fragte ich leise.

»Ja.« Die Leblosigkeit in ihrer Stimme erschreckte mich.
»Und wenn Sie es riskieren?« fragte ich sanft und forderte sie damit auf eine Weise, die sie nicht erwartet hatte. Sie sah mich verblüfft an.
Ein Blick von Carl verriet mir, daß er an meiner Seite war. Es war ein unglaublich zerbrechlicher Augenblick. Carls Worte kamen leise und machtvoll. »Wenn Sie aufhören könnten, *ihn* ändern zu wollen oder Anerkennung von ihm zu verlangen – das könnte der Anfang einer neuen Welt sein.« Carl und Carolyn sahen einander einen spannungsvollen Augenblick lang an, und dann schloß Carl: »Im Mittelpunkt Ihrer Welt wären dann *Sie* und nicht mehr er.«
Der Zeitpunkt dieser Anregung, Carolyns Stimme, Carls Tonfall, die regungslose Verzweiflung der beiden – all das traf so genau zusammen, daß es fast hörbar »Klick« machte, wie wenn man bei einem schwierigen Schloß endlich die richtige Kombination findet. Man wußte, die Tür würde jetzt aufgehen und etwas sehr Wichtiges freigeben. Was es auch sein mochte, es würde bei Carolyn geschehen.
Zuerst ließ sie sich nur in ihren Sessel zurücksinken, als hätten Carls Worte sie aller Kraft beraubt. Sie ließ den Kopf leicht zurückfallen. Ein Arm hing kraftlos über die Armlehne. Sie richtete den Blick an die Decke, ihr Gesicht war starr, traurig und leer. Dann rannen die ersten Tränen seitlich an ihrem Gesicht herunter, die einzige Bewegung im Zimmer. Ein langes, tiefes Ausatmen, wie ein Bekenntnis tiefer Verzweiflung.
»Ich bin wirklich froh, daß Sie den Schmerz *fühlen* können«, sagte ich leise. Ich hatte ein Bild vor Augen: Carl und ich hatten sie durch eine offene Tür an den Rand einer langen Treppe geführt. Ein dicker Teppich bedeckte die Stufen, die weit, weit hinunterzuführen schienen und sich in der Ferne in völliger Dunkelheit verloren. Wir hatten sie hinuntergestoßen und gesagt: »Los, fallen Sie«, und sie stürzte, ein Gewirr von Bewegungen; all das geschah in diesem Augenblick und sah doch zugleich so aus, als würde es nie mehr aufhören. Sie fiel und fiel, und wir, die sie gestoßen hatten, mußten sie auffangen.
Einen einzigen Laut hörten wir von ihr, der zugleich Schrei und Klage war, letzter Ausdruck der Qual. Dann zerbrach ihre Stimme wie ein Strom, der über den Rand eines Wasserfalls schießt. Heftige, zerrissene Laute brachen aus ihr hervor und stürzten mit ihr in die Tiefe. Sie machte keinen Versuch, ihre Traurigkeit zu verbergen, und ihr ganzer Körper wurde davon ergriffen. Ihre

Brust hob und senkte sich heftig, das tränenüberströmte Gesicht war gegen uns alle verschlossen. Der Schmerz überflutete sie in Wellen, bald nachlassend, bald mit verdoppelter Kraft wiederkehrend. Das Schluchzen schüttelte sie immer heftiger, und man bekam den Eindruck, es wollte nie wieder aufhören. Alle Anwesenden waren wie gelähmt von der Gewalt ihres Schmerzes, die Kinder starrten sie entsetzt an, David saß mit offenen Mund und stumm da. Carl und ich konnten nichts tun als zusehen.
Carolyn hatte das kleine Kissen, das auf ihrem Sessel lag, genommen und preßte es an sich, als enthielte es das Leben. Es schien ihr gut zu tun, denn allmählich ließ das Weinen nach. Nichts stand ihrem Wehklagen im Weg; ihre Traurigkeit war einfach aufgebraucht. Die Weinkrämpfe ließen an Stärke und Häufigkeit nach, wurden weicher wie durch wieder wachsende Zuversicht gemildert. Wie ein Kind, das sich fast in Schlaf geweint hat, schien Carolyn die schreckliche Einsamkeit hinter sich gelassen und sich selbst angenommen zu haben. Sie war sehr tief gestürzt und fand sich nun in ihrem eigenen Körper wieder, abgeschlossen, ganz für sich. Immer noch preßte sie das Kissen an sich.
Carl sagte leise: »Sie könnten auch sich selbst so halten.«
Ohne die Augen zu öffnen oder sich von der Stelle zu rühren, ließ Carolyn das Kissen fallen und schlang ihre Arme fest um ihren Körper.
»Ich fühle mich *so* allein«, sagte sie leise.
»Aber das sind Sie nicht«, sagte Carl. »Sie haben sich selbst.« Sie wollte wieder etwas sagen, aber Carl unterbrach sie, weil er nicht wollte, daß sie schon sprach. »Fühlen Sie Ihren Körper?« fragte er. »Können Sie sich zugestehen, ihn bewußt zu erleben?«
Carolyn schien zu verstehen, worauf Carl hinauswollte; sie entspannte sich in ihrem Sessel, ihr Atem wurde tiefer und gleichmäßiger. Ihre Augen waren immer noch geschlossen, das Gesicht vom Weinen verschwollen. »Fühlen Sie Ihren Atem?« fuhr Carl fort. »Machen Sie tiefe und lange Atemzüge. Denken Sie nur ans Atmen.« Carolyn ließ sich weich zurückfallen, vertrauensvoll, wie in die Arme einer Mutter. Ihre Brust hob und senkte sich rhythmisch, der Atem war kaum hörbar. Wir alle entspannten uns mit ihr, tief erleichtert. Sie ruhte ganz in sich selbst.
Immer noch in dem hypnotischen Schweigen, das über der Gruppe lag, gefangen, bemerkte ich einige Minuten später, daß Laura neben Carolyns Sessel stand. Sie legte ihre Hand auf die Hand der Mutter und Carolyn schreckte hoch und öffnete die

Augen. Dann sah sie die bange Frage im Gesicht ihrer Tochter. »Oh, Laura«, sagte sie und schloß die Kleine lächelnd in die Arme. »Alles ist gut.« Sie strahlte, als sie Laura ansah. »Ich *mußte* einfach weinen.« Laura weinte ein wenig vor Erleichterung.

Carolyn war verwandelt. Ihr Blick war klar und direkt, ihre Stimme rauh aber ruhig, als sie jetzt zu Carl sagte: »Was ist mit mir passiert?«

Mir fiel das Bild wieder ein, das ich vor Augen gehabt hatte, und ich antwortete: »Sie sind eine Treppe runtergefallen und haben sich selbst wieder gefangen.« Ich lächelte; sie auch. Don und Claudia wollten auch mit ihrer Mutter sprechen, und das Gespräch lebte wieder auf.

»Ich wußte gar nicht, daß du *so* weinen kannst«, sagte Don.

»Ich auch nicht«, antwortete Carolyn.

Erst jetzt fiel ihr wieder ein, daß sie sich mit David gestritten hatte, und sie wandte sich ihm wieder zu. Er war die ganze Zeit stumm geblieben, sichtlich erschrocken. »Wo waren wir stehengeblieben?« fragte sie ein wenig scherzhaft, als müßten sie jetzt den liegengebliebenen Konflikt wiederaufnehmen.

»Ich glaube, wir hatten uns gerade gegenseitig an der Kehle«, sagte David, aber seine Bemerkung war ernst.

Auch Carolyn wurde wieder ernst. »Also, meine Wut auf *dich* kann ich ein bißchen wiederbeleben, wenn du willst.« Das war eine Warnung.

»Nein, lieber nicht«, sagte Carl zu ihr. »Sie sind der Ehe für ein paar Minuten entkommen. Bleiben Sie doch bei sich. Vergeuden Sie sich nicht an diesen Krieg.«

»Aber ich *bin* nun mal wütend auf ihn!« sagte sie ärgerlich. Ich sah, daß der machtvolle Zwang zu streiten wieder über sie kam.

»Vielleicht hilft es, wenn Sie die Augen schließen«, sagte ich. »Denken Sie an sich.« Carolyn versuchte es, schloß die Augen, das Gesicht immer noch David zugewandt. Eine ganze Minute saß sie aufrecht da, die Aufmerksamkeit nach innen gewendet.

Mitten in diese schwebende Stille hinein fielen leicht zögernd Carls Worte: »Wir müssen aufhören, wir sind schon über die Zeit.

Am Sonntag nach dieser Sitzung rief David mich ganz aufgeregt an. »Carolyn weint schon seit drei Stunden«, sagte er. »Sie kann gar nicht mehr aufhören, und ich weiß nicht, was ich tun soll. Sie ist ziemlich hysterisch.«
»Was ist passiert?« fragte ich besorgt. Sehr abhängige Einzelpatienten rufen ihren Therapeuten oft zu den unmöglichsten Zeiten an, als hätten sie wie ein Kind das Recht, den »Vater« jederzeit zur Verfügung zu haben. Aber Familien rufen in der Regel nur an, wenn wirklich etwas Schlimmes geschehen ist. David erklärte, er und Carolyn hätten sich gestritten und er wüßte nicht einmal mehr, was er gesagt hatte, das sie so furchtbar getroffen hatte. Jedenfalls sei sie von einem schrecklichen Weinkrampf überwältigt worden.
»Was soll ich tun?« fragte er. Das fragte ich mich auch.
»Glauben Sie, sie könnte einen Selbstmord versuchen?« fragte ich. Ich versuchte, den Ernst der Ereignisse abzuschätzen, die sich da gegen meinen Sonntagnachmittag verschworen.
»Keine Ahnung«, gab David zurück. »Bei ihr weiß man nie so genau, woran man ist.«
Ganz klar, ich mußte eine Entscheidung treffen. Ich hörte Carolyn zwar über das Telefon nicht weinen, aber ich sah sie deutlich vor mir, die schmalen Hände vors Gesicht gepreßt, der Körper gekrümmt unter der Anstrengung.
Ich entschied mich für ein Glücksspiel. »Wissen Sie was?« sagte ich zögernd zu David, merkte dann aber, daß ich ihn mit einem halbherzigen Vorschlag nur unsicher machen würde und sagte fest und entschlossen: »Bleiben Sie einfach bei ihr. Lassen Sie sie nicht allein, aber versuchen Sie auch nicht, irgendwas zu *tun.*« Ich wartete und ließ mein Gefühl im nächsten Satz deutlich mitschwingen: »Seien Sie einfach bei ihr.« Ich wollte ihn spüren lassen, daß er einfach nur mitfühlen sollte und sie nicht irgendwie bedrängen, um sich selbst besser zu fühlen. »Und rufen Sie mich in ein paar Stunden wieder an, wenn es ihr dann nicht wieder gut geht.« Ich wußte selbst nicht, was ich mit »gut« meinte, aber ich dachte mir, daß David sicher übervorsichtig sein würde.
»Ja, gut«, sagte er und wiederholte meine Worte, als müßte er sich selbst Mut zusprechen. Man konnte es ihm nicht verdenken.

Den ganzen Nachmittag machte ich mir Sorgen. Ich hatte so viel Ruhe, daß wir uns ebensogut zu einer Sitzung hätten treffen können. In beunruhigende Gedanken versunken saß ich wie hinter einer Glaswand; Margaret und die Kinder hatten wenig von mir. Endlich wurde ich durch das Läuten des Telefons befreit. »Gus?« fragte David. Ich konnte seiner Stimme nicht anhören, was los war, freute mich aber, daß er mich mit dem Vornamen ansprach. »Ich dachte mir, ich sollte Ihnen Bescheid geben, daß es Carolyn wieder besser geht.« Die Erleichterung war jetzt in seiner Stimme zu hören, und auch für mich waren seine Worte eine Wohltat. »Wir sind lange spazierengefahren«, erklärte er, »das scheint uns beiden immer zu helfen. Sie hat sich dabei langsam beruhigt. Sie weiß selbst nicht genau, was sie so aus der Fassung gebracht hat, aber jetzt ist sie wirklich ziemlich wiederhergestellt.«

»Will sie mit mir sprechen?« fragte ich. Gedämpftes Gespräch am anderen Ende.

»Nein«, meldete David sich wieder. »Ich soll Ihnen nur dankeschön sagen.«

Ich wußte nicht recht, wofür sie mir dankte, aber ich war froh, daß David angerufen hatte. Er muß wohl an meinem Tonfall gehört haben, daß ich mir Sorgen machte. »Danke für den Anruf, David«. Der Abend war gerettet. Ich spürte, daß etwas wirklich Gutes geschehen war.

Erst bei unserem nächsten Treffen verstand ich, daß ich genau das Richtige getan hatte. Ich erwartete, daß Carolyn immer noch niedergedrückt war; statt dessen strahlte sie, wirkte ausgeruht und energiegeladen. Sie und David schienen sich nähergerückt zu sein, anscheinend ein Ergebnis des sonntäglichen Dramas. »Ich weiß nicht, was passiert ist«, sagte Carolyn. »Wir hatten einen Streit, und plötzlich hatte ich das Gefühl, daß David herzlos, grausam und völlig unerreichbar war. Ich konnte es nicht mehr aushalten, fing an zu weinen und konnte nicht mehr aufhören. Ich weiß, es war nicht nur das, was er gesagt hatte, es hatte mit vielen anderen Dingen in meinem Leben zu tun, aber ich hatte mich einfach nicht mehr in der Gewalt.«

»Und wie sind Sie da schließlich wieder rausgekommen?« fragte Carl; er fühlte sich ein wenig ausgeschlossen.

»Wir fuhren in der Gegend herum«, sagte Carolyn, »und haben irgendwo an der Straße angehalten. Ich weiß nicht mehr, was David gesagt hat, aber ich erinnere mich sehr gut daran, daß er mir über die Stirn gestreichelt hat.« Sie warf ihm einen warmen Blick zu. »Sehr zärtlich.« Dann lächelte sie und fügte liebevoll hinzu: »Für seine Verhältnisse.«

In der späteren Diskussion wurde Carl und mir klar, daß wir bei Carolyns Zusammenbruch in der letzten Sitzung freundlich und mitfühlend reagiert hatten. Damit hatten wir aber zugleich die Ehe aus dem Gleichgewicht gebracht. Carolyn spürte bei uns ein Feingefühl, nach dem sie sich bei David seit langem vergeblich sehnte. Als sie ein paar Tage später wieder in einen Streit gerieten, sah Carolyn sich plötzlich überdeutlich mitten in dem rauhen, öden Land ihrer Ehe stehen. Ihr Schmerz umfaßte jedoch viel mehr, sie weinte für all die Einsamkeit und Traurigkeit, die sie in ihrem Leben schon erfahren hatte. David war nur die letzte und längste ihrer fehlgeschlagenen Beziehungen.

Als er mich anrief, spürte ich irgendwie, daß ich nicht in Person gebraucht wurde. Alles, was ich tun mußte, war offenbar, David die Erlaubnis zu geben, liebevoll und mit Feingefühl auf seine Frau einzugehen. Ohne genau zu wissen, was ich tat, sagte ich ihm, was er tun sollte, und er tat es. Nein, eigentlich *tat* er nichts, sondern *war* einfach liebevoll. Das Paar hatte die Krise, ohne sich dieses Zusammenhangs bewußt zu sein, zu einer Zeit »anberaumt«, wo Carl und ich normalerweise nicht erreichbar sind – sie hatten von uns ja schon ein Modell für das, was sie sich wünschten. Jetzt brauchten sie nur noch einen Schubs, der ihren Mut verstärkte. Dafür hatte Carolyn dankeschön gesagt – daß ich die beiden ihre eigene Lösung finden ließ und David einen kleinen Anstoß gab, der ihm ermöglichte, feinfühliger als sonst zu sein.

Carolyns Ausbruch von Traurigkeit und Schmerz zeigte das Ende ihrer Bereitschaft an, das Leben, so wie es war, zu ertragen. Die Krise stand zu ihrer unbewußten Bereitschaft, sich zu entwickeln, in Beziehung. Sie hatte das Gefühl, isoliert, ungeliebt und unerfüllt zu sein, fast ihr ganzes Leben lang ertragen, und jetzt sehnte sie sich verzweifelt nach etwas Besserem. Als ihr immer klarer wurde, daß ein erfüllteres Leben möglich war, faßte sie den Mut, ihre ganze Verzweiflung preiszugeben.

Als sie jedoch diesen Krampf von Schmerz und Verzweiflung überstanden hatte, kam eine Art Frieden über sie. Das Schlimmste war eingetreten: Sie hatte sich bis an den Rand des Wahnsinns vorgewagt und einen Blick über die Grenze geworfen. Sie war zu einer inneren Entscheidung gekommen; vielleicht war es die Entscheidung zu leben. So lange hatte Carolyn sich zwischen den Dornen innerer Zweifel und Widersprüche hindurchzuschlängeln versucht; jetzt endlich, als seien diese Zweifel einmal zur Ruhe gekommen, war sie bereit, sich aufmerksam umzusehen. Sie war sich plötzlich der äußeren Welt und des gegenwärtigen Augenblicks bewußt. Es war, als sei sie zum ersten Mal seit vielen Jahren wach, ihre Augen glänzten vor Neugier. Der Schwung, den der »Zusammenbruch« ihr gegeben hatte, ließ sie unaufhaltsam ihren Weg gehen. Jetzt, wo sie sich besser fühlte, würde sie sich von nichts mehr aufhalten lassen.

Carolyns Begeisterung für sich selbst war eine Sache, die nicht nur sie betraf. Sie war »auserwählt«, in der Ehe der erste zu sein, der das Streben nach ehelicher Harmonie zugunsten der Selbstsuche aufgab – koste es, was es wolle. Carl und ich unterstützten diese Verschiebung der Perspektive. Jede dauerhafte Lösung der Eheprobleme ließ sich nur auf eine vollkommen neue Art der beiden, sich selbst wahrzunehmen, begründen. Beide brauchten mehr Unabhängigkeit, mehr Mut und mehr Selbstvertrauen. Carolyn war nur der Pfadfinder auf dem neuen Gebiet der Persönlichkeit.

Nicht alle Paare »planen« ihre Entwicklung auf diese Art. Manchmal entwickeln sich die Partner miteinander, verlieren nie den Kontakt zueinander und zu sich selbst. Bei manchen Paaren wird der Ehemann dazu »bestimmt«, unglücklich zu werden und auf Veränderung zu drängen. Aber bei sehr vielen Familien läuft es ab wie bei Familie Berger: Die Frau ist Pionier; ihr wird zuerst die Möglichkeit eines besseren Lebens bewußt, und sie sucht verzweifelt nach Wegen, es zu erreichen. Das Bedürfnis der Frau, ihre Erfahrung auszuweiten, ist heute sogar schon so mächtig, daß es für das therapeutische Unternehmen gar nicht mehr entscheidend ist, ob die Frau weiterhin unbeirrbar ihre Ziele verfolgt, sondern ob der Mann in der Lage ist mitzuziehen. Denn wenn die Ehemänner sich nicht der neugefundenen Initiative ihrer Frauen anpassen können, ist die Ehe in Gefahr.

David und Carolyns Probleme waren nicht nur Eheschwierigkeiten, sondern Ausdruck grundsätzlicher Mängel in der Beziehung jedes einzelnen zu sich selbst. Natürlich hatten beide im Elternhaus gelernt, ihre Gefühle zu unterdrücken und den eigenen Wert zu bezweifeln. Aber diese Tendenzen waren nun fest im Innern verankert; der Umgang mit den Eltern spielte dafür keine Rolle mehr. Die Ehe gab ihnen nun die Möglichkeit, sich an den inneren Problemen vorbeizudrücken. Übereinstimmend und unbewußt hatten sie sich einen Fundus von Beschwerden geschaffen, die sie einander abwechselnd vorhielten, und so konnten sie vermeiden, sich selbst zu betrachten und zu erfahren. Obgleich sie die Ehe als ein Gefängnis empfanden, hatte eigentlich jeder die Kerkermauern in sich selbst. Carolyn gab David die Schuld für all ihr Unglück, aber ihr Leiden erzeugte sie zum größten Teil selbst. Und David, obwohl zurückhaltender, benutzte das gleiche absurde Alibi: Wenn Carolyn nur anders wäre. Und so sah jeder im anderen einen Urvater oder eine Urmutter, ein Wesen, das die Gewalt über Unterdrückung und Erlösung in den Händen hielt. Es war ein Saal voller Spiegel, Traumbilder und Phantomgestalten.

Durch ein machtvolles Erlebnis voller Schmerz und Verzweiflung entdeckte Carolyn sich selbst. Ihre schreckliche Fixierung auf David trug sie nicht mehr, und sie stürzte weinend tief hinunter. Am Ende dieses langen Sturzes fand sie wirkliche Einsamkeit, aber auch Erleichterung. Gewiß, Carl und ich waren da. Aber auch ihr eigener Körper. Durch die Bestätigung, die die Erfahrung ihres eigenen Körperempfindens ihr gab, wurde es ihr vielleicht möglich, größere Unabhängigkeit von David zu wagen.

Ob sie ihre neue Stärke aus der Unterstützung durch Carl und mich gewann oder aus der größeren Selbstachtung nach so viel überstandener Verzweiflung oder aus dem neuen Bewußtsein ihrer eigenen Empfindungen – jedenfalls begann Carolyn, mit ihrer neuen Einstellung zu experimentieren. Die meisten der Ereignisse, die ihr wie ein Erwachen, ein Hahnenschrei, erschienen, fanden außerhalb der Therapiestunden statt. Carolyn wollte nicht nur von David unabhängiger sein, sondern auch von den wöchentlichen Sitzungen. Sie berichtete jedoch stets von diesen Ereignissen und begann meist mit dem Satz: »Letzte Woche ist mir was Interessantes passiert.«

Dann erzählte sie: »Wir, David und ich, haben diese Sache, die schon seit Jahren ein Problem ist. Ich möchte oft früher ins Bett gehen als er, obwohl ich da – zugegeben – weniger vorhabe als er; meist will ich einfach nur schlafen.« Sie lächelte. »Neulich abend habe ich David wie üblich bedrängt, mit ins Bett zu kommen. Und er fing wie üblich an, in seinen Papieren auf dem Schreibtisch herumzuwühlen, um eine Ausrede zu finden.« Sie hielt inne, als wäre ihr gerade etwas Neues eingefallen. »Ich nehme an, daß ich einfach Angst habe, allein ins Bett zu gehen; jedenfalls wurde ich ärgerlich. Und dann kam mir plötzlich der Gedanke, daß ich auch ohne ihn ins Bett gehen könnte! Das klingt vielleicht komisch, aber für mich war das eine revolutionäre Idee. Was würde ich ohne mein Samt-und-Sandpapier-Schlaftier anfangen? Dann ging es mir auf, wie in einer Vision: Ich würde einfach einschlafen!« Ich hatte Carolyn noch nie komisch gefunden, aber ihre Selbstironie brachte mich fast zum Lachen. »Und genau das hab ich gemacht.« Sie sah David herausfordernd an. »Und wissen Sie was? Als er eine halbe Stunde später nach oben kam, war er regelrecht sauer, daß ich ohne ihn ins Bett gegangen war. Er hat mich aufgeweckt und herumgeknurrt.«

»Ehe, wie sie leibt und lebt«, lachte Carl. »Mach einen Schritt anders, und der ganze verdammte Tanz kommt durcheinander.«

Das Fesselnde an diesem unglaublichen Vorgang war, daß Carolyn *ihren* Schritt änderte und David nicht mehr zu einer Änderung *seines* Schritts zu zwingen versuchte. Und da entdeckte sie zu ihrem Erstaunen, daß er von ihrem Verhalten abhängig war. Als sie ihn nicht mehr drängte, mit ins Bett zu kommen, und einfach tat, was sie wollte, fühlte er sich hintergangen. Und das war er auch. Carolyn beschäftigte sich immer weniger mit der Frage, was David tat und fühlte. Langsam zuerst, aber unbeirrbar begann sie, ihre eigene Linie zu finden.

Etwas später erzählte sie: »David kann Partys nicht ausstehen. Aber ich geh gern mal auf eine Party.« Ihre Munterkeit, die immer mehr zum Durchbruch kam, wirkte auf Carl und mich sehr anziehend. »Neulich abend hat sich bei uns mal wieder die übliche Szene abgespielt, die natürlich darin besteht, daß ich ihm immer wieder sage, er soll sich beeilen. Ich komme nicht gern zu spät. Normalerweise stehe ich dann im Mantel irgendwo rum, warte und rauche. Diesmal hatte ich die Idee, beim Auto zu warten, und dabei fühlte ich mich viel besser. Ich war eben in Gedanken dabei, ohne ihn loszufahren, als er aus der Tür gestürzt kam.«

»Ich hab wohl was geahnt«, sagte David. Bei den meisten dieser Enthüllungen behielt er seinen Humor, obwohl ihm sicher nicht ganz wohl in seiner Haut war, während Carolyn in diesen Wochen eifrig »interessante neue Erfahrungen« sammelte.

»Was ich aber eigentlich erzählen wollte«, sagte Carolyn und sah ihren Mann liebevoll an, »ist *auf* dieser Party passiert. Gastgeber waren Leute, die gern tanzen und eine Menge Geld haben. Eine Band war da, und diese kleine Gruppe hat mit ihrem elektronischen Arsenal in dem großen Speisezimmer so richtig Dampf gemacht. David und ich haben getanzt, und es hat uns Spaß gemacht. Dann fing David mit einem seiner Anwaltsgenossen eine lange Diskussion an, und ich kam mir ziemlich ausgeschlossen vor. Also fing ich wieder an zu tanzen, und zwar mit jedem, der mich

aufgefordert hat. Und ich, gute, alte deprimierte Carolyn, hab mich dabei richtig amüsiert, und das hat man mir wohl auch angesehen, denn ich bin immer wieder aufgefordert worden.« Davids Humor wirkte an dieser Stelle leicht erschüttert. »Als dann unsere eheliche Geisterstunde kam, wollte David nach Hause. Aber ich wollte nicht, und das hab ich auch gesagt.«
»Ich hab ihr dann vorgeschlagen, sie soll dableiben und mit Fae, unserer Nachbarin, nach Hause fahren«, warf David ein.
»Aber du hast wohl nicht erwartet, daß ich das Angebot annehme«, sagte Carolyn ernst. »Sonst hättest du dich doch nicht so aufgeregt, als ich nach Hause kam.«
»Um *halb* zwei?« fragte David, bekümmerter »Vater« einer gerade erwachsen werdenden Ehefrau.
»Zwei lumpige Stunden!« sagte Carolyn. »Wenn du wüßtest, wie viele Stunden ich schon auf *dich* gewartet habe!«
»Aber nicht mitten in der Nacht!« wandte David ein. Carolyns breites Lächeln zeigte an, wie sehr sie es genoß, ihren Mann eifersüchtig gemacht zu haben. Diese Diskussion setzte sich noch eine Weile ohne weitere Höhepunkte fort. Das Miteinander, dieser Klebstoff, der schon so viele einzelne an freudlosen Ehen festgeleimt hat, hatte versagt. Zumindest Carolyn hatte ein gewisses Maß an Eigenständigkeit erreicht und genoß sie auch.
Carl und ich bemerkten, daß David dabei in eine immer unangenehmere Lage kam, und gaben uns große Mühe, bei ihm das gleiche Interesse an sich selbst zu wecken, das Carolyn entdeckt hatte. Vielleicht war es einfach nur Carolyns »Zeit« oder David brachte nicht genug Mut auf – jedenfalls geschah nichts. David konnte über sich sprechen, aber es blieb immer äußerlich. Er dachte und machte weiterhin, während seine immer lebendiger werdende Frau sich von einer Welle neuer Erfahrungen mitreißen ließ, und nichts konnte sie davon abhalten.
Noch später: »Unsere Kinder sind total verzogen. Sie tun im Haushalt fast nichts. Das will ich ändern.« Eine Woche später hatte Carolyn für jeden einen »Dienstplan« aufgestellt. David hatte daran mitgewirkt, und er stand sogar selbst auf der Liste. Er war jetzt nicht mehr nur Hauptteilhaber einer Anwaltsfirma, sondern befehligte auch das Putzkommando, das nach dem Abendessen aufräumte. Carolyn war nicht mehr aufzuhalten.
Die Kinder waren in der Therapie zu Randfiguren geworden, nahmen aber gelegentlich noch an den Sitzungen teil. Mit Recht wurde ihnen die interne Ehepolitik der Eltern mit der Zeit lang-

weilig, und wir erlaubten ihnen zu kommen, wann sie wollten. Claudia kam öfter als Laura und Don; der Prozeß der Therapie faszinierte sie. Gelegentlich warf sie Fragen aus ihrem eigenen Leben auf, und sie verfolgte den Versuch ihrer Mutter, sich zu entwickeln, mit wirklichem Interesse. Da sie die Älteste war, hatten die Widrigkeiten der Ehe für sie schon etwas mehr Bedeutung als für die beiden anderen Kinder. Und die Möglichkeit, den Kampf der Eltern um eine bessere Beziehung zu verfolgen, ist ein seltener Glücksfall.

Carolyns Weg aus der Depression war nicht gerade und eben. Immer wieder machte sie Talfahrten in ihre alten Stimmungen, vor allem dann, wenn sie auf Hindernisse stieß. Dann kam sie völlig am Boden zerstört und voller Selbstanklagen zur nächsten Sitzung. Depression ist zum Teil eine Form des Sich-Gehenlassens – manchmal ist es wirklich leichter, sich selbst anzugreifen als jemand anderem unbequem zu sein –, und deshalb konnten wir ihr nicht immer liebevoll und tröstend beispringen.

Oft wurde ich regelrecht wütend, wenn ich sah, daß sie sich von David einfach unterbuttern ließ. »Wenn Sie zulassen, daß David eine Stunde zu spät zum Abendbrot kommt, ohne auch nur anzurufen, dann verdienen Sie nichts Besseres als Depressionen. Warum sollten wir da Mitleid haben? Wenn ich bei Margaret mit so was durchkommen würde, dann würde ich es auch nicht anders machen.«

Carls Neigung zu paradoxen und scheinbar widersinnigen Aussagen (die in diesem Buch viel zu wenig zur Geltung kommt) war an einer Stelle besonders hilfreich. Carolyn hatte sich eines Morgens geärgert, als David gerade zur Arbeit gehen wollte (ein von Ehepaaren bevorzugter und relativ sicherer Zeitpunkt für einen Streit), und den ganzen Tag wurde sie den Ärger nicht los. Er kam wieder nicht rechtzeitig heim, und sie beschloß, nicht mehr auf ihn zu warten. Als sie in die Küche rannte, um einen überkochenden Topf vom Herd zu nehmen, stolperte sie und verstauchte sich übel den Fuß.

Carl sah sich in der darauffolgenden Sitzung das verbundene Fußgelenk an und sagte: »Das ist überhaupt eine Idee. Haben Sie schon mal daran gedacht, Alkoholikerin zu werden? Das könnte sehr nützlich sein.« Ein ganz feines Lächeln lag auf seinem Gesicht, dessen Bedeutung freilich nicht zu erkennen war.

Carolyn: »Nein, danke, ich hab auch so schon genug Probleme.«

Carl: »Aber denken Sie an die Vorteile. Alle hätten dann ein

schlechtes Gewissen deswegen. Die Kinder würden Ihnen mehr helfen, und David müßte früher nach Hause kommen, damit Ihnen nichts passiert. Vielleicht würde die Verantwortung für eine Alkoholikerin David sogar dazu verhelfen, liebevoller zu sein.«
»Nein, kein Interesse.«
Vor Erstaunen über Carls Ausfall vergaß sie, daß sie grämlich dreinschauen mußte.
Carl ließ sich nicht bremsen. »Was ist denn los? Wollen Sie für Ihre Familie denn keine Opfer bringen?«
»Ich opfere schon eine Menge«, gab Carolyn zurück und wurde allmählich böse.
»Aber Sie müssen vielleicht noch viel mehr opfern, wenn Sie Ihrer Familie, vor allem Ihrem Mann, helfen wollen. Kennen Sie die Geschichte vom barmherzigen Samariter?«
Carolyn schnaubte wütend: »Natürlich kenn ich die.«
Carl ignorierte die Sturmzeichen in ihrem Gesicht. »Also, er hat doch diesen Räuber gefunden, nicht . . .«
Carl brauchte nur noch wenige Minuten auf Opfermut und Hilfsbereitschaft herumzureiten; Carolyn tauchte sehr schnell aus ihrer Depression auf und ging direkt auf Carl los: »Hören Sie, Sie Miststück. Ich habe keine Lust, mich noch mehr zu opfern, als ich es schon tue!«
Wir liebten an ihr diese Bereitschaft, sich den steinigen und gewundenen Weg nach oben zu erkämpfen. Wir kämpften mit ihr, um sie in Bewegung zu halten, und wenn sie wirklich mutlos war, nahmen wir sie in die Arme – nicht körperlich natürlich, aber auch das hätten wir getan, wenn sie uns darum gebeten hätte. Carl und ich sind, was körperlichen Kontakt mit unseren Patienten angeht, sehr zurückhaltend, aber wir scheuen uns nicht, etwas für sie zu empfinden.
Carolyn interessierte sich immer mehr für ihr Elternhaus; sie unternahm sogar ein paar »Forschungsreisen« zu ihren Eltern. »Ich will sehen, wie ich mich verhalte, wenn ich bei ihnen bin. Vielleicht hat sich nach all diesen Sitzungen was verändert.« Sie kam mit Beobachtungen und Fragen zurück und mit dem vagen Gefühl, daß zwischen ihr und ihren Eltern etwas anderes möglich war. Auszüge aus ihren Berichten:
– »Wissen Sie, es ist wirklich erstaunlich, wie rücksichtsvoll und still ich in der Nähe meiner Mutter werde.« Sie nahm deutlich wahr, daß sie dieses Verhalten direkt auf ihren Mann übertragen hatte.

– »Mein Vater ist so zum Auswachsen passiv. Und dann diese versteckten Seitenhiebe, mit denen er meine Mutter traktiert. Auf seine klammheimliche Art geht er ihr wirklich unter die Haut.« Sie sah, daß ihr Vater nicht einfach nur Opfer war.
– »Glauben Sie, daß ich einen so karrierebewußten Mann geheiratet habe, weil mein Vater niemals *irgendwas* getan hat?« Mir gefiel die Art, wie sie neuerdings Worte hervorhob. Spannend war auch zu beobachten, wie sie nach neuen Ideen suchte und sie auch fand. Sie hatte in ihrem Kampf die Initiative an sich gerissen und wurde dadurch auch ihr eigener Therapeut.
– »Glauben Sie, daß es eine Gegenreaktion auf die gräßliche Herrschsucht meiner Mutter ist, wenn ich mich David unterwerfe?« Es war immer ein seltsames Gefühl, wenn sie uns Gedanken, die wir ihr vor Monaten nahegelegt hatten, als ihre eigenen präsentierte. Natürlich hatte Carolyn unsere Interpretationen damals gehört, aber sie war noch nicht bereit gewesen sie aufzunehmen. Jetzt war die Zeit gekommen, und der Gedanke tauchte aus dem Unbewußten wieder auf.
– »Ich glaube, meine Mutter ist nicht annähernd so schlimm, wie sie meinem Vater und mir vorkommt. Sie hat sogar eine ganze Portion Humor.«
– »Welchen Platz mein Bruder wohl in dem ganzen hat.«
– »Ich hab eine Idee gehabt. Meine Briefe an meine Eltern fangen immer mit ›Liebe Mama, lieber Papa‹ an. Aber die Antworten kommen immer von meiner Mutter. Ich frage mich, ob er meine Briefe überhaupt zu lesen kriegt. Was meinen Sie, wenn ich direkt an ihn schreibe, nur an ihn, ob er dann antwortet? Oder wenn ich anrufe, ob Mutter mich dann mit ihm sprechen läßt, ohne mitzuhören? Was glauben Sie, weshalb er und ich nicht miteinander reden dürfen – außer über Mutter?« Guter alter Ödipus und Schwester Carolyn.

Während Carolyn ihren Weg weiterging und neue Kräfte in sich zu spüren begann, entwickelte sie eine ziemlich aufreibende doppelte Perspektive. Obgleich sie neue Möglichkeiten für ihr Leben sah, auf die sie früher nicht einmal einen Blick zu werfen gewagt hätte, hatte sich die praktische Seite ihres Lebens kaum verändert. Vieles war neu – vor allem ihre Fähigkeit, sich gegen David zu behaupten – aber die ermüdende tägliche Routine war nicht anders als früher. Sie fand zwar oft Zeit zu lesen, in Frauenorganisationen mitzuarbeiten und ausgiebig mit Freunden zu plaudern, aber im Mittelpunkt ihres Tagesablaufs stand immer noch die Hausarbeit.

Mit einem Seufzer rang sie sich schließlich dazu durch, ihre Einstellung zu dieser Situation darzulegen.
»Wissen Sie, das mag zwar schrecklich banal klingen, aber eins von meinen Problemen ist, glaube ich, daß ich mich langweile. So gerne ich Hausfrau bin – meistens bin ich es wirklich gerne – ich glaube, ich brauche noch was anderes.« Dann sah sie Carl und mich verstohlen an. »Meinen Sie, meine Familie würde das aushalten, wenn ich halbtags arbeiten würde?«
»Nee«, sagte Carl. »Das würde ich gar nicht erst versuchen.«
»Warum fragen Sie sie nicht einfach«, schlug ich ernsthaft vor.
Für eine Frau, die sich um ihre Kindheit betrogen fühlte, weil ihre Mutter immer arbeiten *mußte*, war dies ein bedeutungsvoller Augenblick. Schon der bloße Gedanke, nicht immer ständig für ihre Kinder zur Stelle zu sein, erzeugte bei ihr Schuldgefühle, und sie war den Tränen nahe. Dann war da als weitere Komplikation noch ein Ehemann, dessen Mutter nie einen Gedanken daran verschwendet hatte, etwas anderes zu sein als Hausfrau; im Elternhaus hatte es David immer sehr bequem gehabt, und deshalb freute er sich, daß Carolyn mit ihrer Häuslichkeit diesen Zustand fortsetzte. Ihm gefiel es, »Mutter« Carolyn daheim zu haben, und wie sein Vater überwachte er pedantisch die Haushaltsführung seiner Frau. Seine Kritik an Carolyns Arbeit war ein weiteres Beispiel für sein ständiges Bemühen, alles in seine Richtung zu zwingen. Carolyn fühlte sich sehr unwohl, als sie der Familie die Frage vorlegte, obwohl es natürlich alle (außer Laura, die gerade nicht zu Hause war) richtig fanden, daß sie sich eine Arbeit suchen wollte. Carolyn mißtraute dieser Versicherung mit Recht, denn dieser Gedanke war für die Familie in der Theorie sicherlich sehr viel leichter zu akzeptieren als in der Praxis. Trotzdem, und vielleicht auch durch Zuspruch von Carl und mir unterstützt, begann sie, eine Arbeit zu suchen. Diese Suche erwies sich als aufregend und deprimierend.
Die Arbeitssuche war kein Versuch Carolyns, eine neue Selbsteinschätzung zu finden, sondern Ergebnis einer bereits geänderten Selbsteinschätzung. Gewiß, eine bezahlte Arbeit zu haben, war verlockend, nicht zuletzt, weil sie ihre Gleichstellung gegenüber David weiter festigte. Aber sie war klug genug, die Arbeit nicht als Ersatz für fehlende Persönlichkeit zu betrachten, sondern als Möglichkeit, sie zu festigen und zu erweitern.
In den Monaten, in denen wir uns in den Therapiestunden fast ausschließlich mit Carolyns stürmischer Entwicklung befaßten, tat

sich bei David kaum etwas. Er schien Carolyn zu beobachten – mal neugierig, mal neidisch und oft mit einem Ausdruck wohlwollender Indifferenz. Ich hatte oft die Vorstellung, daß Carolyn tanzen lernte und in einem Kreis übte, der auch David immer mit umschloß. Sie entfernte sich nie zu weit von ihm und verfolgte alle seine Reaktionen auf ihre Bewegungen.

David reagierte niemals stark auf irgend etwas, das Carolyn tat; als allerdings Carolyns Interesse für die Welt außerhalb der Familie immer deutlicher wurde, glaubten Carl und ich ein wachsendes, wenn auch stummes Unbehagen an ihm zu erkennen. So erzählte Carolyn zum Beispiel, ein Freund habe geäußert, sie wirke viel fröhlicher und entspannter, und David sagte nichts dazu. Er versank einfach nur etwas tiefer in seinem Sessel. Unser ständiges Bemühen, ihn stärker an der Therapie zu beteiligen, schlug fehl. Gegenüber Carolyns Bemühungen gab er sich an der Oberfläche tolerant und sogar hilfsbereit, aber wir spürten, daß er sie im Grunde als bedrohlich empfand. Nur zugeben konnte er das nicht. »Bei mir keine Probleme«, sagte er immer wieder. Nach einer Weile ließen wir ihn gewähren und konzentrierten unsere Aufmerksamkeit auf Carolyn.

Dann, eines Tages, Mitte März, wirkte David am Beginn einer Sitzung ungewöhnlich gelöst. »Was ist denn mit Ihnen passiert?« fragte ich ihn. »Sie wirken ja fast aufgekratzt.«

»Etwas sehr Interessantes«, sagte er geheimnisvoll. Erst da fiel mir Carolyns verdrießlicher Gesichtsausdruck auf. David ließ sich behaglich in seinem Sessel nieder, um uns in aller Ruhe seine Geschichte aufzutischen.

»Er hat in Boston eine Stelle angeboten gekriegt«, platzte Don heraus. »Er wird Geschäftsführer!« Er grinste, weil es ihm gelungen war, das Geheimnis als erster auszuplaudern, und seine Stimme verriet sowohl Stolz auf seinen Vater als auch eine leise Verächtlichkeit; ein Zwiespalt, der zweifellos von der sichtbaren Verzweiflung der Mutter und der ebenso deutlichen Freude des Vaters hervorgerufen wurde.

Leicht aus dem Konzept gebracht, setzte David den Bericht fort. »Von Geschäftsführer weiß ich zwar nichts, aber ich hatte tatsächlich eine Anfrage von einer großen Firma in Boston. Mir ist nicht ganz klar, wie sie gerade auf mich gekommen sind; allerdings habe ich letztes Jahr bei einem Vertragsabschluß mit einer anderen Firma mitgewirkt. Sie haben mich für eine leitende Stellung in ihrer Rechtsabteilung vorgesehen.«

»Was für ein Gefühl haben Sie dabei?« fragte Carl ganz gegen seine Art. Er fragte selten jemanden nach seinen Gefühlen, weil er der Ansicht ist, die Leute sollten die Initiative zur Beschreibung ihrer Gefühle selbst ergreifen.
»Gespannt, geschmeichelt«, sagte David, »und ein bißchen erschrocken.« Er sah Carolyn an. »Außerdem weiß ich auch nicht, ob überhaupt einer von uns aus dieser Stadt weg will. Wir sind hier doch ziemlich verwurzelt.«
»Sie sehen sehr aufgebracht aus, Carolyn«, sagte ich.
Sie beugte sich zu mir herüber als suchte sie Beistand. Sie kämpfte gegen die aufsteigenden Tränen an. »Das bin ich«, war alles, was sie sagte.
»Können Sie dazu noch mehr sagen?«
»Was kann man da noch sagen? Mein Mann hat ein Stellenangebot! Ich muß abwarten, was mir das Schicksal bringt. So ist es doch, oder?«
»Ich weiß nicht.« Ich lächelte und versuchte die Wand aus Zorn und Schmerz zu durchdringen, die uns trennte. »Ist es wirklich so? Mir scheint, daß das Schicksal heutzutage nicht mehr ganz so blind ist. Haben Sie denn bei solch einer Entscheidung keine Stimme?«
»Na, hab ich eine?« fragte sie David giftig.
»Lieber Himmel, Carolyn, ich hab nichts weiter, als eine erste ganz vage Anfrage einer Firma, und schon meinst du, daß ich dich an den Haaren aus der Stadt zerre. Ich hab doch nur gesagt, ich sollte mir das mal *ansehen*! Es könnte für mich – für uns – eine günstige Gelegenheit sein. Hab ich denn nicht das Recht, so eine Sache wenigstens in Betracht zu ziehen?« wehrte er gereizt ab.
Carolyns weinerliche Stimmung war verflogen »Du weißt so gut wie ich, daß das nicht das Problem ist. Sondern daß du die Entscheidungen fällen willst und ich mich damit abzufinden habe. So ist es doch bei uns immer gewesen.«
Wie Carolyn so wütend über ihren Mann herzog und ihn der Herrschsucht bezichtigte, kam diese Diskussion mir plötzlich sehr komisch vor. »So furchtbar gefügig wirken Sie aber auf mich gar nicht«, warf ich ein, »eher ganz schön wehrhaft.«
Carolyn wandte sich halb um und sah mich mit einem schwachen Lächeln an. »Bedroht, würde ich eher sagen.«
»Inwiefern?« fragte ich, konnte mir aber denken, was sie antworten würde.
Carolyn, wieder zorniger: »Wären *Sie* denn nicht bedroht? Zum ersten Mal in meinem Leben versuche ich, etwas Sinnvolles außer-

halb des Hauses zu tun, und gleich sieht es so aus, daß ich vielleicht die *einzige* Gegend, die ich gut kenne, den *einzigen* Ort, wo ich Bekannte habe und mich wohlfühle, verlassen muß. Hier hab ich doch wenigstens Freunde. Und wenn wir umziehen, komme ich in eine Welt, die ganz auf *ihn* zugeschnitten ist. Arbeit, Sekretärin, Kollegen. Sie werden ihn bestimmt sogar dazu kriegen, in einen Country Club einzutreten. Und ich? Ich laufe als Anhängsel mit. Nur, ich muß meine Welt eben wieder ganz neu aufbauen, ganz von vorne anfangen.« Wieder sah sie David wütend an; sie *mußte* einfach mit ihm streiten. »Das ist ungerecht, einfach ungerecht!«
Davids Reaktion war eine Mischung aus Rückzug und Zorn. »Carolyn, ich habe ein Stellenangebot beziehungsweise den Schimmer eines Stellenangebots. Ich finde, ich sollte mir das ansehen. Ich arbeite nicht nur, weil es mir einfach Spaß macht, sondern um diese Familie zu ernähren, und ich finde, ich habe das Recht, mir über die Umstände, unter denen ich arbeite, Gedanken zu machen. Mir gefällt meine jetzige Arbeit, aber manches gefällt mir daran eben noch nicht. Offen gesagt fühle ich mich nicht gerade übermäßig gefordert, und diese neue Stelle gefällt mir vielleicht wirklich besser.« Ein abweisender Unterton hatte sich in seinen beherrschten Tonfall eingeschlichen.
Carolyn war für einen Moment von Laura abgelenkt worden und hatte ein Bild begutachtet, das die Kleine gemalt hatte. Jetzt wandte sie ihre Aufmerksamkeit wieder David zu. Sie machte mit dem ganzen Körper einen Ruck in seine Richtung, so heftig, daß davon ein ganzer Schwall von Worten und Gefühlen ausgelöst wurde.
»*Natürlich* solltest du dir's ansehen. Du wärst ja blöd, wenn du es nicht tätest. Aber es wird dir wahrscheinlich gefallen, und du wirst annehmen, und dann werden wir in diese verdammte Stadt ziehen und gleich bei deinen Eltern um die Ecke wohnen. Und du wirst natürlich der unentbehrliche Liebling deiner Firma, und ich seh dann *noch* weniger von dir.« Ihre Bitterkeit und Verzweiflung polterten heftig auf den entgeisterten David herunter. »Ich muß dann nicht nur mit deiner Arbeit, sondern auch noch mit deiner *Familie* um ein Zipfelchen von dir kämpfen. Ich werde ein Niemand sein. Ich werde eine Hausfrau sein, die die Wohnung schrubbt, darauf wartet, daß die Kinder von der Schule nach Hause kommen und auf den Damentag im Country Club. Wahrlich ein erfülltes Leben!«

»Carolyn!« David versuchte sie aufzuhalten, aber es war zu spät.
»Was *haben* wir denn, David, für das es sich für mich lohnt, nach Boston zu gehen und all das durchzumachen? *Haben* wir in unserer Ehe irgendwas? Etwas, worum es sich zu kämpfen lohnt? Meinst du, daß sich das in Boston ändern würde? Vielleicht wird es sogar noch schlimmer. Hier hab ich wenigstens Freunde, gute Freunde – ein Stückchen eigene Welt.«
Während sie einen Augenblick einhielt, gelang es David, hastig einen Satz einzuwerfen. »Ich finde unsere Ehe gar nicht so furchtbar.«
Ihre Erwiderung fiel trocken und grimmig aus, aber man spürte auch eine leise Resignation. »Weil sie für dich nicht so *wichtig* ist. Die Ehe ist für dich in Ordnung, wenn ich ab und zu mit dir ins Bett gehe, das Haus in Ordnung ist und die Kinder dich nicht zu sehr stören. Und wenn ich gelegentlich mal für deine Klienten und Kollegen eine Party gebe. Aber das einzige, was dir wirklich etwas bedeutet, ist deine Arbeit.«
»Stimmt nicht«, sagte David wenig überzeugend.
»Oh doch, David«, erwiderte Carolyn ein wenig traurig. »Sieh dir nur die Therapie an. Ich habe mich wirklich bemüht, etwas an mir zu ändern. Und es hat sich gezeigt, daß es geht. Aber du hast es gar nicht erst versucht. Du sprichst darüber, und du hast ein paar Anläufe gemacht, zärtlicher zu sein; aber du willst bleiben, wie du bist.« Ihre Stimme wurde immer resignierter. »Und ich glaube, das ist, weil die Qualität deines Lebens wirklich nicht wichtig für dich ist.« Nach kurzem Zögern: »Und deshalb weiß ich nicht einmal, ob ich überhaupt mit dir nach Boston *gehen* würde, wenn du dich jetzt dazu entschließen würdest. Vielleicht bleibe ich hier und baue hier weiter mein Leben auf und laß dich deiner Wege gehen.«
Totenstille. Claudia weinte lautlos und blickte fassungslos von einem zum andern. Den beiden Jüngeren schien die Bedeutung dieses Augenblicks gar nicht aufzugehen, obgleich Don eine düstere Miene machte.
David sagte leise und fest: »Carolyn, ich lasse mich nicht von solchen Drohungen aufhalten. Nur weil dir irgendwas nicht paßt, kusche ich noch längst nicht.«
Carolyn hatte sich wieder gefaßt. Ihre Antwort kam beherrscht und voller Ironie. »Oh, das solltest du wirklich nicht. Und ich erwarte das bestimmt nicht von dir.«
Carl und ich hatten kaum Gelegenheit gehabt einzugreifen, aber dieser Moment erschien geeignet. »Carolyn«, sagte ich, »ich

möchte noch mal über diese Sache sprechen, daß Sie ein Niemand sind; ich glaube nämlich, daß Sie sich da irren.« Carolyn sah mich interessiert an. Ich sah ihre fest geschlossenen Lippen, und aus irgendeinem Grund fielen mir auch die Falten um ihre Augen auf. »Ich glaube, es gibt keine Ausrede dafür, keine Person zu sein, und ich glaube nicht, daß es eine Rolle spielt, ob Sie Hausfrau sind oder einen Beruf haben, ob Sie in Wisconsin oder in Boston leben und ob Sie mit David oder mit Hinz oder Kunz verheiratet sind. Vor einem halben Jahr hätte ich mir vielleicht Sorgen gemacht, daß Sie mit David nach Boston gehen und da einfach nur seine Frau sein könnten, aber ich glaube, diese Möglichkeit besteht jetzt gar nicht mehr. Denken Sie nur daran, wieviel Kraft Sie in der letzten halben Stunde gezeigt haben, dann werden Sie verstehen, was ich meine. Sie sind längst nicht mehr die schüchterne Person, die Sie einmal waren.« Sie freute sich sichtlich über meine Worte. »Fraglich ist natürlich, ob das jetzt die richtige Zeit ist. Mir scheint, daß mit einem Umzug jetzt nicht nur Ihre Stellungssuche unterbrochen wäre, sondern auch Ihre Therapie.«

»Das stimmt«, sagte sie leise. »Ich habe noch nicht daran gedacht, daß ich zum Teil wohl auch deswegen so aufgebracht bin.«

Carls Lachen unterbrach uns; alle sahen ihn an. »Jaja. Dieser Schauspieler« – Geste in Davids Richtung – »hat vielleicht gerade noch rechtzeitig eine neue Stelle gefunden, bevor er sich ernsthaft auf die Therapie hätte einlassen müssen. Oder bevor Sie, Carolyn, ihm über den Kopf wachsen können.« David grinste, als fühlte er sich ertappt. »Tut mir ja leid, David«, fuhr Carl fort, »aber wir können Ihnen natürlich jederzeit einen Therapeuten in Boston empfehlen.«

»Ich weiß nicht, ob ich mitgehe«, wiederholte Carolyn sehr ernst.

»Oh, dagegen hab ich gar nichts«, sagte Carl. »Wenn Sie beide sich auf diese Art trennen wollen, ist das Ihre Sache. Ich finde aber, Sie sollten sich nicht weismachen, daß Sie Ihre Situation nur auf eine Art betrachten können.«

»Wie meinen Sie das?«

»Es gibt für Sie beide als Ehepaar eine Menge Möglichkeiten, dieses Stellenangebot zu betrachten. Sie haben sich für eine Interpretation entschieden, die mir in der Ehe sehr oft vorzukommen scheint: daß nur *einer* von Ihnen eine Person sein kann. Der andere ist nur eine Ergänzung. Und dieses Stellenangebot sieht so aus, als wenn einer von Ihnen sich für die Ehe aufopfern muß. Ich glaube aber nicht, daß es so ist. Meiner Ansicht nach können Sie *beide* Individuen sein, was Sie auch tun, und Sie können auch eine lebensfähige Ehe aufbauen.«

»Aber wenn ich jetzt nicht zugreife«, sagte David, »verliere ich vielleicht eine Menge.«

»Nichts, was für Ihre Persönlichkeit entscheidend wäre«, sagte ich und schlug in die gleiche Kerbe wie Carl. »Es sei denn, Sie benutzen diese Sache, um sich daran vorbeizudrücken, Sie selbst zu sein.« Ich mußte lächeln, weil mir Carls Herausforderung an Carolyn einfiel. »Ich finde, Sie könnten in Boston absagen und Alkoholiker werden; dann würde Carolyn sicher bereuen, Sie festgehalten zu haben.«

Carl: »Oder Sie könnten zugeben, daß für Carolyn jetzt nicht der richtige Zeitpunkt für einen Wechsel ist, und sich dann in ein paar Jahren noch mal nach Ihrem Traumjob umsehen.«

Ich sagte zu Carolyn: »Oder Sie gehen mit nach Boston und bestehen auf Ihrem Entschluß, zur Universität zu gehen; David muß dann halt für eine Haushaltshilfe aufkommen. Und sich jedes zweite Wochenende freinehmen.« Ich konnte der Versuchung nicht widerstehen, ihn wegen seiner Arbeitswut aufzuziehen.

»Tja«, sagte Carl. »Das ist alles so symbolisch. Wer bleibt Sieger. Aber es muß nicht so sein. Es gibt einen Haufen Möglichkeiten, diese Probleme zu lösen.« Er wartete bewußt einen Augenblick, bevor er schloß: »Aber Ihnen steht natürlich völlig frei, die Probleme *nicht* zu lösen und es dabei bewenden zu lassen, daß die Ehe niemals funktionieren wird.« Das war im Grunde die letzte Aussage, obwohl bis zum Ende der Stunde noch dies und das geredet wurde.

Wir hatten noch eine Sitzung, bevor David seine zweiwöchige Reise antreten sollte, auf deren Programm das Einstellungsgespräch bei der Firma und ein Besuch bei den Eltern stand. Nach dem grimmigen Schweigen in dieser Sitzung zu schließen, waren unsere Worte nicht angekommen. David hielt zäh daran fest hinzufahren, und Carolyn wirkte zwar jetzt viel ruhiger, war aber nach wie vor sehr aufgebracht über die Möglichkeit des Umzugs. Die Starrheit ihrer Positionen ließ mich Böses ahnen. Irgendeine Macht drängte in dieser Ehe zur Trennung hin; versöhnliche Worte schienen nicht angebracht. Also versuchten wir auch nichts dergleichen. Wir saßen bei ihnen, während sie über ihre Zukunft brüteten. Wieder weinte nur Claudia, und ihre stummen Tränen blieben unbemerkt. Carl und ich konnten nichts weiter tun, als einfach nur bei ihnen zu sein.

Zwei Tage nach Davids Abreise rief Carolyn mich an. Offenbar hatte sie geweint; ihre Stimme war noch ein wenig rauh. »Könnte ich mich mit Ihnen und Carl mal treffen, solange David weg ist?« fragte sie traurig.

»Es tut mir leid, Carolyn«, sagte ich, »aber ich finde, das wäre ein Fehler. Diese Sache steht zu sehr auf der Kippe, als daß wir Ihre Partei ergreifen dürften. Wir haben uns vielleicht ohnehin schon zu sehr auf Sie konzentriert, und das könnte auch ein Teil des Problems sein. So schwer es ist, Sie sollten versuchen, es durchzustehen.« Ich hatte mit Bestimmtheit gesprochen, aber auch so, daß sie mein Verständnis für ihre schwierige Lage heraushören mußte.

»Ich dachte mir, daß Sie das sagen würden«, sagte sie ohne alle Bitterkeit. Sie schien sogar erleichtert. »Es geht mir schon besser. Ich mußte einfach Ihre Stimme hören.«

Letzter Ausweg - Scheidung?

Ich glaube, die Entscheidung fällt in der dunkelsten Nacht. Ob sie nach einer gletscherhaft langsamen Anhäufung von Kälte heranrückt oder in einem unerwarteten Sturm der Wut plötzlich hervorbricht, gewöhnlich geht diesem Augenblick eine lange und verwikkelte Geschichte voraus. Eine Beziehung, die einmal innig, klar und so sicher wie der Sonnenaufgang erschien, hat sich, offenbar unwiderruflich, verändert, und nun irren die Partner, jeder für sich, zwischen dunklen und verwirrenden Fluren eines Hauses umher, das sie kaum wiedererkennen. Alleingelassen und verloren, in der Falle der Einkapselung gefangen, leben sie in diesem Raum, bis er zur erstickenden Hölle wird. Nur wenn einer von ihnen bereit ist, sich der öden Einsamkeit draußen zu stellen, wird eine Tür sichtbar. Es ist ein Ausweg, der in jeder tieferen Beziehung ebenso notwendig wie gefürchtet ist und zu dem die Partner nur unter größtem Schmerz und im stärksten Gefühl des Scheiterns Zuflucht nehmen: Abschied; Scheidung.

Scheidungsstatistiken werden in diesem Land seit 1890 geführt. Von ein paar Unterbrechungen abgesehen, ist die Scheidungsrate seit damals stetig gestiegen; zwischen 1890 und 1970 hat sie um mehr als 300 Prozent zugenommen. Da diese Statistiken lediglich aufgelöste Ehen verzeichnen und man sich ja beliebig oft wiederverheiraten kann, zitiert man diese Zahlen üblicherweise im Zusammenhang mit der Statistik der ersten Eheschließungen einerseits und der Wiederverheiratungen nach einer Scheidung andererseits.

Im allgemeinen haben sich diese drei Kurven parallel bewegt; sie sanken in der Zeit der Wirtschaftskrise und erreichten einen Höhepunkt in den ersten Jahren nach dem Zweiten Weltkrieg. Dann begann die Zahl der Paare, die zum ersten Mal eine Ehe schließen, eine allmählich absteigende Tendenz anzunehmen, die noch heute anhält. Eine gewisse Zeitlang wurden auch die Scheidungen und Wiederverheiratungen seltener. Doch um 1960 herum begann die Scheidungsrate anzusteigen. Für ein Jahrzehnt folgte die Wiederverheiratungsrate der Scheidungsrate, da die Geschiedenen neue Partner fanden. Seit 1970 ist die Scheidungsrate dramatisch nach oben geschnellt, aber die Zahl derjenigen, die eine zweite Ehe eingehen, hat nicht Schritt gehalten.* Ein unheilverkündender Satz in einem gelehrten Artikel resümiert die Aussichten: »Die Abnahme der Erstverehelichungsrate und die Zunahme der Scheidungsrate kann sich nicht unbegrenzt fortsetzen, denn irgendwann würde der Vorrat an für eine Scheidung in Frage Kommenden aufgebraucht sein.« Mit anderen Worten: wenn es so weitergeht wie bisher, dann wird es irgendwann keinen mehr geben, der verheiratet ist! 1967: fast eine halbe Million Scheidungen; 1976: mehr als eine Million. Für die meisten von uns sind das nicht bloße Zahlen, sondern Angst: um uns selbst, unsere Freunde, unsere Angehörigen.

Wie stehen die Aussichten dafür, daß ein durchschnittliches Ehepaar sich scheiden lassen wird? Voraussagen sind schwer zu machen, erst wenn der Tod ein Paar schließlich scheidet, können wir annehmen, daß es die Ehe nicht vor Gericht beenden wollte. Eine häufig zitierte Schätzung besagt, daß drei oder vier von zehn Ehen in der Scheidung enden werden. Paul Glick und Arthur Norton sagten dies in einer 1973 veröffentlichten Untersuchung voraus, in der sie sich auf eine Gruppe von Frauen konzentrierten, die zwischen 1940 und 1944 geheiratet hatten. Angesichts des gegen-

* In Westeuropa hat die Entwicklung in den letzten Jahren eine ähnliche Tendenz. (Anm. d. Übs.)

wärtigen Anstiegs der Scheidungsrate liegen sie mit ihrer Schätzung noch niedrig. Wenn die derzeitige Tendenz anhält, dann wird erheblich *mehr* als ein Drittel aller Ehen vor Gericht beendet werden.

Die Sozialwissenschaftler haben die unterschiedlichsten Gründe für die sprunghafte Zunahme der Scheidungen genannt, doch bestimmte Zusammenhänge werden deutlich. Soziologen weisen daraufhin, daß das heutige Eheversprechen eine neue Klausel enthält; im Gegensatz zum alten am bloßen Nutzen orientierten Ehevertrag verspricht es sexuelle Befriedigung, romantische Liebe, Kameradschaft und Sicherheit. Carl und ich würden hinzufügen, daß es auch die Hoffnung bietet, die Ehe werde eine Art von Psychotherapie sein, ein Balsam für die Wunden und für das Unglück, das man in seiner elterlichen Familie erlitten hat. Man glaubt diesen Versprechungen, erwartet, daß sie erfüllt werden, und ist verbittert, wenn es nicht so ist. Anstatt sich selbst oder ihre Erwartungen an die Ehe in Frage zu stellen, halten viele Paare an ihrem Traum fest und kommen zu dem Schluß, daß sie lediglich *den falschen Partner gewählt* haben. Sie lassen sich scheiden, um den Traum dieser ganz besonderen, vom Schicksal und nicht durch harte Arbeit geschaffenen Beziehung lebendig zu erhalten, und um sich frei dafür zu machen, mit jemand anderem danach zu streben.

Tatsächlich aber haben zweite und dritte Ehen eine geringere Aussicht auf Erfolg als die erste, und es mehren sich die Beweise für eine hohe Depressionsrate bei Geschiedenen. Die Tatsache, daß man heute nicht mehr so rasch in eine neue Ehe schlittert wie früher, mag darauf hindeuten, daß die Erfahrung über den naiven Optimismus siegt und Vorsicht lehrt.

Wenn es überhaupt einen Faktor gibt, der zu einer Scheidung prädestiniert, so ist es wahrscheinlich der, daß zwei Menschen heiraten, bevor sie ein sicheres Gefühl und Bewußtsein dafür erworben haben, eine unabhängige Persönlichkeit zu sein. Obwohl die Forschung zeigt, daß die Chance für eine dauerhafte Ehe weitaus größer ist, wenn die Paare bei der Eheschließung älter sind, ist das numerische Alter nicht die einzige Variable. Entscheidender ist die Frage, ob beide Partner, wenn sie heiraten, bereits einen bestimmten *psychologischen Raum* durchquert haben, in dem sie alleine und nur auf ihre eigenen Kräfte gestützt mit dem Leben fertig zu werden versucht und entdeckt haben, daß sie den Kampf gegen ihre eigenen Ängste gewinnen können. Es ist für beide Partner notwendig, zu wissen, daß sie die fundamentale

Angst ertragen können, ein einzelnes Lebewesen in einer ziemlich beängstigenden Welt zu sein. Im Prozeß des »Es-Ertragen-Könnens« gewinnt man ein gewisses Maß an Selbst-Bewußtsein, an Vertrauen und Loyalität zu sich selbst – die wesentlichen Voraussetzungen, um überhaupt verantwortlich Verpflichtungen anderen Menschen gegenüber eingehen zu können. Selbst wenn die Kindheit schwer war, kann diese Periode der Autonomie eine Art von »Therapie durch Lebenserfahrung« sein.

Indem sie zu früh heiraten, verschenken viele Menschen ihre Chance, sich durch dieses Fegefeuer der Einsameit hindurchzukämpfen und so ein stärkeres, tiefer gegründetes Selbstvertrauen zu erreichen. Sie haben kaum die ersten Blicke in die Welt außerhalb ihrer Familie getan, und schon strecken sie, ohne groß darüber nachzudenken, die Hände aus, um nur ja einen Partner zu erwischen. In der Ehe suchen sie einen Ersatz für die Sicherheit, die ihnen ihre Familie bot, und eine Ausflucht vor der Einsamkeit. Sie merken nicht, daß sie, indem sie so rasch von einer Familie zur anderen übergehen, der Übertragung ihrer schlimmen Erfahrungen in der Ursprungsfamilie auf die neue Ehe den Weg ebnen.

Die Wahl des Lebensgefährten dürfte wohl der entscheidendste Akt im Leben eines jeden Menschen sein. Wenn ein Mann und eine Frau sich entschließen zu heiraten, so tun sie mehr, als jeder für sich eine individuelle Entscheidung zu treffen: sie werden mitgerissen von einem interpersonellen Prozeß, der mächtiger ist als jeder von ihnen. Die Wahl des Lebensgefährten scheint unglaublich »stimmig« zu sein in der Art und Weise, wie sie die in zwei Leben wirksamen Kräfte zusammenbringt – ihre jeweilige Geschichte, ihren gegenwärtigen Zustand, ihre Hoffnungen und Wünsche für die Zukunft. Ob es Freude oder Schmerz bedeutet, der *Sinn* dieser beiden Leben findet in der Wahl des Lebensgefährten seinen bündigsten Ausdruck.

Kontinuität und Wandel sind die beiden Themen bei jedem Heiratsentschluß. Jeder Mensch will etwas Vertrautes *und* etwas Neues in seinem Ehepartner finden. Wenn der junge Mann seine zukünftige Frau betrachtet, so spürt er instinktiv, daß sie ihm und einigen Angehörigen seiner Familie in mancher Hinsicht sehr ähnlich ist. Dieses »Wiederkennen des Vertrauten« geschieht in beiden Partnern, wenn sie zusammen sind, und es spielt eine mächtige Rolle in ihrer gegenseitigen Anziehung. Ihre Beziehung erlaubt es ihnen, sich sicher, »zu Hause« zu fühlen. Je befriedigender unsere Kindheitserfahrungen gewesen sind, desto wahrscheinlicher ist es, daß wir uns einen Partner aussuchen, der uns eine Fortsetzung dieser Erfahrungen verspricht. Wie immer dieses frühe Leben in der Familie gewesen sein mag, jedermann hat ein fundamentales Bedürfnis, das in den frühen Jahren entwickelte Identitätsgefühl aufrechtzuerhalten. Eine enge Verkettung zwischen der alten Familie und dem neuen Partner ist unausweichlich. Doch selbst wenn wir als zufriedene Kinder aufgewachsen sind, sind wir doch alle *etwas* unglücklich mit uns selbst und unserer Familie. Unbewußt versuchen wir, jemanden zu heiraten, der neue Charaktereigenschaften in unser Leben einführt, neue Erfahrungen, neue Möglichkeiten in einer Beziehung. Indem wir unsere eigene Familie gründen, wollen wir einige der Probleme lösen, die in unserer elterlichen Familie existierten. Wenn meine Familie nicht offen streiten konnte, will ich vielleicht jemanden heiraten, dessen Familie streiten *kann.* Wenn ich ein scheuer Introvertierter bin, mag ich einen extrovertierten Menschen heiraten. Durch die Wahl des Partners suchen wir neue »Informationen übers Leben« in unser Leben hereinzuholen. Wir sehnen uns danach, »ganz« zu sein – psychisch vollständig –, und wir betrachten die Ehe als eine Antwort auf dieses Verlangen.

Warum wählen manche Menschen Partner, die Panik in ihnen erzeugen, die sogar einige ihrer schlimmsten Ängste verkörpern? Teilweise haben wir diese Frage bereits beantwortet: das Bedürfnis nach einem Gefühl der Identität ist so stark, daß es die Frage nach Schmerz oder Freude übertönt. Das mißhandelte Kind klammert sich oft an dasjenige Elternteil, von dem es mißhandelt wird, anstatt in ein Kinderheim zu wollen, und wenn dieser Mensch erwachsen ist, so wird er seine eigenen Kinder mißhandeln, obwohl er die Behandlung, die ihm als Kind widerfahren ist, gehaßt hat. Die Struktur, mit der man vertraut ist, ist . . . eben die Struktur, mit der man vertraut ist.

Manche Ehen werden geschlossen mit einem impliziten, unbewußten Plan für eine spätere Scheidung. Die Ursprünge dieses Plans sind eng verknüpft mit komplexen Problemen in beiden elterlichen Familien. Angesichts der Qual, die so etwas mit sich bringt, erscheint es merkwürdig, daß zwei Menschen einen Vertrag miteinander schließen können, den sie insgeheim zu brechen beabsichtigen. Aber es kann für sie die einzige Möglichkeit sein, die sie sehen, um ein Problem zu lösen.

Ehepaare können auf so verschiedenen Wegen in eine Scheidungskrise geraten, daß diese zu zahlreich und zu verschlungen sind, um sie hier im einzelnen nachzeichnen zu können. Obwohl man bereits nach zwei Monaten oder auch erst nach vierzig Jahren auseinandergehen kann, beträgt die durchschnittliche Dauer einer Ehe, die in der Scheidung endet, sieben bis acht Jahre. Auf eine Scheidung zusteuernde Ehepaare führen die verschiedenartigsten Klagen über ihre Ehe, doch Carl und ich haben eine gewisse Gemeinsamkeit in der Interaktionsfolge herausgefunden, die vielen Scheidungen vorangeht. Dieser Prozeß ist dem ganz ähnlich, was wir bei den Bergers erlebt haben.

Zu Beginn der Ehe sind beide Partner ziemlich unsicher, und sie »verschmelzen« ihre jeweiligen Fähigkeiten und Bedürfnisse zu einer Einheit enger gegenseitiger Abhängigkeit. Für eine Weile funktioniert der Pakt. Beide fühlen sich nun gesichert und behütet durch ihr »pseudotherapeutisches« Übereinkommen.

Wenn sie zu spüren beginnen, daß etwas ernstlich nicht in Ordnung ist, nimmt ihr Unbehagen zunächst die Form eines vagen Gefühls an, durch die Ehe beschränkt und eingeengt zu werden. Um eine intensive Abhängigkeit aufrechtzuerhalten, bedarf es einer gewaltigen Kraftanstrengung. Keiner von ihnen kann Zurückweisung riskieren, und so kommen beide zu dem Schluß, daß sie viele Gefühle unterdrücken müssen, die den anderen zu verletzen drohen. Für eine Weile ist es recht leicht, sich in seinen eigenen Bedürfnissen einzuschränken, um es dem anderen recht zu machen, nach etlichen Jahren aber beginnt die Ehe wie ein riesiger Komplex von Anforderungen auszusehen, innerhalb dessen sich beide Partner klein und unbedeutend vorkommen. Der Komplex von Anforderungen, von dem sie das Gefühl haben *verschlungen* zu werden, ist in Wirklichkeit eine gegenseitige Abhängigkeit, doch in ihren Augen ist die Ehe der Kerkermeister.

Früher oder später fühlen sie sich dann verlassen. Bei geringeren Belastungen hat, wie wir gesehen haben, die Amateur-Psychotherapie zwischen Partnern durchaus ihr Gutes, doch der Augenblick kommt unvermeidlich, da sie scheitern muß. Das geschieht in der Regel dann, wenn beide Partner *gleichzeitig* schwereren Belastungen ausgesetzt sind. Sie sitzt mit zwei kleinen Kindern zu Hause, von Panik erfaßt über die Last der Verantwortung und zugleich deprimiert angesichts ihrer Isolation von der Welt anderer Erwachsener. Derweilen nagt an ihm, der sich mit aller Kraft abstrampelt, um in der Karrierewelt »erfolgreich« zu sein, der Selbstzweifel. Entmutigt und in der Hoffnung, daß sie voller Mitgefühl sein und seine Wunden kühlen wird, kommt er nach Hause; sie erwartet ihn mit der gleichen Hoffnung. Zu einer Zeit, wo beide

Partner es am dringlichsten brauchen, ist einfach kein »Bemuttern« für sie zu haben.
Ernsthafte Belastungen lassen sie beide spüren, wie fest sie zusammengekettet sind; zugleich spüren sie, wie allein sie sind, wenn sie die Grenzen ihrer Fähigkeiten entdecken, dem anderen zu helfen. Haben beide Partner frühe Erfahrungen des Verschlungen- oder Verlassenwerdens gemacht, aber sich nicht in einem zureichenden Individuationsprozeß von ihrer elterlichen Familie gelöst, dann können normale eheliche Belastungen einige der latenten Schrekken der Kindheit wiedererwecken. Die Ehe beginnt sich wie eine Neuauflage der Familie auszunehmen, in der sie aufgewachsen sind, und droht sie wieder auf die Ängste ihrer Kindheit zurückzuwerfen. Die meisten Menschen sind nur deshalb bereit, an Scheidung zu denken, weil sie etwas schützen müssen, das für sie so lebensnotwendig wie zerbrechlich ist: ihr Identitätsgefühl.
In den komplizierten Beziehungsstrukturen der Ehepartner gibt es, was Verschlungenwerden und Verlassenheit angeht, die unterschiedlichsten Möglichkeiten. Sobald Zwänge aufgebaut werden – und nahezu jeder größere Streß im Leben tut das –, geraten sie vielleicht beide in Panik vor Angst, von diesen Zwängen verschlungen zu werden, oder aber sie fühlen sich beide zurückgewiesen in ihrem flehentlichen Hilferuf an den anderen. Wenn ihre »wunden Punkte«, ihre verletzlichsten Stellen, einander irgendwie ähnlich sind, dann werden beide zumindest ein gewisses Verständnis für das Dilemma des anderen aufbringen. Sind ihre bewußtgewordenen Ängste allerdings verschieden – wie es bei der Struktur der Fall ist, in der einer der Partner panische Angst hat, verschlungen zu werden, und der andere nichts so sehr fürchtet, wie verlassen zu werden –, dann wird es sehr schwierig für beide sein, Einfühlung für den anderen zu entwickeln.
Das ist vor allem deswegen so, weil unser Abwehrmechanismus das Problem noch verschärft. Wenn sie sich alleingelassen fühlt, dann ist es nur natürlich, daß sie seine Nähe sucht, doch ihre Annäherungsversuche steigern nur seine bereits erwachte Angst, verschlungen zu werden. Der »Feind« ist nicht bloß die gegenwärtige Krise, die sie als Paar belastet, sondern der jeweils andere. Wenn sie beide Angst haben, sprechen sie nicht dieselbe Sprache; manchmal fragen sie sich, ob sie noch in derselben Welt leben.
Sie haben eine Menge durchgemacht, wenn sie schließlich in dem ziemlich sicheren Gefühl, daß es wohl auf eine Scheidung hinauslaufen wird, zu einem Therapeuten gehen. Ihr Heil in Kompro-

missen und Anpassung finden zu wollen, haben sie längst aufgegeben; statt dessen versuchen sie, den Partner durch wütende Repressalien dazu zu bringen, daß er sich ändert. Vielleicht haben sie den hoffnungslosen Teufelskreis tatsächlich millionenmal durchlaufen: »Ändere du dich!« – »Nein, ändere du dich!« Während jeder von ihnen die Hoffnung endlich aufgegeben hat, den Partner ändern zu können, haben sie sich – insgeheim – tatsächlich beide verändert. Durch die zahllosen Herausforderungen ihrer gemeinsamen Jahre – Kinder bekommen und für sie sorgen, den Lebensunterhalt verdienen, mit den Notfällen des Alltags fertig werden müssen, Freunde gewinnen – haben sie ein gewisses Maß an Selbst-Bewußtsein und Selbstvertrauen erworben. Die Beschränkungen durch die Ehe hindern sie offensichtlich daran, dieses noch keimende Selbstgefühl offen auszuleben, doch immerhin haben sie jetzt Mut genug für den Gedanken, dieses Gefängnis, das so lange ihre einzige Überlebensmöglichkeit darzustellen schien, zu verlassen. Ja, es sieht sogar so für sie aus, daß allein die Beendigung ihrer Ehe es ihnen ermöglicht, »erwachsen zu werden« und endlich »sie selbst zu sein«.

Ihre Positionen hinsichtlich des Verschlungen- bzw. des Verlassenwerdens sind sehr starr und gegenseitig unannehmbar geworden. Der Partner, der fortstrebt, ist auserwählt, die Stimme der Individuation und des Abenteuers zu sein, und das ist oft derjenige, der die größere Angst vor dem Verschlungenwerden hat. Der Partner, der sich eher vor Zurückweisung fürchtet, repräsentiert das konservative Prinzip, indem er für Stabilität und Zusammengehörigkeit plädiert.

Außerdem haben sie ganz unbewußt Rechtfertigungsgründe für den Bruch geschaffen oder begierig aufgegriffen, mit denen ihr Krieg sich noch weiter polarisieren und eskalieren läßt: seine Affäre, ihr Job, seine Mutter – worum es jeweils geht, spielt keine Rolle. Das Scheidungsstreben ist ein Ausdruck des Hungers beider Partner danach, »neu geboren« zu werden und einen »Familiensinn« hinter sich zu lassen, der ihre Persönlichkeit mißachtet und verneint. Schließlich sind sie, koste es was es wolle, fest entschlossen, zwei eigenständige Menschen zu werden.

Das Übereinkommen, das wir Therapeuten mit scheidungswilligen Ehepaaren treffen, ist vielleicht das entscheidende Element in unserer Arbeit mit ihnen. Diesen Vertrag auszuhandeln, ist eine heikle Angelegenheit, denn die Frage »Scheidung oder nicht Scheidung?« ist Dynamit. Wenn wir ihnen unsere Hilfe dabei anbieten, die Ehe wieder zu kitten, dann riskieren wir es, dem Partner den Boden zu entziehen, der verzweifelt danach strebt, sie zu beenden. Bieten wir unsere Hilfe dafür an, die Scheidung zuwege zu bringen, so scheinen wir den Partner zu verraten, dessen Leben offenbar davon abhängt, die Ehe zu erhalten.

Wir erklären dem Paar, daß das grundlegende Problem in ihrer Ehe vermutlich ein Mangel an Individuation, an Unabhängigkeit und Selbständigkeit ist, und meistens müssen wir nicht lange suchen, um Beweise für diese Behauptung zu finden. Wir weisen auf den Teufelskreis-Charakter von Konflikten hin und auf die Unfähigkeit beider Partner, ihren Beitrag zu diesen Konflikten zurückzuhalten. Wir machen deutlich, daß viele Scheidungen nicht mehr als ein offizielles Stück Papier sind, das kaum dazu angetan ist, die massive gegenseitige Verstrickung des Paares zu lösen. So *viele* Paare sind nach dem Gesetz geschieden, doch emotional noch immer verheiratet; sie setzen ihre Ehe einfach in sich selbst oder über ihre Kinder fort.

Wenn sie eine *sinnvolle* Scheidung wollen – was die gesetzliche *und* die psychische Freiheit umfaßt, einander verlassen zu können –, dann werden sie genau das brauchen, was auch für eine gute Ehe vonnöten ist: *wirkliche* Individuation. Was immer sie mit ihrer Ehe anfangen, sie müssen ihre ineinander verfilzten Denkprozesse entwirren; sie müssen ein Bewußtsein echter Autonomie erwerben. »Lassen Sie uns Ihnen dabei helfen, eigenständige Persönlichkeiten zu werden«, schlagen wir vor. »Wenn Sie das Ziel erreicht haben, *dann* können Sie entscheiden, was Sie mit Ihrer Ehe anfangen wollen. Warten Sie damit, so werden Sie eine gesündere Basis für Ihre Entscheidung haben.« Auf diese Weise vermeiden wir es, Partei zu ergreifen, und wir machen es beiden Partnern möglich, mit Hoffnung an die Arbeit zu gehen. Außerdem stellen wir uns damit eine Aufgabe, die dem Therapeuten angemessen ist: psychischen Wandel, nicht aber Entscheidungen über die Gegebenheiten herbeizuführen. Wir glauben, daß der Entschluß zur Scheidung (ebenso wie der Entschluß zur Heirat) einzig und allein Sache der Partner ist. *Kein* Außenstehender sollte ihnen den unsichtbaren Kompaß nehmen, der sie in den wichtigsten Entscheidungen des Lebens führt. Da *sie* den Weg gehen müssen, sollten sie auch den Kurs bestimmen.

Diesen Vertrag auszuhandeln, ist oft nicht leicht für uns. Daß wir der Frage gegenüber, ob sie sich nun scheiden lassen oder nicht, absolut neutral bleiben wollen, macht es uns sogar noch schwerer.

Weil es dem entspricht, was wir selbst in unserer Ehe getan haben, wissen wir, daß wir wahrscheinlich unbewußt den Standpunkt vertreten, sie sollten verheiratet bleiben und die Sache austragen; darum warnen wir die Paare, daß unser Entschluß, neutral zu bleiben, von Zeit zu Zeit ins Wanken geraten kann. Carl fügt gewöhnlich mit einem Lächeln hinzu: »Sie müssen mich andererseits auch deshalb im Auge behalten, weil ich Sie vielleicht unwissentlich zur Scheidung ermutigen werde, um eine Scheidung auf diese Art durch Sie erleben zu können. So kann ich mal sehen, wie das ist!«

Unser Konzept der Familientherapie bleibt im wesentlichen unverändert, ob das anstehende Problem eine Scheidungskrise oder irgendein anderes Dilemma ist. Selbst wenn eine Ehe gesetzlich beendet wird, ist eine »begrenzte Partnerschaft« wünschenswert, so lange die Eltern für ihre Kinder sorgen müssen. Welche Zukunft ihre Ehe auch haben mag, wir hoffen, daß die *Qualität* der Beziehung der Partner sich verbessert. Tatsächlich handeln Ehepaare dadurch, daß sie zusammen eine Therapie unternehmen, sehr oft eine »freundschaftliche« Scheidung aus: Sie kommen, um die psychischen Kräfte zu verstehen, die sich gegen die Ehe verschworen haben, sie »vergeben« einander und gehen, wenn auch mit dem seufzenden Eingeständnis, daß ein weiteres Zusammenleben wahrscheinlich nicht funktionieren würde, ohne große Bitterkeit oder das nagende Gefühl, versagt zu haben, auseinander. Steht eine Scheidung bevor, so kompliziert das die Therapie-Sitzungen. Wie immer sind die Kinder davon betroffen: sie müssen begreifen lernen, warum ihre Eltern sich scheiden lassen, und absolute Klarheit darüber gewinnen, daß es nicht ihre Schuld ist, und sie müssen die Sicherheit erhalten, daß beide Eltern nicht aus ihrem Leben verschwinden werden. Zudem zwingt ihre Anwesenheit die Eltern, ein bißchen weniger infantil zu sein.

Wenn einer der beiden Partner ein »Verhältnis« hat, fordern wir ihn oft dazu auf, den Betreffenden zur Therapie mitzubringen. »Er« oder »sie« ist höchstwahrscheinlich ein Amateur-Therapeut, und wenn wir mit einer solchen Beziehung konkurrieren wollen, muß sie uns zugänglich sein. Gelegentlich einigen sich die beiden darauf, ihre Affäre für eine Weile zurückzustellen, damit die Ehepartner Zeit genug haben, mit ihrer Ehe ins reine zu kommen. Es kommt auch vor, daß der oder die »Andere« sich entschließt, mit jemand anderem zusammen, häufig dem eigenen Ehepartner, eine Therapie zu beginnen. Manchmal ist die Affäre eine solch ernsthafte Geschichte und so offensichtlich dazu bestimmt, in die nächste Ehe zu münden, daß »er« oder »sie« für die gesamte Dauer der Therapie dabeibleibt. Das ist allerdings eine nervenaufreibende Sache, doch ist es besser so, als wenn das gewaltige Drama sich im Untergrund abspielt. Das Maß der Spannungen ist erheblich geringer, wenn *alle* Beteiligten übereinkommen, ihre sexuellen Beziehungen einzustellen, solange sie in der Therapie sind.

Wir haben bei *jeder* Familientherapie gerne auch die Ursprungsfamilien dabei, aber besonders nützlich ist das immer dann, wenn es um eine Scheidung geht. Die Eltern mischen sich oft über Gebühr in die Ehe ihrer Kinder ein – um zu helfen, aber weil sie dabei natürlich parteiisch sind, machen sie alles nur noch komplizierter. Wir bitten beide Ehepartner, ihre jeweiligen Familien wenigstens zu ein paar Sitzungen mitzubringen, und je intensiver und ausführlicher sie teilnehmen können, desto lieber ist es uns.

Die Teilnahme der erweiterten Familie führt im allgemeinen dazu, daß ihre »Einmischungen« in die Probleme des Ehepaars allmählich aufhören, und zudem bringt sie viel Positives mit sich. Es gibt wahrscheinlich keine bessere Möglichkeit für einen Therapeuten, die Probleme der beiden Partner begreifen und nachfühlen zu lernen, als die Begegnung mit ihren jeweiligen Familien. Und wenn wir »verstehen« können – im emotionalen wie im intellektuellen Sinn des Wortes –, dann sind wir vielleicht imstande, die Bewußtheit der Ehepartner für den Hintergrund ihrer Probleme zu schärfen.

Die Mitglieder der erweiterten Familie kommen nicht als Patienten, sondern als »Berater« zur Therapie der jüngeren Familie. Ganz unvermeidlich rühren die Gespräche jedoch Konflikte in der erweiterten Familie wieder auf, die man seit Jahren begraben wähnte. Gespenster und sorgfältig gehütete Geheimnisse treten ans Licht, und Spannungen kommen auf. Da viele der Probleme des jüngeren Paars aus den zwei Ursprungsfamilien mitgebracht wurden, kann die Wiedererweckung von Problemen der erweiterten Familie zu einem *Nachlassen* der Spannungen in der »kranken« Ehe führen. Erschreckt es den Ehemann, wie seine Frau sich an ihn klammert, so kann es eine dramatische Offenbarung für ihn sein, wenn er feststellt, daß seine emotionale Überreaktion von seiner Angst vor der Anklammerung seiner *Mutter* an ihn herrührt – und es ist sehr schwer für ihn, die Augen vor diesem Zusammenhang zu verschließen, wenn er beide Frauen im Therapiegespräch vor sich hat. Wird die Beziehung zwischen den Problemen in der

erweiterten Familie und denen in der Ehe schließlich immer offensichtlicher, dann rückt das jüngere Paar für eine Zeitlang oft wieder enger zusammen, in dem Gefühl, einen »gemeinsamen Feind« in ihren Familien zu haben.
Die Sitzungen mit der erweiterten Familie bewirken allerdings mehr, als nur Konflikte aufzurühren. Das Verhältnis zu den Ursprungsfamilien wird oft *besser*, wenn Streitigkeiten offen zur Sprache gebracht und wenigstens teilweise gelöst werden, und dieses »Anheizen« hat zur Folge, daß sich das Paar weniger von seiner jeweiligen Familie isoliert fühlt. Die emotionale Wärme, die sich in solchen Zusammenkünften entwickelt, kann dem Paar ungeheuer helfen. Eine Frau, die ihren Mann unter anderem deswegen verlassen will, weil er ihr genauso zurückweisend und kalt erscheint wie ihr Vater, wird ihren Mann wahrscheinlich mit etwas anderen Augen sehen, wenn die Beziehung zu ihrem Vater an Wärme gewonnen hat. Selbst eine kaum merkliche Verbesserung in der Beziehung zu einem Elternteil kann von immenser Bedeutung sein, denn diese Beziehungen sind es, die das Modell für alle unsere späteren Beziehungen geformt haben. Dem ungeübten Auge mag eine Sitzung mit der erweiterten Familie oft recht uninteressant und ereignislos erscheinen. Aber ein paar Worte, ein Blick, eine sanftere Färbung der Stimme können sehr bedeutungsvoll sein, wenn sie von einem Vater oder einer Mutter kommen.
Im weiteren Verlauf der Therapie mit Scheidungskandidaten erweist es sich oft, daß manche Themen stärker betont werden müssen, als das der Fall wäre, wenn das Paar die Ehe auf jeden Fall fortsetzen wollte. So mag es nötig sein, unmißverständlich klarzumachen, daß beide Partner ihren Anteil an den Problemen haben; es gibt nichts Sinnloseres, als monatelang zuzuhören, wie ein Ehepaar sich fein säuberlich gegenseitig vorrechnet, wer an was mehr Schuld hat. Oder wir müssen ihnen erst zu der Erkenntnis verhelfen, daß *beide* ihre Beziehung mit ambivalenten Gefühlen betrachten. Auch wenn sich der eine Partner vielleicht auf den stillen Gram »spezialisiert« und der andere darauf, in seine Wut auszuweichen – gewöhnlich machen sie sich doch beide Gedanken über den anderen, und sie sind sich beide nicht sicher, ob sie wollen, daß ihre Beziehung fortdauert, oder nicht. Wenn die Partner diese beiderseitige Ambivalenz erkennen und annehmen können, dann vermag das die Polarisierung zu mildern.
Fast alle Ehepaare müssen erst lernen, konstruktiver zu streiten und ihre Meinungsverschiedenheiten auszutragen, doch es gibt

immer einige, die es einfach nicht schaffen, ihre Hauptkonflikte zu regeln. Das Beste, was solche Paare offenbar tun können, ist, den Konflikten und vielleicht auch einander aus dem Wege zu gehen. Sie müssen lernen, wie man *nicht* streitet, und das heißt lernen, dem Köder zu widerstehen, den jeder dem anderen vor die Nase hält. Diese schwere Aufgabe ist nur dann zu meistern, wenn beide in ihrer Individuation Fortschritte machen und ein größeres Maß an Selbstbewußtsein und Selbstkontrolle gewinnen.

Irgendwann im Verlauf der Therapie kommt gewöhnlich der Augenblick der Entscheidung. Sollen sie sich scheiden lassen oder nicht? Wenn der Therapeut klug ist, so wird er einfach nur »da sein«, während das Paar mit der Qual der Entscheidung ringt. Sobald sie getroffen ist – und wir können nie vorhersagen, wie sie ausfallen wird –, gibt es eine Menge zu tun. Heißt ihre Entscheidung: zusammenbleiben und es ausfechten, so geht die Psychotherapie zwar weiter, aber mit einem neuen Zielbewußtsein. Jetzt hat das Paar endlich eine übereinstimmende Vorstellung von dem, was sie wollen: eine bessere Ehe.

Das gleiche Gefühl der Erleichterung und einer neuen Zielrichtung kann auch den Entschluß zur Scheidung begleiten, doch ist die Arbeit, die nun zu tun ist, eine andere. Viel Leid ist durchzustehen – und *jeder* leidet, selbst die Therapeuten. Die beiden Partner müssen ihren Schrecken, ihre Angst vor der schönen neuen Welt des Alleinseins überwinden, während sie ihren Besitz aufteilen, neue Wohnungen und neue Jobs suchen und sich auf ein ganz neues Leben einrichten. Zugleich kommt eine andere Art von Panik auf, wenn sie begreifen, daß sie durch ihre Kinder zu einer Fortdauer der Beziehung gezwungen sind. Es kann ein ungeheurer Schrecken für sie sein, zu erkennen, wie tief verwachsen die Fäden sind, die sie aneinander binden, wie unendlich schwer eine Scheidung ist, wenn Kinder da sind. Ich bin überzeugt, daß die bitteren Kämpfe bei jeder Scheidung weitgehend aus dieser Panik herrühren, in der beide Partner unhörbar murmeln: »Ich will da raus, aber anscheinend kann ich nicht freikommen!« Das Gefühl, in einem Gefängnis zu sitzen, das ihnen aus ihrer Ursprungsfamilie her bekannt ist und sie in die Ehe begleitete, sind sie immer noch nicht losgeworden.

Carl und ich gehen die Ängste, die das Paar in dieser Hinsicht hat, behutsam, doch mit Nachdruck an. Wir sagen ihnen, daß ihre Intuition wohl richtig ist: wenn Kinder da sind, ist es fast unmöglich, mit der Scheidung zugleich das Gefühl wahrer »Freiheit« zu bekommen. Sie können niemals das unwiderrufliche Vertrauen aufkündigen, das sie in ihren Kindern haben wachsen lassen. Sie können allerdings, wenn sie sich ernstlich bemühen, nicht nur erhalten, was sie in ihre Kinder investiert haben, sondern neue Menschen, neue Erfahrungen, neues Leben hinzugewinnen zu dem, was vorher war. Und dann legen wir uns ins Zeug, um die schwierige Aufgabe zu meistern, ihnen dabei zu helfen.

In unserer Arbeit an Scheidungen haben wir es nicht nur mit Ehepaaren zu tun, die gerade im Begriff sind, sich zu trennen. Oft arbeiten wir mit Paaren erst Jahre nach einer »ungelösten« Scheidung, und zwar häufig im Kontext mit der zweiten Ehe. Obwohl vor dem Gesetz mit jemand anderem verehelicht, sind sie, indem sie ihre Kommunikation über die gemeinsamen Kinder fortsetzten, emotional verheiratet geblieben.

Ich erinnere mich an eine erschütternde Sitzung mit einer Familie, deren zehn Jahre alte Zwillinge zu Jugendarrest verurteilt worden waren, weil sie gestohlen hatten! Ihr delinquentes Verhalten hatte sich seit einigen Jahren stetig verschlimmert und hatte schließlich den Erfolg, daß Mutter und Stiefvater auseinandergingen, weil sie verschiedener Ansicht darüber waren, was mit den beiden Jungs anzustellen sei. Den Grund für die Straffälligkeit ihrer Kinder enthüllte die Mutter, als sie unter großem Widerstreben damit herausrückte, weshalb sie sich vom Vater der Kinder hatte scheiden lassen. Sie war es leid geworden, ihn zu versorgen, sagte sie. Und wie kam es, daß er keine Arbeit hatte? Er wurde immer wieder rausgeschmissen. Und warum wurde er rausgeschmissen? Wegen Diebstahl. Zwar wußten die Kinder nichts von den Diebstählen, doch sie hatten ohne Zweifel die Möglichkeit entdeckt, wie sie ihre Mutter dazu bringen konnten, sich weiterhin mit ihrem Vater zu beschäftigen – indem sie ihn imitierten. Sie versuchten so, die zweite Ehe kaputtzumachen, um ihre Eltern wieder zusammenzubringen, und es stellte sich heraus, daß die geschiedenen Eltern auf verschiedene und sehr subtile Weisen zusammenarbeiteten.

Die Therapie zweiter Ehen kann alptraumhaft kompliziert sein, umfaßt sie doch als Beteiligte das betreffende Ehepaar, dessen Kinder, seine und ihre Kinder aus erster Ehe, einen oder mehrere Ex-Ehepartner und allerlei Verwandte. Wir rufen all diese Leute nicht aus Freude an Massenaufmärschen zusammen, sondern weil sie *alle* miteinander kämpfen und damit gewöhnlich den Kindern wehtun. Die einzige Möglichkeit, diesen Krieg zu beenden, be-

steht darin, die Leute zusammenzubringen. Der Therapeut braucht eine Menge Geduld, ein gewisses Maß an stoischer Gelassenheit, viel Sinn für Humor – und einen Ko-Therapeuten!
Die Arbeit mit einer auf die Scheidung zusteuernden Familie ist derart anspruchsvoll und schwierig, daß sie sich im Zuge der Fortentwicklung der Familientherapie vermutlich als ein eigener Spezialbereich etablieren wird. Es ist kaum eine Situation vorstellbar, in der Hilfe dringender nötig ist, als die, wenn eine Familie das unendliche Leid durchmacht, das mit dem »Tod einer Beziehung« verbunden ist. Soll auf diese Erfahrungen eine (wie auch immer geartete) »Wiedergeburt« folgen, dann stehen die Chancen dafür erheblich besser, wenn die Familie bei diesem schwierigen Prozeß Hilfe erhält.

David: Vater ist auch nur ein Mensch

Psychotherapie ist ein rhythmischer Prozeß, und lange Pausen zwischen den Sitzungen sind ebenso wie Pausen in den Gesprächen selbst immer von Bedeutung. In den Wochen, als David in Boston war, ertappte ich mich öfters dabei, wie ich über zurückliegende Ereignisse in der Familie nachdachte und in Gedanken die verschiedenen Möglichkeiten durchspielte, wohin das alles führen könnte.
Das überraschende Stellenangebot in einer weit entfernten Stadt war wie ein Keulenschlag auf die Ehe der Bergers herabgesaust: es drohte sie auseinanderzubrechen. Die Bruchstelle in der Beziehung bestand von Anfang an: ein Netz von starren, einschränkenden »Lebensregeln«, die emotionale »Sicherheit« gewährten. Diese Regeln – das Erbteil aus den jeweiligen Ursprungsfamilien – waren diktiert von Angst, Abhängigkeit, der Verpflichtung zur Selbstlosigkeit und dem Bedürfnis, das Leben undramatisch und unterkühlt zu halten. Der Preis, den David und Carolyn für ihre emotionale Sicherheit zahlten, war eine Art emotionaler Tod.
Carl und ich hatten die beiden immer wieder gedrängt, in ihrer Beziehung mehr zu wagen: mehr für sich zu sein, heikle Empfin-

dungen miteinander zu teilen, ein bißchen verrückter zu sein, mehr Spontaneität zuzulassen. Wir ermunterten sie, das Leben zu leben wie es *ist*, nicht so, wie es ihrer Ansicht nach sein sollte, und all die Verwirrung, den Schrecken, das Leiden, die Heftigkeit zu riskieren, die sich unter der Oberfläche unserer gezähmten, geplanten Existenzen regen.

Uns wurde klar, daß ein solches »Aufbrechen« für sie eine Katastrophe bedeuten könnte. So viel Bitterkeit war angestaut und sorgfältig gehegt worden, so viele Wünsche hatte man zurückgestellt. Die brüchige Oberfläche ihres angepaßten Daseins aufzureißen, hieß vielleicht Kräfte zu entfesseln, die niemand mehr würde in den Griff bekommen können. Kaum verwunderlich, daß sie so lange gezögert hatten. Jetzt aber war das Sausen, mit dem die Keule auf sie niederging, nicht mehr zu überhören.

Sie waren die Verkrustung in ihrer Ehe auf eine Weise angegangen, wie es mittlerweile immer häufiger geschieht. Wie viele Frauen heutzutage, reagierte Carolyn Berger auf den Ruf, »zu sich selbst zu finden«. Die Familientherapie war ein unmittelbarer Anreiz, der sie in ihrem Streben nach Veränderung ermutigte, doch ebensogut hätte eine Frauengruppe oder die Suche nach einem Freund sie darin bestärken können. Wie es aussieht, sind es heute überall die Frauen, die in der Ehe den Drang zur Weiterentwicklung verkörpern, während Männer wie David in einer Rolle verharren, mit der sie zwar nicht ganz glücklich sind, die zu ändern sie aber kein zwingendes Bedürfnis verspüren. Beide vernahmen denselben Ruf, doch nur Carolyn ging darauf ein.

Die Familientherapie existiert in einer Gesellschaft, in der sehr viele Frauen den Versuch wagen, psychisch zu wachsen, und die Veränderungen, die sie erreichen, sind wahrlich aufregend. Die Frauenbewegung erweist sich als eine mächtige Kraft in fast jeder Familie, die wir erleben, und weder die Therapie noch der Therapeut kann sie außer acht lassen. Das Programm der Veränderung schreibt nicht der Therapeut, sondern der Klient. Selbst wenn die Bergers keine Therapie unternommen hätten, wäre es wahrscheinlich Carolyn gewesen, die den ersten Schritt zur Individuation getan hätte. Doch in der unbeständigen Atmosphäre des heutigen Familienlebens kann die Tatsache, daß eine Familie sich in Therapie befindet, einen gewaltigen Unterschied für die Folgen eines solchen Schritts ausmachen. Wenn eine Ehefrau und Mutter versucht, den komplexen Wandel einzuleiten, den man »Befreiung« nennt, ohne dabei die Hilfe ihres Mannes und ihrer Kinder zu haben, dann wird sie ihr Ziel, eine eigenständige Persönlichkeit zu werden, nur um den Preis großer Bitterkeit und Schuld erreichen. Der teuerste Preis mag die Ehe sein. Doch wenn die Familie, und vor allem das Ehepaar, sich gemeinsam durch diese qualvollen Übergänge hindurcharbeiten kann, dann ist die Chance für einen positiven Ausgang erheblich größer. Indem die Ehefrau und Mutter Pionierarbeit leistet, ermöglicht sie es jedem einzelnen in der Familie, ein Bewußtsein für individuelle Autonomie und *zugleich* einen Sinn für Nähe und Einssein zu entwickeln.

Carolyn Berger profitierte von der Therapie. Sie begann neue Kräfte in sich aufzuspüren, nach neuen Handlungsalternativen zu suchen, sich selbst zu akzeptieren. Carl und ich spielten eine Rolle bei dieser Suche, aber im Grunde war es *ihre* Reise. Wir hatten schon viele Patienten auf ähnlichen Entdeckungsreisen begleitet, und obwohl sie oft sehr verzweifelt war und über ihren augenblicklichen Schmerz nicht hinaussehen konnte, war die Entwicklung ihrer Persönlichkeit für uns unübersehbar. Diese hoffnungsvolle Perspektive in unserer Sicht von Carolyn hat ihr sicherlich sehr geholfen. Als individuelle Persönlichkeit wurde sie viel lebendiger.

Man ist allerdings häufig versucht, nur den einzelnen zu sehen. War Carolyn wirklich für sich auf der Suche, oder war ihre Entwicklung lediglich der Streitpunkt, den das Ehepaar unbewußt hervorgebracht hatte, um sich darüber zu entzweien und vielleicht zur Scheidung zu kommen? In unserer Freude über Carolyns Fortschritte hatte es Carl und mir stets Unbehagen bereitet, wie wenig sich David in der Therapie engagierte. Carl und ich hatten ihn gedrängt, seine eigene Suche nach dem Selbst zu beginnen, aber ohne jeden Erfolg. Als er die Eröffnung machte, er könnte eine Stelle in Boston bekommen, schockierte er uns alle. Carl und ich dachten an all die Male, wo David sich während der Sitzungen von uns zurückgezogen hatte. Hatte er sich durch seinen trägen Widerstand gegen jede Veränderung im Endeffekt von der Ehe zurückgezogen? War die Geschichte mit Boston seine Kriegserklärung?

Das Ehepaar faßte diese Geschichte auf eine verhängnisvolle Weise auf. Carolyn fürchtete, daß ein Umzug ihre noch kaum gefestigten Kontakte mit einer Welt außerhalb der Familie wieder zerstören würde, und sperrte sich gegen eine Veränderung. David, ehrgeizig und karrierebewußt, faßte die Haltung seiner Frau als Forderung auf, etwas für ihn ungeheuer Wichtiges, vielleicht sogar seine

Identität selbst, aufzugeben. Die Aussicht auf einen Wohnungswechsel rief in beiden Partnern eine primitive Angst wach: daß dies eine Entscheidung war, in der nur einer von beiden gewinnen konnte. Doch die Tatsache, daß jetzt so etwas wie ein Wettstreit da war, bewies, daß die alte Pseudogemeinschaft der Vergangenheit angehörte. Nun endlich bestand eine Hoffnung auf individuelle Erfüllung, wenn nicht sogar die Überzeugung, daß *beide* in den Genuß dieser Erfüllung kommen konnten.

Die Kampfstimmung, die der mögliche Umzug hervorrief, enthüllte zugleich beider *Angst vor Veränderung*. So wie Carolyn dazu »ausersehen« war, die Grenzen ihrer Erfahrungsfähigkeit zu erweitern, so war auf David die »Wahl« gefallen, diesen schöpferischen Vorstoß zu blockieren oder zu behindern. Und beiden war sehr unbehaglich zumute angesichts einer Veränderung. Sie spezialisierten sich nur jeder auf gegensätzliche Weisen, ihre ambivalente Haltung zum inneren Wachstum auszudrücken.

Man ist leicht geneigt, David die Schuld zu geben. Denn schließlich würde ein Wohnungswechsel jetzt Carolyns Anstrengungen zunichte machen und sie in die Rolle der braven Ehefrau zurückstoßen. Außerdem würde er sie endlich dem heimtückischen Einfluß dieser Therapeuten entziehen, die ihr nur dabei halfen, die Familie zu zerstören. Doch bei dieser Formulierung lassen wir außer acht, daß Carolyn an dem Stück, das hier gespielt wird, teilhat, daß sie selbst mitschreibt am Drehbuch.

Es ist oft, darauf haben wir schon mehrfach hingewiesen, die *Ehe* selbst, die die Partner lenkt:

- Carolyn ist dazu ausersehen, den Schritt zum Wachstum der Persönlichkeit zu tun.
- David macht das eine Weile mit, doch schließlich wird er ängstlich, wenn nicht eifersüchtig, und macht einen Gegenvorschlag (laß uns nach Boston ziehen), der seiner Frau zu verstehen gibt, sie solle ihre Initiative aufgeben.
- Carolyn gibt zu, daß sie seine Botschaft als bedrohlich empfindet und die Möglichkeit in Betracht zieht, auf ihre Entwicklung zu verzichten. Aber sie beklagt sich bitterlich.
- Davids Initiative, die Stelle zu wechseln, hat zwei Komponenten. Die eine ist der Versuch, Carolyns Reifungsbemühungen zu blockieren. Die andere ist eine Initiative seinerseits: er sieht in der neuen Arbeit eine Quelle des Wachstums für *sein* Leben. Wenn Carolyn sich über den Umzug beklagt, meint David, daß sie *seinen* Versuch der Veränderung bekämpft.

Es kann nicht oft genug betont werden, daß das Ehepaar in diesem Dilemma eine symbolische Sprache für wechselseitige Drohungen entwickelt hat, und daß beide damit *einverstanden* sind, sich von den Initiativen des anderen Partners behindern zu lassen. Sie sehen nicht, daß der wahre Feind nicht der Ehepartner, sondern ihre eigene innere Blockade ist, die gewöhnlich ein Gebot oder Verbot ist, das sie von ihrer Ursprungsfamilie übernommen haben. Carolyn beschuldigt David, gegen sie zu arbeiten, doch sie erst verleiht ihm diese Macht. Und er wiederum gibt ihr dieselbe Macht über seine eigene Entwicklung. Auf diese Weise gelingt es beiden, die Verantwortung für ihre eigenen Fehler loszuwerden. Sie haben einen »wahnhaften Zustand« herbeigeführt, in dem die Macht zur Veränderung immer beim anderen zu liegen scheint.

Diesen Teufelskreis aufzubrechen, ist eine schwierige Aufgabe für jeden, der darin verwickelt ist. Das Ehepaar muß weit mehr tun als nur lernen, sich zu verständigen. Beide müssen sich ihrer selbst bewußter werden, sich akzeptieren lernen; sie müssen jeder sein eigenes und unabhängiges Leben »entdecken«. Einen der Partner trifft gewöhnlich die Wahl, der erste zu sein, der die eheliche Symbiose aufbricht und sich »unloyal« zur Ehe verhält, um eine neue Loyalität zu sich selbst zu schaffen. Dabei braucht er Hilfe, und was liegt näher, als sich an den Therapeuten zu wenden? Ein Liebhaber, Verwandte oder Freunde werden unter Umständen mißverstehen, worum es bei diesem Ehepaar eigentlich geht, und in eine irregeführte (und irreführende) Anwaltschaft für den einzelnen hineingezogen werden. Es ist wichtig, die individuelle Suche nach dem Selbst zu unterstützen, wie Carl und ich es bei Carolyn taten. Doch ebenso wichtig ist es zu erkennen, daß das Familiensystem durch diese Individuation aus dem Gleichgewicht gerät, und daß die anderen Familienmitglieder ebenfalls Hilfe brauchen. Die wachsende Angst beim »unbeweglichen« Ehepartner ist ein besonders kritisches Element. Da diese manchmal dramatischen Veränderungen oft in einem fortgeschrittenen Stadium der Therapie in Angriff genommen werden, müssen die Therapeuten stets für jeden in der Familie und für alle Beziehungen offen sein. In solchen Zeiten ist uns die Notwendigkeit der Ko-Therapie mehr als jemals sonst bewußt.

Carl und ich waren uns sicher, daß Carolyns »Bruch« mit der ehelichen Sackgasse unwiderruflich war. Ob David die Herausforderung annehmen und an seiner eigenen Weiterentwicklung arbeiten würde, blieb zweifelhaft. Die eigentliche Frage war, ob er es riskieren konnte, ein »Patient« zu werden, ein Mitreisender auf der Suche nach dem Selbst. Carolyn schien über den Punkt hinaus zu sein, wo Davids Entscheidung ihre Selbstverpflichtung, eine eigenständige Persönlichkeit zu werden, gefährden konnte. Was auch der Preis sein mochte, sie war fest entschlossen, für sich zu kämpfen. Bei der Frage, ob die Ehe überdauern würde, schien das Zünglein an der Waage Davids Bereitschaft zur Veränderung zu sein.

Zwei Wochen vergingen, und wir hörten nichts von den Bergers. Drei Wochen, und immer noch kein Wort. Dann, an einem Freitag, am Ende der dritten Woche, rief Carolyn Carl an und bat um einen Termin. Die Familie kam am folgenden Dienstag, in der ersten Juniwoche. Seit unserer ersten Begegnung war fast ein Jahr vergangen, und fast einen Monat war es her, seit wir uns das letzte Mal gesehen hatten.

Alle kamen. Als sie in Carls Büro hereinmarschierten, empfand ich plötzlich für einen Augenblick, wie die Zeit verfließt – es war, als wäre diese Familie, mit der ich allmählich eine so intime Vertrautheit empfunden, für die ich mich so verantwortlich gefühlt hatte, nun eine Gruppe von Fremden. Es war, als wären wir für eine Weile alle eine Familie gewesen, aber nun hatten die Bergers ihr Geschick wieder selbst in die Hand genommen und führten ihr Leben unabhängig von uns. Es lag eine gewisse Kühle zwischen ihnen und uns.

Als ich sie während der unverbindlichen Konversation zu Beginn der Sitzung so vor mir sah, versuchte ich mir vorzustellen, was in der Zwischenzeit wohl geschehen war, und dabei ging mir auf, daß ich jeden von ihnen in einem neuen Licht sah. Die lange Unterbrechung unserer regelmäßigen Treffen hatte mein gewohntes Bild von der Familie erschüttert, und ich ertappte mich dabei, wie ich einige der sichtbarsten Resultate ihres Jahres mit uns kritisch unter die Lupe nahm. Laura machte einen weniger »glücklichen« Eindruck als zu Beginn der Therapie. Als wir anfingen, war sie ganz Mamas kleiner Liebling gewesen, und dieser besonders behütete Status hatte sie wie unter einer Käseglocke von allem entrückt. Sie wirkte jetzt unabhängiger von Carolyn, sehr viel ernster, und schien sich der Familie und überhaupt ihrer Umgebung sehr viel bewußter zu sein. Ich vermißte das kleine Mädchen, aber ich mochte die schlanke, hübsche junge Persönlichkeit, die da auf der Ecke des Sofas balancierte und sich sichtlich Sorgen machte über ihre Familie.

Fast erschrocken stellte ich fest, daß Don im Begriff war, die rebellische Periode seiner Adoleszenz sehr rasch zu überwinden. Er war größer, schlanker und ernster geworden. Seine Stimme klang ein wenig tiefer, und seine Figur war hochgewachsen und feingliedrig geworden, wie die seines Vaters. Don war mir immer wie ein dicklicher Bengel erschienen, dessen sprunghafte, schmollende, unzufriedene Einstellung zum Leben in einem etwas verworrenen Sarkasmus zum Ausdruck kam. Diese unangenehmen Züge waren jetzt weitgehend verschwunden. Er schien geordneter, aufgeschlossener und weit weniger abwehrend. Sein Sarkasmus war immer noch da, doch klang er anders durch einen Unterton der Nachdenklichkeit und des Betroffenseins. Don saß auf einem der beiden Sessel in der Mitte, lässig hingeflezt natürlich.

Claudia saß neben ihrer Mutter auf dem Sofa links von uns. Ihre Haare waren frisch gewaschen und fielen ihr locker um die Schultern. Sie hatte ein geblümtes T-Shirt und einen Jeansrock an. Obgleich sie so ernst war wie alle Familienmitglieder in diesem Augenblick, verriet sie keinerlei Anspannung; sie sah geradezu strahlend aus. Ich ahnte, daß diese Zufriedenheit irgendwie mit der offensichtlichen Nähe zwischen Mutter und Tochter zusammenhing. Die lange und schreckliche Zeit der Entfremdung war vorbei.

Carolyn war sehr ähnlich wie ihre Tochter angezogen, wenngleich ihr Rock ein bißchen weniger salopp und wahrscheinlich auch teurer war. Ich überlegte, wann sie sich wohl die Haare hatte abschneiden lassen; ihre Frisur war kürzer und lockig, und das machte sie jünger. Zwar war sie offensichtlich verstimmt über David und vermied es krampfhaft, ihn anzusehen, doch hatte ich den Eindruck, daß es ihr, in Anbetracht der unheilvollen Untertöne ihrer ehelichen Entfremdung, ganz gut ging. Immer noch wütend, aber nicht deprimiert und am Boden zerstört.

Aber David. Er sah müde aus, erschöpft, alt. Mit aufeinandergebissenen Zähnen saß er da und machte den Eindruck eines Mannes, der eine endlose Reihe von Strafgerichten auf sich zukommen sieht. David war mir immer als ein umgänglicher, extrem verstandesbetonter Mensch erschienen, der jede Gefühlsregung tunlichst zu vermeiden suchte. Dies war das erste Mal, seit wir ihn kannten, daß er deprimiert aussah. Ich war zufrieden, wenn auch nicht ganz ohne Gewissensbisse.

Don brach als erster das Schweigen, mit dem sich der ernste Teil der Sitzung ankündigte. »Dr. Whitaker«, sagte er, »mit den Kindern in dieser Familie scheint alles bestens zu sein, aber bei den *Eltern*, also da sieht's anders aus.« Eine Spur des alten Sarkasmus, doch vor allem Betroffenheit.

Carl erlaubte sich ein Lächeln auf diese trübe Nachricht hin. »Nun, nach fast zwanzig Jahren wurde es ja wohl auch langsam Zeit, sich mal ernsthaft Gedanken über die Ehe zu machen!« Don lachte leise, doch dieser Augenblick guter Laune fand kein Echo bei der übrigen Familie. Carolyn sah kurz zu Claudia herüber, wie um sich noch einmal zu vergewissern, und wandte sich dann zu mir. »So *viel* ist passiert, seit wir uns das letzte Mal gesehen haben.« Sie schien bemüht, ihre Gedanken zu ordnen. Wir warteten schweigend. Stille; dann fuhr sie, immer noch stockend, fort: »Was war los, als wir das letzte Mal hier waren?«

Lächelnd sagte Claudia zu ihrer Mutter: »Papa wollte uns verlassen.«

«Oh.« Einen Moment lang war Carolyn ganz verwirrt; dann wurde ihre Stimme wieder fest. »Ja. Also diese Woche war wohl die schlimmste, die ich jemals durchgemacht habe in meinem Leben.« Sie sprach jetzt zu Carl. »Als David ging, haben wir kaum etwas gesprochen. Wir hatten furchtbare Auseinandersetzungen wegen dem Job und dem Umzug gehabt, und so sehr wir uns auch ansgestrengt haben, wir waren einfach nicht in der Lage, uns danach wieder zu vertragen. Wir haben uns immer mehr eingekapselt und sind immer wütender geworden. Das Wort ›Scheidung‹ ist ein paarmal gefallen. Und dann ist er weggefahren.« Sie stockte, die Erinnerung an diese Zeit schien quälend für sie zu sein. »Ich war wohl nicht auf sein Weggehen vorbereitet, obwohl ich wußte, daß es so kommen würde. Als er zum Flughafen fuhr, konnte ich einfach nicht begreifen, daß es passierte, daß er es wirklich tat. Ich dachte an das Haus und meine drei Kinder – plötzlich schienen sie mehr meine als unsere Kinder zu sein – und kam mir so allein vor wie nie zuvor in meinem Leben.«

David unterbrach, Ärger in der Stimme. »Mir hat das auch nicht gerade Spaß gemacht.«

Carolyn: »Aber du hast wenigstens was gehabt, wo du hin wolltest. Ich konnte nur dasitzen und zusehen, wie du weggehst. Es ist ein gewaltiger Unterschied, ob man jemanden verläßt oder selbst verlassen wird!« Ich spürte, wie die Spannung wuchs.

»Für mich war das nicht sehr viel anders«, sagte David niedergeschlagen; er war sichtlich bestrebt, einen Kampf zu vermeiden.

»Sprechen Sie weiter«, wandte ich mich an Carolyn.

»Ach, es war einfach schrecklich. Eine geschlagene Woche habe ich nur herumgesessen und darüber nachgedacht, was ich tun würde, wenn wir uns scheiden ließen. Und je länger ich nachdachte, desto deprimierter bin ich geworden. Mit drei Kindern würde ich dasitzen, von einer aussichtsreichen Berufsausbildung keine Rede – *sechs* Lehrer haben sie in dieser Stadt letztes Jahr eingestellt! Dann hab ich langsam die Wut gekriegt über all die Jahre, wo ich nur Hausfrau und Mutter war – was habe ich denn davon gehabt? Ich fühlte mich entsetzlich abhängig von David, und ich *haßte* dieses Gefühl.« Pause, die Familie um sie herum schwieg. Carolyn sah nach links herüber zu Claudia; die beiden tauschten einen kurzen herzlichen Blick. »Dann ist etwas passiert – mehrere Dinge, genauer gesagt. Ich habe Sie angerufen, Gus, und obwohl Sie gar nichts Besonderes gesagt haben, war etwas sehr Freundliches in Ihrer Stimme. Unterstützung, Anteilnahme. Es hat mir schon geholfen, nur mit Ihnen zu reden.« Wieder dachte sie zurück. »Das war gegen Ende der ersten Woche.« Erneutes Schweigen. »Dann ist Claudia eines Abends in die Küche gekommen, und ich saß am Tisch, das Gesicht in den Händen vergraben. Ich muß wohl ziemlich verzweifelt ausgesehen haben. Claudia hat sich zu mir gesetzt, den Arm um mich gelegt und mich auf eine sehr liebevolle Art gefragt, was denn los sei.« Carolyns Stimme zitterte leicht. »Ich konnte nichts dagegen machen, ich bin einfach zusammengebrochen und hab geheult, und Claudia hat mich getröstet, als wäre sie *meine* Mutter.« Die beiden Frauen – es schoß mir durch den Kopf, daß beide jetzt Frauen waren – sahen einander wieder an, Claudia streckte den Arm aus und nahm die Mutter fest bei der Hand, wobei sich beide unverwandt anblickten. Einen Augenblick sprach niemand, und in diesem Schweigen spürte ich einen stillen Triumph. Egal, welche anderen Schwierigkeiten die Familie auch hatte, dieser Händedruck war ein Sieg für Mutter und Tochter und die ganze Familie.

Carolyn fuhr fort. »Claudia war wundervoll. Sie hat gesagt, sie sei sicher, daß, selbst wenn David und ich uns scheiden lassen würden, jeder es überleben würde, sogar ich.« Bedeutungsvolle Pause. »Sie hat allerdings nicht wirklich geglaubt, daß es so weit kommen würde.« Ich spürte jetzt, daß die Zärtlichkeit zwischen Mutter und Tochter von dem andauernden Konflikt zwischen Mann und Frau vergiftet wurde, einem so qualvollen und überwältigenden Konflikt, daß er alles vergiftete, was in der Familie vor sich ging. Ich konnte den Schmerz in Carolyns Stimme hören, als sie unverblümt die Liebe ihrer Tochter dem entgegenstellte, was sie als die Lieb*losigkeit* ihres Mannes empfand. Sie konnte sich noch soviel Mühe geben, sie war nicht länger dabei, ihre Tochter zu loben; sie strafte ihren Mann.

Das Gegeneinander von Wärme und Zorn in Carolyn verwirrten mich. Ich wußte immer noch nicht, was zwischen ihr und David vorgefallen war. »Und dann?« fragte ich.

»Ich fing an, mich besser zu fühlen«, sagte Carolyn mit Nachdruck. »Ich hab noch einmal Bilanz gezogen, und bin zu dem Schluß gekommen, daß ich es vielleicht doch schaffen konnte. Ich konnte mir einen Job suchen, und ich konnte überleben. Ich war nicht gerade voller Schwung, aber die Aussicht, möglicherweise geschieden zu werden, hat mich mit einem seltsamen Gefühl, einer Art erschrockener Heiterkeit, erfüllt. Das war das Wochenende nach der ersten Woche. Ich hatte nicht ein Wort von David gehört.« Sie zögerte stirnrunzelnd. »Dann, Montag abend, hat er endlich angerufen. Die Unterhaltung war etwas gequält, aber es war nicht so schlimm, wie ich erwartet hatte. David hat begeistert von der Stadt und all ihren kulturellen Annehmlichkeiten erzählt, von Cambridge und vom Charles River. Er hat gesagt, der Job sehe vielversprechend aus, und in dem Moment hatte ich das Gefühl, zu versinken. Dann hat er gesagt, daß er mit der Firma über meine Abneigung gegen einen Wohnungswechsel gesprochen habe, und daß er ihnen erklärt habe, das sei eine schwierige Entscheidung für uns.« Carolyn machte eine Pause, die einen Wendepunkt in ihrem Bericht ankündigte. »Und plötzlich ging mir auf, daß er gesagt hatte: ›eine schwierige Entscheidung für *uns*‹, als habe er den Leuten von der Firma wirklich zu verstehen gegeben, daß meine Einwände etwas Ernstzunehmendes für ihn waren. Das würde bedeuten, daß es unsere gemeinsame Entscheidung war! Ich war glücklich. Nach all meinem Weinen und meinen inneren Kämpfen hatte er mich vielleicht endlich gehört und nahm meine Klagen jetzt ernst! Das war alles sehr indirekt, aber er hatte einen irgendwie versöhnlichen Ton in der Stimme. Er hat nicht gesagt, daß er mich vermißt oder daß es ihm leid täte, ich hatte nur einfach das vage Gefühl, daß sich etwas in ihm verändert hatte. Er klang nicht mehr so kühl, und nicht mehr so unnachgiebig.« Carolyn sah vorsichtig zu David hinüber; er wandte den Blick von ihr ab.

»Und wo waren Sie in all dem?« fragte Carl David.

»Hart bedrängt an vielen Fronten«, erwiderte David knapp.

»Kann ich zu Ende reden?« unterbrach Carolyn. »Es ist mir wirklich daran gelegen, Davids Sicht der Sache zu erfahren, aber erst möchte ich von mir aus zu Ende erzählen.« Das war bestimmt und fest. Ich dachte daran, wie zitternd und schwach ihre Stimme gewesen war, als wir mit der Therapie begannen.
»Natürlich«, sagte Carl.
»Danach haben wir noch ein paarmal telefoniert. Und jedesmal ist es besser geworden. David hat sich ein paar Stunden Zeit genommen, um in Cambridge Häuser anzusehen, und sogar mit einigen Kollegen über die dortigen Sozial-Programme gesprochen.« Mit einem Lächeln unterbrach sie sich. »Es ist mir direkt peinlich, aber ich muß gestehen, daß mich die Sache mit der Psychotherapie inzwischen ziemlich gepackt hat – ich hab schon mal daran gedacht, mich als Sozialarbeiterin ausbilden zu lassen.« Dann nahm sie den Faden wieder auf. »Allmählich geriet ich fast in Begeisterung bei dem Gedanken, nach Boston umzuziehen. David und ich hatten beide das gleiche Gefühl, eine Art Leichtigkeit. Ich kann nicht sagen, wie es zu diesem Wandel gekommen ist, erst so viel Bitterkeit und all das Reden über Scheidung, und dann lachen wir miteinander am Telefon und malen uns aus, wie es mit dem Umzug sein wird. Das alles kam nicht auf einmal; es war so eine Stimmung, die allmählich stärker wurde.« Carolyn stockte, vielleicht verwirrt von ihrer eigenen Unbeständigkeit. »Zu dem Zeitpunkt, als David zurückkam, habe ich mich großartig gefühlt. Ich hab mich entschlossen, ihn am Flughafen abzuholen, hab die Kinder zusammengerufen, und dann sind wir ganz aufgekratzt losgefahren. Laura hatte sogar ein kleines Schild gemalt, ›Willkommen zu Hause, Paps!‹.« Beide Eltern schauten zu Laura hinüber, die entzückt war, daß sie erwähnt wurde. Während Carolyn sprach und das alles noch einmal lebendig wurde, taute die Familie sichtlich auf, die Stimmung wurde leichter und heller.
»Ich hatte ihm sein Lieblings-Dessert gemacht, Rhabarberkuchen«, protzte Claudia.
David ließ ein etwas offizielles Räuspern vernehmen und sagte gutgelaunt: »Und ich, das darf ich wohl hinzufügen, ich hatte Blumen für eure Mutter!«
»Na ja . . .«, warf Don skeptisch ein.
»Eine sehr impulsive Tat für mich, wissen Sie?« setzte David, vor allem an Carl gewandt, stolz hinzu.
»Ich war jedenfalls sehr gerührt«, sagte Carolyn. Einen Augenblick schwieg sie gedankenvoll, dann lächelte sie. »Es war eine

große Wiedervereinigung für ein erst kürzlich geschiedenes Paar.«
»Aber woher kommt dann der jetzige Ärger?« fragte ich.
»Darauf komme ich jetzt«, sagte Carolyn und wurde wieder ernst. »Wir hatten ein herrliches Wochenende. Die ganze Familie hat sich immer mehr für den Umzug begeistert, wir haben zusammengesessen, uns Fotos von Häusern angesehen und über Boston geredet. David und ich waren zuerst ziemlich verlegen, aber das ging vorbei. Als wir an diesem ersten Abend schließlich ins Bett gingen, haben wir miteinander geschlafen, und es war wirklich *gut*. So gut wie seit vielen Jahren nicht. Dasselbe in der Nacht darauf.«
Ich war beeindruckt, wie leicht es ihr fiel, in Gegenwart der Kinder über ihre sexuelle Beziehung zu sprechen.
»Aber was hat denn all den guten Sex kaputtgemacht?« beharrte ich.
Mit einem Ruck wandte Carolyn sich zu David um, und ihre ärgerliche Bemerkung war mehr an ihn als an uns gerichtet.
»Bitte, fragen Sie *ihn*!«
Pause, lastendes Schweigen. Dann sah sie uns wieder an und setzte ihre Anklage fort. »Ich *weiß* nicht, was los war. Mir ging es wunderbar. Und dann hat David angefangen, sich zurückzuziehen. Er hat immer deprimierter ausgesehen. Er wollte nicht reden. Ich konnte tun was ich wollte, es hatte überhaupt keinen Einfluß auf ihn. Jetzt ist er schweigsam, verschlossen und mürrisch. Und ich kann mir keinen anderen Reim darauf machen, als daß er seine Einstellung zu *mir* geändert hat. Irgendwie ist es offenbar noch nicht genug, daß ich bereit bin, mein *Heim* und meine *Freunde* und die *Gesellschaft* aufzugeben, nur um ihm diesen Job zu ermöglichen!« Sie war wirklich wütend und sichtlich verletzt durch seine, wie sie es empfand, sehr schwerwiegende Zurückweisung. Ihr Zorn wuchs, durchdrang ihre Worte und riß sie mit sich fort. »Ich meine, ich weiß nicht, was er *will*! Was soll ich denn *noch* tun?«
»Das muß Sie wirklich sehr verletzt haben«, sagte ich unbeholfen.
»Da haben Sie verdammt recht, ich –« Carolyn konnte nicht zu Ende sprechen. Tränen füllten ihre Augen, sie schloß sie und mühte sich zugleich um einen verschlossenen Gesichtsausdruck, damit wir ihren Schmerz nicht sähen. Der Schmerz verzerrte ihre Züge, während sie gegen den Drang zu weinen ankämpfte. Allmählich beruhigte sie sich und wandte sich dann, nach einem schier endlos erscheinenden Schweigen, wieder zu uns. »Ich war drauf und dran, ihn anzugreifen, mich schreiend in einen neuen

sinnlosen Kampf mit David zu stürzen. Aber ich bin zu dem Entschluß gekommen, daß ich das nicht tun werde.« Ihre Stimme wurde schrill in der Heftigkeit und in der Anstrengung, wieder gegen die Tränen anzukämpfen. »Ich werde David *nie mehr* um seine Liebe anflehen.« Dieser Satz hatte das Gewicht des Endgültigen, als sei sie in einer bestimmten Richtung so weit gegangen, wie man nur gehen kann. Es war offenbar nicht mehr eine Willensfrage, sondern sie hatte einfach einen Endpunkt erreicht. »Also habe ich mich ebenfalls zurückgezogen.« Stille, lastende Stille. »Und hier sitze ich und warte.« Ich dachte, damit sei sie zu Ende, aber sie war noch nicht fertig. Ihre Schlußbemerkung war hart und sachlich. »Ich bin nicht sicher, wie lange ich noch warten kann.«

Wie auf Zeichen, blickten Carl und ich zu David hinüber. Er sah hundert Jahre alt aus. Carl sprach, mit sanfter Stimme, für uns beide. »Ich glaube, jetzt sind Sie dran, mein Lieber.«

David sah Carolyn an, seine Anklägerin, und seine Stimme klang weich, aber eindringlich. »Carolyn, es hat nichts mit *dir* zu tun.«

»Aber was ist es *dann*?« sagte sie, zugleich Wärme, Wut und Ungeduld in der Stimme.

David schüttelte langsam den Kopf und sah zur Seite. »Das ist so schwierig.«

»Soll ich raten?« bot Carl an. Er klang rätselhaft und beziehungsvoll, als gehe es um ein gemeinsames Geheimnis. David sah zu Boden, wie um nicht sehen zu müssen, was nun kommen würde. Dann nickte er. »Es geht um Ihre Eltern«, war alles was Carl sagte, und alles, was er zu sagen brauchte. David seufzte nicht, er stöhnte auf, und dieses Stöhnen verriet eine gewaltige Anstrengung und große Verzweiflung. Dann hob er seine Augen und nahm Carls Blick wieder an. Als er begann zu sprechen, wußte ich, daß wir vielleicht zum ersten Mal seit einem Jahr in der Therapie von David etwas wirklich Persönliches hören würden.

»Die Zeit in Boston war eine sehr merkwürdige Erfahrung für mich«, sagte David stockend. »Ich hab mich genauso zerrissen gefühlt von unseren Auseinandersetzungen wie Carolyn – sehr deprimiert und sehr allein.« Das unmerkliche Stocken, mit dem er das Wort »deprimiert« herausbrachte, verriet die Emotionen, die er immer noch hinter seinen Worten zu verbergen suchte. »Aber ich mußte mich auf die Einstellungsgespräche konzentrieren und mich zusammenreißen. Die ersten Nächte konnte ich kaum schlafen, aber allmählich hatte ich nur noch den neuen Job im Sinn. Es ging mir ganz ähnlich wie Carolyn. Zuerst hat mich der Gedanke an eine Scheidung in Panik gestürzt. Dann hab ich mich langsam daran gewöhnt, von ihr getrennt zu sein, und gemerkt, daß es nicht so furchtbar für mich war, wie ich gedacht hatte. Ich fing an zu glauben, daß ich es durchstehen könnte, wenn es denn sein mußte. Dann ist diese komische Sache passiert, wie wir wieder zusammengekommen sind; das ist etwas, was ich immer noch nicht begreifen kann. Aber es war sehr schön.«

»Wir nennen das einen existenziellen Wendepunkt«, warf ich ein.

David wandte leicht den Kopf und schaute mich an, die Gläser seiner metallgeränderten Brille schimmerten vom Fensterlicht. »Was ist das?« fragte er.

»So eine Art Gezeitenwechsel«, erwiderte ich. »Sie beide haben den Mut aufgebracht, sich zu trennen, der Möglichkeit ins Auge zu sehen, daß Sie auseinandergehen.« Ich machte eine Pause, während ich über die Zeit ihrer Trennung nachdachte. »Und Sie haben sich wirklich getrennt. Sie haben eine Art rituelle Scheidung durchlebt. Das Wichtige dabei ist wohl die Entdeckung gewesen, bei Ihnen beiden, daß Sie mit einer Trennung leben können. Daß Sie sie überleben werden.« Ich sah Carolyn an, um klar zu machen, daß ich auch zu ihr sprach.

»Und das hat uns ermöglicht, wieder zusammenzukommen?« fragte Carolyn, die erraten hatte, worauf ich abzielte.

»So ist es. Das Wissen, daß Sie auch ohneeinander leben konnten, hat Ihnen erlaubt, Ihre Gefühle füreinander wahrzunehmen. Die Gezeiten wechselten, weil Sie jetzt die *Wahl* hatten, zusammen oder getrennt zu sein. Sie hatten das Gefühl – und wieder vermute ich, daß das bei Ihnen beiden so war –, daß Sie verheiratet bleiben *mußten*, wegen Ihrer Verantwortung für die Kinder oder Ihrer gegenseitigen Abhängigkeit.« Ich unterbrach mich, um der Familie Zeit zu geben, das alles aufzunehmen. »Doch diese Erfahrung, die Wahl zu haben, konnten Sie nicht machen, bevor Sie nicht beide, und zwar jeder allein, sich aufs offene Meer hinausgewagt hatten. Zunächst einmal mußten Sie die Selbstachtung erwerben, daß Sie imstande sind, das Leben auch allein zu bestehen.« Schweigen, das Verständnis und Zustimmung bedeutete.

Plötzlich fiel mir auf, daß ich die Aufmerksamkeit von David abgelenkt hatte – als wäre sein Versuch, persönlich zu werden, auch mir unbehaglich gewesen, und als wäre ich ihm dadurch beigesprungen, daß ich ihn aus dem Rampenlicht nahm. Carl, der das auch bemerkt hatte, lenkte unsere Aufmerksamkeit sanft wieder auf David zurück. »Sie sprachen über Ihre Rolle bei dieser

Veränderung. Sie sagten ›eine merkwürdige Erfahrung‹.« Er war wie immer hellhörig für bedeutungsvolle Formulierungen, die ein Schlüssel zu verborgenen inneren Vorgängen sind.

»Das war es.« David seufzte, er schien wieder niedergeschlagen zu sein. »Das Stellenangebot kam mir schon irgendwie komisch vor. Die Leute waren sehr nett und geradezu begeistert darüber, daß sie mich hatten. Aber irgendwie war mir in der ganzen Situation etwas mulmig. Irgendwas stimmte da nicht.« Er dachte nach. »Dann, nachdem ich die Gespräche hinter mir hatte, habe ich meine Eltern besucht. Sie wohnen in einem Vorort etwa zehn Meilen außerhalb der City. Und auch hier war erst alles bestens. Aber irgendwie waren sie einfach *zu sehr* daran interessiert, daß ich den Job annahm, haben dauernd danach gefragt und mich direkt gedrängt zu sagen, ob wir nun umziehen würden. Und langsam bin ich ein bißchen unruhig geworden. Meine Eltern machen mich allerdings immer nervös, das war also nichts Neues. Nach einer Weile hab ich mich darüber hinweggesetzt.«

»Wodurch machen Ihre Eltern Sie nervös?« fragte ich.

»Nun, jeder von ihnen nimmt mich allein beiseite, unter dem Vorwand, nur ein gemütliches Schwätzchen mit mir zu halten. Aber das endet unweigerlich damit, daß jeder mir erzählt, wie schrecklich der andere ist. Meine Mutter beklagt sich, daß mein Vater nichts anderes tut als Golf spielen und zu den Sitzungen der verschiedenen Aufsichtsräte zu gehen, denen er angehört. Und das ist wahr. Er ist immer weg. Aber obwohl meine Mutter gegenüber meinem Vater sowas Geducktes, Eingeschüchtertes hat, kann sie sehr kritisch über ihn herziehen – sie ist so jemand, der einem jeden Fehler unter die Nase reibt. Und sie findet sicher genug. In gewisser Hinsicht kann ich's ihm also nicht verdenken, daß er immer weg ist.«

»Aber dann nimmt er Sie auch beiseite«, erinnerte Carl ihn.

»Er ist noch schlimmer als sie«, sagte David, Wut im Gesicht. »Er erzählt mir, was für eine kranke Frau sie ist, und läßt durchklingen, daß das nur psychisch ist, ohne es offen zu sagen. Glaubt man ihm, so ist sie ein Hypochonder. Er versucht, sie dazu zu bringen, daß sie das Rauchen aufgibt. Er meint, sie trinke zuviel Kaffee. Und er ist wütend auf sie, weil sie nicht mit ihm ins Bett gehen will. Das ist der eigentliche Grund, warum er über ihre Hypochondrie so böse ist – weil sie ihre ›Krankheiten‹ als Ausrede benutzt.« Davids Gesicht hatte sich gerötet, während er sprach, und seine Stimme war stärker, voller und gespannter geworden. Er schien sehr viel lebendiger geworden z sein, als er über seine Eltern sprach.

»Kein Wunder, daß Sie nervös wurden«, sagte Carl beiläufig. »Von Ihnen wurde verlangt, der Therapeut ihrer eigenen Eltern zu sein.«

»Diesmal war es noch schlimmer«, erwiderte David, »weil meine Schwester wegzieht. Sie und ihr Mann leben seit einiger Zeit bei meinen Eltern in der Nähe; ich glaube, eigentlich hat meine Schwester sich nie richtig von meiner Mutter gelöst. Aber jetzt ist ihr Mann plötzlich in den Westen versetzt worden, und das hat meine Eltern ziemlich aus der Fassung gebracht. Meine Schwester ist allerdings auch ganz schön durcheinander. Nun, meine Mutter hat mir vorgeheult, wie rücksichtslos es von dem Mann meiner Schwester ist, sie zu ›entwurzeln‹ und durch's ganze Land zu schleppen, und mein Vater hat mich gebeten, meiner Mutter zuzureden, daß sie den Umzug akzeptiert, und ich bin immer konfuser geworden.« Davids Sprache wurde allmählich ungeordneter.

Carl, ruhig aber bestimmt: »Begreifen Sie Ihre Panik besser, wenn Sie über diese Veränderung in der Familie berichten?«

»Was meinen Sie damit?« fragte David.

»Daß Ihre Eltern hoffen, Sie würden kommen und ihre Streitigkeiten schlichten, jetzt wo Ihre Schwester freikommt.« Carl machte keine Umschweife.

»Daran habe ich noch nicht gedacht«, gab David zu. »Aber es klingt einleuchtend. Jedenfalls haben sie mir ganz schön zugesetzt.« Er schwieg und dachte über diese Deutung nach. Dann sah er wieder auf. »Das Schlimmste an der Sache hab ich noch gar nicht erzählt.« Schweigen im Raum, die Kinder spitzten aufmerksam die Ohren. »Als ich wieder bei meiner eigenen Familie, dieser Familie war« – und er schaute seine Frau und seine Kinder an, als müsse er sich ihrer Existenz vergewissern – »konnte ich den Ärger mit meinen Eltern einigermaßen abschütteln. Ich war sogar imstande, mich wieder für meinen Job zu begeistern. Und ich war froh, wieder bei Carolyn zu sein.«

»Aber was ist dann *passiert*?« fragte Carolyn geradeheraus und sehr viel liebevoller als zuvor.

»Ich bin dabei, es zu erzählen«, ließ David sie abprallen. Er machte eine Pause. »Ich saß in meinem Arbeitszimmer, drei oder vier Tage nach meiner Ankunft zu Hause, und bin einige Papiere der Firma durchgegangen.« Er hielt inne, zurückscheuend vor dem Qualvol-

len, das nun kommen würde. »Und da, auf einer Liste mit den Namen der Aufsichtsratsmitglieder der Firma, stand der Name meines Vaters!« Alle versanken in Schweigen. Langsam stiegen David Tränen in die Augen, füllten seine Lider und rannen ihm übers Gesicht. »Er steckt hinter der ganzen verdammten Geschichte!« endete David, dessen Tränen so plötzlich und unerwartet kamen. Er hatte sich rasch wieder gefangen, und sein Gram wich der aufkommenden Wut. »Es wäre nicht so schlimm gewesen, wenn er mir *vorgeschlagen* hätte, *ich* sollte mich für den Job bewerben. Aber es hinter meinem Rücken zu deichseln, als wäre ich ein Kind oder jemand, mit dem er beliebig umspringen kann!« Ein rotes, verheultes Jungengesicht, voller Schmerz. »Wenn ich daran denke, was diese Leute in der Firma von mir und meinem Vater denken müssen, wird mir ganz schlecht! Warum sie dieses lächerliche Spiel mitgemacht haben, ist mir schleierhaft.«
Ich begann ganz vorsichtig. »Was immer auch passiert ist, David, Ihre Gefühle Ihrem Vater gegenüber scheinen verflucht schmerzhaft zu sein.« Das war eine idiotische Feststellung des Offensichtlichen, aber es war die einzige Möglichkeit, die ich sah, um den Kontakt mit ihm herzustellen.
David sprach mit einer unglaublichen unterdrückten Wut zu mir, die zweifellos an den abwesenden Vater gerichtet war. »Zwanzig Jahre lang hab ich mich wie ein *Irrer* abgestrampelt, um jemand zu werden, vor dem er Respekt hatte, um ihm zu gefallen. Und nichts war *jemals* gut genug! Und ich mußte mich immer von ihm fernhalten; habe ich ihn mal an mich herangelassen oder an das, womit ich gerade beschäftigt war, dann hat er es in die Hand genommen. Sie brauchen sich ja nur anzusehen, wie er das hier gemacht hat – mich *übers ganze Land weg* in einen Job hineinmanipuliert, den er für mich eingerichtet hat.« Wut, hilflose und blinde Wut, weil ihr das eigentliche Ziel fehlte.
»Nun, sie brauchen Sie sicherlich«, meinte Carl begütigend.
David sah verwirrt aus. »Die Firma?«
»Oh, die vermutlich auch, aber ich meinte Ihre Eltern.«
»Also, *ich* brauche sie nicht. Ich bin sehr böse über sie.« David fühlte sich bloßgestellt, er wirkte erschöpft und ausgelaugt von dem langen Kampf gegen seine Gefühle. Andererseits machte er einen erleichterten Eindruck und schien froh zu sein, daß es endlich heraus war.
Carolyns Stimme klang sanft und besorgt, und ein wenig verletzt. »Warum konntest du mir das nicht sagen, David?«

Er sah seine Frau an, die Augen noch gerötet vom Weinen, mit einem Ausdruck, der seltsam neu war an ihm. »Ich weiß es nicht, Carolyn. Es tut mir leid. Ich wußte, daß du durcheinander warst.« Schweigen, aber ein gutes Schweigen. »Es war einfach zuviel.«
»Ich glaube, da kann ich helfen«, sagte ich zu Carolyn. Ihr Gesicht war offen und aufmerksam. »Er hat sich wahrscheinlich von seinen Eltern so in die Ecke gedrängt und so in ihren Krieg verstrickt gefühlt, daß er es nicht riskieren konnte, auch zu ihnen in eine abhängige Position zu geraten. Ein großes Problem dieser Art an Sie heranzutragen, das hätte bedeutet, sich Ihnen zu einer Zeit auszuliefern, wo das gefährlich zu sein schien.« Ich lächelte, und meine Stimmung änderte sich, da mir eine Parallele einfiel. »Nebenbei, er stammt aus einer verschwiegenen Familie.«
Carl lächelte und verschwieg sein eigenes Geheimnis nicht. »Außerdem mußte jemand den Ehethermostaten kleiner stellen nach all dem guten Sex«, sagte er scherzend. »Hört mal, ich habe eine Idee!« fuhr er fort, wachsende Begeisterung in der Stimme.
»Oje, oje«, sagte Don, »jetzt paßt auf!«
»Still, du Knirps«, gab Carl zurück. »Sonst hole ich dir das Schmalz mit meinem Pfeifenreiniger aus den Ohren!«
Claudia wurde munter, glücklich über diese Gelegenheit, zu Wort zu kommen. »Genau, Don, dann wirst du besser hören!«
»Ich bin mir auch noch nicht klar über euch«, fuhr Carl improvisierend fort, indem er offensichtlich auf Don's Warnung anspielte. »Kaum läßt man euch ein paar Wochen ohne Therapie, da bricht die Hölle los. Scheidungen, Wiedervereinigungen, Familienkriege. Puh!« Carls Stimme klang ein bißchen nach Verstellung, so als wolle er sich davor drücken, zur Sache zu kommen.
»Also, was schlagen Sie vor?« fragte David unumwunden, aber freundlich.
Carl: »Daß Sie Ihre ganze Familie überreden herzufliegen, für eine Familienkonferenz, vielleicht auch für zwei oder drei. Und daß Sie uns dafür in Anspruch nehmen, an diesen ganzen Schlamassel mit Ihrer Familie ranzugehen.«
Sie reagierten geradezu körperlich auf diesen Vorschlag; wir konnten sehen, wie sie sich verkrampften. Schweigen. Längeres Schweigen.
Don lachte. »Opa? Sie machen Witze, Whitaker!«
»Jesus!« war alles, was David herausbrachte.
Claudia sagte ernsthaft: »Ich finde, das wäre prima. Wirklich.« Dann lachte sie leise. »Wir könnten es am 4. Juli veranstalten.«

»Unabhängigkeitstag?« fragte Carl.
»Feuerwerk«, gab Claudia zurück. »Vor allem Sie und Großvater«, sagte sie liebevoll zu Carl.
»Oh«, meinte Carl leicht abwehrend, »wir Großväter würden uns vielleicht prächtig vertragen. Kann man nie wissen.«
Das Gespräch begann lockerer zu werden; die Sitzung ging jetzt zu Ende. Ich betrachtete David und stellte fest, wie verändert er war. Bisher hatte ich ihn immer als einen nüchternen Verstandesmenschen gesehen, an den einfach nicht heranzukommen war. Ich hatte nie etwas an ihm finden können, das mich betroffen hätte. Er war jetzt viel weicher, von seinem Gram und Zorn gebeugt, so menschlich wie die anderen in der Familie. Plötzlich fiel mir auf, daß ich die Wunden und Verletzbarkeiten meines eigenen Vaters nie gesehen hatte. Obwohl sein Tod es mir verwehrt hatte, diese Brücke zu überschreiten, konnte ich aber doch wenigstens etwas zu diesem Vater sagen.
»David«, begann ich, und der Ton meiner Stimme ließ ihn aufhorchen. »Ich bin sehr froh darüber, daß Sie mit diesem Teil von Ihnen, der heute sichtbar geworden ist, in Berührung gekommen sind. Für mich waren Sie sehr menschlich, und ich wollte Ihnen nur sagen, daß ich mich Ihnen jetzt sehr viel näher fühle.« Ich glaube, es war wirklich ein Dank für sein Geschenk an mich. Es tat ihm sichtlich wohl, und er lächelte zur Erwiderung. Wir waren am Schluß, die Familie erhob sich geräuschvoll und glücklich über den Ausgang.

Davids Familie: Sind Eltern so wie ihre Eltern

Endlich schien David bereit, sich auf die Therapie einzulassen; inneren Frieden gewann er dadurch freilich nicht. Er schlief schlecht. Völlig aufgelöst rief er Carl einmal an und fragte: »Wie soll ich meine Eltern bloß bitten, zu einem Gespräch herzukommen?« Angst vor der Konfrontation.
»Bitten Sie sie zu kommen, damit wir Ihnen helfen können«, sagte

Carl mit Nachdruck. »Wir wollen sie nicht zu Patienten machen, aber wir brauchen ihre Hilfe.« Und so war es auch. Sobald David bereit war, sich mit den Problemen in seiner Ursprungsfamilie auseinanderzusetzen, war es nur logisch, seine Eltern in die Therapie einzubeziehen.

David nahm allen Mut zusammen, telefonierte, und zur nächsten Sitzung erschien er mit ungläubigem Staunen. »Nächste Woche kommen sie. Sie können mehrere Tage bleiben und wollen sogar meine Schwester mitbringen.« Er wußte offenbar nicht, was er davon halten sollte. »Sie haben nicht mal gezögert.«

»Eltern zögern selten, wenn man sie wirklich bittet«, sagte Carl.

Als die Eltern und die Schwester zur nächsten Sitzung erschienen, entspann sich gleich ein angeregtes Gespräch wie immer, wenn sich eine Familie wieder mal versammelt, aber sie drängten sich auch zusammen wie eine Herde, wenn etwas Bedrohliches zu erwarten ist. Schnell und ein wenig unbeholfen nahmen alle ihre Plätze ein. Das Zimmer wirkte überfüllt. Carolyn nahm mit ihren beiden Töchtern die linke Couch ein, Don und Davids Schwester saßen auf den Sesseln in der Mitte, David mit seinen Eltern auf der rechten Couch. Ohne daß jemand es so geplant hätte, saß Davids Ursprungsfamilie zusammen.

Es ist immer wieder bestürzend, wenn wirkliche Menschen in die Praxis hereinmarschiert kommen und alle Bilder, die man sich von ihnen gemacht hat, über den Haufen werfen. Ich hatte mir Davids Vater als kahlköpfig, untersetzt und schroff vorgestellt. Vielleicht ist das mein Bild vom energischen Geschäftsmann. Tatsächlich ähnelte Arthur Berger aber stark seinem Sohn: ein feingliedriger, gutaussehender Mann, dessen klare, gebräunte Gesichtszüge von einem dünnen Schnauzbart unterstrichen wurden. Er trug einen teuren Sommeranzug und war stets von einem Hauch steifer Würde umgeben. Er war offenbar ein Mann, der es gewohnt war, mit Ehrerbietung behandelt zu werden, und in einer therapeutischen Sitzung schien er sich nicht so recht in seinem Element zu fühlen. Mit David teilte er die Scheu vor stark persönlich gefärbtem Umgang mit anderen Menschen.

Davids Mutter hatte ich mir schmal und etwas schwächlich vorgestellt. Sie war aber sogar leicht übergewichtig, ebenfalls sehr gut gekleidet, und freundlich. Als sie Carl zur Begrüßung die Hand bot, wirkte sie ein wenig schüchtern. Die gespannten Linien um ihre Augen und eine leise Erregtheit in der Stimme zeugten von einer komplizierten und problembeladenen Persönlichkeit. Elizabeth Berger hielt tapfer ihrer Furcht vor dieser Sitzung und den möglichen Enthüllungen stand.

Barbara, die Schwester, war vielleicht vierzig und wie die Mutter ein wenig plump; sie sah deprimiert und verärgert aus, aber sie konnte ganz plötzlich die Laune wechseln, und gelegentlich zeigte sie ein ganz offenes, breites Lächeln. Während des oberflächlichen Geplauders am Beginn der Sitzung fiel mir auf, wie nett sie lachte.

David fühlte sich zwischen seinen Eltern auf der Couch sichtlich unwohl. »Kann ich den Platz mit dir tauschen?« fragte er seine Schwester. Ein peinlicher öffentlicher Platzwechsel. Jetzt saß er auf der Vorderkante seines Sessels und sah die Eltern und die Schwester an. Er holte tief Luft und atmete plötzlich heftig aus. »Puh!« sagte er, »Ich weiß nicht, was ich jetzt machen soll.« Bevor Carl und ich antworten konnten, stürzte er sich auf seine Eltern. »Ich glaube, ich bin immer noch ziemlich wütend über das, was bei meinem Besuch passiert ist, und über die ganze Sache mit dem Job. Ich weiß, daß du das eingefädelt hast, Papa, und ich bin fuchsteufelswild deswegen.« Vater und Mutter zogen die Köpfe ein. Sie hatten offenbar mit so etwas gerechnet.

»David«, sagte ich mit Nachdruck, »darf ich Sie unterbrechen?« Er sah mich verblüfft, aber auch erleichtert an. »Könnten Sie, bevor Sie sich in diesen Kampf stürzen, Carl und mir eine Chance geben, Ihre Familie kennenzulernen?« Ich wußte, David zählte darauf, daß wir ihm bei dem Angriff auf seine Eltern den Rücken deckten, aber ich sah auch, daß diese Sitzung katastrophal werden konnte, wenn die Eltern sich ganz in die Defensive zurückzogen. Wenn Carl und ich nicht Gelegenheit bekamen, eine Beziehung zu ihnen zu entwickeln, so daß wir auch sie unterstützen konnten, so würde die Sitzung bei allen vielleicht nur Bitterkeit zurücklassen.

»Okay«, sagte David gehorsam und zugleich erleichtert.

Carl sprach den Vater an. »Mr. Berger, können Sie uns erzählen, wie sich die Familie aus Ihrer Sicht darstellt?«

Davids Vater war froh, dem Zorn seines Sohns für den Augenblick zu entkommen. »Nun, ich finde nicht viel Falsches an dieser Familie.« Mit einem Blick auf David fuhr er fort: »Mein Sohn findet anscheinend irgendwas falsch, obwohl ich mir noch nicht darüber klar bin, was es war – oder ist.«

Carl blieb hart. »Wie ist es mit *Ihrer* Ansicht über die Familie? Ich habe nicht vor, Ihnen Vorwürfe zu machen oder Diagnosen zu stellen – ich will Sie einfach nur kennenlernen.« Spannung, Unbehagen, Mißtrauen. Wieder mal: die erste Stunde. Nur war diesmal

ein Mitglied der Familie auf unserer Seite, und zwar so entschieden, daß wir ihn bremsen mußten.
Carl versuchte mit Davids Vater ins Gespräch zu kommen, stellte Fragen, versuchte irgendwie diesem Mann, der so gar nicht der typische Kandidat für die Familientherapie war, näherzukommen. »Wie habt ihr beiden euch getroffen?« Beim Tanzen. »Wie war das, haben Sie sich Knall auf Fall verliebt oder langsam?« Die Haltung des Vaters wurde etwas entspannter, als er davon erzählte, und er lächelte dabei ein- oder zweimal seiner Frau zu. Die Fragen kamen freundlich eine nach der anderen, und allmählich begann der würdevolle ältere Herr sich für Carl zu erwärmen. Viele der Fragen waren unverfänglich und ohne Konfliktstoff, einfach nur zur Unterhaltung und Information.
»Wie sehen Sie die Spannungen in der Familie als Ganzem?« fragte Carl den Vater.
»Na ja«, sagte er, »schwierig war für uns wohl in letzter Zeit, daß ich in den Ruhestand getreten bin. Das ist wohl für jede Familie ein Problem.« Kurze Pause. »Aber für meine Frau war nicht nur das aufregend, sondern auch die Entscheidung meiner Tochter, in eine andere Stadt zu ziehen. Eine weit entfernte Stadt übrigens.« Die Mutter lächelte. »Lassen Sie sich von ihm nichts weismachen. Er ist eigentlich gar nicht in den Ruhestand getreten. Er spielt nur mehr Golf zwischen seinen verschiedenen Aufsichtsratsitzungen.« Natürlich sprach sie über *ihn*, so wie er über *ihre* Probleme gesprochen hatte.
»Sie scheinen damit nicht sehr glücklich zu sein, und auch ein bißchen resigniert«, sagte ich zu ihr.
»Ich hatte davon geträumt, daß wir ein bißchen mehr Zeit zusammen verbringen.« In ihrer Antwort mischten sich Wärme und Bedauern. »Aber es sieht nicht so aus, als sollte es jemals dazu kommen.« Mir wurde das Miteinander von Kraft und Passivität bei Davids Mutter immer mehr bewußt. Sie hatte ihrem Mann das Gespräch aus der Hand genommen, und doch wirkte sie ihm gegenüber ergeben und fügsam.
Carl wollte zum Vater zurückkommen. »Wie sehen Sie diese Distanz in Ihrer Ehe?«
Arthur Berger schien Schlimmes zu ahnen und war voller Spannung; er wußte nicht, wie er Carls Frage ausweichen sollte. »Meine Frau und ich haben, glaube ich, eine ziemlich gute Beziehung, aber sie hat natürlich auch ihre schwierigen Seiten. Ich glaube, meine Frau hat viele Jahre lang mit dem Gefühl gelebt, daß

ich mit meinem Beruf sozusagen verheiratet bin. Ich meinerseits finde, daß sie zu sehr um ihre Gesundheit besorgt ist und um die Kinder zuviel Aufhebens macht. Kinder! Ich rede, als wären sie nicht selbst schon in mittleren Jahren. Aber in gewisser Weise hat Elizabeth die Kinder auch noch nie als erwachsen betrachtet. Sie sind immer noch ihre Kinder.«

»Keiner von Ihnen hat sich also von seinem Lebenswerk trennen können, damit Sie gemeinsam Freude am Leben haben?« fragte Carl vorsichtig interpretierend. Darauf gab der Vater keine Antwort. »Fällt Ihnen auf, daß Sie dazu neigen, über den Anteil Ihrer Frau an den Problemen zu reden und daß Ihre Frau das gleiche in bezug auf Sie macht?«

Diese Beobachtung schien Arthur etwas aus dem Gleichgewicht zu bringen. »Jaja, schon«, gab er widerwillig zu, »aber ich versteh nicht, was das mit David und Carolyn zu tun haben soll. Ich dachte, wir wären hergekommen, um ihnen zu helfen.«

»Ihre und Elizabeths Ehe ist das Vorbild, nach dem die Beziehung zwischen David und Carolyn sich zum Teil geformt hat«, warf ich ein. »Die Ehe seiner Eltern ist für David das einzige Vorbild für seine eigene Ehe.« Ich unterstrich diese Aussage durch ein kurzes Schweigen. »Und wir nehmen an, daß es helfen wird, wenn sie sich ihr Erbe von dieser Seite der Familie einmal ansehen können. Das gleiche trifft natürlich auch auf Carolyns Familie zu.«

»Aber was können wir daran noch ändern«, wandte der alte Herr hartnäckig ein. »Wir sind schon ein bißchen zu alt für Veränderungen.«

Carl und ich arbeiteten jetzt eng zusammen, jeder verfolgte verschiedene Züge in dem Gespräch mit der Familie. Carl ging kraftvoll, ohne Umschweife und voller Enthusiasmus für die Möglichkeiten, die er darstellen wollte, an die Sache heran: »Wenn Ihre Familie – Sie, Ihre Frau, David und Barbara – eine Vertiefung der Beziehungen der einzelnen zueinander wagen könnte, dann wäre es für David unendlich viel leichter, das gleiche in seiner eigenen Familie zu riskieren.«

»Wie das?« fragte Arthur.

Carl: »Weil der Thermostat in Davids Kopf, der Mechanismus, der ihm sagt, wieviel menschliche Nähe gerade noch erlaubt ist, vor langer Zeit von Ihnen beiden eingestellt worden ist. Und wenn er ihn höher einstellen will, dann wird er es viel leichter haben, wenn Sie ihm helfen, indem Sie Ihren eigenen Thermostat ebenfalls höher einstellen. Dadurch bliebe es ihm erspart, die impliziten

Familienregeln verletzen zu müssen. Es ist sehr schwer, den Regeln der Familie untreu zu werden.«
»Ich glaube nicht, daß wir David irgend etwas aufzwingen«, sagte Arthur Berger und ging in Verteidigungsstellung.
Carl: »Das habe ich nicht einmal andeuten wollen. Da er aber die Regeln vor langer Zeit einmal von seiner Familie erlernt hat, könnten Sie ihm vielleicht helfen, sie zu ändern, oder es ihm wenigstens erlauben.«
»Das tu ich doch. Er kann tun und lassen, was er will.«
Ich dachte, es wäre vielleicht besser, ihn nicht weiter unter Druck zu setzen, und wandte mich an Barbara. »Wie sehen Sie die Kämpfe innerhalb der Familie, Barbara?«
»Oh!« rief sie lächelnd und machte eine wegwerfende Geste. »Wir sind eine ziemlich verpfuschte Sippe.« Der Widerspruch zu den beschwichtigenden Worten des Vaters war so kraß, und ihre Bemerkung kam so trocken, daß alle lachen mußten. Barbara wurde ernster und ein wenig unsicher und fügte hinzu: »Jedenfalls bin ich es.«
»Also, los«, sagte ich, begeistert von ihrer Freimütigkeit.
Sie drehte sich schnell zu ihrer Mutter um, die neben ihr saß. »Mutter, dir möchte ich folgendes mal sagen.« Sie brauchte einen Augenblick, um ihren Mut zusammenzunehmen. »Ich weiß, es ist dir gar nicht recht, daß ich wegziehe, und mir auch nicht. Aber ich *muß* doch. Ich gehe mit meinem *Mann*, weil er woanders eine neue *Stelle* hat. Und ich wär wirklich heilfroh, wenn du aufhören würdest, deswegen Schuldgefühle bei mir zu erzeugen!« Sie lächelte und war dabei den Tränen nahe. Diese Bemerkung kam plötzlich und überraschend, aber man merkte auch, daß sie ihr schon lange auf dem Herzen lag und sie es kaum hatte erwarten können, sie endlich loszuwerden.
Elizabeth Berger erstarrte, ihre Augen begannen sich mit Tränen zu füllen, ihre Stimme zitterte. »Ich weiß, daß du mußt, Liebling. Und ich glaube, ich *akzeptiere* das. Aber es ist nicht leicht.« Sie verstummte, um nicht offen loszuweinen. Als sie sich wieder gefaßt hatte, sagte sie zu ihrer Tochter: »Ich verstehe aber nicht, wie ich Schuldgefühle bei dir erzeuge.«
»Oh, Mutter!« sagte Barbara liebevoll und zugleich aufgebracht. »Du bist so unwahrscheinlich nett. Du tust alles *Mögliche* für mich, paßt auf die Kinder auf, machst Besorgungen, hilfst mir packen. Und ich weiß, daß dir Verschiedenes nicht paßt, aber du würdest nie ein Wörtchen sagen! Und wenn ich mal auf dich böse

bin, dann bittest du einfach nur um Verzeihung. Es ist, als wolltest du nicht für dich selbst eintreten!« Sie suchte die Worte für den nächsten Satz zusammen. »Und ich muß versuchen zu erraten, was dich böse macht, damit ich es anders machen kann. Ich weiß wirklich nie, was eigentlich mit dir los ist, Mutter. Es läuft nur immer wieder darauf hinaus, daß ich mich wegen mir selbst und fast allem, was ich tue, schuldig fühle.«

Wie um Barbaras Worte zu bestätigen, sagte Elizabeth: »Es tut mir leid, Barbara, wenn ich das tue. Ich könnte wohl versuchen, das zu ändern.«

»Sehen Sie, daß das ein Beispiel ist für das, was Barbara eben gesagt hat?« fragte Carl.

»Was?«

»Ihre Antwort. Sie entschuldigen sich, anstatt Ihren Standpunkt klarzumachen.« Carl ließ ihr einen Augenblick Zeit, diesen Gedanken zu verarbeiten. »Denn das ist doch wohl, was Barbara gerne von Ihnen möchte – daß Sie einen Standpunkt einnehmen. Daß Sie sagen: ›Ich bin‹, damit sie sehen kann, was sie selbst ist und wo sie selbst steht.« Wieder eine Pause. »Zur Zeit haben Sie nur ein Kuddelmuddel von zwei Leuten, die beide nicht wirklich eigenständig sein können. Es macht den Eindruck, als hätten Sie sich ständig in der Wolle.«

»Allerdings!« stimmte Barbara nachdrücklich zu.

Stille. Die Mutter suchte nach einer Antwort. Dann sagte sie zu ihrer Tochter: »Es *gibt* Dinge, die ich nicht mag. Zum Beispiel, daß du deine Kinder in meinem Wohnzimmer herumrennen läßt, wenn ihr zu Besuch seid. Und die Art von Sprache, die du bei ihnen duldest.«

Barbaras Antwort kam schnell. »Und mir paßt nicht, daß du meinen Kindern Vorträge über gute Manieren hältst, wenn sie in *unserer* Wohnung sind. Ich gebe zu, daß sie sich in eurem Haus manchmal danebenbenehmen, aber wenn sie zu Hause sind, dann ist das meine Sache.«

»Gut«, sagte Elizabeth mit dem Anflug eines Lächelns, »ich verkneife mir die Kommentare, wenn wir in deiner Wohnung sind, und du sorgst dafür, daß sie sich in meiner besser benehmen.« Entschieden, fest.

»Ich kann es nicht fassen«, sagte Barbara zu Carl und mir. »Es ist tatsächlich etwas geregelt worden.« Und mit einem halb traurigen, halb schelmischen Lächeln fügte sie hinzu: »Jetzt, wo ich weggehe.«

»Beziehungsweise versuchen wegzugehen«, schränkte Carl ein. »Von zu Hause wegzugehen, ist eine so schwierige Sache.« Er wollte andeuten, daß viel mehr dazu gehörte als nur auszuziehen. Dann fuhr er mit leiser, eindringlicher Stimme fort: »Ich bin mir nicht sicher, ob es Ihnen wirklich nur ums Weggehen zu tun ist. Vielleicht auch um die Freiheit, sich zu trennen, um sich dann näherzukommen, als man jemals gewesen ist. Aber auch darum, eine Beziehung zwischen Personen an die Stelle der Mutter-Tochter-Beziehung zu setzen.«

»Ja, das wär schön«, sagte Barbara versonnen. Dann sah sie ihre Mutter an. »Und es ist doch traurig wegzugehen.« Elizabeth wandte sich mit Tränen in den Augen ab.

»Ein großer Verlust für Sie«, sagte ich sanft zu ihr.

Sie sah mich an, das Gesicht von Alter, Schmerz und Müdigkeit gezeichnet. Es war das Gesicht einer Besiegten. »O ja, es ist schwer«, brachte sie, mühsam die Tränen unterdrückend, hervor. Dennoch war ihre Stimme wie leblos; offenbar war sie nicht in der Lage, ihre Gefühle offen zu zeigen. Aber die Sitzung hatte ja gerade erst angefangen, und sie kannte uns noch kaum. Es war nicht der richtige Augenblick, weiter in sie zu dringen, und deshalb fragte Carl David: »Und wo stehen Sie in dem Ganzen?«

»Immer noch böse auf meinen Vater.«

»Und ich verstehe nicht, warum, David«, sagte sein Vater. Alle warfen sich eifrig auf das neue Thema, als sei die resignierte Traurigkeit der Mutter wirklich erschreckend für sie.

»Na, dann will ich mal sehen, ob ich das ausdrücken kann.« David hatte Angst, aber sein Zorn überwog. Wie seine Schwester hatte er schon seit langem eine Liste von Themen bereit. »Ich bin immer noch wütend über diese Sache mit der Stelle in Boston, Papa. Ich weiß, daß du daran beteiligt warst, und ich bin mir schrecklich manipuliert und, na, unter Preis verkauft vorgekommen, als ich die Sache durchschaut habe. Als wäre ich so unfähig, daß niemand mir von *sich* aus einen Job anbietet!«

»David, würdest du dich bitte erst mal beruhigen.« Arthur Berger wartete. »Ja, ich *habe* gehört, daß die Firma nach einem Rechtsanwalt sucht, und ich *habe* deinen Namen genannt. Aber ich habe ihnen auch gesagt, daß ich mich darüber hinaus in diese Sache nicht einzumischen gedenke.«

»Aber Papa, wenn eine Firma eine Stelle zu besetzen hat, und ein Mitglied ihres Aufsichtsrats seinen Sohn dafür vorschlägt, dann ist doch wohl undenkbar, daß die Entscheidung davon nicht beeinflußt wird!« In seinen Zorn mischte sich ein fast flehentlicher Unterton. »Mich ärgert nicht, daß du mich vorgeschlagen hast, sondern die Art, *wie* du es gemacht hast. Wäre alles ganz offen zugegangen, dann hätte ich wahrscheinlich sogar annehmen können. So wie es war, hatte ich das Gefühl, daß es meine eigene Leistung war, was sie auf mich aufmerksam gemacht hatte, und dann seh ich plötzlich, daß du die ganze Sache eingefädelt hast; das war einfach zuviel für mich.«

»Es tut mir leid, Sohn«, sagte Arthur zerknirscht. »Ich glaube, ich habe einen Fehler gemacht. Ich denke zwar, daß wirklich deine eigene Leistung für das Angebot entscheidend war, aber ich kann verstehen, daß du das nicht glauben magst.«

Diese Entschuldigung schien Davids Zorn schon zu mildern. »Du verstehst einfach meine Gefühle dir gegenüber nicht, Papa. Ich habe immer Ehrfurcht vor dir gehabt. Mein ganzes Leben arbeite ich, um etwas zu schaffen, das vor dir bestehen kann. Aber ich hatte immer das Gefühl, daß ich auf Abstand bleiben muß; ich wollte nicht in deinem Schatten stehen.« Stille. »Und diesmal kam es mir so vor, als sollte ich mit Tricks dahin gebracht werden, in deinem Schatten zu *leben.* Ich habe mich wie ein Fünfjähriger gefühlt.«

»Es tut mir leid, David. Ich brauche keine Ehrfurcht, und ich will nicht, daß irgend jemand in meinem Schatten lebt.« Er wirkte deprimiert. Dann der Anflug eines Lächelns. »Im übrigen wird er in letzter Zeit ziemlich dünn. Ich werde alt.«

Carl schaltete eine Frage an David ein: »Fällt Ihnen auf, daß es hier genau um die Sache geht, die wir vor der Ankunft Ihrer Eltern besprochen haben? Sie fürchten sich immer noch vor dem Schatten, den er auf Sie geworfen hat, als Sie ein *Kind* waren. Er hat diese Macht über Sie nicht mehr.« Er wartete. »Jeder kämpft mit dem Bild, das er vom andern hat.«

David lächelte, als er antwortete: »Ich habe jetzt schon weniger Angst vor ihm, nachdem ich gesagt habe, was ich sagen wollte.«

»Glauben Sie, es ist der *verdeckte* Zorn Ihres Vaters, wovor Sie Angst haben – Sie sehen ihn nicht, vermuten aber, daß er da ist?« fragte Carl.

»Ich werde selten zornig«, sagte Arthur Berger.

Carl sah ihn skeptisch an. »Ja, äußerlich.« Pause. »Aber David macht mit Ihnen vielleicht das gleiche, was Barbara mit ihrer Mutter macht – er versucht zu erraten, was in Ihnen los ist, und macht es dadurch größer als es in Wirklichkeit ist. Und Ihre

Verschwiegenheit über Ihr inneres Leben ist da wirklich keine Hilfe. Immer schön beherrscht bleiben und die subjektive Seite des Lebens verstecken, das mag angebracht sein, um Schach und Poker zu spielen oder um eine Firma zu leiten, aber wenn man das auch zu Hause so macht, dann funktioniert es nicht. Und viel Spaß macht es auch nicht.«

»Aber wie groß ist die Chance, daß jemand in meinem Alter sich noch ändert?« fragte Arthur Berger unwirsch.

»Es steht Ihnen natürlich frei, sich selbst in dieser Hinsicht aufzugeben«, erwiderte Carl schroff, »aber glauben Sie nicht, daß das für jeden zutrifft. Ich bin nicht gar so viel jünger als Sie, und ich glaube, ich entwickle mich immer noch. Ich hoffe, das wird immer so bleiben.« Die Gruppe verfolgte aufmerksam den Kampf mit Davids Vater. »Ich finde, Sie verpassen einen ganz wichtigen Teil des Lebens, wenn Sie Ihren Sohn gegenüber so sachlich und kühl bleiben – von Ihrer Frau ganz zu schweigen.« Carls Stimme hatte einen barschen, zurechtweisenden Tonfall. »Wenn ich auch ein bißchen jünger bin als Sie und ganz gewiß nicht so reich, gehöre ich doch mehr oder weniger zur älteren Generation. Und in diesem Bereich bin ich erwachsener und reifer als Sie.«

»Vielleicht haben Sie recht«, gab Arthur zu.

»Wie war es mit Ihrer eigenen Familie? Gab es da die gleichen Kämpfe?« Jetzt, wo Arthur Berger als schwarzes Schaf dastand, bot Carl ihm Hilfe an und suchte das Kind in diesem Mann.

Arthurs Stimme klang wieder deprimiert. »Eigentlich habe ich meinen Vater gar nicht gekannt. Er war Einwanderer und mußte unseren Lebensunterhalt mit niedrigster Arbeit verdienen. Ich habe ihn selten gesehen, aber ich hatte ungeheuren Respekt vor ihm. Er war streng und meinte, was er sagte, und ich habe nie an ihm gezweifelt.«

»Glauben Sie, daß Sie und David sich näher sind als Sie und Ihr Vater?«

»Ich glaube, ja«, sagte er zurückhaltend; er wußte nicht, worauf die Frage abzielte.

»Aber es ist sicher deshalb für Sie und David so schwer zusammenzukommen, weil Sie zu ihrem eigenen Vater keine enge Beziehung gehabt haben.« Carl dachte nach und fuhr dann lebhaft fort: »Außer durch die Arbeit. Ihr Vater hat sich abgeschuftet, weil er es mußte. Und Sie konnten sich ihm verbunden fühlen, indem sie es genauso machten. Und bei David ist es das gleiche. Er sieht darin sogar bewußt eine Möglichkeit, Sie zufriedenzustellen.«

»Was ist denn an der Arbeit so falsch?« fragte Arthur vorsichtig. »Nichts«, sagte Carl freundlich. »Ich bin selbst ein Arbeitstier. Wenn man aber nur lebt, um zu arbeiten, oder die Arbeit der oberste Gesichtspunkt im Leben ist, dann wird die Sache problematisch.« Er sah Davids Mutter an. »Es wäre das gleiche, wenn Ihre Frau ihr Persönlichkeitsgefühl ausschließlich an ihre Mutterrolle binden würde.« Carl spürte Widerstand wachsen, und er wollte nicht mit ihm streiten. Er wechselte das Thema. »Wie war denn die Ehe Ihrer Eltern?«

»Auch darüber weiß ich wenig«, gab Arthur zu. »Ihre Beziehung war zivilisiert, aber auch ziemlich distanziert. Er hatte seine Welt und sie ihre. Sie hatten nie Streit, aber sie redeten auch nie viel miteinander. Sie hatten wohl nicht genug Zeit dazu.«

Carl brachte ihn langsam und ohne Druck zum reden. »Die Kameradschaftsehe, die Ihre Frau sich wünscht, haben Sie also bei Ihren Eltern nie kennengelernt. Glauben Sie, die Eltern Ihrer Frau hatten eine solche Ehe? Oder waren sie auch im Stillen geschieden?« Carl gab sich alle Mühe, Arthur nicht allzu sehr ins Rampenlicht zu rücken, und befragte ihn deshalb über die Eltern.

»Sie waren genau das Gegenteil, glaube ich. Sie waren beide Lehrer und hatten eine sehr enge Beziehung.« Seine Frau nickte zustimmend. »Zu eng, würde ich sagen; sie waren unzertrennlich.« Er sprach nicht gern über die Familie seiner Frau, und sie nahm ihm diese Aufgabe schließlich ab.

»Er hat recht. Sie waren immer zusammen und schrecklich umeinander besorgt.« Sie dachte nach. »Und um uns Kinder auch. Wir hingen alle sehr aneinander.« Sie dachte wehmütig und ein wenig geringschätzig an ihre Familie zurück, als sähe sie jetzt auch etwas Negatives an ihr. Sie sah ihren Mann liebevoll an. »Arthur fand immer schön, daß wir uns in unserer Familie auch anfassen konnten – wir umarmen und küssen uns häufig –, aber er findet es falsch, daß wir so voneinander abhängig sind.«

Carl freute sich über den wärmeren Tonfall, der sich jetzt durchzusetzen begann. »Ich vermute, daß Sie Fachmann für seine Familienprobleme sind und er für Ihre.« Er zögerte einen Moment und verlagerte den Schwerpunkt seiner Betrachtungen. »Aber darin scheint mir doch einer der vielen Gründe zu liegen, weshalb sie geheiratet haben – in seiner Familie gab es Eigenständigkeit, in Ihrer enge Beziehungen, aber beide Familien brauchten etwas von dem, was die andere hatte.«

Während Carl das ältere Ehepaar behutsam in ein Gespräch über die Beziehungen der Eltern und ihre eigenen Beziehungen hineinzog (wobei er Themen anschnitt, die dem Leser inzwischen vertraut sind), bildete sich bei mir das Gefühl, daß wir einen kritischen Punkt überwunden hatten. Sie hatten ihre Abwehrhaltung aufgegeben und ließen sich auf den therapeutischen Prozeß ein. Sie spürten Carls Mitgefühl und sahen ihn nicht mehr als Ankläger, Eindringling oder als Bedrohung. Vor allem im veränderten Tonfall war dieser Wandel wahrzunehmen – man fühlte, daß die Menschen zueinander fanden, anstatt Fronten zu bilden. Schließlich ein Schweigen, wie es sich im Wald vielleicht über einen stillen Teich senkt. Frieden.

Aus dieser Stimmung nahm ich etwas von der Ruhe, mit der ich Elizabeth fragte: »Sie haben ›war‹ gesagt, als Sie über Ihre Eltern sprachen. Leben sie nicht mehr?«

»Nein«, sagte sie, »meine Mutter ist vor fünf Jahren an Krebs gestorben, und mein Vater starb im Jahr darauf.« Nach einer Weile: »Wir haben alle gesagt, daß er am gebrochenen Herzen gestorben ist, daß er ohne sie nicht leben konnte. Er ist übrigens an einem Herzanfall gestorben.«

»So viel Liebe ist wohl ziemlich beängstigend«, bemerkte ich dazu. Kein Wunder, daß sie einen unabhängigen, distanzierten Mann geheiratet hatte. Ein Teil von ihr wollte nicht so abhängig sein wie ihre Eltern. Ich sah ihre Traurigkeit jetzt sehr deutlich und wollte sie trösten. »Wieder ein Verlust für Sie.«

»Wie meinen Sie das?« Ihre Stimme klang ein wenig ängstlich.

»Es ist kein Wunder, daß Sie traurig sind. Sie haben in den letzten fünf Jahren viel verloren – Ihre Eltern, den Traum einer engeren Beziehung zu Ihrem Mann nach seinem Eintritt in den Ruhestand und jetzt Ihre Rolle als Mutter und Großmutter. Ich vermute, daß es nicht leicht ist, am Bridgetisch ein sinnvolles Leben zu finden.

Diese plötzliche Aufzählung der wesentlichen Dinge in ihrem Leben war zuviel für sie. Sie konnte die Tränen nicht mehr zurückhalten. Sie sah mich kurz an und blickte dann aus dem Fenster. »Allerdings bin ich traurig«, gab sie bitter zu, schränkte diese Aussage aber gleich wieder ein: »Aber nicht mehr als andere Frauen in meinem Alter auch. Vielen meiner Freundinnen sind die Ehemänner schon gestorben.« Ich merkte, daß sie über ihre Ehe sprechen wollte, aber nicht wußte wie. Mr. Berger saß steif und aufrecht da, peinlich berührt und abgekapselt.

»Glauben Sie, daß Ihr Mann sich vielleicht genauso einsam fühlt wie Sie?« fragte ich.

»O nein.« Wieder Bitterkeit. Sie sah mich an; der Zorn verdrängte den Schmerz aus ihrem Gesicht. »Er ist so beschäftigt, er hat keine *Zeit*, sich einsam zu fühlen.«

»Tja«, sagte ich zweifelnd, »aber all die Geschäfte können in dem Alter keine Ehe mehr ersetzen.« Nach einer kurzen Pause fuhr ich fort: »Können Sie sich vorstellen, daß er vielleicht dazu bestimmt worden ist, sich fernzuhalten, damit Ihnen beiden der Schrecken wirklicher Nähe erspart bleibt?«

Jetzt wurde sie wirklich böse. »Aber ich *will* mehr Nähe in unserer Beziehung!«

»Aber Sie könnten auch ein ungutes Gefühl dabei haben«, hielt ich dagegen. »Sie sagten doch, Ihre Eltern seien zu sehr voneinander abhängig gewesen.«

»Davor muß ich bei uns nun wirklich keine Angst haben.« Sie wollte einfach die Möglichkeit nicht sehen, daß sie an dem Ehedilemma auch einen Anteil hatte.

»Ich will nicht Ihnen die Schuld geben«, sagte ich leise, »aber wenn Sie die Verantwortung für die Distanz in Ihrer Ehe unter sich aufteilen, dann wird sich eher eine Lösung finden, als wenn Sie darauf bestehen, daß er allein schuld ist.«

»Ich finde, sie ist wirklich zu unselbständig«, platzte Arthur Berger, von dieser Bemerkung ermuntert, heraus. »Wenn ich sie lasse, dann hängt sie sich an mich wie eine . . . eine« – er suchte nach einem akzeptablen Ausdruck, und als er keinen fand, blieb er bei dem, den er wohl ursprünglich hatte gebrauchen wollen: »Klette.«

Dieses Wort traf ins Schwarze. Elizabeth Berger fuhr hoch. »Also, das ist doch wohl –«

»Halt, Augenblick, bitte«, unterbrach ich sie und wandte mich wieder an ihren Mann. »Sie tun das gleiche wie Ihre Frau – dem anderen Vorwürfe machen. Können Sie nicht mal über sich sprechen? Was empfinden Sie, wenn Ihre Frau sich wegen irgendwas an Sie hängt?«

»Na, sie –«

»Nicht so. Sagen Sie ›ich‹. ›Ich fühle . . .‹.«

Das war für ihn eine neue Sprache. »Gar nicht so einfach«, gab er zu. »Ich fühle . . . mich wütend.«

»Sonst noch was?«

Er dachte nach. »Aufgebracht, vielleicht.«

»Und was noch?«

»Ich weiß nicht. Durcheinander.«

»Können Sie das auch zu Ihrer Frau sagen?« Wie ich ihn so drängte, fühlte *ich* mich unbehaglich, aber ich ließ nicht locker.
»Ich werde manchmal ärgerlich, und manchmal bin ich ganz aufgebracht und durcheinander.« Diese Worte kamen zwar irgendwie mechanisch aus seinem Mund, aber die Tatsache, daß es so schwer war, sie zu sagen, gab ihnen Leben.
»Klingt das besser für Sie?« fragte ich Elizabeth Berger. »Besser als einfach abhängig genannt zu werden?«
»Allerdings«, sagte sie, offenbar erstaunt über die Worte ihres Mannes. Ich wollte sie gerade auffordern, eine entsprechende Aussage an ihren Mann zu richten, als Arthur unterbrach.
»Ich verstehe immer noch nicht, was das mit David und Carolyn zu tun haben soll. Meine Frau und ich haben auch Probleme, aber wir leben damit.« Seine Stimme klang ärgerlich, vielleicht, weil ich ihn so geschubst hatte. Ich hatte diese Verärgerung erwartet; ich war sogar erstaunt, daß die beiden mich so weit in ihr Leben hatten eindringen lassen. Schließlich waren sie ja nicht der »Patient«.
Mir kam Carls Schweigen immer merkwürdiger vor, aber ich war zu sehr mit der Diskussion beschäftigt, als daß ich mich um etwas anderes hätte kümmern können. Dann fiel mir plötzlich der belustigte Ausdruck in Claudias Gesicht auf, und ich begriff, was er bedeutete. »Claudia«, fragte ich sie lächelnd, »hast du schon jemals so eine Diskussion gehört?«
Sie grinste vor Vergnügen. »Ich würde sagen, sie ist eine exakte Kopie der Diskussionen meiner Eltern. Nur etwas zivilisierter.«
»So?« brummte Mr. Berger zweifelnd.
Ich sah ihn an. »Einer der Versuche, die Probleme, die wir aus unseren Familien mitbringen, zu lösen, besteht darin, sie in der Familie, die wir selbst gründen, zu wiederholen. Claudia hat recht. Der Streit, den Sie und Ihre Frau gerade hatten, ist fast identisch mit einem der wichtigsten Streitpunkte zwischen David und Carolyn. Carolyn war sogar ählich resigniert wie Ihre Frau, bevor sie anfing, sich zu ändern.«
Arthur Berger gab nicht so leicht auf. »Aber wie können wir *ihnen* helfen?« wiederholte er hartnäckig.
Endlich rührte Carl sich wieder; er räusperte sich. »Wenn Sie und Ihre Frau einige Ihrer Differenzen bereinigen und wieder zusammenkommen könnten, dann brauchte David nicht seine ganze Familie zu verpflanzen, um Sie beide zu retten.« Wie aus dem Nichts kommend, traf diese Bemerkung den Vater unvorbereitet.
»Uns retten? Wieso das?«

Carl: »Natürlich. Er spürt Ihre Schwierigkeiten und will helfen, und Sie beide helfen mit einem Vorwand nach, ich denke da an diesen Job. Und das kann in der Tat dazu beitragen, daß Ihr Leben lebendiger wird. Vor allem, wenn er Carolyn dazu bewegen kann mitzukommen. Sie könnte Ihrer Frau beibringen, wie man sich davon löst, Mann und Kinder zum Mittelpunkt des Lebens zu machen. Sie könnte ihr sogar zeigen, wie man kämpft.« Eine Pause unterstrich das Gesagte. »Aber ich bin mir nicht sicher, ob sie wirklich umziehen müssen. Sie beide schienen heute recht lebendig zu werden. Vielleicht kommen Sie auch ohne die Kinder zurecht.«

»Das will ich doch stark hoffen«, sagte er augenzwinkernd.

»Nun, ich glaube, Sie sollten sich darüber Gedanken machen«, fuhr Carl fort. »Ich fand jedenfalls bedrückend, wie deprimiert Ihre Frau sich heute gezeigt hat. Mich würde nicht wundern, wenn sie sich in letzter Zeit damit beschäftigen würde, wie sie wohl sterben wird.«

Mrs. Berger wurde blaß. Kein Zweifel, Carl hatte genau getroffen.

»Könnten Sie diese Gedanken mitteilen?« fragte ich sie sanft. »Wie haben Sie sich Ihren Tod vorgestellt?«

Sie sah bleich und erschreckt aus, ihr Blick wanderte unsicher umher. »Ich habe oft ans Sterben gedacht. Ein Gedanke kommt dabei immer wieder: daß ich am Schlag sterben werde.« Es wurde sehr still im Zimmer.

»Ja«, sagte Carl, »so fängt es, glaube ich, an: Wir *beschließen* zu sterben.« Nur der sanfte, fast melodische Klang von Autohupen drang von draußen herein. Carls Stimme hatte einen optimistischen Beiklang, als er fortfuhr: »Sie können natürlich ebensogut beschließen zu leben.«

»Das finde ich auch«, sagte ich. »In die Richtung sollten Sie mal schauen.«

Der Ärger und die Abwehrhaltung des alten Mannes waren verschwunden. Die Eröffnung seiner Frau und unsere Vermutung, sie könnte deprimiert genug sein, um aufzugeben, hatten ihn ernüchtert. »Ich wußte nicht, daß du so deprimiert bist«, sagte er.

»Ich hab ja auch nichts gesagt«, erwiderte Elizabeth mit freundlichem Gesicht.

Im Zimmer breitete sich eine Ruhe aus, die nur dann eintritt, wenn etwas wirklich Bedeutsames geschehen ist. »Weißt du«, sagte Carl zu mir, »ich habe ein bißchen ein schlechtes Gewissen, weil wir den beiden heute so zugesetzt haben, aber wir haben, glaube ich, intuitiv das gleiche gespürt wie David – daß seine Eltern in einer

wirklichen Krise sind. Weshalb sollte er sonst bereit sein, ganz ans andere Ende des Landes zu ziehen und dabei zu riskieren, daß er seine Frau verliert?«
»Ganz meine Meinung«, sagte ich ernst.
Jetzt meldete Barbara sich. »Glauben Sie, es ist meine Schuld? Weil ich wegziehe?«
»Lieber Himmel, nein«, sagte Carl. »Niemand ist schuld. Übrigens brauchen sie euch gar nicht. Sie brauchen sich selbst.«
David wirkte erschüttert und bekümmert. »Wenn ich bloß wüßte, was meine Eltern tun könnten oder was ich tun könnte, um ihnen zu helfen.«
Mit Bestimmtheit sagte Carl: »Ich finde, wir sollten uns morgen noch mal treffen und daran weiterarbeiten. Das ist eine gute Frage David, aber unsere Zeit ist um. Machen wir doch morgen weiter.«
Arthur Berger sprach uns alle an. »Ich glaube, ihr macht euch alle zuviel Sorgen um uns. Elizabeth und ich haben ein paar Probleme, aber ich glaube nicht, daß irgendwelche Katastrophen daraus entstehen, und ich glaube auch nicht, daß wir noch viel an uns ändern werden. Wir haben unser Leben so ziemlich gelebt, und es war nicht gar so schlecht.«
Carl sah ihn schmunzelnd an. »Ich wäre froh, wenn Sie sich und Ihre Frau nicht so einfach aufgeben würden.« Nach kurzem Zögern: »Ich möchte Ihnen nicht zu nahe treten, aber ich muß Ihnen eine Geschichte erzählen. Sie spukt mir schon die ganze Zeit im Kopf herum, und ich möchte sie Ihnen auch deswegen erzählen, weil sie für mich so viel bedeutet.« Alle sahen ihn erwartungsvoll an. »In meiner Assistenzarztzeit als Gynäkologe, bevor ich zur Psychiatrie kam, hatte ich einmal eine sechsundsiebzigjährige Frau zu untersuchen. Ich fragte sie auch nach ihrer Sexualität. ›Haben Sie und Ihr Mann noch Geschlechtsverkehr?‹ Diese Frage schien sie zu verletzen, und ich fing schon an, mich zu fragen, ob ich etwa ein anstößiges Wort benutzt hatte.« Carl richtete sich in seinem Stuhl steif auf und warf den Kopf zurück, um die Haltung der Frau zu demonstrieren. »›*Dr.* Whitaker‹, hat sie gesagt, ›mein Mann und ich sind seit *fünfundvierzig Jahren* verheiratet, und unsere sexuelle Beziehung hat sich in jedem dieser fünfundvierzig Jahre verbessert. Und wenn wir neunzig werden, dann wird sie bestimmt noch besser sein.‹« Carl schwieg eine Weile, lauschte auf die Stimmung der Gruppe, sah das ältere Ehepaar und David und Carolyn an. »Und ich glaube, so kann es wirklich sein. Für uns übrige Sterbliche mag es einiges an Arbeit bedeuten, dahin zu

kommen, aber ich glaube, diese Art von wachsender Verbundenheit ist wirklich möglich – wenn sie meiner Meinung nach auch nicht gar so viel mit Sexualität zu tun hat. Die Sexualität ist nur der Ausdruck dafür. Unsere Beteiligung an der Ehe wächst von Jahr zu Jahr, und es dreht sich nur darum, ob dieser steigende Einsatz sich in Streß und Ärger äußert oder auf die Weise, wie es dieses Ehepaar erlebt. Aber die Chance, daß es jedes Jahr ein bißchen wärmer wird, haben wir alle.«

Nach einer Weile, genau zum richtigen Zeitpunkt, erhob sich Dons wie körperlose Stimme aus der Gruppe und sagte tonlos: »Hat Ihnen schon mal jemand gesagt, Whitaker, daß Sie eigentlich ein Prediger sein sollten?«

Ein befreites, gelöstes Lachen war die Antwort.

Die Sitzung am nächsten Tag war relativ ereignislos, aber Davids Eltern erhielten jetzt mehr Unterstützung. Eine sanfte, rücksichtsvolle Erforschung der Geschichte, der Stimmungen und der Lebensstrukturen dieser Familie. Am Ende dieser Sitzung schlugen Carl und ich Mr. und Mrs. Berger vor, Verbindung zu einem Therapeuten in Boston aufzunehmen, um dort weiter an ihrer Beziehung zu arbeiten. Wir boten ihnen an, Namen von Familientherapeuten mitzuteilen, die wir dort kannten. Wieder ganz gefaßt, verabschiedeten sie sich herzlich von uns. Einige Wochen später erhielten wir von ihnen einen Anruf; sie wollten Namen von Therapeuten.

Diese Gespräche zusammen mit den Eltern waren für David entscheidend. Der Wandel, den das Zusammentreffen mit seiner Familie herbeigeführt hatte, überzeugte ihn davon, daß er sich nun ernsthaft darauf einlassen mußte, »Patient« zu sein. Er fing an, sich auf die Sitzungen zu freuen und nahm immer aktiver daran teil. Der Gedanke an den Umzug nach Boston verblaßte einfach.

Ausklang der Therapie

David und Carolyns Entscheidung über ihre Ehe schien die Frage aufzuwerfen, ob David sich auf die Therapie einlassen würde oder wenigstens bereit sei, sich zu ändern. Es gehörte einiges dazu, sein starres und nur auf praktische Gesichtspunkte ausgerichtetes Bild vom Leben zu erschüttern: der Schock von Carolyns plötzlichem Entschluß, sich zu entwickeln, und die Zähigkeit mit der sie an dem, was sie erreichte, festhielt; Davids Enttäuschung über den Manipulationsversuch der Eltern; schließlich – und ausschlaggebend – die Tatsache, daß die Probleme der Eltern in den Sitzungen mit der erweiterten Familie plötzlich offen zutage traten. Erst als die Eltern wirklich in der Therapie zu arbeiten begannen, war er bereit, selbst »Patient« zu werden.

Davids Entscheidung war vor allem dadurch beeinflußt, daß die Eltern ihm »erlaubten«, sich weiterzuentwickeln, und durch die neuen, subtilen Untertöne in Carolyns Stimme – ihr fester Wille, eine Person zu sein (was bedeutete, daß auch David eine Person sein mußte, wenn die Beziehung funktionieren sollte) und ihr wirklicher Wunsch, die Ehe zu erhalten. Davids Engagement für die Therapie, war der symbolische Ausdruck des *Paares* für die Entscheidung, verheiratet zu bleiben, aber der Ort, wo die Entscheidung wirklich gefällt wurde, war tief in ihnen verborgen, unerreichbar; ich glaube, die wahre Natur einer solchen Entscheidung lernen wir niemals kennen.

Beide elterlichen Ehen hatten die Zeit überdauert; gewiß auch ein Faktor, der dazu beitrug, daß David und Carolyn in den schlimmsten Zeiten durchhielten. Wären die Eltern allerdings nur aus Furcht vor der Scheidung verheiratet geblieben, so hätte dieses Erbe sich auch gegen David und Carolyn wenden können. Trotz aller Probleme mußten aber die elterlichen Ehen eine Grundlage von echter Zuneigung gehabt haben. Auch zwischen David und Carolyn gab es diese tiefe Zuneigung, dieses Band, für das es keinen Ersatz gibt, wenn sie auch zeitweilig nicht mehr viel davon wußten.

Vielleicht waren sie auch einfach nur klug, sahen sich an, was jeder in den anderen schon »investiert« hatte und rechneten sich aus, wie schwierig – wenn nicht unmöglich – es sein würde, noch einmal von vorn anzufangen.

Vielleicht lag es auch an den Kindern, die mitten im dichtesten Kampfgetümmel standen und deren einstimmiges (wenn auch unausgesprochenes) Votum »Zusammenbleiben!« lautete.
Carl und ich haben nie versucht, sie zu beeinflussen; im Gegenteil, wir haben uns immer bemüht, sie keinem Druck auszusetzen. Aber sie wurden vielleicht durch unsere Überzeugung beeinflußt, daß die Partnerwahl ein bemerkenswert treffsicherer unbewußter Prozeß ist, der den oft unbewußten Bedürfnissen der Beteiligten Rechnung trägt. Vielleicht fühlte sich dieses pflichtgebundene Paar auch von unserer Bereitschaft, hart zu arbeiten, angesprochen. Jedenfalls konnten sie aber spüren, daß wir für ihre Beziehung noch Hoffnung sahen.
Die Therapie wurde nach den Sitzungen mit Davids Eltern noch acht Monate lang fortgesetzt, und in dieser Zeit stand meistens die Ehe im Mittelpunkt. Einige Wochen lang entspannte sich das Ehepaar und genoß die Erfahrung der Wiedervereinigung. Dann kamen einige der alten Konflikte wieder hoch. Diesmal bestanden Carl und ich aber darauf, daß David und Carolyn den Problemen da entgegentraten, wo sie jetzt ihren Mittelpunkt hatten – in den beiden Individuen. Wir berücksichtigten auch die Beziehung, aber vor allem kam es uns jetzt auf den Kampf an, den jeder *in sich selbst* auszufechten hatte. Je mehr von der Unsicherheit und den Selbstzweifeln der beiden ans Licht kam, desto mehr fielen die Vorwurfsmuster in sich zusammen; die ständigen Streitigkeiten wichen einer gewissen Deprimiertheit.
Mehr und mehr wurden aus der Familientherapie zwei »Einzel«-Therapien. Wir trafen uns zwar immer noch mit der ganzen Familie, aber meist war es dann so, daß einer der beiden Eltern im Vordergrund stand. Wir überließen das ganz der Eingebung des Augenblicks – es hing davon ab, wem es gelang, das Wort zu ergreifen; manchmal waren es beide zugleich.
Natürlich ging es nicht nur um die beiden Erwachsenen als Individuen. Konflikte schäumten immer wieder spontan auf: zwischen den Eltern, zwischen Eltern und Kindern, zwischen den Kindern. Wir wandten uns immer den jeweils dringenden Punkten zu. Die Therapie wurde entspannt, ein fließender, natürlicher Prozeß, an dem alle teilnahmen. Endlich schwammen wir alle in der gleichen Richtung.
Nachdem entschieden war, daß David und Carolyn zusammenbleiben würden, und die Kinder sich in den Sitzungen, in denen es fast nur noch um die Erwachsenen ging, zu langweilen begannen,

schlugen wir vor, daß sie nur noch kommen sollten, wenn es für sie oder ihre Eltern angebracht schien. Wir überließen es jetzt im wesentlichen der Familie, die Struktur der Therapiestunden zu bestimmen.

Die beiden jüngeren waren froh über diese Entscheidung und kamen weniger häufig, aber Claudia war noch für eine Zeit regelmäßig dabei. Wenn die Kinder mal kamen, brachten sie immer Witz und Humor mit, und sie lernten etwas Wichtiges für ihr späteres Leben: wie man Konflikte in der Ehe lösen kann. Natürlich blieben ihre Probleme nicht unbeachtet. Hatte Don einmal im Laufe der Woche einen Streit mit seiner Mutter, so erschien er meist zur nächsten Sitzung, um sich damit zu beschäftigen.

Der Leser wundert sich vielleicht, daß wir mit David und Carolyn nicht zur Einzeltherapie übergingen, wenn es ohnehin immer mehr um die individuellen Belange ging. Fördert nicht das Gespräch unter vier Augen die Aufrichtigkeit des »Patienten?« Tatsächlich habe ich mich in den letzten beiden Monaten der Therapie allein mit Carolyn getroffen, aber es hatte sich als nützlich erwiesen, daß beide nach überstandener Ehekrise noch eine ganze Zeitlang gemeinsam zur Therapie kamen.

Natürlich waren die Eheprobleme noch alles andere als gelöst. Wir konnten wochenlang »einzeln aber gemeinsam« mit ihnen arbeiten, und dann brach plötzlich wieder ein Konflikt aus. Das Paar war schockiert über die Heftigkeit dieser Kämpfe, aber Carl und ich wußten, daß sie kommen mußten. Die fortschreitende Selbstfindung der beiden und ihr wachsendes Engagement für die Beziehung, gab ihnen die Freiheit, ihre Konflikte anzuheizen, ohne sich zu sehr bedroht zu fühlen. Endlich konnten sie in Sicherheit *wirklich* ehrlich sein, und ich bin sicher, daß man ihre Ehrlichkeit an manchen Tagen in der ganzen psychiatrischen Abteilung hören konnte.

Sie sahen mit der Zeit auch ein, daß keiner des anderen Therapeut sein konnte. Für David war es ein wenig peinlich, wenn seine Lippen zu zittern begannen und Tränen über seine Wangen liefen, während er mit seinen Problemen rang, aber Carolyn half es, daß sie nur »hilflos« dabeisitzen und zusehen konnte. Sie lernte nicht nur, daß sie nicht in der Lage war, David bei bestimmten Problemen zu helfen, sondern daß es auch gar nicht erforderlich war. Er lernte, sein eigener Therapeut zu sein.

Weil sie nichts tun mußte, konnte Carolyn sich entspannen und einfach »bei« David sein. Von der Verantwortung für ihn befreit, konnte sie ihn besser verstehen und ihm näher sein. Anstatt eine Pseudomutter (oder ein Pseudovater oder ein Kind) für ihren Mann zu sein, wurde sie seine ebenbürtige Weggefährtin. Mit zeitlichen Verschiebungen trat dieser Wandel bei beiden ein; auch David fing an, Carolyn »einfach als eine Person« zu betrachten, und er zerriß einige der Schleier, hinter denen er sie so lange als bedrohlich erlebt hatte.

Während sich alter Zorn langsam und für immer entlud und frischer Zorn immer gleich auf den Tisch kam, wurden die Kämpfe der beiden kürzer und direkter. Sie fanden es auch immer schwerer, ernsthaft zu streiten. »Wie sollen wir streiten, wenn wir dabei immer wieder anfangen zu kichern?« Carl und ich hatten unseren Anteil an der neuen Gelöstheit des Paares, denn wir hatten uns immer Mühe gegeben, sie durch freundlichen Spott auf den übertriebenen Ernst ihres Problembewußtseins aufmerksam zu machen.

Wir konnten in der Therapie außerdem einige höchst wichtige »Kleinigkeiten« verzeichnen: Sie sahen sich öfter an; sie saßen beieinander; manchmal berührten sich ihre Hände. Ihre intimsten Gespräche hatten sie natürlich außerhalb der Sitzungen, aber die neugefundene Wärme brachten sie auch zur Therapie mit. Sie *taten* eigentlich nichts aufregendes Neues; sie *waren* anders. Es war, als käme langsam die Sonne heraus.

Wir schafften es nie, Carolyns Familie zur Teilnahme an einer Sitzung zu bewegen. Sie besuchte ihre Familie mehrmals und versuchte, persönliche Gespräche in Gang zu bringen, und sie führte einen langen und komplizierten Briefwechsel mit ihrer Mutter, aber bedauerlicherweise kamen wir nie direkt mir ihrer Familie in Berührung. Davids Angehörige kamen noch zweimal, und die Sitzungen mit ihnen waren produktiv.

Irgendwann fing David an, sich zu langweilen. Sein Leben erschien ihm zufriedenstellend, und er hatte ja auch noch andere Dinge zu tun. Selbst Carolyn hatte keine dringlichen Beschwerden mehr gegen ihn vorzubringen; er nahm sich viel mehr Zeit für sie und war liebevoller und aufmerksamer. Sie hatten angefangen, Wochenendausflüge ohne die Kinder zu unternehmen, und diese Ausflüge brachten eine Revolution in ihrer sexuellen Beziehung mit sich. David fand auch eine immer stärkere Beziehung zu Don; sie hatten beide ihr Interesse für die Photographie entdeckt.

Ich weiß nicht mehr, wann und unter welchen Umständen wir uns entschlossen, David ziehen zu lassen und Carolyn auf ihren eigenen Wunsch allein weiterzubehandeln. David schien ganz gut zurechtzukommen; die Ehe schien zu funktionieren; im Leben der Kinder gab es keine sichtbaren Probleme. Man hatte einfach das Gefühl: Das ist der richtige Zeitpunkt.

Carolyn wollte mit mir weiterarbeiten, und ich traf mich noch zwei Monate lang mit ihr. In der Regel fanden diese Sitzungen in ziemlich entspannter Stimmung statt, aber es gab auch schwierige und tränenreiche Momente. Carolyn hatte schon seit vielen Jahren mit unregelmäßig auftretenden Depressionen zu kämpfen, und ich riet ihr, nicht mehr zu kämpfen. »Lassen Sie es einfach geschehen.« Zuerst hatte sie Angst, sie könnte in diesen unverhofft aufkommenden Stimmungen untergehen. Sie wagte sich vorsichtig immer weiter vor, und eine ganze Zeitlang wurde sie Woche für Woche immer depressiver. Schließlich erreichte sie einen Zustand totaler Trostlosigkeit. Ich weiß nicht mehr genau, was ich zu ihr gesagt habe, es war jedenfalls eine Bemerkung, die meine Sorge um sie ausdrückte. Etwa: »Sie sehen wirklich traurig aus.«

Carolyn fing auf eine Weise an zu weinen, die anders war als ihre früheren Ausbrüche. Damals hatte sie unter Streß gestanden; jetzt war ihr alltägliches Leben weitgehend von Belastungen frei. Dieser Schmerz war uralt und inhaltlos, ein langes, weiches, aber sehr schmerzhaftes Weinen über ein namenloses Unrecht, wahrscheinlich aus ihrer Kindheit, das ihr nicht mehr bewußt war. Sie drückte diese Gefühle eigentlich mit den Tränen nicht aus, sondern erlebte sie noch einmal – Welle um Welle einer tiefen seelischen Qual.

Ich konnte nicht viel mehr tun, als bei ihr zu sein. Als das Weinen schließlich nachließ und sie den Blick wieder hob, legte ich meine Hand auf ihre und sagte: »Wenigstens ist es nicht endlos.«

Nach diesem Tag schien Carolyn weniger Angst vor ihrer Traurigkeit zu haben. Diese Stimmungen überkamen sie auch weiterhin, aber sie lernte, sich selbst deprimiert zu sein lassen, zu weinen, sich in die Gefühle hineinsinken zu lassen, um schließlich irgendwann auf der anderen Seite wieder herauszukommen. Die Depressionen kamen weniger häufig und weniger intensiv. »Wissen Sie«, sagte sie einmal am Ende einer Stunde, »manchmal kommt es mir so vor, als ob ich meine Depressionen genieße. Es ist wie mit den Jahreszeiten: würde eine mal nicht kommen, so würde man sie vermissen.«

Schließlich brachen wir unsere Arbeit ab, weil Carolyn sich viel besser fühlte. Sie hatte damit gerechnet, daß jemand mit ihrer

Kindheitsgeschichte – ständige heftige Angriffe der Mutter – für den Rest seines Lebens mit Depressionen zu kämpfen haben würde; aber jetzt hatte sie das Gefühl, eine Perspektive für ihre Probleme zu haben – sie konnte etwas tun. Beim Abschied waren wir ein wenig traurig; wir wußten, wir würden einander fehlen.

Wie jede andere Therapie war auch Carolyns Therapie unvollkommen – sie ging mit Problemen heim. Aber sie war auch stolz auf das, was sie und die Familie erreicht hatten, und sie wußte, daß jeder von ihnen jederzeit zur Therapie zurückkehren konnte.

Etwa ein Jahr nach meiner letzten Sitzung mit Carolyn und fast zweieinhalb Jahre nach Beginn der Therapie war Claudia auf dem Campus und schaute bei Carl vorbei. Er hatte nur eine halbe Stunde bis zu seiner nächsten Verabredung, aber das genügte.

Erst dachte Carl, Claudia brauchte Hilfe oder wolle sogar eine Therapie anfangen. Sie hatte gerade ihr erstes Universitätssemester hinter sich, aber sie war nicht gut zurechtgekommen. Sie hatte sich sehr auf das College gefreut und die High School so früh wie möglich abgeschlossen, aber ihre Träume vom Collegeleben erwiesen sich als unrealistisch. Die einzelnen Kurse waren so stark belegt, daß sie sich in ihnen ganz verloren vorkam. Sie vermißte die Familie, haßte sich aber selbst dafür, daß sie jedes Wochenende zu Hause verbrachte. Sie hatte keine Ahnung, was sie studieren wollte. »Ich weiß gar nicht, warum ich aufs College gehe«, sagte sie.

Nach vielem Kummer und langen Gesprächen mit der Familie hatte sie schließlich einen Plan gefaßt. Davids Arbeit hatte ihn einige Male nach Europa geführt, und dort hatte er sich mit einem Pariser Geschäftsmann angefreundet, dessen Tochter ungefähr so alt war wie Claudia. Claudia würde für die Dauer des Sommersemesters nach Paris gehen und dort bei der Familie wohnen; der Vater wollte versuchen, einen Job für sie zu finden. Claudia wurde zusehends munterer, als sie von diesen Aussichten und von ihren eifrigen Sprachstudien erzählte.

»Prima«, sagte Carl. »Wo liegt also das Problem? Das klingt doch alles sehr aufregend.« Dann sprach er spontan seine Vermutung aus: »Erzähl mir nicht, daß dein Vater begeistert ist und deine Mutter kalte Füße hat.«

»Getroffen«, sagte Claudia.

»Das ist doch nichts Neues«, lachte Carl. »Dein Vater und du haben doch immer gemeinsam Pläne ausgeheckt. Warum tust du nicht einfach, was du willst, und läßt sie miteinander schmoren?«

»Das ist es nicht mal so sehr«, sagte Claudia. »Mama ist natürlich ein bißchen besorgt, aber sie akzeptiert, daß ich gehe. Ich weiß eigentlich nicht, was es ist. Vielleicht hab ich einfach Angst.«
»Klar«, sagte Carl, »hätte ich auch.« Er sah sie spöttisch an. »Glaubst du, du hast Schuldgefühle, weil du deine armen Eltern im Stich läßt?«
»Kann sein«, meinte sie zögernd.
Carl: »Bloß nicht! Sie werden dich vermissen, aber sie werden wahrscheinlich froh sein, daß sie dich los sind.«
Claudias offenes, fröhliches Lachen verriet, daß sie genau diesen Impuls hatte. Sie würde nur allzu gern reisen.
Sie plauderten noch eine Weile über die Familie; es gab keine aufregenden Neuigkeiten. Carolyn hatte ihre beruflichen Pläne geändert, weil sie sich sagte, daß soziale und therapeutische Arbeit sie wahrscheinlich zu sehr mitnehmen würde. Dafür hatte sie sich heftig für die Frauenbewegung engagiert und nahm an Universitätskursen teil, die sie interessierten – Kunstgeschichte, die Psychologie der Frau, moderne Lyrik. Claudia sprach mit liebevoller Bewunderung von ihrer Mutter; die Bitterkeit gegenüber ihrer Mutter war ganz verschwunden. Ihre eigene Abenteuerlust hatte wohl Carolyns neuentdeckte Lust an der Erforschung der äußeren Welt zum Vorbild.
Ihren Vater sah Claudia freundlicher und entspannter, wenn auch manchmal ein wenig deprimiert. Er schien etwas von seinem Ehrgeiz abgelegt zu haben und dafür das Leben mehr zu genießen. Er war immer Claudias Idol gewesen, und Carl spürte eine neue Distanz zwischen den beiden. Claudia erkannte offenbar, daß die Beziehung zu ihrem Vater nicht ganz ungefährlich war: Wollte sie ihre Freiheit gewinnen, so mußte sie ein wenig auf Abstand gehen, und sie fragte sich, ob nicht vielleicht das der wahre Grund für ihre Reise nach Paris war.
Don war auf der High School, spielte in einer Rockband mit, erhielt wie üblich mittelmäßige Zensuren und hielt sich aus allen Schwierigkeiten raus. »Er raucht ein bißchen Hasch«, sagte Claudia, »aber das tun auf seiner Schule alle.« Eine nachdenkliche Pause. »Er ist ein netter Kerl. Aber er hat es auch viel leichter als ich in seinem Alter. Meine Eltern nehmen viele Dinge nicht mehr so schwer. Sie wissen sogar von dem Hasch und machen ihm nicht einmal deswegen die Hölle heiß.« Sie wirkte ein wenig traurig, als sie an ihre eigenen schweren High-School-Jahre zurückdachte.
Laura, so erzählte sie, war geradezu »aufreizend problemlos«. Sie

brachte gute Noten nach Hause, und alle mochten sie. »Laura ist zu sehr von Mutter abhängig, und wir haben sie alle ein bißchen verzogen, aber durch Mutters Orientierung nach außen wird jetzt vieles besser. Laura ist gezwungenermaßen mehr auf sich selbst angewiesen.«

Die Ehe? »Ihre Beziehung ist nicht so gut, wie sie am Ende der Therapie war«, sagte Claudia, »aber im Grunde in Ordnung. Sie streiten, aber wer tut das nicht? Vor der Therapie haben wir, glaube ich, alle geglaubt, daß Streiten falsch ist. Jetzt denken wir kaum noch was darüber. Streiten gehört einfach dazu, wenn man mit Menschen zusammenlebt.«

Carl hörte seine nächste Familie vor der Tür. »Genug der Zerstreuung«, sagte er, »ich muß wieder arbeiten.« Claudia stand auf und nahm ihre Bücher. Sie sah zufrieden aus; ein »Onkel« hatte ihr erlaubt, von zu Hause wegzulaufen.

Carl mußte noch einen kleinen Rat anbringen: »Der einzige Mensch, dem du jetzt vertrauen mußt, bist du.« Sie lächelten sich noch einmal zu.

Sie umarmte ihn fest. »Tschüs, Carl.« Und weg war sie.

Als ich davon hörte, bedauerte ich, nicht dabeigewesen zu sein. Aber das war vielleicht gar nicht nötig; Carl brauchte ja auch bei meinen Sitzungen mit Carolyn nicht dabeizusein. Nach einer solchen Therapie haben wir immer und überall eine Familie in unserem Innern, die uns nicht mehr verläßt. Was irgendeinem von uns auch geschieht, es wird uns alle berühren.

Fragen zur Familientherapie

Jede Darstellung von Ideen, mag sie noch so umsichtig angelegt sein, wirft ihre eigenen Fragen auf und ruft manchmal Zweifel hervor. Skepsis ist eine gesunde Reaktion auf Behauptungen, und sie trägt mit zu einem wertvollen Dialog bei. In diesem Kapitel versuchen wir, einige der Fragen zu beantworten und einige der Zweifel auszuräumen, die uns von verschiedenen Seiten entgegengebracht werden: vom Fach- und Laienpublikum bei unseren Vorträgen, von unseren Studenten und von denen, die dieses Buch schon vor seiner Veröffentlichung gelesen haben. Es ist wohl anzunehmen, daß einige der hier aufgeworfenen Fragen auch für den Leser interessant sind.

Mir ist noch nicht klar, wann Familientherapie die geeignete Behandlungsmethode ist und wann nicht. Es gibt heute so viele »Therapien«, und es ist schwer zu entscheiden, welcher besondere Ansatz in welchem Fall angebracht ist.

Bevor wir über Arten der Therapie sprechen, sollten wir erst einmal grundsätzlich zwischen verschiedenen Arten von Therapeuten unterscheiden. Unter welchen Gesichtspunkten betrachtet ein Therapeut ein menschliches Problem? Seine Ansicht über Ursachen und Wirkungen im psychischen Bereich leitete all seine Aktionen und bestimmt, auf welche Weise er Methoden und Techniken anwendet. Seine Auffassung des Problems bestimmt sogar, *was* er zu ändern versuchen wird. Sieht er das Problem als hauptsächlich im Individuum selbst begründet, so wird er sich daranmachen, dem Individuum zu helfen. Betrachtet er das Problem als von einer Reihe von Beziehungen abhängig, so wird er sehr wahrscheinlich versuchen, dieses Geflecht von Personen zu beeinflussen.

Das Hauptproblem scheint uns bei den individuellen Ansätzen zu sein, daß es ihnen nicht gelingt, die machtvollen *Interdependenzen* zwischen den einzelnen Familienmitgliedern zu berücksichtigen. Und wenn die Familie noch so unglücklich ist, halten die Mitglieder an ihrer Welt fest – an ihrem emotionalen Tonfall, ihren Regeln, ihrem Geist und selbst an ihren unbewußten »Plänen« für die Zukunft. Es ist für den einzelnen sehr schwierig, sich zu ändern *und diese Veränderung zu bewahren*, wenn die Familie sich nicht auch ändert. Arbeiten wir mit der ganzen Familie, so vermeiden wir nicht nur, daß die Loyalität der einzelnen Mitglieder zueinander in Frage gestellt wird, sondern können das »aufgeladene« Beziehungsgeflecht innerhalb der Familie auch als therapeutisches Hilfsmittel einsetzen.

Wir glauben, daß es *immer* der beste Weg ist, mit dem ganzen Familiensystem zu arbeiten, und je mehr Mitglieder wir daran beteiligen können, desto besser. Es spielt keine Rolle, wer gerade Probleme hat oder worin sie bestehen – ob es ein bettnässendes Kind ist, ein trinkender Ehemann, ein Paar, das an Scheidung denkt, eine depressive Ehefrau, ein Jugendlicher, der von zu

Hause wegläuft oder ein intelligenter Schüler, der in der Schule versagt – das Symptom ist nur die Oberfläche tieferer Spannungen in der Familie. Die Therapie entwickelt ihre größte Macht, wenn sie bei den Bindungen und Konflikten, bei der verzerrten Wahrnehmung, der Ungleichheit der einzelnen und den Sehnsüchten dieser intimsten aller Gruppierungen ansetzt. Dem einzelnen Einsicht in seine Vergangenheit zu vermitteln, halten wir für weniger wirksam, als ihm zu helfen, seine gegenwärtigen Familienbeziehungen neu zu strukturieren.

Ein systemorientierter Ansatz schreibt nicht vor, wer bei den therapeutischen Treffen anwesend sein muß. Murray Bowen arbeitet beispielsweise abwechselnd mit einzelnen Familienmitgliedern, hat aber dabei ständig das Familiensystem im Auge. Was ihn zum Familientherapeuten macht, ist sein Ziel: der ganzen Familie zu helfen, sich zu ändern.

Manche Therapeuten konzentrieren sich auf das Ehepaar als das wichtigste Subsystem der Familie, und selbst, wenn der »Patient« ein Kind ist, beziehen sie dieses Kind nur am Rande in die Therapie mit ein. Diese Therapeuten nehmen an, daß die Grunddynamik der Familie von der ehelichen Beziehung abhängt und daß dem Kind geholfen sein wird – manchmal ohne daß es selbst jemals zur Therapie erscheint –, wenn die Eltern sich ändern. Andere Therapeuten behandeln größere Gruppen. Peter Laqueur arbeitet mit Gruppen von vier oder fünf Familien; er bildet aus diesen Familien eine »therapeutische Gemeinschaft«, die manchmal viele Jahre lang zusammenkommt. Ross Speck versammelt ein ganzes »Netzwerk« von Menschen um die als Patient identifizierte Person, und in dieser großen Besetzung – Lehrer, Freunde, Nachbarn, entfernte und weniger entfernte Verwandte – ist es manchmal gar nicht so einfach, die Kernfamilie ausfindig zu machen.

Carl und ich stimmen mit der Mehrheit der Familientherapeuten darin überein, daß wir die Kernfamilie als unseren Hauptpatienten ansehen. Diese Gruppe verbindet eine Selbständigkeit gegenüber der Gesamtfamilie mit starken Interdependenzen im Innern und wird dadurch zu einer natürlichen Einheit. Auch wir finden es hilfreich, die erweiterte Familie und manchmal auch andere, der Kernfamilie nahestehende Personen in die Therapie einzubeziehen, aber unser wirklicher Klient ist die Kernfamilie.

Muß die Familie immer aus zwei Eltern und ihren Kindern bestehen? Gibt es nicht auch andere, ebenso berechtigte Formen des Familienlebens? Wie steht es mit dem Paar, das seit einem Jahr zusammenlebt? Oder mit dem kinderlosen Ehepaar? Oder mit dem geschiedenen Elternteil, der mit seinen Kindern zusammenlebt? Welche Bedeutung hat die Familientherapie für diese Beziehungen?

Wir bestimmen nicht nach starren Regeln, was eine Familie ist; allerdings kann die Frage, wer bei den Sitzungen anwesend sein soll, sehr komplex sein. Im allgemeinen fangen wir mit einem Primärklienten an, und das ist eine Gruppe von Leuten, die *unter einem Dach* leben. In der Regel ist das eine zwei Generationen umfassende Kernfamilie, aber natürlich ist für uns auch das kinderlose Ehepaar eine Familie. Zu der Familie, die unter einem Dach zusammenlebt, kann auch eine Tante, ein Onkel, einer der Großeltern oder, im Fall des alleinstehenden Elternteils, ein Liebhaber oder eine Geliebte gehören. Carl und ich beginnen eine Therapie nicht gern ohne die Vereinbarung, daß sämtliche Personen, die zusammenleben, daran teilnehmen.

Eine zweite Gruppe besteht aus denen, die einen starken Einfluß auf das Leben der Kerngruppe haben. Wir betrachten sie bei unserer Arbeit mit der Kernfamilie als Berater, und wir müssen eine Reihe von Umständen berücksichtigen, wenn wir entscheiden, wann wir sie in die Therapie einbeziehen. Wir wissen zum Beispiel, daß wir an die erweiterte Familie wahrscheinlich erst dann herankommen, wenn wir zu der Kernfamilie eine gute Beziehung gefunden haben; wenn aber die Großeltern nebenan wohnen und die Kernfamilie finanziell unterstützen, so bestehen wir darauf, daß sie von Anfang an teilnehmen. Es ist sehr ungewöhnlich, daß eine Familie nicht einige Beziehungen nach außen hat, die irgendwann im Lauf der Therapie eine wertvolle Hilfe sein können.

Eine Familie, die eine Scheidung hinter sich hat, stellt uns, was die Anwesenheit bei den Zusammenkünften angeht, oft vor schwierige Probleme. Hat die geschiedene Mutter das Sorgerecht für ihre Kinder, so möchte sie vielleicht nur mit ihren Kindern zur Therapie kommen; falls die Eltern aber die Kinder benutzen, um ihren Kleinkrieg weiterzuführen, kann es notwendig sein, die Anwesenheit des Ex-Ehemannes bei den Sitzungen zu fordern. Natürlich sträuben viele Geschiedene sich zuerst gegen eine gemeinsame Therapie, aber erstaunlich viele finden sich schließlich im Interesse ihrer Kinder dazu bereit.

Wir arbeiten auch mit unverheirateten Paaren. Diese Beziehungen haben mit der Ehe manches gemein, zum Beispiel die Übertragungsmechanismen, aber ihnen fehlt das gesetzliche Band, das für viele Paare im Tumult einer stürmischen Therapie eine Stütze ist. Ohne diesen formalen Rückhalt fühlen Unverheiratete sich oft unsicher und wagen sich nur sehr vorsichtig an die Therapie heran.

Wie entscheiden Sie, welche Mitglieder der größeren Familie zu Beginn in die Therapie einbezogen werden? Welche Abfolge ergibt sich im Normalfall aus dieser Entscheidung?

Am liebsten würden wir mit dem größten System anfangen, das wir zusammenbringen können, um dann mit immer kleineren Subsystemen zu arbeiten. Stellt sich etwa heraus, daß beide elterlichen Familien miteinander im Streit liegen, so fängt man am besten auf dieser Ebene an. Erst wenn diese beiden Familienzweige sich nicht mehr befehden, konzentrieren wir uns auf die Kernfamilie, die sich ursprünglich an uns gewandt hat. Gelingt es, die in die Probleme der Erwachsenen verwickelten Kinder zu befreien, so arbeiten wir vielleicht eine Zeitlang nur mit dem Ehepaar. Wenn es keine dringlichen Beziehungskämpfe mehr zu geben scheint und kein Zweifel mehr daran besteht, daß wir für die *ganze* Gruppe da sind, können wir auch mit einzelnen arbeiten. Aber die Individualtherapie sollte wie eine Promotion sein – die letzte Stufe der Schulung. Individualtherapie ist für Personen, die gelernt haben, mit anderen zu leben, und jetzt weiterarbeiten wollen, um auch mit sich selbst besser zurechtzukommen.
In der Praxis können wir meist keine so saubere Abfolge einhalten. Oft müssen wir beispielsweise zuerst eine Zeitlang mit der Kernfamilie arbeiten, bevor sie uns so weit vertraut, daß sie ihre Ursprungsfamilien hinzuzieht und bevor sie von den Vorteilen dieser Erweiterung überzeugt ist. Die Therapie der Familie Berger ist in der Abfolge der teilnehmenden Gruppierungen ziemlich typisch, aber gelegentlich arbeiten wir auch mit Familien, die von Anfang an mit einem sehr großen Netzwerk von Teilnehmern auftreten. Kürzlich hatten wir ein Ehepaar, das gleich zur ersten Sitzung seine beiden umfangreichen Ursprungsfamilien mitbrachte, insgesamt zwanzig Leute.

Sie sprechen davon, erst interpersonelle Konflikte zu lösen und dann zur individuellen Arbeit überzugehen. Ich dachte, es sei anders herum – daß man zu anderen nur insoweit in Beziehung treten kann, wie man eine Beziehung zu sich selbst hat.

Das ist die Annahme, die der Einzeltherapeut macht. Sie geht davon aus, daß jemand, der zur Therapie kommt, ein Individuum *ist*, also jemand, der frei und ungebunden genug ist, sich ohne Rücksichten in den Prozeß der Umwandlung hineinzustürzen. Wir Familientherapeuten betrachten eine Person, die zur Behandlung an uns überwiesen wird, als jemanden, der wie ein Individuum *aussieht*, in Wahrheit aber Vertreter und Gefangener eines Familiensystems ist. Bevor jemand für die individuelle Behandlung überhaupt innerlich zugänglich ist, muß er erst von der Tyrannei eines spannungsgeladenen symbiotischen Systems befreit werden. Wir glauben, daß Einzeltherapie trennend wirken kann, wenn sie *vor* der Familienbehandlung stattfindet. Gibt es in einer Ehe ernste Probleme und einer der beiden Partner begibt sich in Einzelbehandlung, so kann der andere nicht nur argwöhnisch werden, sondern möglicherweise verschlimmert sich auch noch das Ungleichgewicht in der Ehe. Ehen sind fein austarierte Schöpfungen, und jede spürbare Unausgewogenheit im persönlichen Wachstum der Partner kann das Gefühl der Entfremdung verstärken.

Wir versuchen, eine ausbalancierte Entwicklungsabfolge einzuleiten. Wir wollen der Familie bei der Individuation der *Generationen* helfen. Wir hoffen, daß wir der Familie ein »Gefühl für das Individuelle« erzeugen können, indem wir die einzelnen aus ihrer lähmenden Verfilzung miteinander befreien. Wie der Leser gesehen hat, ist das kein leichter Prozeß. Es kann Monate dauern, bis eine bestimmte Beziehung entwirrt ist, und die Ehe ist meist das letzte und schwierigste dieser Projekte.

Es sollte eine Zeit kommen, wo die einzelnen einander nicht mehr zu zwingen versuchen, sich zu ändern, und wo sie bereit sind, sich mit Hilfe des Therapeuten selbst zu ändern. In dieser Zeit besteht die Therapie aus parallelen oder sich abwechselnden Einzeltherapien, wobei sich die Familienmitglieder intuitiv in der Rolle des »Patienten« abwechseln. Diese »öffentlichen« Einzelbegegnungen zwischen Therapeut und Patient vertiefen und verstärken auch die Begegnungen zwischen den Familienmitgliedern. Während sich in der Familie ein besseres Modell für Nähe *und* Eigenständigkeit bildet, wird die Atmosphäre der Zusammenkünfte zugleich intimer *und* freier.

Am Ende einer Therapie sollte die Familie ihre wichtigsten Beziehungskonflikte gelöst haben, und die einzelnen sollten wirkliche Individuen im psychologischen Sinne sein. Die verbleibenden Konflikte sind dann innerpersönlicher Art, Überbleibsel früherer Erfahrungen, unter denen die Person immer noch leidet. Möchte der Ehemann noch an seinen zwanghaften Selbstzweifeln arbeiten, so ist das Grund genug für eine weiterführende Einzelbehandlung. Möchte seine Frau dabeisein, um so besser. Wird die Therapie ihr langweilig oder hat sie mit ihrer eigenen Welt genug zu tun, auch gut. Jetzt ist kaum noch zu befürchten, daß Einzelsitzungen die Familie aufsplittern können, denn sie hat jetzt eine Grundlage von Offenheit und Vertrauen, und ein einzelnes Mitglied, das die Therapie fortsetzt, kommt jetzt endlich als ein wirkliches Individuum.

Wie weit führt dieser familienumspannende Entwicklungsprozeß? Es scheint, daß er auch ewig weitergehen könnte. Hören nicht viele Familien mit der Therapie auf, bevor sie wirklich das Ende erreicht haben?

Die Länge der Therapie ist sehr unterschiedlich. Manche Familien kommen nur zu einer einzigen Sitzung und scheinen sich aufgrund dieser Erfahrung zu verändern. Manche Familien wollen nur eine unmittelbare Krise in den Griff bekommen und nehmen uns für vier oder fünf Sitzungen in Anspruch. Manche Familien sind aber auch ein Jahr lang oder für drei bis vier Jahre in der Therapie. Dauer und Tiefe einer Familientherapie wird von vielen Faktoren beeinflußt: wie ernst die Probleme sind, wieviel Mut und Ehrgeiz die Familie mitbringt, wie groß der Streß ist, der sie drängt, sich zu ändern, bis zu welchem Grad der Therapeut in der Lage ist, sich mit ihren Problemen zu identifizieren, und wie lange es her ist, daß die Probleme zum ersten Mal auftraten. Wir versuchen, auf die unmittelbaren Bedürfnisse der Familie einzugehen und so weit und tief vorzudringen, wie *sie* will. Carl vergleicht sich gern mit einem Klavierlehrer, der seinen Schützlingen anbietet, ihr »Können« so weit zu entwickeln, wie sie wollen. Viele wollen nur so weit kommen, daß es für den Hausgebrauch reicht. Andere möchten auch Beethoven spielen können. Und das braucht natürlich seine Zeit.

Woran erkennt die Familie, daß die Therapie beendet ist? Und wie wird der Abschluß der Therapie gehandhabt?

Gegen Ende einer Therapie wird die Beziehung zwischen dem Therapeuten und der Familie weniger professionell und dafür persönlicher. Es entsteht eine gelöste, humorvolle Atmosphäre. Es kommen sogar Augenblicke stiller Ergriffenheit vor, wenn der Therapeut sich tief mit der Familie verbunden fühlt und seine eigenen Gefühle mitteilt. Schließlich verschwindet das Gefühl, daß etwas da ist, woran man arbeiten muß, und die Sitzungen werden weniger häufig oder nach Bedarf angesetzt.
Ganz am Schluß ist man oft traurig über den Verlust bedeutungsvoller Beziehungen. Carl und ich überlassen den Zeitpunkt des Abschieds immer ganz der Familie und bekunden unsere Bereitschaft, sie jederzeit wieder aufzunehmen, wenn es notwendig werden sollte. Die Tür ist immer offen.

Was ist, wenn die Familientherapie mich anspricht, meine Familie aber nicht mitmachen möchte? Pech gehabt?

Durchaus nicht. Allerdings kann es so schwierig sein, eine Familie zusammenzutrommeln, daß es der Hilfe des Therapeuten bedarf. Hier einige vorbereitende Hinweise.
Wenn Ihre Familie sich sträubt, an einer Therapie teilzunehmen, so fürchtet sie vielleicht Vorwürfe oder hat Angst, daß ernste Probleme ans Licht kommen. Vater wird wahrscheinlich am entschiedensten streiken, denn er fühlt sich im Bereich des »Gefühlemitteilens« oft gar nicht wohl; vielleicht spürt er aber auch, daß die Kinder mit Mutter verbündet sind.
Manche Therapeuten werden bereit sein, mit der unvollständigen Kernfamilie anzufangen, aber Carl und ich halten es für einen Fehler, wenn zu Beginn nicht wenigstens die Familienmitglieder versammelt sind, die zusammen leben. Es lohnt sich zu warten und zu kämpfen, bis diese ganze Gruppe mobilisiert ist. Eine Sitzung ohne den Vater kann ihn noch mehr in die Defensive drängen und noch argwöhnischer machen, als er ohnehin schon ist, und außerdem kann für den Therapeuten dabei ein ganz verzerrtes Bild der Familie entstehen.
Erzählen Sie Ihrer Familie offen, was für Probleme Sie haben – »Ich bin ständig deprimiert und weiß nicht warum« – und bitten Sie sie um Hilfe für *Ihre* Probleme. Wenn sie sich als Helfende sehen können, werden sie sich weniger defensiv verhalten. Ist die Beziehung erst einmal hergestellt, so wird der Therapeut die Familie mit der Zeit vielleicht dazu bringen können, ihr Programm

um einen Punkt zu erweitern: Die Änderung des ganzen Systems. Man kann vom Therapeuten zwar nicht erwarten, daß er von sich aus versucht, die Familie zu einer Therapie zu überreden, aber er kann sich am Telefon bereithalten, um die Fragen skeptischer Familienmitglieder zu beantworten. Manchmal genügt allein die Stimme des Therapeuten am Telefon, um der Familie etwas von ihrer Angst zu nehmen.

Wenn Ihre Familie sich hartnäckig weigert, eine Therapie anzufangen, stecken Sie in einer peinlichen Zwangslage. Es ist schon schlimm genug, wenn Ihre Familie den Versuch, Hilfe zu finden, blockiert; jetzt müssen Sie auch noch die schwierige Entscheidung treffen, ob Sie für sich allein Hilfe suchen wollen. Entscheiden Sie sich für eine Einzeltherapie, so können Sie sicher sein, daß Ihre Familie in dem Augenblick, wo Sie anfangen, sich zu ändern, sehr »munter« werden wird. Vielleicht ist sie dann bereit, ihre Entscheidung noch einmal zu überdenken. Halten Sie sich für die Möglichkeit offen, daß Ihre Familie sich ändern kann. Es mag vielleicht notwendig sein, einen Ko-Therapeuten hinzuzuziehen oder mit einem neutralen Therapeuten neu anzufangen, weil Ihr Therapeut inzwischen zu sehr für Ihren Standpunkt eingenommen ist, aber es lohnt die Mühe.

Was, wenn ich keine vollständige Familie habe oder meine Familie sehr weit weg lebt?

Wenn Ihre Familie durch Trennung oder Scheidung zersplittert ist, so ist es sehr wichtig – und oft auch möglich –, sie zu versammeln, um ungelöste Probleme zu einem gewissen Abschluß zu bringen. Geschiedene können im Interesse ihrer Kinder sehr wohl produktiv in der Therapie zusammenarbeiten, wenn man ihnen klarmacht, daß es darum geht, bestehende Beziehungen zu verbessern, und nicht darum, alte Bande neu zu knüpfen.

Wenn Personen, die in der Familie Schlüsselpositionen hatten, tot sind, so kann man die Erfahrungen mit ihnen oft rekonstruieren. Mobilisieren Sie die Familienmitglieder, die noch erreichbar sind. Wenn Vater tot ist, kann sein Bruder Ihnen vielleicht helfen, ein neues Bild von der Familie zu gewinnen. Suchen Sie nach Notizbüchern, Photoalben und Tagebüchern und nach Freunden, die den oder die Fehlenden gekannt haben. Ein Therapeut kann oft helfen, ein Rollenspiel entscheidender Szenen aufzubauen oder das fehlende Familienmitglied in anderer Weise zu vergegenwärtigen.

Wenn Ihre Familie weit weg wohnt, gibt es mehrere Möglichkeiten. Vielleicht kann sich die Familie zu einem längeren Besuch bei Ihnen entschließen; die meisten Therapeuten sind in der Lage, sich für solche Gelegenheiten größere Freiräume in ihrem Terminplan zu schaffen. Ein oder zwei Tage »Marathon«-Sitzung bringen oft durchschlagenden Erfolg, so viel wie monatelange weniger konzentrierte Arbeit. Solche Familienkonferenzen sind vor allem am Beginn der Therapie wertvoll, wenn die Familie sich noch nicht argwöhnisch fragt, was da wohl alles über sie geredet worden ist, und wenn der Therapeut noch keine eingefahrene Meinung von ihr hat. Gibt die Familie ihre Zustimmung zur Therapie gleich am Anfang, so neigen die Beteiligten weniger dazu, ein schlechtes Gewissen zu haben, weil sie die unausgesprochenen Regeln der Familie unterlaufen.

Man muß sich auch klarmachen, daß es entgegen der landläufigen Meinung durchaus einen Weg zurück gibt. Für jemanden, der sich in der Therapie befindet, ist es sogar sehr wichtig, diesen Weg zu gehen. Es ist wahrscheinlich am besten, wenn Sie ohne Ihren Ehepartner gehen, sich bewußt entspannen und sich der Erfahrung, »wieder ein Kind zu sein«, hingeben. Die Vorstellung, wieder von der Familie abhängig zu sein, kann Furcht auslösen, aber sie kann auch ein Gefühl der Verbundenheit wiedererwecken. Überlassen Sie sich einfach dem Zusammenleben mit Ihren Leuten, so kann es gar nicht ausbleiben, daß Sie Neues über Ihre Beziehung zu Ihrer Familie erfahren, insbesondere dann, wenn Sie durch die Therapie einen Blick für das gewonnen haben, wonach Sie Ausschau halten müssen. Und keine Angst, Sie werden nicht abhängig *bleiben*.

Sehr wichtig ist, daß Sie die Mitglieder Ihrer Ursprungsfamilie als *Menschen* kennenlernen, denn Ihre Beziehungen zu Ihnen sind Modell für viele Ihrer sonstigen Beziehungen. Am besten ist es natürlich, wenn Ihre Familie zu einer therapeutischen Sitzung erscheinen kann, und am zweitbesten, wenn Sie sie besuchen können, aber es gibt heute auch noch andere Möglichkeiten. Sie könnten einen preiswerten Kassettenrecorder kaufen und ihrer Familie schicken. Stellen Sie die Fragen, die Sie interessieren und bitten Sie um Antwort. Wie war das Leben Ihrer Eltern vor Ihrer Geburt? Wie war Mutters Familie? Und Vaters? Schicken Sie das Gerät auch den Großeltern und stellen Sie die gleichen Fragen. Tritt man ohne fertige Urteile an die Menschen heran, so sprechen sie meist überraschend bereitwillig über sich selbst, und während

Sie zuhören, verändern sich vielleicht die stereotypen Ansichten über Ihre Familienmitglieder, an die Sie sich viele Jahre lang geklammert haben.
Denken Sie auch an das Telefon. Konferenzschaltungen sind teuer, aber manchmal kann es sehr wertvoll sein, wenn abwesende Familienmitglieder an den Sitzungen teilnehmen können. In der Praxis des Therapeuten läßt sich eine Sprechanlage ans Telefon anschließen, so daß jeder jeden hören kann.
Wenn Sie sich dazu entschließen, Ihre Familie an der Therapie zu beteiligen, dann läßt sich in der Regel auch ein Weg finden.

Welchen Nutzen kann eine Gruppentherapie für denjenigen haben, dessen Familie nicht erreichbar ist? Welche Beziehung besteht überhaupt zwischen Familientherapie und Gruppentherapie? Sind nicht die Interaktionen in einer Gruppe ebenso bedeutungsvoll wie die in einer Familie?

Der wesentliche Unterschied zwischen diesen beiden Arten der Therapie besteht darin, daß die Mitglieder einer Familie einander aufgrund von biologischen und formellen Bindungen sehr viel mehr verpflichtet sind; dadurch herrscht in der Therapie von vornherein eine sehr viel gespanntere Atmosphäre. Auch in einer Zufallsgruppe können sich starke Bindungen zwischen den Teilnehmern entwickeln, und die Interaktionsmuster, die sich in der Gruppe bilden, sind von großer Bedeutung, aber es kostet sehr viel Zeit und Arbeit, eine Art Familiengefühl zu entwickeln, und manche Gruppen schaffen es nie. Der Gruppentherapeut und der Familientherapeut können sich allerdings bei dem Versuch, ihre Klienten zu verstehen, an ähnlichen Vorstellungen und Begriffen orientieren. Hier wie dort geht es vor allem um den Gruppenprozeß mit all seinen Spaltungen und Verzerrungen. Der Gruppentherapeut muß sich ständig vor Augen halten, daß die Interaktion zwischen den Gruppenmitgliedern wahrscheinlich stark von den Erfahrungen in der eigenen Familie geprägt sind. Die Familie ist eben überall dabei.
Wenn die Familie wirklich nicht erreichbar ist, arbeiten Carl und ich lieber mit einer anderen Art nichtfamiliärer Familie: mit dem Kreis der Freunde und Bekannten und selbst der Leute, mit denen unser Klient regelmäßig beruflich in Berührung kommt. Wenn ein Collegestudent seinen Zimmergenossen, seine Freundin und seinen Lehrer dazu überreden kann, mit ihm einen Therapeuten

aufzusuchen, so ist er schon gleich zu Anfang in ein System bestehender Bindungen eingebettet, die wahrscheinlich eine große symbolische Bedeutung für ihn haben. Er kann sich sofort das Kräftespiel in dieser Ersatzfamilie zunutze machen. Wir arbeiten vor allem deswegen mit Systemen, weil wir daraus zusätzliche therapeutische »Schubkraft« gewinnen, und wir finden, daß es sinnvoller ist, von schon bestehenden sozialen Systemen auszugehen, als in einer zufälligen Gruppe erst ein System von Beziehungen aufzubauen.

Muß das System immer zu Ihnen kommen oder arbeiten Sie mit den Leuten auch bei ihnen zu Hause?

Manche Therapeuten gehen grundsätzlich zu den Leuten nach Hause; diese Möglichkeit bietet sich vor allem dann an, wenn die Familie Angst hat, in eine Praxis kommen. Es gibt dabei jedoch auch Nachteile: Das Telefon klingelt, ein Nachbar schneit unerwartet herein, und der Therapeut hat auf dem Territorium der Familie oft ein unbehagliches Gefühl. Carl und ich gehen zwar auch zu den Leuten, wenn es absolut notwendig ist, aber lieber arbeiten wir in unserer Praxis, wo wir das Gefühl haben, sicher zu sein und die Lage jederzeit beherrschen zu können. Die Familie hat so viel Macht; wir brauchen einfach ein paar Requisiten, um unsere Arbeit mit dem nötigen Selbstvertrauen tun zu können. Im übrigen halten wir es für wichtig, daß die Therapie im Anfangsstadium deutlich von der alltäglichen sozialen Realität des Patienten getrennt ist. Sie kann dann eher eine symbolische Erfahrung sein, die auch die tieferen Schichten des Unbewußten erreicht. Aus dem gleichen Grund fordern wir die Familie auf, zu Hause nicht über die Therapiesitzungen zu sprechen und sich ihre Gedanken und Gefühle über die Familie bis zur nächsten Sitzung aufzuheben. Am Anfang sollen alle Bemühungen, die Familie zu ändern, auf die Sitzungen konzentriert sein.

Ist das nicht sehr künstlich, wenn nicht gar überhaupt unmöglich?

Sicherlich ist das zunächst schwierig. Nach einiger Zeit beginnen aber die Streitigkeiten und Kämpfe sich ganz von selbst auf die Sitzungen zu konzentrieren. Es kommt zum Beispiel vor, daß ein Ehepartner den anderen auf dem Weg zur Therapie reizt, so daß sie den Streit direkt in die Sitzung hineintragen können. Auch die Bergers wandten diese Methode häufig an. Sie konnten dadurch ihre Konflikte in einer relativ sicheren Arena austragen, und die Therapeuten waren in der Lage, am emotionalen Leben der Familie direkt teilzunehmen.

Welche Unterschiede des Ansatzes gibt es sonst noch in der Familientherapie? Gibt es verschiedene Schulen der Familientherapie?

Die ersten Familientherapeuten waren entschieden Individualisten, starke, kreative Persönlichkeiten, die konsequent gegen den Strom schwammen. Unterschiedliche Auffassungen wurden durch den gemeinsamen Kampf gegen das psychiatrische Establishment zunächst verdeckt. Seit die Familientherapie allgemeine Anerkennung gefunden und jeder der »Großväter« seinen eigenen Kader aufgebaut hat, können wir uns den Luxus leisten, unsere Differenzen festzustellen und offen darzulegen. Zusammenkünfte von Familientherapeuten aus dem ganzen Land werden jetzt immer häufiger auch zu einer Gelegenheit, Kontroversen auszutragen. Natürlich ist der kreative Wettstreit auf diesem Gebiet für die ganze Bewegung nur förderlich, aber für jemanden, der eine Familientherapie ins Auge faßt, auch verwirrend. Im folgenden will ich einige der größeren Untergruppen innerhalb der Rubrik »Familientherapie« beschreiben.

Die Psychoanalyse hat alle psychotherapeutischen Ansätze beeinflußt, auch die Familientherapie. Die psychoanalytisch ausgerichtete Familientherapie wird meist mit Nathan Ackermann in Verbindung gebracht, den viele auch als den Begründer der Familientherapie betrachten. In diesem Ansatz geht es vor allem darum, der Familie Einblick in ihre Probleme zu verschaffen, und diese Probleme sind vorwiegend als Überreste zurückliegender Erfahrungen verstanden. Der Therapeut leitet eine Reihe von Einzelauseinandersetzungen mit den Familienmitgliedern ein, bleibt selbst stets im Mittelpunkt der Interaktion und blockiert manchmal sogar die Kommunikation innerhalb der Familie.

Die Kommunikationsschule der Familientherapie, die am Mental Research Institute in Palo Alto, Kalifornien, entstanden ist, sah im psychoanalytischen Ansatz gewisse Beschränkungen und hat daher jeden Bezug auf Vergangenes und auf symbolische Prozesse innerhalb der Familie abgelehnt. Die Therapeuten dieser Schule haben die Bedeutung der *gegenwärtigen* Interaktion, vor allem der

Kommunikationsmuster, in der Familie betont. Viele hervorragende Namen sind mit dieser Schule verbunden – Don Jackson, Virginia Satir, Gregory Bateson, Jay Haley, Jules Riskin, Paul Watzlawick und John Bell. Sie bildeten einige der wichtigsten frühen Begriffe wie »Familien-Homöostase«, »Familienregeln« und »Double-Bind«. Einige dieser Therapeuten haben in den letzten Jahren andere Auffassungen entwickelt, aber die Kommunikationsschule ist heute noch sehr einflußreich; einer ihrer wichtigsten Vertreter ist Virginia Satir. Ihre »Kommunikationstypen« – Der Berechner, der Vorwürfemacher, der Beschwichtiger und der Unbedeutende – sind für alle Therapeuten leicht erkennbare Gestalten geworden. Die Notwendigkeit, der Familie bei der Entwicklung einer klaren, verläßlichen und vorwurfsfreien Kommunikation zu helfen, ist so offensichtlich und der Beitrag dieser Gruppe zu dieser Leistung so groß, daß alle Familientherapeuten ihr zu Dank verpflichtet sind.

Die heutige Videotechnik hat den Bemühungen, der Familie zu einer effektiveren Kommunikation zu verhelfen, eine neue Dimension hinzugefügt. Die Familie kann ihr eigenes Verhalten Sekunden nach einer bestimmten Interaktion selbst begutachten, und der Therapeut kann auf positive oder negative Entwicklungen hinweisen. Der Gebrauch von Videogeräten ist unter Familientherapeuten bereits allgemein üblich geworden, und einige Praktiker wie Ian Alger, Norman Paul und Fred und Bunny Duhl entwickeln raffinierte Techniken mit diesem aufregenden neuen Werkzeug.

Manchmal können Worte das Mitteilen echter Gefühle innerhalb der Familie gerade verhindern, und einige Kommunikationsorientierte Therapeuten verwenden eine neue Technik, das sogenannte *Family Sculpting*, um Intellektualisierungen und Abwehrmechanismen zu überwinden. Diese Therapeuten, von denen Peggy Papp vielleicht am bekanntesten ist, fordern jeden einzelnen aus der Familie auf, die übrigen Mitglieder Haltungen einnehmen zu lassen, die seine Erfahrung von der Familie am besten ausdrükken. Diese wortlose Sprache kann dazu beitragen, die »geschlossene« Familie zu öffnen, und sie kann einer allzu sehr intellektualisierenden Familie helfen, neue Ebenen emotionaler Ausdrucksfähigkeit zu erreichen.

Der »strukturale« Ansatz ist eng mit der Philadelphia Child Guidance Clinic, einem der angesehensten Zentren der Familientherapie verbunden. Die dortigen Therapeuten unter Führung von Salvador Minuchin konzentrieren sich darauf, stereotype Beziehungs-»Gewohnheiten« in der Familie zu ändern. Wenn Mutter und Tochter zum Beispiel immer wieder heftig streiten, so erhält Vater die Anweisung, für eine Weile alle disziplinarischen Funktionen zu übernehmen oder mehr die Rolle einer Bezugsperson für seine Tochter einzunehmen. Jetzt ist der Mutter-Tochter-Konflikt unterbrochen und Eheprobleme, die auf die Beziehung zwischen Mutter und Kind abgewälzt worden waren, können endlich offen zutagetreten. Mutter fängt an, mit Vater zu streiten, und die Therapeuten können jetzt anfangen, dem Ehepaar bei seinen Problemen zu helfen. Dies ist zwar ein vereinfachtes Beispiel, aber es verdeutlicht die planvolle Intervention des Therapeuten, mit der er umfassende Beziehungsmuster, vor allem Dreieckskonflikte, zu ändern sucht. Diese Gruppe hat überragende Erfolge bei der Arbeit mit Kindern erzielt, vor allem bei *Anorexia nevosa*, einer psychischen Störung, bei der es durch anhaltende Nahrungsverweigerung häufig zum Hungertod kommt. Die Techniken dieser Gruppe sind »lehrbar« und haben die neue Generation von Familientherapeuten stark beeinflußt.

Auch die Arbeit von Murray Bowen findet überall Anerkennung. Zur Beschreibung der Klientenfamilie mit wenig Selbstwertgefühl und starken symbiotischen Bindungen hat Bowen den Begriff »Familien-Ego-Masse« eingeführt. Mit einer Reihe verschiedener Techniken hilft er der Familie, sich selbst zu differenzieren und das Beziehungsgewirr zwischen ihren Mitgliedern in Beziehungen zwischen einzelnen Personen umzuwandeln. Wie viele andere Therapeuten bemüht Bowen sich darum, Dreieckskonflikte in dyadische Beziehungen aufzuspalten.

Für die Verhaltens-Schule der Familientherapie ist bezeichnend, daß sie sich auf das Handeln der Familienmitglieder konzentriert und nicht so sehr auf ihre Gefühle und Gedanken. Der Behaviorist befaßt sich mit der Aufhebung destruktiver Strukturen durch Änderung des Verhaltens, das diese Strukturen trägt und verstärkt. Mutter kann zum Beispiel unwissentlich die Wutanfälle ihres Kindes belohnen und damit bestärken, indem sie ihnen besondere Aufmerksamkeit schenkt. Lernt sie aber, die Anfälle zu ignorieren und sich dem Kind besonders dann zuzuwenden, wenn es etwas Positives tut, so wird es die Anfälle aller Wahrscheinlichkeit nach aufgeben. Die Verhaltenstherapie ist zwar bisher vor allem bei Kindern angewendet worden, aber ihre Prinzipien werden jetzt auch auf die Arbeit mit Ehepaaren übertragen. Viele Familientherapeuten lehnen jedoch den behavioristischen Ansatz ab, weil sie ihn für zu mechanisch ansehen und glauben, sein Begriffsrahmen sei zu einfach, als daß er die ungeheure Kompliziertheit der Familie erfassen könnte.

In der Zeit, als Carl an der Psychiatrischen Klinik von Atlanta war, entwickelte er mit seinen Kollegen einen individualtherapeutischen Ansatz, den man »experientiell« (von der Erfahrung ausgehend) genannt hat. Dieser Ansatz geht davon aus, daß Einsicht nicht ausreicht. Der Klient braucht in der Therapie emotionale *Erfahrungen*, die auch die tiefsten Schichten seiner Persönlichkeit berühren. Die Therapie wird als eine gelenkte Regression betrachtet, an der der Therapeut teilnimmt, wenn auch nicht so weitgehend wie der Klient.

Carl dehnte diesen Ansatz später auf die Familie aus und behielt dabei einige Aspekte seiner früheren Arbeit bei: daß besonderer Wert auf die persönliche Begegnung gelegt wird; daß die Familie während der Behandlung regredieren kann; daß der Therapeut sich sehr tief und persönlich auf den Prozeß der Wiederholung der Erfahrungen mit den Eltern einläßt; und daß das Geflecht aus zum Teil symbolischen Beziehungen innerhalb der Familie sich am Ende der Therapie in Einzelbeziehungen zwischen wirklichen Personen aufgelöst haben soll. Die Tatsache, daß der Therapeut seine eigene Persönlichkeit, insbesondere sein intuitives Selbst, einsetzt, macht den experientiellen Ansatz zu einer schwer lehrbaren und schwer erlernbaren Technik. Dennoch ist eine ganze Generation von Familientherapeuten durch Carls beispielhaft geführte therapeutische Gespräche bei Tagungen und Symposien inspiriert worden, und Carls Arbeit ist weltweit bekannt. Am meisten haben diejenigen von uns bei Carl gelernt, die das Glück hatten, als Ko-Therapeuten mit ihm zusammenarbeiten zu können; unter anderem lernten sie dabei, daß es notwendig ist, einen eigenen Stil zu entwickeln.

Trotz des Bestehens zahlreicher Schulen der Familientherapie, gehen junge Familientherapeuten häufig eklektisch vor; sie übernehmen aus mehreren Quellen die Techniken und Ideen, die ihnen als geeignet erscheinen. Die Anforderungen, die die Behandlung von Familien stellt, sind so groß, daß wir es uns nicht leisten können, uns einem einzigen Ansatz zu verschreiben, ohne nach rechts und links zu schauen. Ein Therapeut, der wirklich helfen will, muß sich *mit* der Familie entwickeln.

In Deutschland ist die Familientherapie vor allem durch drei dieser Ausrichtungen vertreten. Da ist die von Kirschbaum weiterentwickelte Familientherapie der Satir-Schule, die das Hauptgewicht darauf legt, das Familiensystem erfahrbar zu machen, wie es sich im Augenblick der Sitzung zeigt. Diese »integrative« Methode zielt auf eine konkrete Veränderung des Systems durch handelndes Eingreifen des Therapeuten. So verändert der Therapeut zum Beispiel die Sitzordnung der Familienmitglieder während der Sitzung, oder er steuert Kommunikationsabläufe, indem er im Rollenspiel die Rolle eines Familienmitgliedes übernimmt und der Familie so als Modell dient. Das Familiensystem soll sich durch tiefgreifende emotionale Erfahrungen der Familienmitglieder während der Therapie ändern. Dieser Ansatz wird auch vom Münchener Institut für Familientherapie und von Maria Bosch in Weilheim bei Heidelberg praktiziert.

Eine Arbeitsgruppe am Max Planck Institut für Psychologie in München benutzt die Möglichkeiten der Videotechnik, die Kommunikationsmuster innerhalb der Familie minutiös aufzuzeichnen und bis ins kleinste Detail deutlich zu machen. Dort will man nicht mehr das gesamte Familiensystem verändern, sondern beschränkt sich darauf, gewisse festgefahrene Muster deutlich zu machen, unter denen die Familienmitglieder besonders leiden.

Die psychoanalytisch orientierte Richtung der Familientherapie wird in Deutschland vor allem durch Helm Stierlin und seine Mitarbeiter an der Universität von Heidelberg vertreten. Diese Methode betont die Bedeutung des Individuums innerhalb der Familie stärker als die anderen Schulen. Die Kategorien, mit denen die Organisation des Familiensystems beschrieben werden, (Bezogene Individuation, Bindung und Ausstoßung, Delegation, Mehrgenerationen-Perspektive usw.) lassen im Verhältnis zur Satir-Kirschbaum Schule eine stärkere Betonung der Vergangenheit erkennen. Das handelnde Eingreifen des Therapeuten beschränkt sich hier vor allem auf verbale Interpretationen der von ihm beobachteten Kommunikation.

Der kommunikationstheoretische Ansatz ist vor allem durch Karl Herbert Mandel vom Institut für Kommunikationstherapie in München vertreten. Hier wird die Familie als reines Kommunikationssystem gesehen. Es werden vor allem die Strukturen der Kommunikation beobachtet und verändert, der emotionale Aspekt der Beziehungen innerhalb der Familie bleibt weitgehend unberücksichtigt.

Wie teuer ist die Familientherapie? Ich denke vor allem daran, daß Sie immer mit einem Ko-Therapeuten zusammenarbeiten. Wird dieses Verfahren für die Familie nicht unerschwinglich?

Die Kosten für eine Sitzung betragen in Deutschland mindestens 60-80 Mark, wenn man die Behandlung privat bezahlt. Der Preis ist relativ hoch, da meist zwei Therapeuten die Sitzungen durchführen, die im allgemeinen eine bis anderthalb Stunden dauern.
Die Anzahl der an einer Sitzung teilnehmenden Familienmitglieder spielt jedoch – wie oft fälschlich vermutet wird – keine Rolle, da die Therapeuten sich für ihre Zeit, nicht für die Zahl der behandelten Personen bezahlen lassen.
Krankenkassen übernehmen die Kosten einer Familientherapeutischen Behandlung im allgemeinen noch nicht – wenigstens dann nicht, wenn sie als solche deklariert ist.
Öffentliche Institutionen führen Familientherapien oft kostenlos, manchmal mit einer geringen Selbstbeteiligung der Klienten durch.

Die Zusammenarbeit zwischen Ihnen und Carl scheint sehr glatt zu laufen. Was macht eine ko-therapeutische Beziehung zu einer guten Beziehung? Spielen die Unterschiede Ihrer Ausbildung eine Rolle, oder ist das eine mehr persönliche Sache? Was passiert, wenn Sie geteilter Meinung sind? Was machen Sie dann?

Wir sind manchmal geteilter Meinung; das kam allerdings bei den Bergers nicht sehr häufig vor. Wenn wir während einer Sitzung merken, daß wir in verschiedene Richtungen arbeiten, dann unterbrechen wir oft die Arbeit mit der Familie und bereinigen erst einmal unsere eigenen Differenzen. Manchmal ist das ein etwas gespannter Moment, wenn wir unsere Meinungsverschiedenheiten vor der Familie ausbreiten; es zeigt sich dann aber, daß sie aus der Art, wie wir Probleme behandeln, etwas lernt.
Die Ko-Therapie ist eine komplizierte Beziehung – wie die Ehe. Die Therapeuten haben einen Vertrag, der beide dazu verpflichtet, der Familie zu helfen, und sie müssen eine Beziehung entwickeln, die beiden erlaubt, sie selbst zu bleiben, die aber auch dafür sorgt, daß sie im großen und ganzen am gleichen Strang ziehen. Der formale berufliche Werdegang der beiden Therapeuten scheint relativ unwichtig zu sein. Wichtig *ist* hingegen, daß sie einander mögen und in ihren beruflichen Fähigkeiten ergänzen. Einer von ihnen kann zum Beispiel ausgesprochen humorvoll sein, während

der andere mehr durch Ernst und Logik bestimmt ist. Vorteilhaft ist auch, wenn die Therapeuten in Familien mit unterschiedlicher Dynamik aufgewachsen sind; das bildet einen Schutz gegen die Gefahr, daß einer der beiden sich zu sehr in den Kampf der Familie hineinziehen läßt.

Da wir gerade von der Ausbildung des Therapeuten sprechen: Wird die Entwicklung der Familientherapie nicht durchgreifende Auswirkungen auf die künftige Ausbildung von Psychologen und Psychiatern haben? Ich sehe zum Beispiel im Systembegriff und den daraus entwickelten Verfahren nichts, was etwa Carls ganze medizinische Ausbildung notwendig macht.

In der Rückschau findet jeder Familientherapeut etwas in seiner Ausbildung, das überflüssig war – aber weiß man, ob sich von diesem nutzlos Erlernten nicht etwas auf die Arbeit überträgt? Carl kann seine medizinische Ausbildung zwar nicht direkt anwenden, aber er hat durch sie Einblick in den Zusammenhang von Geist und Körper gewonnen, und er hat durch sie gelernt, in Notsituationen zupackend zu handeln. Auch vermittelt die medizinische Praxis ein stets waches Todesbewußtsein, wodurch der Therapeut vielleicht weniger dazu neigt, diesem Gegenstand auszuweichen, wenn er in der Therapie akut wird.
Auf der anderen Seite verbringt ein Psychiater unvertretbar viel Zeit mit dem Erlernten medizinischer Fähigkeiten, die ihm bei keiner Art von Psychotherapie viel nützen. Er fängt an in Kategorien von Krankheit und Symptomatologie zu denken, Vorurteile, die er erst wieder verlernen muß, wenn er soziale Systeme verstehen will. Größtenteils aus Gewohnheit nennen wir die Familie immer noch »Patient«, aber das ist eine schlechte Gewohnheit. Die Neigung, psychische Störungen mit körperlichen Krankheiten gleichzusetzen, hat oft verhängnisvolle Folgen.
Auch der Psychologe (also der Dr. phil.), der Familientherapeut wird, findet in seiner Ausbildung vieles, das nur am Rande oder gar nicht wichtig ist. Die Stunden, die man über Statistik, Forschungsdesigns, Neurophysiologie und allerlei Theorien brütend zugebracht hat, können gelegentlich eine Bedeutung für die praktische Arbeit mit der Familie haben, aber man muß diese Bedeutung schon ziemlich an den Haaren herbeizerren. Vielleicht kann man sagen, der skeptische Geist, der in der Forschung herrscht, erziehe zur Objektivität. Vielleicht habe ich in all den Stunden, in denen

ich mich mit der Frage beschäftigte, wie man Tests auf Individuen anwendet, gelernt, auf die Feinheiten im Denken und Verhalten zu achten. Aber die Fähigkeiten, die ich brauche, um effektiv mit einer Familie zu arbeiten, mußte ich mir nach Abschluß der obligatorischen Ausbildung in eigener Initiative erarbeiten.

Es ist möglich, daß die Ausbildung des Sozialarbeiters der Familientherapie am ehesten angemessen ist, denn auf diesem Feld geht es ja vorwiegend um soziale Systeme. Die zunehmende Tendenz zu einer mehr verwaltungstechnischen Ausbildung auf diesem Gebiet kann allerdings dazu führen, daß der Sozialarbeiter der Zukunft sich weniger zum Therapeuten eignet als der gegenwärtige Inhaber eines Diploms.

Falls der vom Systembegriff ausgehende Ansatz zum vorherrschenden Modell für die Behandlung emotionaler Störungen wird, und *falls* die Ausbildungsstätten unseres Landes die Aufgabe, fähige Praktiker auszubilden, ernst nehmen, wird es in der therapeutischen Ausbildung und Praxis eine Revolution geben. Vor allem wird die Veränderung auf dem Gebiet der Psychiatrie schwierig sein, weil sie immer noch eng mit dem medizinischen Modell verknüpft ist und diese Verknüpfung durch das große Prestige der Medizin in unserer Gesellschaft aufrechterhalten wird. Der Kampf um diese Veränderungen ist schon im Gang.

Für diejenigen von uns, die sauer verdiente akademische Titel aufzuweisen haben, ist natürlich ein wenig bestürzend, daß ein Familientherapeut keine formale akademische Ausbildung braucht, um effektiv arbeiten zu können. So sind zum Beispiel junge Leute aus der Innenstadt von Philadelphia, die nichts anderes vorzuweisen hatten als einen High-School-Abschluß, erfolgreich zu Familientherapeuten ausgebildet worden. Sie arbeiten im Auftrag einer Behörde, haben die Möglichkeit, sich beraten und weiter ausbilden zu lassen und arbeiten erfolgreich. Ein Familientherapeut braucht eine qualifizierte Ausbildung, aber vieles davon kann während der Arbeit stattfinden. Es ist nicht einzusehen, weshalb der Familientherapeut nicht irgendein fähiger, ernsthafter, scharfsichtiger Mensch sein kann, der mit Familien in Berührung kommt und bereit ist, hart zu arbeiten: Der Bewährungshelfer, der Pfarrer, der Hausarzt oder die Hausfrau, die ihre eigenen Kinder aufgezogen hat und jetzt eine neue anspruchsvolle Arbeit sucht. Extreme Situationen mögen die Konsultation eines Psychiaters notwendig machen, aber selbst das ist nicht sicher.

Sie sprechen von Überzeugungen und Zukunftsaussichten. Aber wie sehen die Tatsachen über die Wirksamkeit der Familientherapie aus? Warum zitieren Sie keine Forschungsergebnisse, die Ihren Ansatz mit anderen therapeutischen Strategien vergleichen?

Zur Zeit läßt sich für keinen therapeutischen Ansatz zweifelsfrei demonstrieren, daß er irgendeinem anderen auf die Dauer überlegen ist. Die psychologische Erforschung des Menschen ist schon schwierig genug, und die Untersuchung der *Ergebnisse* der Psychotherapie ist noch weit problematischer, weil so viele Variablen berücksichtigt werden müssen. Soll man die Veränderung des Verhaltens oder der Einstellung bewerten? Worin besteht eigentlich inneres Wachstum, und wie mißt man es? Und dann ist da noch die schwierigste aller Variablen, die Person des Therapeuten. Forschung auf dem Gebiet der Familientherapie, wo die untersuchte Einheit eine ganze Gruppe ist, hat eine ganz neue Dimension der Kompliziertheit, die für den Forscher ein wahrer Alptraum ist.
Obwohl es noch zu früh für ein endgültiges Urteil ist, weisen neuere Forschungen darauf hin, daß Familientherapie wirksamer ist als individuelle Behandlung. Die vorhandenen Untersuchungen sind recht umstritten, aber die Mehrheit von denen, die Familientherapie mit Einzeltherapien vergleichen, kommen zu dem Schluß, daß die Familientherapie überlegen ist. Eine zur Zeit noch im Druck befindliche statistische Untersuchung der Arbeit von Salvador Minuchin mit 60 Fällen von Anorexia nervosa zeigt, daß die Behandlungen zu 94 Prozent erfolgreich waren und bei den übrigen sechs Prozent mit zusätzlicher Einzeltherapie ebenfalls erfolgreich abgeschlossen werden konnten. Ältere Daten zeigen, daß diese leicht diagnostizierbare Systemstörung in 60 Prozent der Fälle zum Tode führt, wenn sie unbehandelt bleibt!*
Weitere Untersuchungen sind in Arbeit, aber es werden noch Jahre vergehen, bis wirklich objektive Vergleiche zwischen verschiedenen therapeutischen Verfahren angestellt werden können. Das Feld ist neu, die Aufgabe ist riesenhaft und Forschungsbeihilfen sind nicht gerade dicht gesät. Praktiker wie Carl und ich, die weitere Forschung begrüßen würden, haben nicht notwendigerweise auch den Wunsch oder die rechte Veranlagung, diese Aufga-

* Aus persönlichen Gesprächen.

be selbst zu übernehmen; und wirklich ernsthaft arbeitende Forscher weichen vor der ungeheuren Kompliziertheit des Gegenstands oft lieber auf leichter überschaubare Gebiete aus. Aber seit die Familientherapie weltweit die Aufmerksamkeit der Fachleute erregt, kann man erwarten, daß sie auch bald zu den notwendigen Forschungen anregt. Zur Zeit muß jemand, der einen Therapeuten sucht, seine Entscheidung größtenteils aufgrund seines persönlichen Eindrucks fällen.

Damit keine Mißverständnisse aufkommen: Familientherapeuten versagen in einem bestimmten Prozentsatz der Fälle. Carl und ich haben schon mit Familien gearbeitet, die sehr enttäuscht waren, weil wir ihnen nicht helfen konnten. Andere Familien finden, daß die Familientherapie ihr ganzes Leben grundsätzlich verändert hat. Bei den meisten liegt das Ergebnis in der Mitte: Die Therapie hat ihnen geholfen, aber sie fanden sie nicht gerade weltbewegend. Wir machen uns Gedanken um alle Fehlschläge, und wir hoffen, daß wir aus ihnen lernen. Wir sind nach wie vor von der Familientherapie überzeugt, aber nicht weil sie die Antwort für alle Probleme hat, sondern weil sie für uns ein kraftvoller und kreativer Ansatz ist, der sich nun schon über längere Zeit bewährt hat. Wir erwarten keine Wunder. Wir setzen uns mit ungeheuer komplizierten Situationen auseinander, und wir versuchen, Muster zu ändern, die sich im Laufe vieler Generationen gebildet haben.

Die Familie kann zwar schöpferische und effektive Verfahren, mit dem Leben fertig zu werden, erlernen, aber ihr Schicksal ist immer ungewiß, immer von einer großen Zahl unvorhersehbarer Kräfte abhängig. Von einer Therapie – insbesondere von einer so breit angelegten wie der Familientherapie – zu erwarten, sie *müsse* zum »Happy End« führen, ist wohl reichlich naiv. Betrachtet man einen einzelnen eine bestimmte Zeitlang, so kann man vielleicht den Kampf der Menschheit mit immer wieder gleichen Problemen vergessen, aber die Betrachtung der Geschichte einer Familie über viele Generationen erinnert uns immer wieder lebhaft daran. Die Familientherapie *kann* in diesem anhaltenden Lebenskampf den Ausschlag geben, und wir hoffen, daß sie in zehn Jahren noch kraftvoller und beständiger ihren Beitrag leisten wird als heute.

Wenn ich selbst einen kompetenten Familientherapeuten suche, wie soll ich dann vorgehen?

In unserem Land gibt es gründlich ausgebildete Therapeuten einfach noch nicht in der Dichte, die unsere Gesellschaft braucht.

Während einige Großstädte vielleicht über eine ganze Anzahl erfahrener Therapeuten verfügen, findet sich in kleineren Städten oft kein einziger.
Gehen Sie bei Ihrer Suche von Leuten aus, die Sie schon kennen und denen Sie vertrauen: Ihr Arzt, der Pfarrer, der Lehrer Ihres Kindes, Freunde, die selbst schon eine Therapie hinter sich haben. Holen Sie sich aus allen verfügbaren Quellen Informationen und achten Sie auf Namen, die häufig lobend erwähnt werden. Mündliche Empfehlungen führen vielleicht am sichersten zu einem guten Therapeuten.
Finden Sie in der Nähe keinen Familientherapeuten, so dehnen Sie Ihre Suche auch auf Nachbarstädte aus. Manchmal lohnt sich ein weiter Reiseweg, um einen Therapeuten zu finden, mit dem man wirklich arbeiten kann.
Nach welchen Kriterien – außer dem Ruf – soll man einen Therapeuten sonst noch auswählen? Man soll sich nicht von den akademischen Titeln eines Therapeuten blenden lassen, denn die Universitäten entschließen sich nur sehr zögernd, ihren Studenten die notwendigen familientherapeutischen Erfahrungen zu vermitteln.
Schauen Sie sich jedenfalls nach einem Therapeuten um, der sich auf Ehepaare und Familien spezialisiert hat, und nicht nach einem, der sich damit nur gelegentlich befaßt.
Ein kompetenter Therapeut wird wahrscheinlich in irgendeiner Form intensiv für die Familientherapie ausgebildet sein, sei es an einem privaten Institut, im Rahmen eines Sonderprogramms an einer Universität oder in einem Praktikum bei einem erfahrenen Familientherapeuten.
Wie bei jeder anderen Art von Therapie ist natürlich der Umfang der Erfahrung eines Therapeuten entscheidend. Entsprechende Forschungen zeigen immer wieder, daß Individualtherapeuten mit langjähriger Berufserfahrung größere Fähigkeiten haben als jüngere Kollegen. Das gilt zweifellos auch für die Familientherapie, aber natürlich gibt es auch jüngere Therapeuten, deren Eifer und Hingabe ihre fehlende Erfahrung wettmachen.
Das Wichtigste an einem Familientherapeuten ist seine Persönlichkeit. Und um diese Persönlichkeit beurteilen zu können, werden Sie wahrscheinlich eine Weile mit ihm arbeiten müssen. Treffen Sie die bestmögliche Wahl und machen Sie dann einige Sitzungen. Es kann eine ganze Zeit dauern, bis Sie den richtigen Eindruck gewonnen haben – der erste Eindruck kann bei jeder Beziehung

täuschen. Hier einige Fragen, die Sie sich beantworten müssen, um einen Therapeuten beurteilen zu können:

Ist er so stark, daß er der Familie über schwierige Augenblicke hinweghelfen kann? Ein unentschlossener und wenig selbstbewußter Therapeut könnte zu seinem eigenen Schutz von der Familie verlangen, daß sie ihre schwelenden Konflikte nicht zum Ausbruch kommen läßt.

Macht er den Eindruck, daß er versteht, was in der Familie vorgeht? Kommen seine Kommentare richtig an und nicht nur oberflächlich?

Haben Sie nach jeder Sitzung das Gefühl, etwas Neues gelernt zu haben?

Nimmt er Anteil an Menschen und ihren Schwierigkeiten? Diese Eigenschaft ist die wichtigste, aber sie ist auch am schwierigsten festzustellen.

Da die Familientherapeuten in Deutschland noch recht dünn gesät sind (die Zahl wächst allerdings ständig), können wir hier nur eine Kontaktadresse angeben, bei der Sie sich nach Familientherapeuten in Ihrer näheren Umgebung erkundigen können.

Die Bundeskonferenz für Erziehungsberatung e.V.
Gesellschaft für Beratung und Therapie
von Kindern, Jugendlichen und Eltern
Amalienstr. 6
8510 *Fürth*
Tel. (0911) 778911/12

stellt Ihnen auf Anfrage eine Broschüre zur Verfügung, in der die meisten Beratungsstellen und Institutionen der staatlichen und freien Körperschaften aufgeführt sind. Die Adressen werden laufend aktualisiert, so daß Sie sich zuverlässig darüber informieren können, wer in der Nähe Ihres Wohnorts Familientherapien durchführt.

Vielleicht beschließt man ein Buch über ein neues Feld am besten mit einem Blick in die Zukunft. Wir Therapeuten sind darauf gefaßt, mit fortschreitender Verbreitung der Familientherapie immer aktiver zu arbeiten. Wir erwarten, daß die Familie in den nächsten ein oder zwei Jahrzehnten bei *jedem* Fall von psychischen Störungen in irgendeiner Form an der Therapie beteiligt wird. Bevor dieser Wandel eintreten kann, muß unsere Gesellschaft sich jedoch erst der Macht des Familiensystems, Leben zu mindern und zu mehren, bewußter werden. Erst dann werden wir die gewaltige Aufgabe in

Angriff nehmen, eine ausreichende Zahl von Familientherapeuten auszubilden.
Die vom Systembegriff ausgehende Methode der Behandlung emotionaler Störungen kann nicht bei der einzelnen Familie haltmachen. Die Familie ist oft nur der Sündenbock einer mit Streß überladenen, vom Wettstreit beherrschten und letzten Endes ziemlich grausamen Gesellschaft. Wir können nicht mit dem Familiensystem arbeiten, ohne uns der Macht des Regierungssystems, des Schulsystems und des Arbeitssystems auf das Leben der Familie bewußt zu werden; und obwohl die meisten von uns die Arbeit mit der einzelnen Familie als unser eigentliches Fachgebiet betrachten, wissen wir, daß es die große Familie der Menschheit selbst ist, die geändert werden muß. Manche Familientherapeuten werden Politiker sein, manche Einzelkämpfer.
Im übrigen ist es mit Behandlung nicht getan. Wir hoffen, eine Welt zu erleben, wo das innere Wachstum der Familie über allem steht und wo eine ganz gewöhnliche Familie es nicht als Schande empfindet, einen Therapeuten aufzusuchen – um ihre Kreativität zu entwickeln, um ihre Kommunikation zu verbessern, um mit den zu erwartenden Krisen des Familienlebens fertig zu werden. Dies kann erst geschehen, wenn wir wissen, wie menschlich wir alle sind und wie ähnlich. Vielleicht vermittelt uns die Übereinstimmung unserer Familienerfahrungen diese Erkenntnis.

Literatur

Ackermann, Nathan W. (Hrsg.): *Family Therapy in Transition.* Boston, Mass. (Little, Brown & Co.) 1970

Bloch, Donald A. (Hrsg.): *Techniques of Family Therapy.* New York (Grune and Stratton) 1973

Boszormenyi-Nagy, Ivan, und James Framo (Hrsg.): *Familientherapie.* Reinbek b. Hamburg (Rowohlt) 1975

Boszormenyi-Nagy, Ivan, und G. M. Spark: *Invisible Loyalties.* Hagerstown, Maryland (Harper & Row) 1973

Ferber, A., et al. (Hrsg.): *The Book of Family Therapy.* New York (Jason Aronson) 1972

Guerin, Philip J. (Hrsg.): *Family Therapy.* New York (Gardner Press) 1976

Haley, Jay: *Gemeinsamer Nenner Interaktion.* München (Pfeiffer) 1978

Haley, Jay: *Direktive Familientherapie.* München (Pfeiffer) 1977

Haley, Jay: *Changing Families.* New York (Grune and Stratton) 1971

Haley, Jay, und Lynn Hoffmann: *Techniques of Family Therapy.* New York (Basic Books) 1967

Halpern, Howard: *Cutting Loose.* New York (Simon and Schuster) 1977

Kantor, David, und William Lehr: *Inside the Family.* San Francisco (Jossey-Bass) 1975

Kempler, Walter: *Grundzüge der Gestalt-Familientherapie.* Stuttgart (Klett-Cotta) 1975

Laing, Ronald D.: *Die Politik der Familie* (rororo sachb. 7276)

Laing, Ronald D.: *Wahnsinn und Familie.* Köln (Kiepenheuer & Witsch) 1975

Luthman, Shirley G., und Martin Krischenbaum: *Familiensysteme.* München (Pfeiffer) 1977

Meistermann-Seeger, Edeltraud: *Gestörte Familien.* (Beck) 1976. (= Schwarze Reihe 131)

Minuchin, Salvador: *Familie und Familientherapie.* Freiburg i. Br. (Lambertus) 1977

Minuchin, Salvador, et al.: *Families of the Slums.* New York (Basic Books) 1967

Richter, Horst E.: *Patient Familie.* Reinbek b. Hamburg (Rowohlt) 1972. (= rororo sachb. 6722)

Richter, Horst E., et al. (Hrsg): *Familie und seelische Krankheit.* Reinbek b. Hamburg (Rowohlt) 1976

Ridder, Paul: *Prozeß und Dynamik der Familientherapie.* Weinheim (Beltz) 1977

Sager, Clifford J., und Helen S. Kaplan (Hrsg.): *Handbuch der Ehe-, Familien- und Gruppentherapie* (3 Bände). München (Kindler) 1973

Satir, Virginia: *Familienbehandlung:* Freiburg i. Br. (Lambertus) 3. Aufl. 1978
Satir, Virginia: *Selbstwert und Kommunikation.* München (Pfeiffer) 1977
Skynner, Robin: *Die Familie – Schicksal und Chance.* Olten und Freiburg i. Br. (Walter) 1978
Speck, Ross, und Carolyn Attneave: *Die Familie im Netz sozialer Beziehungen.* Freiburg i. Br. (Lambertus) 1976
Stierlin, Helm: *Von der Psychoanalyse zur Familientherapie.* Stuttgart (Klett-Cotta) 1975
Stierlin, Helm, und Ingeborg Rücker-Embden: *Das erste Familiengespräch.* Stuttgart (Klett-Cotta) 1977
Watzlawick, Paul, et al.: *Menschliche Kommunikation.* Bern usw. (Huber) 1974
Zuk, Gerald H.: *Familientherapie.* Freiburg i. Br. (Lambertus) 2. Auflage 1978

Namen- und Sachregister

Inhalt